Le Centre de Paris: l'Ile de la Cité et l'Ile Saint-Louis, sur la Sein

Langue et Langage

À gauche: la Rive droite; à droite: la Rive gauche.

Oreste F. Pucciani
Jacqueline Hamel

UNIVERSITY OF CALIFORNIA, LOS ANGELES

Langue

et Langage

DEUXIÈME EDITION

HOLT, RINEHART AND WINSTON

New York   San Francisco   Toronto   London

PERMISSIONS AND ACKNOWLEDGMENTS

Permission to reprint and include copyrighted works from the following authors is gratefully acknowledged.

TEXT PAGE

[316]   Paul Valéry, *Regards sur le Monde actuel.* Gallimard, 1931. Pp. 152–153.

[358]   J.-P. Sartre, *Situations III.* Gallimard, 1949. Pp. 101–102, 109–111.

[379]   Marcel Proust, *A la Recherche du Temps Perdu.* Vol. I. Gallimard, 1919. P. 70.

[431–432] Paul Hazard, *La Crise de la Conscience européenne.* Arthéme Fayard, 1935. Pp. 61–64.

[467]   Simone de Beauvoir, *La Force des Choses.* Gallimard, 1963. Pp. 50–51.

[457]   Antoine Adam, *Histoire de la littérature française au 17e siècle.* Vol. III. Éditions Domat, 1952. Pp. 7–8.

[461]   J.-P. Sartre, *Situations II.* Gallimard, 1948. Pp. 152–153.

[485]   J.-P. Sartre *in* Gaétan Picon, *Panorama de la nouvelle littérature française.* Gallimard, 1949. P. 522.

[486]   Albert Camus, *Le Mythe de Sisyphe.* Gallimard, 1942. P. 168.

[486–487] André Gide, *Thésée.* Gallimard, 1946. Pp. 112–113.

ILLUSTRATION CREDITS appear on P. xxxvi at the end of this book.

Library of Congress Cataloging in Publication Data

Pucciani, Oreste F
     Langue et langage.

     1. French language—Grammar—1950–   I. Hamel,
Jacqueline, joint author.   II. Title.
PC2112.P8   1974   448'.2'421   73-22407
ISBN 0-03-089242-2

Langue et Langage, Deuxième Edition, by Oreste F. Pucciani and Jacqueline Hamel
Copyright © 1974, 1967, 1964 by Holt, Rinehart and Winston, Inc.

     Foreign Language Department
     5643 Paradise Drive
     Corte Madera, California   94925

*A la mémoire
de mon ami et maître*
Émile B. de Sauzé
*qui n'a pu participer
comme il le désirait
à cet ouvrage
destiné à poursuivre
son œuvre de penseur et de pédagogue.*

O.F.P.

Table des Matières

DEUXIÈME ÉCHELON

TROISIÈME ÉCHELON

CINQUIÈME ÉCHELON

SIXIÈME ÉCHELON

Preface to the Second Edition

The acceptance with which *Langue et Langage* has met over the past six years has been an incentive to the authors to undertake a second edition which incorporates the results of their experience in using the book as well as that of many colleagues throughout the country who have generously shared their experience with us. In preparation for this second edition the publishers canvassed widely teachers in colleges and universities where *Langue et Langage* was used, polling them for suggestions and criticisms which would assist in improving the work. The present revised edition represents an attempt to respond to this wide range of professional experience. The changes which were subsequently made are discussed fully in the following introduction to the work.

A highly significant instance of the acceptance with which *Langue et Langage* has met has been the appearance, in 1973, of a Spanish version by Professor José Rubia Barcia of the Department of Spanish and Portuguese at UCLA. It is entitled *Lengua y Cultura* and is also published by Holt, Rinehart and Winston. The appearance of *Lengua y Cultura* has been most gratifying to the authors of *Langue et Langage* as well as a great honor. While Professor Barcia's version is far more than a mere translation of our own work, it remains nonetheless faithful to our general philosophy of elementary foreign language instruction. Professor Barcia's work is consequently an invaluable confirmation of the validity of our approach.

Professional philosophies have evolved considerably over the past few years and increasingly in the direction which we urged over a decade ago. There is greater awareness in the United States today that if foreign language instruction is to survive, it must make a serious and valid contribution to the education of American students. This contribution necessarily involves the great cultural heritages which the major culture-bearing languages of the world represent. To be sure, a problem remains as to the proper *dosage* of purely cultural vs. practical materials at the first-year level. It is often asserted that cultural materials at this level must inevitably remain superficial and that therefore they should be delayed to a later date. The authors of *Langue et Langage* continue to feel that this argument rests on a confusion: a confusion of pedagogical vs. intellectual priorities. Teaching is an art of selection and pedagogical priorities are not always synonymous with the priorities of pure scholarship. They must, however, be related. Ultimately a relationship of ends and means is involved. What at one stage of study is an end in itself will become a means at a later stage. Meanwhile the means must contain implicitly the end if the entire educational enterprise is not to abort. It is by making culture at some point an end in itself that, at some later point in the student's career, it can best become an instrument for the creation of his own life. In this context one cannot postpone indefinitely at least the reference value of the great cultural heritages which give meaning to the study of foreign languages without condemning one's students, as one French writer has put it, to "la bauge de l'immédiat."

It is a great satisfaction to know that so many of our colleagues have felt that *Langue et Langage* achieves this relationship.

An unexpected development in the revision of *Langue et Langage* requires special mention. It was with some sense of shock that the authors were first made aware by their students and a colleague of sexist clichés in their work. To be sure, when we wrote *Langue et Langage* we were quite unconscious of the fact that our girls were so systematically "pretty" and our boys so systematically "intelligent;" that the former ended up as secretaries, nurses and airline stewardesses while the latter went on to law, medicine and other professions. It was impossible not to respond to the frank good humor with which these criticisms were made and not to recognize their validity. We have consequently made every effort to eliminate these clichés from the present edition. Meanwhile, we remain truly grateful to our students and to the colleague who, friendly but firm, have contributed to our education.

As this revised edition of *Langue et Langage* goes to press, the authors wish once more to express their gratitude to their many colleagues, both in the United States and abroad, who by their encouragement and understanding have made our work possible. They are too numerous to be mentioned by name. May they nonetheless find here the expression of our enduring sense of indebtedness.

Two colleagues, however, must be mentioned by name: Professor Micheline Sakharoff of San Fernando Valley State University at Northridge, California and Professor Phyllis Johnson of Pomona College at Claremont, California. From the beginning they used *Langue et Langage* in mimeographed form in their institutions, thus bringing us the valuable control of a teaching and learning experience different from our own. They have helped us avoid the pitfalls of parochialism.

We wish also to thank the numerous colleagues who took the time and trouble to respond to the questionnaires sent out by our publishers. They will recognize many of their suggestions in the present revised edition of *Langue et Langage*.

Los Angeles, August 1973   O.F.P.
                                                                                             J.H.

Preface to the First Edition, 1967

The UCLA Experiment

Langue et Langage was originally conceived as the result of an experiment in first-year French instruction conducted at the University of California, Los Angeles in 1960–61. In preparation for an NDEA Institute our Department embarked on a study of the work of the late Professor Émile B. de Sauzé of Western Reserve University in the hope that it would prove relevant to our own situation. There were many reasons for this choice. Chief among them was our knowledge of the excellent results which Professor de Sauzé had achieved at the secondary level; it seemed probable that his method might prove equally effective at the college level. With the encouragement of Professor de Sauzé himself, under whom I had received my own early training and whom I had served as assistant in 1940 and 1941, his elementary text, *Nouveau Cours Pratique de Français pour Commençants,* was adopted for use in a pilot section of our French 1 course. This class, taught by an assistant and myself, was observed regularly by all interested members of our teaching staff. As we had expected, its progress was far superior to that of our conventional sections. By the end of the semester there was unanimous agreement that we should convert to the de Sauzé methodology.

A second phase of our experimentation began in the fall of 1961. During this period we made use of Professor de Sauzé's materials, retrained our teaching assistants and staff, created demonstration and observation classes. It soon became clear, however, that new materials would be needed for college level work. Professor de Sauzé agreed with this view and kindly offered assistance with any materials we should develop. In 1962 a contract was signed with Professor de Sauzé's publishers, Holt, Rinehart and Winston, for an elementary text which would embody his pedagogical principles as well as our own findings. Preliminary materials were produced and tried out in our classes in 1962 and 1963. It was not until early 1964, however, that the future outlines of *Langue et Langage* began to be clear. What was required was an elementary text containing the following: 1) a thorough presentation of the basic language; 2) an elementary though sophisticated presentation of French culture at the level of college freshmen and sophomores.

Our experimentation entered a third phase at this point. It also received additional impetus from the association of Miss Jacqueline Hamel who brought to our work the fruits of her long experience in teaching French to foreigners at the Alliance Française in Paris. She undertook, in a new pilot section of French 1, a reassessment of our needs, developing new and superior materials of her own which now form the basis of the linguistic structure of *Langue et Langage*. Meanwhile, in a pilot section of French 2, I devoted my own efforts to the cultural aspects of the work. Our joint efforts have resulted in the present text which has had four subsequent revisions since 1964 and wide trial use at UCLA, Pomona College and San Fernando Valley State College. *Langue et Langage* has consequently had the benefit of the criticism of many colleagues to whom our indebtedness is too great to be discharged.

Émile B. de Sauzé

We have said that from a methodological point of view *Langue et Langage* is based on the work of the late Professor Émile de Sauzé. A word of explanation is required.

The work of Professor de Sauzé was that of a great innovator and pioneer. He perceived, early in the century, many of the fundamental facts of language learning that were later to emerge in the work of professional linguists. His insistence on the use of the language as the medium of instruction, inductive grammar, the primacy of understanding and speaking over writing and reading, multiple approach and single emphasis, spontaneous and automatic response, his repeated assertion that ". . . language *is* culture . . ." are all reminiscent, when they do not go even farther, of what another generation was to call the "New Key" methodologies. But even more in practice than in theory, Professor de Sauzé had achieved results which had never before been equalled. By the simple device of adopting the language itself as the sole medium of instruction, he appealed to the spontaneity and interest of his students. Language learning became the creation of mental structures which carried with them something of the original nominal nature of all speech. His success was due in large measure to his enthusiasm and idealism. It was due also to the implicit humanism of his approach which remains relevant in today's mechanical world and to teachers who are concerned about the preservation of the humanistic value of their discipline.

Humanism

While *Langue et Langage* adds nothing to the methodology of Professor de Sauzé, it nonetheless has a point of view of its own. It attempts to respond to the intellectual and cultural needs of the American undergraduate. It is essential in our view to establish the study of elementary language as early as possible as an approach to the humanities and to relate the field of French to the broader aspects of Western European civilization. More and more there is agreement today that "culture" is neither a privilege nor a luxury, but a need and process of the human mind. At the same time, however, the language itself cannot be sacrificed as the basic goal of all elementary study. These are difficult objectives to reconcile. Our approach has been to consider that the chief cultural gain of the elementary student is an early participation in the foreign culture through the medium of the language. Such participation, it seems to us, is the unique contribution of the foreign language field. We have consequently tried to supply material interesting and useful in itself of the sort that is referred to in French as *culture générale*. This procedure both solves the problem of substance for the elementary course and avoids the precipitous introduction of literary texts which the student is not ready to handle.

Philosophy: A Phenomenological View

Too often elementary language is thought of as the mere acquisition of a mechanical skill. Such a view cannot satisfy the humanist. Language is never purely utilitarian and the most uncultivated language contains resources of poetry that are apparent to us all. This brings us to the heart of the question of the nature of language. Behind all language methodology lies a philosophy of language, implicit or explicit. The "pattern-drill" pre-supposes the conditioned reflex; the "grammar method" assumes that language is a conceptual system; the "reading method" assumes that language is the literary word; "Berlitz" assumes that it is utilitarian as does the "Army method" though for different reasons. What is language? Or perhaps the question is better put if we ask what language is to the student and teacher of language. It is a subjective as well as an objective phenomenon; its existence is ideal as well as real; it is a mode of being. Husserl puts it very well when he speaks of "l'idéalité du langage": ". . . le langage a l'objectivité des objectités du monde qu'on appelle spirituel ou monde de la culture et non pas l'objectivité de la simple nature physique . . .". In other words and more simply, language is first of all a phenomenon of the human mind and not of physical nature. Further, this subjectivity itself has an objective component in "culture" which is the proper domain of humanistic study. The methodology of Professor de Sauzé finds here its natural justification. Behind it lies the humanist's conviction that language is an ideal symbolic structure of human reality. These ideas, developed in the course on French culture in our NDEA Institute in 1961, formed the basis for the project that was to result in *Langue et Langage*. For its authors language means two things: *langue,* the objective, historical language existing in the world; and *langage,* the subjective experience of language as we know it and speak it, existing potentially within the historical, normative language, yet having norms of its own and both an ideal and a real existence. It was in this sense that Valéry defined poetry as *un langage dans un langage.* This is language at least in the humanistic experience, its educative and enlightening force. By means of it we penetrate into other realities than our own where we come to know what we can of total human universality.

O.F.P.

Introduction

Plan

The present revised edition of *Langue et Langage,* like the first edition, is a complete first-year course in French which presents some 143 basic structures of the language (135 in the first edition) within a vocabulary range of something more than 2400 words (3000 in the first edition). It is divided into 6 *échelons,* each containing 8 lessons which correspond to a given level of expression. A grammar lesson alternates with a reading lesson, the latter illustrating the grammatical principles which have been set forth in the former. After *échelons* 1, 2, 3, 5, 6 sections entitled *Grammaire générale* are included. These deal with general syntactical problems and will be of use to students who require supplementary grammatical work. An all French lexicon at the end is coordinated with the reading lessons after lesson 25. New words are marked both in the reading lessons and in the vocabularies with a symbol indicating that they may be found in the lexicon. The appendix contains an extensive list of verb forms for reference and a brief list of false cognates. Each grammar lesson is composed of a list of *points de repère* given at the beginning, the two or three most important items occurring first. There follows a section entitled *Développement grammatical* which takes up the *points de repère* in order and develops them inductively. Each grammar lesson is followed by a series of exercises. In the present edition these *points de repere* have been numbered for reference and coordinated with the exercises for facility in assignment. Similarly each reading lesson is followed by exercises and also by a vocabulary without English equivalents for the sake of reference. Through lesson 32 each reading lesson is followed by a section dealing with some particular aspect of pronunciation.

The course is intended to cover one year's work at the college level without additional outside reading. Normally the first three *échelons* would constitute the first semester's work; the remaining three would constitute the work of the second semester. Under a quarter system two *échelons* would constitute the work of a single quarter.

It is intended that two lessons, one of grammar, one of reading, will constitute one week's work if classes meet 5 hours per week. In the case of three-hour courses, more work will of a necessity have to be assigned for individual study and some of the benefit of the inductive approach will be lost. This is, of course, an administrative rather than a pedagogical problem and teachers should, when possible, attempt to secure recognition for the five-hour beginning course. Increasingly, the latter seems to be the pattern.

Methodology: Multiple Approach

Langue et Langage is committed to the use of French as the medium of classroom instruction and to "multiple approach" with respect to the four skills of understanding, speaking, writing and reading.

The choice of teaching in the foreign language or in English is a basic one and will entail, as a natural result, all other phases of methodology. In our view the advantage of teaching in the foreign language is that it obliges the student to conceptualize and to feel in French; it cuts off the easy recourse to the native language. If this radical decision is not made, English will remain in the foreground and the number of French contact-hours will be greatly reduced. This is a compelling argument and weighs more heavily than the arguments of speed, ease and economy which are advanced in defense of teaching in English. Further, there is no need to teach in English. There is no point of French grammar or vocabulary which cannot be taught in French by an imaginative teacher provided the work has been carefully programmed. Student resistance to the new language quickly disappears once this essential point has been established.

Multiple approach will follow as a necessary consequence of the decision to teach in French. Inevitably there will have to be an order of priorities. If understanding and speaking are given first place, second place will fall to reading and writing. The question which will remain, however, is the interval of time which should separate the two. In our view the question is not one of time sequence, but of logical sequence. Writing and reading should follow immediately upon speaking and understanding. There is no advantage, except in the case of very young children, in delaying the step to literacy. Literacy, once acquired, cannot be set aside at will. It is moreover a great aid to learning. It should be used; not withheld. With adult students there is no interference from reading and writing unless the oral language has been allowed to slip into second place. They will on the contrary reenforce learning.

Grammar

Grammar was vastly discredited for a number of years by efforts to modernize foreign language teaching. It was pointed out that we do not learn our mother tongue by means of grammar, that grammar is not indispensable and may even be inimical to fluent speech. This was to misstate the question and to confuse the issue. We do not learn our native language by means of grammar because it is impossible to do so. The child learning his native tongue is not learning a language as we use the term in our schools. He is learning to speak. This is quite a different process. Moreover, like reading, once achieved, it cannot be undone. Grammar has remained as a result the mainstay of the foreign language course. This reasoning, however, should not be turned into an apology for the misuse of grammar. Grammar is not language; it is an explanation of language. When it is substituted for language, the result is an abstraction that exists *in vacuo*. It has no reference. It is true that languages can be learned at great cost without grammar; but it is equally true that they cannot be learned without it in the school situation. The question is rather to what extent the learning of a new language is a cognitive process? Certainly only partially. The basic process is rather a *prise de conscience* which permits us to grasp the language in a creative act of intuition. We reason subsequently. It is important, however, that we should reason by means of the language and upon the language. This is what the inductive approach will allow. The authors of *Langue et Langage* have consequently adhered rigorously to an inductive presentation of grammar. To assist the teacher in his own preparation and the student in his review we have given numerous examples of each grammatical rule. To be effective, of course, they must first be presented by the teacher in the classroom and assigned only subsequently to the student for personal study. Grammar assignments like reading assignments must follow, never preceed classroom presentation.

The sections entitled *Grammaire générale* are intended to supplement the chapters on specific points of French grammar and to clarify general syntactical relationships with which students may not be familiar in their own language. They may be assigned or omitted as the teacher sees fit. Their intent is to furnish the student, as necessary, with schematic information on such general questions as subject-object relationship, adjectives and pronouns, clauses, direct and indirect objects, time, tenses and modes. In our experience undergraduates often meet such questions for the first time in their French class. If this is not the case elsewhere, these sections will be superfluous.

In the present revised edition the programming of grammatical structures has been rethought and certain structures have been introduced earlier, others later within the overall pattern of the forty-eight lessons of the book. The most important of these changes is the introduction of the present subjunctive now in lesson 37 instead of lesson 41. The perfect subjunctive, originally presented in lesson 43, is now introduced in lesson 39. Similarly the imperative mode is now introduced in lesson 11 instead of lesson 15, the *futur proche* in lesson 15 instead of lesson 17, the use of **pouvoir** and **vouloir** in lesson 17 instead of lesson 23, the use of **on** in lesson 9 instead of lesson 13, **avant** and **avant de** in lesson 13 instead of lesson 17.

Less radical changes have been the introduction of **avoir besoin de** in lesson 7 (formerly lesson 9), plurals in **-aux** in lesson 9 (formerly lesson 11), the gerundive in lesson 17 (formerly lesson 19), **écrire** in lesson 19 (formerly lesson 21), **à** before an infinitive in lesson 21 (formerly lesson 23), **devoir** in lesson 35 (formerly in lesson 37), accented personal pronouns also in lesson 35 (formerly lesson 37), the conditional in lesson 43 (formerly lesson 45), and the use of **à** and **en** with names of geographical areas in lesson 41 (formerly lesson 43).

These changes have necessarily displaced other grammatical elements with the result that certain structures which appeared quite early in our first edition now appear at a considerably later time. The use of interrogative pronouns, for example, now appears first in lesson 15 instead of lesson 11 and again in lesson 45 instead of lesson 37; the superlative, which elementary students have little occasion to use, has been set ahead from lesson 15 to lesson 35; the future anterior from lesson 37 to 41; the pluperfect tense from lesson 35 to lesson 41; the interrogative pronouns from lesson 37 to lesson 45; possessive pronouns from lesson 27 to lesson 35; the use of **an, année** from lesson 23 to lesson 27; the negatives **ni** and **ne . . que** from lesson 25 to lesson 45.

Again less radical changes have been the delay of verbs of the second group from lesson 17 to lesson 19, pronouns before an infinitive from lesson 19 to lesson 23, the subjunctive after conjunctions from lesson 43 to lesson 45, the passive voice from lesson 43 to lesson 45. **Faire** *causatif,* a difficult construction for the first year student, was not included in the first edition of *Langue et Langage.* To many teachers this seemed a lack. Consequently we have now introduced it, but late in the course, in lesson 47.

Reading

The great difficulty in bringing a student to read a foreign language spontaneously is his natural tendency to translate. Reading is, besides, a solitary enterprise, occurring under circumstances highly unfavorable to the elementary student. A first step in the solution to this problem lies in the adoption of a multiple approach method. Anything that will give reality and substance to the new language will assist the student when he is struggling with a text on his own. Absence of English reference in the classroom will permit the student to build up personal associations with the language which will support his individual efforts. But speaking and understanding alone will not enable the student to read. The reading material itself must be carefully selected and adapted. Nor must reading as a process be confused with the reading of literary texts. The student reads in the classroom when he sees sentences written on the blackboard; he likewise reads when he studies the reading selections or the grammar explanations in his textbook. Too frequently, however, this is not what is meant by reading. Reading is thought to be the deciphering of a literary text. Great harm is done the elementary student by the premature introduction of this sort of exercise. The most elementary literary text is far too complex, both in vocabulary and grammatical structure, to be available to the first-year student. The authors have, in fact, after long experience, given up the search for a proper literary text at this level. Such texts do not exist. Meanwhile, the use of even such simple texts as *Le Petit Prince* in French will require deciphering and translation by the student. He will as a result not learn to read. This legitimate concern for literary quality, which we share, must be recognized for what it is: a pedagogical trap. The authors have, therefore, included their own reading material in *Langue et Langage.* It is sufficient in quantity for the first year. Reading content has been determined as described in the following paragraph.

The first *échelon* remains within the world of the school, an obvious choice necessitated by our method. Inevitably, the only possible subjects of conversation or reading at the beginning are those of the immediate environment. The first *échelon* introduces approximately 400 vocabulary items (the same as in the first edition). The second *échelon* introduces about 440 new words (470 in the first edition) and deals with the next most immediate realm of the student, the home. The third *échelon,* with about 345 new vocabulary items (375 in the first edition), moves into the area of daily life. The fourth *échelon* begins to explore the world of travel. Some 390 new vocabulary items (480 in the first edition) are introduced. The fifth *échelon* deals with contemporary France as it is known to two fictional students who have supposedly just returned from a brief trip and who are now interpreting their experience to their friends. This device has the advantage of avoiding the frequent pitfall of attempting to interpret concrete French reality to students who themselves have not been abroad. Some 350 further vocabulary items are introduced (460 in the first edition). The sixth *échelon* is frankly academic and proposes a series of situational essays on French culture of a sort which the student might well have occasion to read in English. There has been no pretense of any great originality of interpretation. We have assumed that conventional knowledge is both interesting and necessary at this level of the student's career. Our own experience has convinced us that undergraduates welcome all attempts to relate the elementary language course to broader intellectual issues. In this *échelon* there are approximately 500 new vocabulary items (540 in the first edition).

The teaching of reading is difficult since, by nature, so much of the task must lie in the student's hands. Eventually he must learn to come to grips with a text by himself. Much, however, can be done to assist him. We have mentioned the relation of reading to speaking as well as the selection of material. There are one or two further points. The reading material has been built into the grammatical structure of the book so that it uses and illustrates only those points of structure which have previously been explained in the grammar lessons. Also, at the end of the fifth *échelon* in the present revised edition, the reading problem itself is the subject of the text of lesson 40. Further, through lesson 24, the scope of the reading lessons has been rigorously limited so that they may be taught thoroughly in the classroom before they are assigned. After lesson 25, as the material necessarily begins to expand, new words are indicated with a symbol, as previously mentioned, so that the teacher may make a selection of items to be presented in class. He may thus use his own judgment in determining what items can reasonably be left to the students' ingenuity. Thus there is less emphasis on classroom teaching of vocabulary in the second half of the book and greater emphasis on individualized reading.

In the classroom reading should be taught by context rather than page by page analysis and, of course, never by translation. The subject of the reading lesson should form the *cadre* within which the teacher will introduce new words and constructions. It may even be useful to anticipate some of the reading context in the presentation of the grammar. At all events the teacher should, with the context of the lesson as a starting point, work out his own oral presentation of the material. By a question-answer approach, the students should be involved in the process. The lesson should be a dialogue between teacher and student, not a lecture. The result for the student will be the ability to "make sense" out of the text when it is assigned.

One final point: it will be observed that a great number of quotations occur in the later reading lessons from classical and modern authors. We have thus hoped to compensate in some measure for the mute tones of the "voiceless textbook".

Also, allusion and reference are great teachers. While we have in no way edited the original French texts, we have in some instances deleted difficulties, using the usual suspension marks. We have hoped in this way to give our students, within their linguistic capacity, some contact with French writers themselves and to lay the ground for future work.

In the present revised edition the authors have retained the general structure of the reading lessons of the original edition of *Langue et Langage* with one major exception: the chapter entitled "Études en France" has been eliminated. It seemed to us, as it seemed to many of our colleagues, that the material contained in this chapter appeared unreal to American students who had had no direct experience of the French educational world. We have therefore replaced this chapter with chapter 40 of the first edition of *Langue et Langage,* "Visages franco-américains" while chapter 42 of the first edition, "Lire, relire et comprendre", is now our chapter 40. Thus the fifth échelon of the present edition now terminates both with concrete daily-life material on France and, by means of a transitional chapter, leads into the more purely cultural matters to which the sixth échelon is devoted. The four reading selections of the sixth échelon now deal with the "Situation physique et géographique de la France," the "Situation culturelle de la France," and in two selections an "Initiation à la littérature française." These final selections require a word of comment.

Whereas there was nearly unanimous agreement that the reading selections in the first five échelons of *Langue et Langage* were too long, opinions varied infinitely on the final cultural materials. It was therefore impossible for the authors to establish a clear consensus. We have consequently, agreeing with our colleagues as to the first five échelons, reduced the readings in these sections by about one third. In the last échelon, however, we have followed our own conviction and that of a large number of colleagues that these readings constitute a distinctive feature of *Langue et Langage* and should not be reduced in length. The selections have consequently been edited but not substantially reduced. In point of fact the final selection, a single long chapter in the first edition, has been expanded into two shorter chapters in the second edition with an updating of the contents. A pedagogical principle as well as an intellectual principle has guided us in this decision: by the end of the first year, the student should have made appreciable progress towards independent reading of simple French prose for content. This sort of reading necessarily implies a certain quantity of material. It is hoped that these last two chapters, in their present form, will provide a necessary introduction to the reading of simple expository French of a content that is culturally significant.

Beginning with lesson 36 a group of *sujets de discussion* has been added to the reading exercises which will facilitate classroom discussion and serve as a basis for individual compositions.

Vocabulary

Vocabulary is not and should not be of prime concern in an elementary language class. New words are readily acquired when they are learned in context and when the student himself has formulated his own lexical needs. The vocabulary range of *Langue et Langage* is consequently limited to those concrete items which are currently used in daily life with a generous admixture of cognates. There are such abstract words as the content of the reading lessons requires. Our point of departure for choice of vocabulary was *Le Français fondamental.* (Approximately 1400 words.) To these we added some 1100 items (1500 in the first edition) chosen subjectively according to our own experience and as required by the context. It is more important in the elementary course, we feel, to place emphasis on archetypal structures which will enable the student to bend French to his own specific needs. In the final analysis they will determine the vocabulary he will require. In the present revised edition a new rubric, *Vous savez déjà,* has been added to the vocabularies where true cognates are listed. These greatly reduce the burden of pure vocabulary learning.

Pronunciation

A correct pronunciation in a foreign language is acquired slowly over a long period of time. It is a relatively simple matter to learn at first how the new sounds are produced, but considerable time is required to gain personal mastery of them. Both teacher and student should, as a matter of course, acquire the automatic habit of constant correction. Sections on pronunciation are consequently distributed throughout the first 32 lessons of the book. They should be dealt with systematically though briefly in class and should form the basis of imitation drills. Phonetic symbols are given with a view to assisting the student in his future work. Of course, no special insistence should be placed on phonetic transcription at this stage. Phonetic symbols in themselves are no guarantee of a correct pronunciation. In the present revised edition the pronunciation sections have been expanded to include word groups, *e muet, liaison, enchaînement* and accentuation. Contrastive exercises have also been added.

Exercises

Langue et Langage contains a great variety of exercises which should be assigned in the order adopted by the teacher for the presentation of the *points de repère*. Normally they should not be corrected in class, but handed in by the student and returned corrected the next day. The classroom hour is far too valuable to be used for any routine work. The exercises themselves are never of the simple substitution variety, but are so designed as to challenge the reasoning powers of the student. They should, of course, only be assigned after the points they cover have been taught in class. In the present revised edition a series of "exercices supplémentaires" has been added to the reading lessons. We have already mentioned above the "sujets de discussion" which have also been added to the reading selections.

Photographs

The photographs which illustrate the text have been chosen for their intrinsic interest and with the pedagogical purpose of bringing visual French reality to the student. In the present edition this visual material has been extensively revised to include a balance of cultural and daily life items.

The "Lab" Program

Langue et Langage is accompanied by a laboratory program, also revised, which consists of a series of lessons which follow the sequence of the book. Grammar lessons are accompanied by exercises in two parts, each part requiring approximately twenty-five minutes for completion. Reading lessons are also accompanied by exercises in two parts, each part requiring approximately twenty-five minutes for completion. These exercises deal with pronunciation, repetition and articulation, listening and comprehension. Substantial portions of the reading exercises are given in their entirety. There are also six *dictées*. Thus teachers will be able to choose programs according to their students' needs and according to conditions which prevail in their respective schools.

The authors of *Langue et Langage* would like to state here their philosophy concerning the use of the Language Laboratory. The Language Laboratory is beyond doubt one of the most effective devices that exist for increasing the range of the student's language experience. It is, however, secondary to the more essential classroom experience. Its proper function is to free both teacher and student from certain of the more mechanical aspects of language learning and to create time in the classroom for more important matters. Miracles, however, must not be expected of the language laboratory. A machine remains a machine; it can talk, but it cannot speak. The elementary student often finds it disconcerting. It isolates him and mechanizes the creative learning process. It should consequently be used with discretion. Still, if its limitations are understood, it can vastly aid though never replace the authentic teaching-learning process. Pedagogy is an art; not a science. The foreign language teacher has a rare opportunity to make the facts of humanism apparent.

Suggestions to Students

Foreign language study requires an unusual degree of cooperation between student and teacher. It is a permanent dialogue which cannot operate in the absence of one of the parties. The problem is for students to know, in an area entirely new to them, how they may best offer the teacher the assistance he will need. The teacher will tell you better than we can here. There are, however, a few suggestions we should like to make:

- Make a constant effort to understand everything that is said in class. The classroom, not the textbook, is the primary source for all first-year work.
- Ask questions constantly on points you have not understood. Our best learning results from questions we have formulated ourselves.
- Do exercises regularly as they are assigned and follow instructions carefully. Each exercise has been designed to give you practice in using a specific French structure.
- Do not fall behind in your work. "Catching up" is extremely difficult in an elementary language course. Success depends largely on regular contact with the material. By the same token do not miss class. In the final analysis your own mind is the material with which the teacher must work. Your constant presence is indispensable.
- Make a constant effort of memory as well as of understanding. This is not quite the same thing as memorization. In our experience American students tend to think that their work is complete when they have understood. This is only one-half the process. Material must not only be understood; it must be personally acquired.
- Read grammar explanations and reading lessons aloud after they have been explained in class. There is a double advantage in this: you will improve your pronunciation; you will also acquire the self-discipline of following each line of the text rather than skimming.
- Read slowly at first. Do not be concerned with speed. Your natural reading rate will increase as you grow more familiar with French.
- Do not use a French-English dictionary at any time.

- Do not write the English translations of words into your textbook or lab manual. You will remember the English and forget the French.
- Never translate the French texts into English.
- Use the all-French lexicon at the end of the book as your teacher directs.
- If you have forgotten the meaning of a word and cannot find it in the lexicon, mark it and ask your teacher what it means. Above all, do not be afraid of your own feeling of confusion when this occurs. There is no learning without confusion. It is by the organization of this confusion that you will progress.
- Finally, do not be impatient if your progress seems slow. Learning a foreign language requires a great deal of time. You will perhaps hear claims of miracle-methods by which languages can be learned in a few days or weeks or even while you are asleep. Such claims are utterly irresponsible and unfounded. But having said this, you will be surprised, if you make the proper use of your instruction, how rapidly—on a long term basis—you will progress. By the end of your first year you would not be at a loss if you were suddenly set down in the city of Paris.

It will be clear from the above that the program of *Langue et Langage* is to teach the total language at an elementary level. Nothing less in our view will constitute a general introductory course in which language is taught as an integral part of the academic curriculum. Premature limiting of objectives for the attainment of supposedly economical goals will merely prove self-defeating. We do not mean, of course, that limited objectives do not have their place. They have every justification at graduate and professional levels for students who are not primarily students of language. At the undergraduate level they are out of place. Here opportunity of learning must be our prime consideration. It becomes our professional duty to offer our students the best we have so that the *prise de conscience* may occur.

O.F.P.
J.H.

PREMIER ÉCHELON

INITIATION

POINTS DE REPÈRE

Comment allez-vous?
    Je vais très bien, merci. Et vous?

———

Comment vous appelez-vous?
    Je m'appelle monsieur . . .
            madame . . .
            mademoiselle . . .

———

Quelle est la date aujourd'hui?
    Aujourd'hui, c'est le 20 septembre.

LE PROFESSEUR. — Bonjour, monsieur. (Bonjour, madame. Bonjour, mademoiselle.)
L'ÉTUDIANT. — Bonjour, madame.
LE PROFESSEUR. — Je m'appelle Madame White. Et vous, comment vous appelez-vous?
L'ÉTUDIANT. — Je m'appelle Paul Wilson.   5
LE PROFESSEUR. — Comment allez-vous, monsieur?
L'ÉTUDIANT. — Je vais très bien, merci. Et vous?
LE PROFESSEUR. — Je vais très bien aussi, merci.
        Écoutez la question: «Comment vous appelez-vous?»
        Répétez la question: «Comment vous appelez-vous?»   10
L'ÉTUDIANT. — Comment vous appelez-vous?
LE PROFESSEUR. — Écoutez la réponse: «Je m'appelle monsieur . . .
                    madame . . .
                    mademoiselle . . .»
        Répétez la réponse: «Je m'appelle monsieur . . .   15
                    madame . . .
                    mademoiselle . . .»

La Tour Eiffel (1889) vue du Pont Alexandre III. (Paris)

L'ÉTUDIANT. — Je m'appelle monsieur . . . (madame . . . , mademoiselle . . .)

LE PROFESSEUR. — Écoutez la question: « Comment allez-vous? »

Répétez la question: « Comment allez-vous? »

L'ÉTUDIANT. — Comment allez-vous?

LE PROFESSEUR. — Écoutez la réponse: « Je vais très bien, merci. Et vous? » 5

Répétez la réponse: « Je vais très bien, merci. Et vous? »

L'ÉTUDIANT. — Je vais très bien, merci. Et vous?

LE PROFESSEUR. — Très bien aussi, merci.

Maintenant, regardez. Voilà la date. Aujourd'hui, c'est le 20 septembre. Aujourd'hui, c'est lundi. Aujourd'hui, c'est le lundi 20 septembre. Répétez, s'il 10 vous plaît, monsieur Wilson.

L'ÉTUDIANT. — Aujourd'hui, c'est le 20 septembre. Aujourd'hui, c'est le lundi 20 septembre.

LE PROFESSEUR. — Maintenant, écoutez la question: Quelle est la date aujourd'hui, monsieur Jones? 15

L'ÉTUDIANT. — Aujourd'hui, c'est le 20 (vingt) septembre.

LE PROFESSEUR. — Demain, c'est le 21 septembre. Répétez s'il vous plaît.

L'ÉTUDIANT. — Demain, c'est le 21 (vingt et un) septembre.

LE PROFESSEUR. — Très bien. Maintenant, comptez. Prononcez bien:

zéro, un, deux, trois, quatre, cinq, six, sept, huit, neuf, dix. 20

0   1   2   3   4   5   6   7   8   9   10

Mon numéro de téléphone est: 2-7-1-2-3-2-5. Quel est votre numéro de téléphone, mademoiselle Robertson?

L'ÉTUDIANTE. — Mon numéro de téléphone est: 4-7-5-3-2-3-7.

LE PROFESSEUR. — Merci mademoiselle. Maintenant, répétez l'alphabet français.[1] 25

L'ÉTUDIANTE. — a, b, c, d, e, f, g, h, i, j, k, l, m, n, o, p, r, s, t, u, v, w, x, y, z.

LE PROFESSEUR. — Très bien. Au revoir, monsieur, (madame, mademoiselle). A demain.

---

[1] Voilà *l'alphabet français:*

a, b, c, d, e, f, g, h, i, j, k, l, m, n, o, p, q, r, s, t, u, v, w, x, y, z.

Voyelles: a, e, i (y), o, u.

Consonnes: b, c, d, f, g, h, j, k, l, m, n, p, q, r, s, t, v, w, x, z.

1

POINTS DE REPÈRE

1. **Qu'est-ce que c'est?**
   C'est un livre. **C'est une** table.
   C'est un exercice. **C'est une** adresse.

   ———

2. Montrez-moi un stylo.
   Voilà un stylo.
   C'est **le** stylo **de** Robert.

   ———

3. Où est **le** stylo de Suzanne?
   Il est sur la table.
   Où est **la** table de Robert?
   Elle est devant le bureau.

DÉVELOPPEMENT GRAMMATICAL

> **1. Qu'est-ce que c'est?**
> **C'est un** livre. **C'est une** table.
> **C'est un** exercice. **C'est une** adresse.

Comparez:

C'est **un** livre.	C'est **une** serviette.
un cahier.	**une** boîte.
un stylo.	**une** chaise.
un crayon.	**une** clé.
un bureau.	**une** table.
un sac.	**une** porte.
un tableau noir.	**une** fenêtre.
un mur.	**une** maison.
un appartement.	**une** auto.
un exercice.	**une** adresse.
un exemple.	**une** enveloppe.
un étudiant.	**une** étudiante.

■ En français, un *nom* (un substantif) est *masculin* ou *féminin*.
Un est un *article indéfini masculin*.
Une est un *article indéfini féminin*.

NOTEZ: Un nom en **-eau** est généralement *masculin*.
EXEMPLES: un bureau, un tableau, un drapeau, un oiseau, un bateau, etc.
Un nom en **-tion** est géneralement *féminin*.
EXEMPLES: une addition, une composition, une occupation, une exception, une question, etc.

GRAMMAIRE

> **2.** Montrez-moi un stylo.
> Voilà un stylo.
> C'est **le** stylo **de** Robert.

Comparez:

Le livre de Barbara	**La** clé de Charles
Le stylo de Robert	**La** table de Patricia
Le sac de Jeannette	**La** serviette de Fred

■ **Le** est un *article défini masculin.*
La est un *article défini féminin.*

Comparcz:

Le livre de Madame White	**L'**exercice de Madame White
Le sac de Jeannette	**L'**appartement de Jeannette
La maison de Charles	**L'**adresse de Charles
La serviette de Fred	**L'**auto de Fred

■ Devant une voyelle: **a, e, i (y), o, u:** le → l'
la → l'   (') = une apostrophe

Comparez:

C'est **un** bureau.	C'est **le** bureau **de** Robert.
C'est **un** appartement.	C'est **l'**appartement **de** Jeannette.
C'est **un** exercice.	C'est **l'**exercice **de** Catherine.
C'est **une** maison.	C'est **la** maison **de** Marc.
C'est **une** serviette.	C'est **la** serviette **de** Barbara.
C'est **une** auto.	C'est **l'**auto **de** Madame White.

■ En français, un *article* est généralement placé *devant un nom commun.* Notez la différence entre l'article *indéfini* et l'article *défini.*

Comparez:

Où est **Paul?**   Il est devant Jeannette.
Où est **Barbara?**   Elle est derrière Marc.

Où est **le stylo** de Paul?   Il est dans la serviette.
Où est **le livre** de Jeannette?   Il est sur la table.
Où est **l'exercice** de Catherine? Il est dans le cahier.

Où est **la chaise** de Suzanne?   Elle est devant la table.
Où est **la serviette** de Marc?   Elle est sous la chaise.
Où est **l'adresse** de Robert?   Elle est sur l'enveloppe.

■ En français, le *pronom* **il** (masculin) ou **elle** (féminin) remplace le nom d'*une personne* ou d'*un objet* (une chose).

EXERCICES

1. *Écrivez un* article indéfini *devant chaque nom.*

1. C'est _____ stylo. **2.** C'est _____ boîte. **3.** C'est _____ crayon. **4.** Voilà _____ fenêtre. **5.** Voilà _____ chaise. **6.** C'est _____ tableau noir. **7.** Voilà _____ exemple. **8.** Voilà _____ sac et _____ serviette. **9.** Voilà _____ table et _____ cahier. **10.** Montrez-moi _____ étudiant et _____ étudiante.

2. (a) *Écrivez un* article défini *devant chaque nom.*

1. C'est _____ cahier de Marc. **2.** Voilà _____ serviette de Fred. **3.** Où est _____ exercice de Charles? **4.** Montrez-moi _____ porte. **5.** Regardez _____ table et _____ chaise de Véra. **6.** Où est _____ auto de Robert? **7.** Voilà _____ stylo et _____ cahier de Diane. **8.** Montrez-moi _____ bureau et _____ chaise de Madame White. **9.** _____ sac de Jeannette est sur _____ table. **10.** _____ adresse de Daniel est sur _____ enveloppe.

(b) *Complétez chaque phrase.*

EXEMPLE: ＿＿ sac ＿＿ Jeannette est sur ＿＿ chaise.
          Le sac **de** Jeannette est sur **la** chaise.

1. Voilà ＿＿ bureau ＿＿ Richard. **2.** C'est ＿＿ auto ＿＿ Madame Brown.
3. Répétez ＿＿ question ＿＿ Fred. **4.** Écoutez ＿＿ réponse ＿＿ Betty.
5. Voilà ＿＿ stylo et ＿＿ serviette ＿＿ Charles. **6.** C'est ＿＿ adresse ＿＿
Robert et ＿＿ Charles. **7.** Voilà ＿＿ livre et ＿＿ exercice ＿＿ Paul.
8. Regardez ＿＿ cahier et ＿＿ sac ＿＿ Christine. **9.** Montrez-moi ＿＿
adresse ＿＿ Monsieur Allan. **10.** C'est ＿＿ appartement ＿＿ Jeannette et
＿＿ Barbara.

3. (a) *Remplacez les mots en italiques par* **il** *ou par* **elle**. *Écrivez chaque phrase.*

1. *Bob* est devant le bureau. **2.** *Hélène* est dans l'auto de Madame Brown.
3. *Jeannette* est devant Charles. **4.** Où est *le professeur?* **5.** *La serviette* est sur la
chaise. **6.** *L'enveloppe* est dans le sac. **7.** *Richard* est derrière Barbara. **8.** *La table
de Marc* est devant le tableau noir. **9.** Où est *l'adresse de Catherine?* **10.** *L'étudiante*
est devant la fenêtre.

(b) *Écrivez une phrase avec* **il est** *ou* **elle est**.

EXEMPLE: Où est le bureau de Mme White? (devant le tableau noir)
          Il est devant le tableau noir.

1. Où est le livre de Suzanne? (sur la chaise) **2.** Où est la chaise de Paul? (devant
la fenêtre) **3.** Où est l'adresse de Charles? (sur le cahier) **4.** Où est la clé de Jack?
(dans la boîte) **5.** Où est l'auto de Jean? (devant la maison) **6.** Où est le cahier
de Bob? (sous le bureau) **7.** Où est le stylo de Betty? (sur la table) **8.** Où est la
serviette de Ben? (dans l'auto)

(c) *Écrivez:* (1) *un* article indéfini *devant chaque nom;* (2) *une autre phrase avec un* article
défini.

EXEMPLE: Voilà ＿＿ livre.
          Voilà **un** livre.
          C'est le livre de Jeannette.

1. Voilà ＿＿ bureau. **2.** Voilà ＿＿ serviette. **3.** Voilà ＿＿ auto. **4.** Voilà
＿＿ cahier. **5.** Voilà ＿＿ crayon. **6.** Voilà ＿＿ adresse. **7.** Voilà ＿＿ sac.
8. Voilà ＿＿ exercice. **9.** Voilà ＿＿ appartement. **10.** Voilà ＿＿ chaise.

2

La classe

LE PROFESSEUR. — Monsieur Wilson?

L'ÉTUDIANT. — Présent.

LE PROFESSEUR. — Monsieur Harris?

UN ÉTUDIANT. — Absent.

LE PROFESSEUR. — Mademoiselle Brown? 5

L'ÉTUDIANTE. — Présente.

LE PROFESSEUR. — Mademoiselle Williams?

UNE ÉTUDIANTE. — Absente.

LE PROFESSEUR. — Regardez. Qu'est-ce que c'est? C'est un livre. C'est un cahier. C'est
un papier. C'est un stylo. Répétez, s'il vous plaît. 10

L'ÉTUDIANT. — C'est un livre. C'est un cahier. C'est un papier. C'est un stylo.

LE PROFESSEUR. — Qu'est-ce que c'est? C'est un bureau. C'est un mur. C'est un tableau
noir. Répétez, s'il vous plaît.

L'ÉTUDIANTE.   C'est un bureau. C'est un mur. C'est un tableau noir.

LE PROFESSEUR. — Très bien. Maintenant, écoutez. Voilà un sac. Montrez-moi un sac, 15
monsieur Wilson.

L'ÉTUDIANT. — Voilà un sac.

LE PROFESSEUR. — Montrez-moi un cahier et un stylo, mademoiselle Stone.

L'ÉTUDIANTE. — Voilà un cahier et un stylo.

LE PROFESSEUR. — Montrez-moi un livre et un papier, maintenant. 20

L'ÉTUDIANTE. — Voilà un livre et un papier.

LE PROFESSEUR. — Très bien. Maintenant, regardez. Qu'est-ce que c'est? C'est une
porte. C'est une chaise. C'est une table. C'est une boîte. C'est une fenêtre.
Montrez-moi une fenêtre, monsieur Jones.

L'ÉTUDIANT. — Voilà une fenêtre. 25

LE PROFESSEUR. — Montrez-moi une table et une chaise.

L'ÉTUDIANT. — Voilà une table et une chaise.

LE PROFESSEUR. — C'est parfait. Maintenant, écoutez bien. Qu'est-ce que c'est? C'est
un sac, c'est une serviette. C'est un papier, c'est une enveloppe. C'est un crayon,
c'est une adresse. C'est un bureau, c'est une salle de classe. C'est un étudiant, 30
c'est une étudiante. Montrez-moi un sac et une serviette, s'il vous plaît, mademoiselle Brown.

DEUXIÈME LEÇON

Le Panthéon (18e siècle), lieu de sépulture des Grands Hommes de France. (Paris)

L'ÉTUDIANTE. — Voilà un sac et une serviette.

LE PROFESSEUR. — Regardez. Voilà un autre sac, voilà une autre serviette. Et voilà un autre exemple. Montrez-moi un stylo et une table.

L'ÉTUDIANTE. — Voilà un stylo et une table.

LE PROFESSEUR. — Montrez-moi un autre stylo et une autre table, monsieur Shannon. 5

L'ÉTUDIANT. — Voilà un autre stylo et une autre table.

LE PROFESSEUR. — Très bien. Continuons. Voilà un livre. C'est le livre de mademoiselle Barrow. Et ça, qu'est-ce que c'est?

L'ÉTUDIANT. — C'est le stylo de mademoiselle Barrow.

LE PROFESSEUR. — Voilà le cahier de mademoiselle Barrow. Le cahier est sur la table. 10 Il est sur la table. Où est le cahier? Où est-il?

L'ÉTUDIANTE. — Il est sur la table.

LE PROFESSEUR. — Où est le stylo de mademoiselle Barrow? Où est-il?

L'ÉTUDIANT. — Il est sur la table aussi.

LE PROFESSEUR. — Oui, le cahier est sur la table avec le stylo. Où est la serviette de 15 mademoiselle Barrow? Où est-elle?

L'ÉTUDIANTE. — Elle est sur la chaise, n'est-ce pas, madame?

LE PROFESSEUR. — Oui, elle est sur la chaise. Voilà un crayon. C'est le crayon de monsieur Wilson. Il est dans la serviette. Où est le livre de monsieur Wilson, monsieur Jones? 20

L'ÉTUDIANT. — Il est dans la serviette aussi. Il est dans la serviette avec le crayon.

LE PROFESSEUR. — Regardez. Voilà un étudiant. C'est monsieur Jones. Où est-il? Il est devant monsieur Wilson. Voilà une étudiante. C'est mademoiselle Brown. Où est-elle?

L'ÉTUDIANTE. — Elle est devant monsieur Roberts. 25

LE PROFESSEUR. — Oui, elle est devant monsieur Roberts et elle est derrière monsieur Stone. Où est monsieur Stone?

L'ÉTUDIANT. — Il est devant le professeur.[1]

LE PROFESSEUR. — Où est le sac de mademoiselle Brown, monsieur Harrisson?

L'ÉTUDIANT. — Il est sur la chaise. 30

LE PROFESSEUR. — « Le sac est sur la chaise » est une phrase. C'est une phrase complète avec un verbe. « Est » est un verbe. Comprenez-vous?

L'ÉTUDIANT. — Oui, madame. Je comprends.

LE PROFESSEUR. — « Sac » est un nom, un substantif. « Chaise » est un autre nom, un autre substantif. *Le* est un article, *la* est un article aussi. *Sac* est un nom masculin. 35 *Chaise* est un nom féminin. *Sac* est un mot, *le* est un mot aussi, *est* est un autre mot. Vous comprenez, n'est-ce pas?

---

[1] **Le** professeur. Le nom « professeur » est un nom *masculin*.

L'ÉTUDIANTE. — Oui, madame. Je comprends.

LE PROFESSEUR. — Maintenant, comptez de 10 (dix) à 20 (vingt). Répétez après moi. Prononcez bien.

dix, onze, douze, treize, quatorze, quinze, seize, dix-sept, dix-huit, dix-neuf,
10   11   12   13   14   15   16   17   18   19   5

vingt. Voilà une addition: trois plus six égalent neuf.
20   3 + 6 = 9

Maintenant, écrivez une autre addition: 8 + 5 = ?

L'ÉTUDIANTE. — Huit plus cinq égalent treize.

LE PROFESSEUR. — Douze moins deux égalent dix. C'est une soustraction.   10
12 − 2 = 10

Écrivez une autre soustraction: 15 − 6 = ?

L'ÉTUDIANTE. — Quinze moins six égalent neuf.

LE PROFESSEUR. — C'est juste. Maintenant, la classe de français est finie. Au revoir, monsieur (madame, mademoiselle). A demain.   15

EXERCICES

1. *Écrivez* **un autre** *ou* **une autre** *devant chaque nom. Écrivez chaque phrase.*

1. C'est _____ phrase. 2. C'est _____ verbe. 3. Voilà _____ question. 4. Écoutez _____ exemple. 5. Montrez-moi _____ étudiante. 6. Écrivez _____ addition. 7. Voilà _____ réponse. 8. C'est _____ adresse. 9. Voilà _____ papier. 10. Montrez-moi _____ tableau noir et _____ table.

2. *Placez l'*article défini *+* **autre** *devant chaque nom. Écrivez chaque phrase.*

1. Voilà _____ réponse de Robert. 2. _____ exercice de Suzanne est dans le cahier. 3. Prononcez _____ mot. 4. L'enveloppe est dans _____ sac avec _____ crayon. 5. Écoutez _____ question de Jeannette. 6. _____ livre de Robert est sur _____ table. 7. Où est _____ étudiant? 8. Il est avec _____ professeur. 9. Madame White est dans _____ salle de classe. 10. Je comprends _____ phrase maintenant.

3. *Indiquez en lettres le résultat de chaque addition.*

1. quatre + cinq = 2. huit + trois = 3. onze + huit = 4. treize + deux = 5. six + douze = 6. dix + six = 7. neuf + cinq = 8. quatorze + six =

4. *Indiquez en lettres le résultat de chaque soustraction.*

　　1. quinze — trois =　　2. dix-sept — huit =　　3. dix — quatre =　　4. treize — six =　　5. vingt — trois =　　6. sept — cinq =　　7. dix-neuf — sept = 8. dix-huit — cinq =

5. *Questions sur la lecture. Répondez par une phrase complète à chaque question.*

　　1. Où est le cahier de Mlle Barrow?[2]　2. Où est la serviette de Mlle Barrow? 3. Où est le crayon de M. Wilson?　4. Où est M. Jones?　5. Où est Mlle Brown? 6. Où est M. Stone?　7. Où est le professeur?　8. Où est le livre de M. Wilson? 9. Quelle est la date aujourd'hui?　10. Comment allez-vous?

PRONONCIATION

A. *Écoutez bien et prononcez correctement:*

[i] livre — le livre de Christine

[ɛ] serviette — la serviette de Claire

[ɔ] porte — quatorze portes

[u] **vous** — après **vous**

[ø] messieurs — deux messieurs

[ɛ̃] cinq — quinze et cinq

[ã] France — en France

[e] répétez — répétez et écrivez

[a] sac — le sac de Barbara

[o] auto — l'auto de Rose

[y] mur — sur le mur

[œ] neuf — neuf professeurs

[ɔ̃] non — la réponse est non

[œ̃] un — un lundi

B. *Prononcez le groupe:*

ai = **è** = **ê** [ɛ]

au, eau = **o** [o]

oi = [wa]

ou = [u]

la chaise de Claire

l'autre bureau

la boîte noire de mademoiselle

écoutez, s'il **vous** plaît

---

[2] **M.** = monsieur. **Mme** = Madame. **Mlle** = mademoiselle.

　Une abréviation est possible avec le nom de la personne (excepté dans une adresse, sur une enveloppe).

　EXEMPLE: **Mme** White est dans la classe. Au revoir, **madame**.

C. *Prononcez bien chaque groupe de mots:*

C'est un mot.   C'est une clé.

C'est un mur.   C'est une chaise.

C'est un livre.   C'est une porte.

C'est un crayon.   C'est une maison.

C'est un exemple.   C'est une auto.

C'est un étudiant.   C'est une étudiante.

C'est un exercice.   C'est une exception.

C'est un appartement.   C'est une affirmation.

EXPRESSIONS NOUVELLES

une boîte

une chaise

une chose

une clé

une fenêtre

une maison

une phrase

une porte

une salle (de classe)

une serviette

une voyelle

un bateau

un bureau

un cahier

un crayon

un drapeau

un échelon

un(e) étudiant(e)

un livre

un mot

un mur

un nom

un numéro (de téléphone)

un oiseau

un papier

un point (de repère)

un professeur

un sac

un stylo

un substantif

un tableau (noir)

autre

chaque

fini(e)

français(e)

parfait(e)

placé(e)

premier/première

quel(le)

allez-vous?

je vais

je m'appelle

comprenez-vous?

je comprends

être (il est, elle est, c'est)

comptez

continuons

écoutez

écrivez

montrez-moi

prononcez

regardez

répétez

répondez

à

après

aujourd'hui

au revoir

aussi

avec

bien

bonjour

dans

de

demain

derrière ≠ devant

en

et

lundi

monsieur

mademoiselle

maintenant

merci

moins

n'est-ce pas?   oui   sur ≠ sous
non   plus   très
où   s'il vous plaît   voilà

Vous savez déjà:

une addition   une personne*   un téléphone*
une adresse*   une question   un verbe*
une auto   une réalité*
une classe*   une réponse*   absent(e)
une composition   une soustraction*   complet/complète
une consonne*   une table   juste
une date   présent(e)*
une enveloppe*   un alphabet
une exception   un appartement*   excepté*
la France   un article   généralement*
une leçon*   un exemple*   madame*
une occupation   un exercice*   pardon
                       septembre(*m.*)*

*Notez la différence d'orthographe en français et en anglais.

3

POINTS DE REPÈRE

1. **Je suis** devant le professeur.
   Vous êtes derrière Robert.

   ———

2. C'est la table **du** professeur.
   C'est la chaise **de l'**étudiant.

   ———

3. **Est-ce que** vous êtes américain?
   Oui, je suis américain.

   ———

4. Montrez-moi **votre** livre et **votre** serviette.
   Voilà **mon** livre et **ma** serviette.

   ———

5. Marc est grand et blond.
   Barbara est grand**e** et blond**e**.

   ———

6. **C'est le livre** de français.
   Il est rouge.

   ———

7. **Qui** est devant vous?
   Jeannette est devant moi.

DÉVELOPPEMENT GRAMMATICAL

> **1. Je suis** devant le professeur.
> **Vous êtes** derrière Robert.

Étudiez:

Je suis un(e) étudiant(e) de français.
Vous êtes américain(e).
Tu es américain(e).

Il est français.
Elle est française.
C'est la classe de français.
C'est un jeune homme.

■ C'est le *verbe* **être.**

NOTEZ: Employez généralement **vous.** C'est la forme polie.
Employez **tu** dans la famille ou avec un(e) camarade. C'est la forme familière.

> **2.** C'est la table **du** professeur.
> C'est la chaise **de** l'étudiant.

Comparez:

C'est le livre **du** professeur.
C'est le bureau **du** président.
C'est la veste **du** jeune homme.
C'est la première page **du** livre.

C'est le sac **de la** jeune fille.
C'est la porte **de la** classe.
C'est la serviette **de** l'étudiant.
C'est le président **de** l'université.

■ **Du** est la contraction de la préposition **de** et de l'article défini **le.**

$$(de + le) = du$$

Du est un *article défini contracté.*

ATTENTION: en français, *un article* est généralement placé devant un *nom commun.*

> *Mais:* Madame White, Monsieur Williams, Paul, Betty, etc, et la maison **de** Betty, le cahier **de** Paul, l'auto **de** Jack.

---

3. Est-ce que vous êtes américain?
Oui, je suis américain.

Comparez:

Vous êtes américain(e).	**Est-ce que** vous êtes américain(e)?
Robert est à l'université.	**Est-ce que** Robert est à l'université?
Barbara est à la maison.	**Est-ce que** Barbara est à la maison?
Il (Paul) est devant la porte.	**Est-ce qu'**il est devant la porte?
Elle (la boite) est sur la table.	**Est-ce qu'**elle est sur la table?
C'est le professeur.	**Est-ce que** c'est le professeur?

■ **Est-ce que** indique une question. (**que** → **qu'** devant une voyelle)

---

4. Montrez-moi **votre** livre et **votre** serviette.
Voilà **mon** livre et **ma** serviette.

Comparez:

Voilà **le sac** de Catherine.	C'est **son** sac.
Voilà **le stylo** de Philippe.	C'est **son** stylo.
Voilà **le cahier** de Florence.	C'est **son** cahier.

Voilà **la veste** de Paul.   C'est **sa** veste.
Voilà **la blouse** de Barbara.   C'est **sa** blouse.
Voilà **la chemise** de Robert.   C'est **sa** chemise.

Montrez-moi **votre** bureau et   Voilà **mon** bureau et **ma** chaise.
    votre chaise.

Montrez-moi **votre** cahier et   Voilà **mon** cahier et **ma** serviette.
    votre serviette.

■ **Mon** est un *adjectif possessif*. Et aussi: **son, ma, sa, votre.**
Employez: **mon, son,** devant un *nom masculin.*
          ma, sa, devant un *nom féminin.*
          votre devant un *nom masculin ou féminin.*

---

5. Marc est grand et blond.
Barbara est grand**e** et blond**e.**

Comparez:

Le sac de Marianne est **grand.**   La serviette de Paul est grand**e.**
Paul est **petit.**   Marianne est petit**e.**
Il est **blond.**   Elle est blond**e.**
Il est **américain.**   Elle est américain**e.**
Il est **sympathique.**   Elle est **sympathique.**

■ (a) En français, *l'adjectif qualificatif* (grand, petit, blond, américain) est *variable.* Il est *masculin* ou *féminin* comme le nom. Généralement:

$$\begin{bmatrix} \text{Adjectif qualificatif} \\ \text{féminin} \end{bmatrix} = \begin{bmatrix} \text{Adjectif qualificatif} \\ \text{masculin} \end{bmatrix} + \mathbf{e}$$

Notez: La consonne finale est muette pour l'adjectif masculin.
       La consonne finale est prononcée pour l'adjectif féminin;
       e est muet.
Exemples: grand**e**, peti**te**, blon**de**, françai**se**, assi**se**.

(b) L'adjectif qualificatif masculin terminé par **e** est *invariable* au féminin

Le féminin de
$\begin{cases} \textbf{moderne} \\ \textbf{difficile} \\ \textbf{sympathique} \\ \textbf{pratique} \\ \textbf{jaune} \\ \textbf{rouge} \end{cases}$
est comme le masculin
$\begin{cases} \textbf{moderne.} \\ \textbf{difficile.} \\ \textbf{sympathique.} \\ \textbf{pratique.} \\ \textbf{jaune.} \\ \textbf{rouge.} \end{cases}$

(c) Le féminin de **blanc** est **blanche**.

EXEMPLES: Mon tricot est **blanc**.

Sa chemise est **blanche**.

La craie est **blanche**.

---

6. C'est le livre de français.
Il est rouge.

Comparez:

C'est le **bureau** de Madame Stone.   Il **est** moderne et pratique.
C'est la **classe** de français.   **Elle est** intéressante.
C'est **mon** appartement.   Il **est** confortable.

C'est le **professeur** de physique.   Il **est** anglais.
C'est une **étudiante** américaine.   **Elle est** grande et blonde.
C'est un **étudiant** mexicain.   Il **est** brun.

■ En français, le *pronom* **il** ou **elle** remplace le nom d'un objet ou d'une personne.
EXEMPLES: Voilà **le professeur** de français. Il est américain.
Voilà **l'auto** de Jack. **Elle** est confortable.

■ Employez **c'est** devant un nom de personne ou de chose.
EXEMPLES: **C'est** Jack. **C'est** un étudiant de français.
C'est une jeune fille. **C'est** Betty.
C'est l'auto du président.

7. Qui est devant vous?
Jeannette est devant moi.

Comparez:

Qui est devant le tableau noir?   **Richard** est devant le tableau noir.
Qui est à côté de la fenêtre?   **Barbara** est à côté de la fenêtre.
Derrière **qui** est-ce que vous êtes?   Je suis derrière **Anne.**
Devant **qui** est-ce que je suis?   Vous êtes devant **Robert.**

■ **Qui** est un *pronom interrogatif.* Il représente *une personne.*

EXERCICES

1. *Employez la forme correcte du verbe* **être.**

1. Je —— dans la salle de classe; vous —— devant la fenêtre.   2. L'appartement de Steve —— confortable.   3. C' —— la classe de français.   4. Vous —— le professeur.   5. Tu —— devant le tableau noir.   6. Je —— américain(e).   7. Vous —— chinois(e).   8. Mike —— devant vous.

2. *Complétez chaque phrase. Employez un* article défini, *ou un* article défini contracté, *ou* **de** + *un* article défini, *ou* **de** *seulement.*

1. Voilà —— adresse —— président —— université.   2. —— stylo —— Lisa est sur —— bureau —— étudiante.   3. —— livre —— Jeannette est à côté —— serviette —— professeur.   4. Voilà —— professeur de français. Il est devant —— tableau noir —— salle de classe.   5. Regardez —— première page —— livre de français.   6. Écoutez —— question —— professeur et —— réponse —— étudiant.   7. Montrez-moi —— porte —— salle de classe.   8. —— livre —— Richard est dans —— serviette —— jeune homme avec —— stylo —— étudiant.   9. —— professeur est devant —— classe, à côté —— fenêtre.   10. Voilà —— clé —— appartement —— Georges.

GRAMMAIRE

3. *Écrivez une phrase interrogative avec* **est-ce-que?**

1. L'auto de Betty est devant la maison. **2.** Je suis dans la classe de français.
3. Marianne est à côté du professeur. **4.** André est à l'université. **5.** La clé est
sur la porte. **6.** Tu es une étudiante de français. **7.** Vous êtes à la maison.
8. La serviette de Jack est dans l'auto.

4. (a) *Complétez chaque phrase avec la forme correcte et logique de l'*adjectif possessif.

1. Jeannette est à l'université dans _____ classe de français. _____ cahier est sur
_____ table. _____ crayon est à côté de _____ stylo. Voilà _____ serviette. Elle est
sous _____ chaise avec _____ livre.

(b) *Répétez l'exercice (4a). Commencez par:* **Je suis** . . .
Vous êtes . . .

5. *Écrivez correctement* l'adjectif *entre parenthèses.*

1. La maison de Colette est (petit). **2.** Je suis (grand et blond). **3.** Vous (*f.*)
êtes (petit et brun). **4.** Votre réponse est (excellent), mais sa question est (stupide). **5.** Votre blouse est (blanc) et votre sac est (rouge). **6.** La première leçon
de français est (simple et facile). **7.** Anna est (espagnol) et Ingrid est (suédois).
8. La question est (important et intéressant). **9.** La clé de l'auto est (petit).
10. La porte est (fermé), mais la fenêtre est (ouvert).

6. *Écrivez* **c'est** *ou* **il est** *ou* **elle est.**

EXEMPLE: _____ la blouse de Florence. _____ rouge.
C'est la blouse de Florence. **Elle est** rouge.

1. _____ un étudiant de français; _____ Paul; _____ anglais. **2.** _____ la maison
du président. _____ grande et blanche. **3.** _____ mon livre. _____ est intéressant;
_____ sur la table. **4.** _____ Betty. _____ intelligente et sympathique. **5.** _____ l'auto
de Betty. _____ confortable. **6.** _____ ma serviette. _____ grande et pratique.
7. _____ l'appartement de Robert. _____ petit. **8.** _____ la phrase de Bob. _____
parfaite. **9.** _____ mon professeur d'anglais. _____ américain. **10.** _____ une jeune
fille. _____ française.

7. *Faites une question avec* **qui.**

1. *Madame Jones* est le professeur. **2.** *Jeannette* est dans l'auto de Paul. **3.** *Olaf*
est suédois. **4.** *Paul* est devant la fenêtre. **5.** Mike est à côté de *Jack*. **6.** Vous
êtes derrière *Betty*. **7.** Tu es à côté du *professeur*. **8.** Lisa est devant *Steve*.

À l'école
primaire.

Dans une classe
de lycée.

Un amphithéâtre d'université à
la Sorbonne.

4

Dans la classe de français

Je suis à l'université; je suis dans une salle de classe de l'université. C'est la classe de français. Elle est moderne et pratique. Voilà un étudiant. C'est un jeune homme américain. Il est grand et blond; il est sympathique. Il s'appelle Daniel. Il est à côté de la porte, à droite. Le cahier du jeune homme est sur la table. La serviette de l'étudiant est sous sa chaise. 5

Voilà une étudiante. C'est une jeune fille américaine. Elle est petite et brune. Elle est jolie. Elle s'appelle Marianne. Le sac de la jeune fille est par terre à côté de la chaise de Daniel. La veste de Marianne est derrière la jeune fille. La veste de Marianne est bleue; sa blouse est blanche et sa jupe est noire. Le tricot de Daniel est bleu; son pantalon est gris et sa chemise est blanche. Qui est à côté de Marianne, 10 à gauche? C'est une autre étudiante. Elle s'appelle Hélène. Sa robe est rouge et son manteau est beige.

Voilà un arbre devant la fenêtre. De quelle couleur est-il? Il est vert. Où est-il? Il est dehors dans le jardin.

Le professeur est derrière son bureau à côté du tableau noir. Il est debout [1] Mon 15 livre de français est devant moi. Il est fermé, mais mon cahier est ouvert. Ma serviette est par terre entre ma chaise et la chaise d'un autre étudiant. Comment est-elle? Elle est ouverte.

La leçon de français commence.

Le Professeur. — Est-ce que vous êtes américain, monsieur Wilson? 20

L'Étudiant. — Oui, madame. Je suis américain.

Le Professeur. — Et vous, mademoiselle Williams? Est-ce que vous êtes américaine?

L'Étudiante. — Oui, madame. Je suis américaine.

Le Professeur. — Vous êtes grand et blond, n'est-ce pas, monsieur Shannon?

L'Étudiant. — Oui, madame. Je suis grand et blond; mais Paul Roberts est petit et 25 brun.

Le Professeur. — C'est exact. Et vous, mademoiselle Barrow, est-ce que vous êtes grande et blonde?

---

[1] **debout** est une expression *invariable*. Exemples: Je suis debout. Il est debout. Elle est debout.

L'ÉTUDIANTE. — Non, madame. Je suis petite et brune.

LE PROFESSEUR. — C'est vrai. Maintenant, regardez. Paul Roberts est assis à côté de la porte. Et vous, où êtes-vous, mademoiselle Stone?

L'ÉTUDIANTE. — Je suis assise à côté de la fenêtre, madame, derrière Jeannette.

LE PROFESSEUR. — Moi, je suis à côté du bureau. Voilà une clé. C'est la clé du bureau 5 du professeur, et voilà la clé de l'auto du professeur. Le mot *du* est la contraction de *de* et de *le*. Est-ce que vous comprenez?

L'ÉTUDIANTE. — Oui, madame, je comprends. Vous êtes à côté du bureau. C'est la clé du bureau du professeur. « Du » est une contraction.

LE PROFESSEUR. — Attention. Voilà une autre question. Où est monsieur Wilson? 10

L'ÉTUDIANTE. — Il est à côté du tableau noir.

LE PROFESSEUR. — Très bien. Voilà la serviette de monsieur Wilson. Elle est par terre à côté de sa chaise avec son livre.

L'ÉTUDIANTE. — Pardon, madame. Pourquoi *sa* chaise et *son* livre? C'est la chaise de monsieur Wilson et c'est le livre de monsieur Wilson, n'est-ce pas? 15

LE PROFESSEUR. — C'est vrai. Voilà une question excellente. Écoutez bien l'explication. En français, dites *son* livre et *sa* chaise; dites aussi *mon* livre et *ma* chaise parce que le nom *livre* est masculin et le nom *chaise* est féminin. Est-ce que vous comprenez maintenant?

L'ÉTUDIANTE. — Oui, madame. Je comprends très bien. Merci beaucoup. 20

LE PROFESSEUR. — Eh bien, continuons. Voilà le cahier du professeur. C'est mon cahier. Où est votre cahier, mademoiselle Barrow?

L'ÉTUDIANTE. — Mon cahier est dans mon sac avec mon stylo et mon crayon.

LE PROFESSEUR. — Très bien. Allez au tableau noir et écrivez votre phrase.

L'ÉTUDIANTE. — . . . crayon . . .? 25

LE PROFESSEUR. — Oui, le mot « crayon » est difficile. Épelez le mot *crayon*, monsieur Harrisson, s'il vous plaît.

L'ÉTUDIANTE. — C . . . R . . . A . . . Y . . O . . . N.

LE PROFESSEUR. — Où est votre veste, monsieur Wilson? Où est-elle?

L'ÉTUDIANT. — Elle est sur ma chaise derrière moi; ma serviette est sous ma chaise 30 avec mon livre.

LE PROFESSEUR. — Qui est devant vous, monsieur Harrisson?

L'ÉTUDIANT. — Le professeur est devant moi. Vous êtes devant moi.

LE PROFESSEUR. — Oui, c'est juste. Je suis devant vous. Où êtes-vous, monsieur Williams? 35

L'ÉTUDIANT. — Je suis dans la classe de français, je suis à côté du tableau noir. Je suis un étudiant de français. Vous êtes le professeur de français.

LE PROFESSEUR. — Qui est à côté de vous, mademoiselle Brown?

L'ÉTUDIANTE. — Barbara Stone est à côté de moi, madame. Barbara est une étudiante de français. Je suis aussi une étudiante de français. 40

Le Professeur. — C'est très bien. Maintenant, comptez tous ensemble. Répétez après
moi. Comptez de vingt à quarante.

vingt, vingt et un, vingt-deux, vingt-trois, etc.
  20   21   22   23

trente, trente et un, trente-deux, trente-trois, etc.   5
  30   31   32   33

quarante, quarante et un, quarante-deux, etc.
  40   41   42

EXERCICES

1. *Répondez à chaque question par une phrase complète.*

    1. Dans la classe de français, où êtes-vous? **2.** Qui est à votre droite? **3.** Qui
est à votre gauche? **4.** Est-ce que la porte est ouverte? **5.** Où est votre professeur? **6.** Où est votre livre de français? Est-ce qu'il est fermé? **7.** Où est votre
cahier de français? Est-ce qu'il est ouvert? **8.** Où est votre crayon? (votre stylo?)

2. *Faites une phrase avec chaque expression.*

    1. à gauche **2.** debout **3.** fermé **4.** à côté de **5.** assise **6.** Qui? **7.** ouvert
8. où? **9.** à droite **10.** par terre

3. *Questions sur la lecture. Répondez à chaque question; employez* **il** *ou* **elle.**

    1. Où est Daniel? **2.** Est-ce que mademoiselle Barrow est grande? **3.** La veste
de Marianne est bleue, n'est-ce pas? **4.** Où est le grand arbre? **5.** Où est le
professeur? **6.** Est-ce que la salle de classe est moderne? **7.** Est-ce que la craie
est noire? **8.** Est-ce que le professeur est assis? **9.** Hélène est à gauche de
Marianne, n'est-ce pas? **10.** Est-ce que la chemise de Daniel est grise?

4. *Composition:*

  (a) Faites votre portrait.
  (b) Faites le portrait d'un étudiant (ou d'une étudiante) de votre classe de français.
  (c) Faites le portrait de votre professeur de français.

Exercices Supplémentaires de Grammaire

1. *Faites une question avec chaque phrase.*

    1. Votre professeur est français. **2.** L'étudiante blonde est chinoise. **3.** La classe est intéressante. **4.** Jeannette est à côté de vous. **5.** Votre livre est ouvert. **6.** L'exercice est très simple. **7.** Ma serviette est par terre. **8.** Votre réponse est correcte. **9.** La fenêtre est fermée. **10.** Je suis debout.

2. (a) *Écrivez la forme correcte de l'*adjectif qualificatif.

    1. Voilà une réponse (excellent). **2.** Patricia est une jeune fille (brun). **3.** La veste de Daniel est (gris) et son pantalon est (noir). **4.** La robe de Barbara est (vert) et (blanc). **5.** Son sac est (rouge). **6.** C'est une question très (difficile). **7.** La salle de classe est (grand) et (moderne). **8.** La porte de la salle de classe est (fermé), mais la fenêtre est (ouvert). **9.** La première leçon de français est (simple). **10.** C'est une phrase (français).

(b) *Changez la phrase. Employez le mot entre parenthèses.*

    1. Voilà un tricot vert (une robe). **2.** Le papier est blanc (la craie). **3.** C'est un jeune homme intelligent (une étudiante). **4.** Le livre est ouvert (l'enveloppe). **5.** Mon manteau est noir (ma veste). **6.** Pedro est espagnol (Teresa). **7.** Son sac est fermé (sa serviette). **8.** Votre pantalon est bleu (votre chemise). **9.** Voilà un étudiant chinois (une jeune fille). **10.** Est-ce que le jardin est grand (l'université)?

PRONONCIATION

A. *Prononcez bien. Écoutez le son de la consonne finale.* [ə] *final est muet.*

Robert est français.	Claire est française.
Il est blond.	Elle est blonde.
Il est petit.	Elle est petite.
Il est assis.	Elle est assise.
C'est un étudiant.	C'est une étudiante.
Il est américain.	Elle est américaine.
Il est grand.	Elle est grande.
Il est intelligent.	Elle est intelligente.
Il est brun.	Elle est brune.

B. *Prononcez bien. Attention* [ə] *final est muet.*

Le tricot est noir.		La robe est noire.		
Il est	bleu.	Elle est	bleue.	
Il est	rouge.	Elle est	rouge.	
Il est	jaune.	Elle est	jaune.	
Il est	beige.	Elle est	beige.	

C. *Prononcez bien chaque groupe:*

1. un exemple   un autre exemple.
    une auto   une autre auto.
    un exercice   un autre exercice.
    une adresse   une autre adresse.
    un mot   un autre mot.

    une page   une autre page.

    une phrase   une autre phrase.

    un crayon   un autre crayon.

    un stylo   un autre stylo.

    une maison   une autre maison.

2. Il est anglais.   Est-il anglais?
    Il est occupé.   Est-il occupé?
    Il est italien.   Est-il italien?
    Il est américain.   Est-il américain?

NOUVELLES EXPRESSIONS

une chemise	un arbre	assis(e)
la craie	un jardin	anglais(e)
une jeune fille	un jeune homme	blanc / blanche
une jupe	un manteau	bleu(e)
une robe	un pantalon	brun(e)
une veste	un tricot	chinois(e)

espagnol(e)
fermé(e)
grand(e)
gris(e)
jaune
joli(e)
noir(e)
ouvert(e)
petit(e)
pratique
rouge
suédois(e)
sympathique
vert(e)
vrai(e)

allez
il (elle) s'appelle
il (elle) commence
dites
épelez
être (je suis
    vous êtes
    tu es)
faites
faites attention

à côté de
à droite (de)
à gauche (de)
comment?

de . . . à . . .
debout
dehors
en français
entre
est-ce que?
moi
par terre
parce que
parfaitement
pourquoi?
qui?
seulement
tous ensemble
très bien

Vous savez déjà:

une contraction
une couleur
une explication
une lettre
une page

un président

américain(e)
beige
blond(e)
confortable
correct(e)
difficile
excellent(e)
exact(e)
important(e)

intelligent(e)
intéressant(e)
invariable
mexicain(e)
moderne
simple
stupide

5

POINTS DE REPÈRE

1. Est-ce que **vous êtes** à l'université?
    Oui, **nous sommes** à l'université.

    ———————

2. Voilà un laboratoire moderne.
    Voilà **des** laboratoires moderne**s**.

    ———————

3. L'exercice est difficile.
    Les exercice**s** sont difficile**s**.

    ———————

4. **Sommes-nous** à l'université le dimanche?
    Les étudiants **sont-ils** dans la classe?

    ———————

5. **Y a-t-il** des autos sur le campus?
    Oui, **il y a** des autos sur le campus.

    ———————

6. Voilà des étudiants avec **leur** professeur.
    C'est **mon** ami Marc et **mon** amie Jeannette.

    ———————

7. M. et Mme Shaw sont **à** San Francisco.
    Ils sont **en** Amérique.

DÉVELOPPEMENT GRAMMATICAL

> **1.** Est-ce que **vous êtes** à l'université?
> Oui, **nous sommes** à l'université.

■ Étudiez le verbe suivant:

Je	**suis** à la maison.
Vous	**êtes (tu es)** à l'université.
Nous	**sommes** en Amérique.
Il	**est** grand.
Elle	**est** blonde.
C'	**est** une maison confortable.
Ils	**sont** debout.
Elles	**sont** assises.
Ce	**sont** des maisons confortables.

■ C'est le verbe **être.**

ATTENTION: **vous** représente le *singulier* ou le *pluriel,* c'est-à-dire une personne ou un groupe de personnes.

> **2.** Voilà un laboratoire moderne.
> Voilà **des** laboratoires modernes.

Comparez:

Voilà **un** arbre vert.	Voilà **des** arbres verts.
Voilà **un** exercice simple.	Voilà **des** exercices simples.
C'est **un** étudiant canadien.	Ce sont **des** étudiants canadiens.

Voilà **une** blouse blanche.

Voilà **une** leçon difficile.

C'est **une** étudiante française.

Voilà **des** blouses blanches.

Voilà **des** leçons difficiles.

Ce sont **des** étudiantes françaises.

■ (a) **Des** est un article. C'est le pluriel de **un** et de **une**.

Singulier	*Pluriel*
un	
une	**des**

(b) En français, les *noms sont variables*. Les *adjectifs qualificatifs sont variables* aussi. En général, la terminaison des noms et des adjectifs pluriels est **-s**.*

$$\begin{bmatrix} \text{Nom et adjectif} \\ \text{pluriel} \end{bmatrix} = \begin{bmatrix} \text{Nom et adjectif} \\ \text{singulier} \end{bmatrix} + s$$

NOTEZ: Un nom singulier avec la terminaison **-s** est invariable au pluriel.
Un adjectif masculin avec la terminaison **-s** est invariable au masculin pluriel.

EXEMPLES: un autobus vert / des autobus verts.

un étudiant français / des étudiants français.

---

3. L'exercice est difficile.

Les exercices sont difficiles.

Comparez:

C'est le laboratoire de physique.

C'est la classe de sculpture.

C'est l'université de Paris.

Voilà l'autre exercice.

Ce sont **les** laboratoires de chimie.

Ce sont **les** classes de musique.

Ce sont **les** universités américaines.

Voilà **les** autres exercices.

*s final est muet excepté dans la liaison (voir la prononciation, pp. 45–46)

■ **Les** est un *article défini*. C'est le pluriel de **le, la, l'**.

Singulier	*Pluriel*
le	
la	**les**
l'	

ATTENTION: Notez l'absence de l'article après **de** pour indiquer un type de laboratoire, un type de classe, un type de livre, etc.

EXEMPLES: Le laboratoire **de** physique, le laboratoire **de** chimie, la classe **d'**anglais, les classes **de** musique, le livre **de** français, etc.

---

4. Sommes-nous à l'université le dimanche?
Les étudiants **sont-ils** dans la classe?

Comparez:

Vous êtes français.

Est-ce que vous êtes français?
Êtes-vous français?

Elle est canadienne.

Est-ce qu'elle est canadienne?
Est-elle canadienne?

Ils sont américains.

Est-ce qu'ils sont américains?
Sont-ils américains?

■ En français, deux formes interrogatives sont possibles:

1) avec **est-ce que**
2) avec *l'inversion* (Le verbe est devant le sujet.)

NOTEZ: *A la première personne du singulier*, employez **est-ce que.**

EXEMPLES: **Est-ce que** je suis en retard? **Est-ce que** je parle français?

Comparez:

Richard est à Paris.

Richard **est-il** à Paris?
Est-ce que Richard est à Paris?

Jeannette est française.

Jeannette **est-elle** française?
Est-ce que Jeannette est française?

GRAMMAIRE

Les étudiants sont sympathiques.	Les étudiants **sont-ils** sympathiques? **Est-ce que** les étudiants sont sympathiques?
Les classes sont intéressantes.	Les classes **sont-elles** intéressantes? **Est-ce que** les classes sont intéressantes?

■ A la *troisième personne* du *singulier* et du *pluriel,* quand le *sujet* est un *nom,* employez **est-ce que** ou *l'inversion* (avec le nom sujet avant le verbe et le pronom sujet après le verbe).

---

5. Y a-t-il des autos sur le campus?
Oui, **il y a** des autos sur le campus.

Comparez:

Est-ce qu'il y a un restaurant à l'université?	Oui, **il y a** un restaurant à l'université.
Est-ce qu'il y a deux fenêtres dans la classe?	Oui, **il y a** deux fenêtres dans la classe.
Est-ce qu'il y a des étudiants et des étudiantes dans la classe?	Oui, **il y a** des étudiants et des étudiantes dans la classe.

■ Après **il y a** employez un nom *singulier* ou *pluriel,* avec un article indéfini ou avec un nombre.

NOTEZ: La forme interrogative de **il y a** est:
Est-ce qu'il y a? ou **Y a-t-il?** (Remarquez le **t** entre **a** et **il.**)
EXEMPLE: Est-ce qu'il y a des exercices? = **Y a-t-il** des exercices?

NOTEZ: **Qu'est-ce qu'il y a** sur la table? **Il y a** deux livres et trois cahiers.

6. Voilà des étudiants avec **leur** professeur.
C'est **mon** ami Marc et **mon** amie Jeannette.

Comparez:

Nous sommes dans la classe de chimie.   Voilà **notre** professeur.
Vous êtes des étudiants de français.   Voilà **votre** livre de français.
M. et Mme Gordon sont à la maison.   Voilà **leur** voiture.

■ **Notre, votre, leur** sont des *adjectifs possessifs*.
Employez: **notre, votre, leur** avec un nom masculin ou féminin.

Voilà la première série des adjectifs possessifs:

	mon		**ma**		(je)
	votre (ton)		**votre (ta)**		(vous)(tu)
Voilà	**notre**	appartement et	**notre**	voiture.	(nous)
	son		**sa**		(Marc)
	son		**sa**		(Barbara)
	leur		**leur**		(M. et Mme Smith)

Comparez:

C'est la maison de Marc.   C'est **sa** maison.
C'est l'auto blanche de Marc.   C'est **son** auto.
Anne est l'amie de Marc.   C'est **son** amie.

C'est une veste bleue.   C'est **ma** veste bleue.
C'est une autre veste.   C'est **mon** autre veste.
C'est une université célèbre.   C'est **mon** université.

■ Employez **mon, son, ton** devant un nom (ou un adjectif) féminin singulier
qui *commence par une voyelle*.

> **7.** M. et Mme Shaw sont **à** San Francisco.
> Ils sont **en** Amérique.

Comparez:

Nous sommes **en** Amérique.   La Cinquième Avenue est **à** New York.
Paris est **en** France.   Le Palais de Buckingham est **à** Londres.
Moscou est **en** Russie.   Le Vatican est **à** Rome.

en Europe, **en** Afrique, **en** Asie   **à** Madrid, **à** Bruxelles, **à** Jérusalem
en Chine, **en** Californie, **en** Floride   **à** Genève, **à** Tokio, **à** San Francisco
en Espagne, **en** Belgique, **en** Autriche **à** Vienne, **à** Miami, **à** Stockholm

■ Employez **en** devant un nom féminin de *pays* ou d'*état* (en général les noms de pays sont féminins.) Employez **à** devant un nom de *ville*.

EXERCICES

1. *Écrivez la forme correcte du verbe* **être.**

1. Je _____ dans le jardin de Roger. **2.** Trois étudiants _____ avec moi. **3.** Voilà un jeune homme; c' _____ mon ami Bob. **4.** Il _____ grand et brun. **5.** Marianne et Hélène _____ à côté de Bob. **6.** Marianne _____ très élégante. **7.** Sa robe et son manteau _____ bleus. **8.** Les jeunes filles _____ très sympathiques. **9.** Nous _____ assis sous un arbre. **10.** L'auto de Roger _____ devant la maison.

2. *Écrivez l'article indéfini* **correct.**

1. Ce sont _____ exercices difficiles. **2.** Voilà _____ maisons modernes. **3.** C'est _____ date importante. **4.** Le professeur de français est _____ jeune fille. **5.** C'est _____ université américaine. **6.** Voilà _____ livres de français. **7.** Écrivez _____ phrases correctes. **8.** C'est _____ appartement confortable. **9.** Nous sommes dans _____ classe d'anglais. **10.** Voilà _____ compositions intéressantes.

3. *Écrivez l'article défini simple ou* **de** + *l'article défini ou l'article défini contracté ou* **de (d').**

1. Ce sont _____ arbres _____ jardin _____ Betty. **2.** Voilà _____ étudiants _____ classe _____ français. **3.** Écoutez _____ question _____ professeur. **4.** Ce sont _____ livres _____ jeune homme. **5.** Ils sont dans _____ auto _____ jeune fille. **6.**

porte —— appartement —— Jack est fermée. **7.** —— fenêtres —— salle de classe sont ouvertes. **8.** C'est —— numéro —— téléphone —— Barbara. **9.** Voilà —— clé —— maison —— Mme Turner. **10.** Où sont —— livres et —— cahiers —— Bob?

4. *Écrivez à la* forme interrogative (*deux formes pour chaque phrase*).

1. Il est à la maison. **2.** Vous êtes américain. **3.** Elles sont dans le jardin. **4.** Le laboratoire est ouvert aujourd'hui. **5.** Sa serviette est pratique. **6.** Le restaurant est fermé. **7.** Les leçons sont importantes. **8.** Votre classe de français est intéressante. **9.** Son ami Marc est à New York. **10.** Les professeurs sont américains.

5. *Écrivez une phrase avec* **il y a.**

Exemple: dans mon livre / des exercices
Il y a des exercices dans mon livre.

1. devant la fenêtre / un arbre. **2.** à l'université / des laboratoires. **3.** dehors / des étudiants et des étudiantes. **4.** sur mon bureau / trois livres. **5.** devant ma maison / une auto. **6.** à côté de vous / une étudiante. **7.** dans son sac / des clés. **8.** à ma gauche / deux portes. **9.** devant moi / un tableau noir. **10.** dans chaque classe / un professeur.

6. *Écrivez l'adjectif possessif* **correct.**

1. Nous sommes dans _la_ classe de français. _Notre_ professeur est américain. Voilà _sa_ serviette sur _son_ bureau et _sa_ veste sur _sa_ chaise. _Son_ livre de français est fermé. **2.** Dans la salle de classe, les étudiants sont assis devant _leur_ professeur. Aujourd'hui, _leur_ leçon est difficile. **3.** Un étudiant est debout devant le tableau noir. _Sa_ phrase et _sa_ prononciation sont correctes.

7. *Écrivez la* préposition **correcte.**

1. La statue de la Liberté est _à_ New York, mais la Tour Eiffel est _à_ Paris. **2.** _En_ Chine, il y a un grand mur; il y a aussi un mur célèbre _à_ Berlin, _en_ Allemagne. **3.** Les Champs-Élysées sont _à_ Paris, _en_ France; mais le Vatican est _à_ Rome, _en_ Italie. **4.** Madrid est _en_ Espagne et Buenos Aires est _en_ Argentine. **5.** Le Kremlin est _à_ Moscou, _en_ Russie et la Maison Blanche est _à_ Washington. **6.** Hollywood est _en_ Californie, mais Miami est _en_ Floride. **7.** Le Mont-Blanc est _en_ Europe et le Mont Everest est _en_ Asie. **8.** Le musée Guggenheim est _à_ New York; le Musée Britannique est _à_ Londres, _en_ Angleterre.

6

A l'université

Je m'appelle Jean Decker. Je suis un étudiant de français à l'université de notre ville.
Ma vie est très simple, mais je suis souvent très occupé. Je suis à l'université tous
les jours, excepté le samedi et le dimanche. Aujourd'hui, c'est le 8 octobre; c'est lundi.
Lundi est le premier jour de la semaine. Vendredi est le dernier jour de la semaine
à l'université. Le vendredi, je suis content parce que le samedi et le dimanche, je   5
suis libre. Les professeurs et les étudiants sont à l'université cinq jours par semaine.
Les étudiants sont dans leur classe avec leur professeur. Ils sont quelquefois dans les
laboratoires ou à la bibliothèque.

Trois fois par semaine, le lundi, le mercredi et le vendredi,[1] ma première classe
est à 8 heures du matin. C'est une classe de sciences politiques. Elle est intéressante   10
et importante. Je suis à l'heure parce que ma maison est près de l'université et parce
que mon auto est une voiture de sport rapide.

Dans ma classe de français, il y a des étudiants et des étudiantes. Je suis assis
entre mon ami Bob et mon amie Anne. Mon amie Anne est quelquefois en retard
parce que sa maison est loin de l'université et parce que son auto est une Ford très   15
« fatiguée ». Notre professeur de français est une femme. C'est madame White. C'est
un professeur excellent. Aujourd'hui, elle est particulièrement élégante avec sa robe
beige et sa veste rouge. Ma classe de français est intéressante et assez facile. J'aime
ma classe de français, mais je préfère ma classe de sciences politiques.

Après ma classe de français, il y a . . . hélas! . . . une classe de mathématiques.   20
Les mathématiques sont très compliquées. Notre professeur est un homme très intelligent . . . et mon intelligence est probablement très ordinaire. Je suis souvent fatigué
dans la classe de mathématiques. Alors, je regarde la cravate du professeur: elle est
extraordinaire et . . . horrible, à mon avis.

Deux fois par semaine, le mardi et le jeudi, ma dernière classe est à une heure   25
de l'après-midi. C'est une classe d'histoire. Je déteste l'histoire. Les dates sont terriblement difficiles et le professeur est très sévère. Je suis assis à côté de la fenêtre et je

---

[1] Notez: **le** lundi, **le** mercredi, **le** vendredi = **chaque** lundi, **chaque** mercredi, **chaque** vendredi.
  Et aussi: **le** matin, **le** soir = **chaque** matin, **chaque** soir.

regarde dehors. En face de moi, il y a des bâtiments; ce sont les bâtiments de physique, de chimie et de biologie. Ils sont blancs et rouges; ils sont en briques. Ils sont assez hauts et très modernes.

J'aime mon université. Le campus est joli: il y a des arbres et des fleurs devant les bâtiments. Il y a aussi un restaurant,[2] un théâtre et un magasin pour les livres 5 de classe. Il y a un hôpital pour les étudiants malades. A midi, les étudiants sont souvent sous les arbres avec quelques amis et . . . leur déjeuner. Dans mon université, il y a des classes intéressantes, des professeurs sympathiques et des étudiants intelligents. Il y a aussi des devoirs le soir, et un ou deux examens à la fin de chaque semaine avec des notes . . . des A ou des D! C'est un problème important pour un étudiant. 10 Un autre problème important est le problème du « parking ». Mais c'est une autre histoire!

En Amérique, il y a des universités importantes à Chicago, à New York, à Los Angeles et généralement dans les grandes villes. Quelques universités sont très célèbres comme Harvard, Princeton et Yale. 15

LE PROFESSEUR. — Lundi, mardi, mercredi, jeudi, vendredi, samedi et dimanche sont les jours de la semaine. Sommes-nous à l'université tous les jours, monsieur Edwards?

L'ÉTUDIANT. — Non, madame. Nous sommes à l'université cinq jours par semaine, mais quelques étudiants sont à la bibliothèque le samedi et le dimanche. La 20 bibliothèque est ouverte de dix heures du matin à sept heures du soir.

LE PROFESSEUR. — Et vous, où êtes-vous pendant le week-end?

L'ÉTUDIANT. — Je suis quelquefois à la bibliothèque, mais souvent, je suis à la maison.[3]

LE PROFESSEUR. — Est-ce que vous aimez le dimanche, mademoiselle Stone?

L'ÉTUDIANTE. — Oui, madame. J'aime le dimanche, mais je préfère le samedi parce 25 que j'ai ma leçon de danse le samedi matin. Les autres jours j'ai ma classe de mathématiques, le matin, et . . . je déteste les mathématiques.

LE PROFESSEUR. — Votre professeur est-il sévère?

L'ÉTUDIANTE. — Non, madame. Mais les mathématiques sont difficiles pour moi.

LE PROFESSEUR. — Votre classe de mathématiques est-elle après notre classe de 30 français?

L'ÉTUDIANTE. — Oui, madame. Elle est à midi, trois fois par semaine seulement.

LE PROFESSEUR. — Quel jour préférez-vous, mademoiselle Barrow?

L'ÉTUDIANTE. — Je préfère le mercredi parce que le mercredi, je suis dans une classe d'art. C'est ma classe favorite. 35

---

[2] **un** restaurant, **un** étudiant, **un** appartement, **un** complément, **un** accent, **un** président, etc. Les noms en **-nt** sont en général masculins.
[3] **à la maison, à l'heure, en retard** sont des expressions invariables.

LE PROFESSEUR. — Où est votre classe d'art?

L'ÉTUDIANTE. — Elle est dans le bâtiment des Beaux-Arts. Il y a des classes de <u>peinture</u>, de <u>dessin</u> et de sculpture. Il y a aussi un petit musée.

LE PROFESSEUR. — Où est le bâtiment des Beaux-Arts?

L'ÉTUDIANTE. — Il est en face du bâtiment de l'administration.

L'ÉTUDIANTE. — Il est en face du bâtiment de l'administration.   5

LE PROFESSEUR. — Comment est-il? De quelle couleur est-il? En quoi est-il?

L'ÉTUDIANTE. — Il est très moderne. Il est blanc et rouge. Il est en briques, comme les autres bâtiments de l'université. Sur le bâtiment, il y a une horloge.

LE PROFESSEUR. — Il y a une horloge aussi dans notre salle de classe. Quelle heure est-il à l'horloge de la classe?   10

Il est dix heures.

Il est dix heures dix.

Il est dix heures et quart.

Il est dix heures vingt-cinq.

Il est dix heures et demie.

Il est onze heures moins vingt.

Il est onze heures moins le quart.

Il est onze heures moins cinq.

Quand les deux aiguilles de l'horloge (ou de la montre) sont sur le numéro 12:

Il est midi, le jour.   Il est minuit, la nuit.

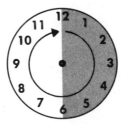

De minuit à midi, c'est le matin. (EXEMPLES: six heures du matin, neuf heures du matin.)

De midi à cinq heures, c'est l'après-midi. (EXEMPLE: deux heures de l'après-midi.)

De cinq heures à minuit, c'est le soir. (EXEMPLES: six heures du soir, onze heures du soir.)

———

Voici les nombres de 40 à 69:

quarante, quarante et un, quarante-deux, quarante-trois, etc.
   40   41   42   43

cinquante, cinquante et un, cinquante-deux, cinquante-trois, etc.
   50   51   52   53

soixante, soixante et un, soixante-deux, soixante-trois, etc.
   60   61   62   63

EXERCICES

1. *Répondez à chaque question par une phrase complète.*

    1. A quelle heure êtes-vous à l'université? **2.** A quelle heure est votre première classe? **3.** A quelle heure êtes-vous à la maison après votre dernière classe? **4.** Y a-t-il un hôpital près de votre université? **5.** Est-ce qu'il y a des arbres sur le campus? Et des fleurs? **6.** De quelle couleur sont les bâtiments de votre université? **7.** Où êtes-vous à midi? Et à minuit? **8.** Quelle est votre classe favorite? Pourquoi? **9.** Votre professeur de français est un homme, n'est-ce pas? **10.** Êtes-vous à l'université tous les jours?

2. *Faites une phrase complète avec chaque expression.*

    1. à l'heure   **2.** en retard   **3.** loin de   **4.** à mon avis   **5.** quelquefois   **6.** à la maison   **7.** avant   **8.** tous les jours   **9.** par semaine   **10.** midi

3. *Questions sur la lecture. Répondez par des phrases complètes.*

un étudiant de Français *très simple* *tout les jours exepté le samet le diman...*

1. Qui est Jean Decker? Est-ce que sa vie est compliquée? 2. Jean est-il à l'université le vendredi? *8 heures du mat.n* 3. A quelle heure est-il à l'université le lundi? Pourquoi? *près de l'univers.té* 4. Est-ce que la maison de Jean est loin de l'université? 5. Qui est le professeur de français de Jean? *c'est Madame ut.le matheques* 6. Quelle classe y a-t-il après la classe de français? 7. Comment est le professeur d'histoire de Jean? *est très severe* 8. Son professeur de mathématiques est-il une femme? *Non, un home intelligent* *souvent sous les arbres* 9. Où sont les étudiants à midi? 10. Où y a-t-il des universités importantes en Amérique? Où y a-t-il des universités importantes dans votre état?

4. *Composition:*

(a) Faites une description de votre classe de français ou d'une autre classe.
(b) Faites une description de votre université.
(c) Décrivez votre vie d'étudiant(e).

Exercices Supplémentaires de Grammaire

1. *Écrivez au pluriel.*

1. Je suis en retard. 2. C'est une classe très importante. 3. Le livre de Robert est par terre. 4. Voilà un étudiant chinois. 5. Il y a un arbre devant la fenêtre. 6. Voilà l'exercice de Patricia; il est correct. 7. C'est la question de Mme White; elle est difficile. 8. Elle est à la maison le dimanche. 9. Il est à l'université; il est très occupé parce qu'il y a un examen. 10. Où est l'étudiant de M. Brown?

2. *Répondez par une phrase complète et employez les noms de pays ou de villes proposés.*

Où est: Le Parthénon? Disneyland? Le musée du Louvre? Amsterdam? Le carnaval? Florence? L'Empire State Building? Où sont les Pyramides? (New York; Athènes; la Californie; Rio de Janeiro; Paris; l'Egypte (*f.*); la Hollande; l'Italie (*f.*).)

3. *Écrivez l'adjectif possessif correct et logique.*

1. J'aime ——— maison et ——— jardin. Aimez-vous ——— appartement? 2. Bob déteste ——— livre de physique, mais il aime ——— classe de biologie. 3. Nous sommes assis dans ——— classe de français; ——— professeur est devant le tableau noir. 4. Je regarde ——— amie Hélène; elle est élégante; ——— manteau est bleu,

_____ jupe est blanche. **5.** Je suis assis(e) sur _____ chaise à côté de _____ ami Steve et de _____ amie Barbara. _____ livre de français est devant moi; sur _____ livre, il y a _____ nom et _____ adresse. **6.** Devant la maison de Marc, il y a _____ auto et _____ bicyclette.

4. _Employez_ **c'est** _ou_ **ce sont, il (elle) est,** _ou_ **ils (elles) sont.**

> **1.** _____ votre livre de français; _____ devant vous; _____ fermé. **2.** Voilà Joyce. _____ une étudiante de ma classe d'espagnol. _____ intelligente. Dans la classe, _____ assise à côté de moi. **3.** _____ les bâtiments de l'université. _____ modernes. Aujourd'hui, _____ fermés parce que _____ dimanche. **4.** _____ Jeannette et Anne. _____ américaines. _____ des étudiantes de la classe d'anglais.

PRONONCIATION

A. _Prononcez correctement chaque groupe:_

1. le mur	les murs	**2.** la boîte	les boîtes
le livre	les livres	la page	les pages
le jardin	les jardins	la voiture	les voitures
le théâtre	les théâtres	la maison	les maisons
le magasin	les magasins	la bibliothèque	les bibliothèques

3. l'ami	les amis
l'auto	les autos
l'exercice	les exercices
l'étudiant	les étudiants
l'appartement	les appartements
l'université	les universités

B. _Prononcez correctement chaque phrase:_

1. Il y a des fleurs.	Il y a des arbres.
Il y a des maisons.	Il y a des adresses.
Il y a des cahiers.	Il y a des enveloppes.
Il y a des professeurs.	Il y a des étudiants.

2. Voilà les stylos.

Voilà les magasins.

Voilà les bâtiments.

Voilà les bibliothèques.

Voilà les autos.

Voilà les examens.

Voilà les étudiants.

Voilà les appartements.

3. C'est mon auto.
C'est mon adresse.
C'est mon examen.
C'est mon appartement.

C'est mon ami(e).
C'est mon histoire.
C'est mon autobus.
C'est mon occupation.

4. un grand arbre.
un grand oiseau.
un grand appartement.

un grand ami.
un grand hôtel.
un grand Américain.

Dans la prononciation française, les mots sont liés. Il y a une *liaison* entre l'article et le nom, entre le possessif et le nom, entre le pronom et le verbe. Notez: dans la liaison, **s** est prononcé [z]

d est prononcé [t]

f est prononcé [v] dans **neuf heures.**

[v]

C. *Prononcez correctement chaque phrase:*

1. Voilà des livres modernes. / Je suis dans la classe de français. / Ils sont souvent debout. / Robert est devant le petit bâtiment. / deux / trois / vingt / cent (100) / cent un (cent/un).

2. un bal, un bol
une fleur, un jour, un mur noir
un sac, un lac
cinq, sept, neuf
un autobus

Généralement **c**[k], **r, f, l** finals sont prononcés. Les autres consonnes sont muettes.

EXPRESSIONS NOUVELLES

une aiguille
une bibliothèque
une classe de chimie
            de dessin
            de peinture
une cravate
une fin
une fleur
une heure
une histoire
une horloge
une montre
une nuit
une note
une semaine: lundi
            mardi
            mercredi
            jeudi
            vendredi
            samedi
            dimanche
une terminaison
une vie
une ville
une voiture

un(e) ami(e)
un après-midi

un bâtiment
un déjeuner
un devoir
un état
un examen
un jour
un magasin
un matin
un soir

célèbre
compliqué(e)
content(e)
dernier / dernière
haut(e)
libre
malade
occupé(e)
quelques

il y a / y a-t-il?
j'aime / vous aimez
je déteste / vous détestez
être (nous sommes /
    ils (elles) sont /
    ce sont)

je préfère / vous préférez
remarquez

à la maison
à l'heure ≠ en retard
à mon (votre) avis
assez
avant ≠ après
bien sûr
deux (trois) fois
du matin ≠ du soir
en briques
en face de
en général
en quoi?
loin de ≠ près de
malheureusement
midi ≠ minuit
naturellement
par (semaine, jour)
particulièrement
quelquefois
souvent
tous les jours

Vous savez déjà:

une bicyclette
(une classe) d'anglais
            d'art
            de biologie
            de danse
            d'histoire

(une classe) de mathéma-
            tiques
           de physique
           de sciences
           de sculpture
une expression

une intelligence

un autobus
un campus
un cinéma
un hôpital

un laboratoire
un musée
un problème
un restaurant
un théâtre

canadien(ne)

élégant(e)
extraordinaire
facile
favori(te)
fatigué(e)
horrible
ordinaire

politique
possible
rapide
sévère
en général
naturellement
terriblement

7

POINTS DE REPÈRE

1. Je suis à l'heure.
    Je **ne** suis **pas** en retard.

———————

2. Avez-vous une voiture?
    Oui, **j'ai** une voiture.

———————

3. Il y a un arbre devant la maison.
    Il **n'y** a **pas d'**arbre devant la maison.
J'ai un appartement.
    Je **n'**ai **pas de** jardin.

———————

4. Voilà un **beau** magasin
    Voilà une **belle** maison

———————

5. C'est une **bonne** question.
    C'est une question **intéressante.**

———————

6. Il y a **beaucoup de** classes.
    Il y a **beaucoup d'**étudiants à l'université.

———————

7. J'ai besoin de mon auto tous les jours.
Avez vous besoin de dollars?

DÉVELOPPEMENT GRAMMATICAL

> **1.** Je suis à l'heure.
> Je **ne** suis **pas** en retard.

Comparez:

Regardez le tableau.	**Ne** regardez **pas** l'horloge.
Je suis fatigué(e).	Je **ne** suis **pas** fatigué(e).
Nous sommes en Amérique.	Nous **ne** sommes **pas** en France.
Les étudiants sont assis.	Ils **ne** sont **pas** debout.
Le magasin est ouvert.	Il **n'**est **pas** fermé.
Ma voiture est beige.	Elle **n'**est **pas** blanche.
C'est ma serviette.	Ce **n'**est **pas** votre serviette.
Vous êtes en bonne santé.	Vous **n'**êtes **pas** malade.

■ En français, la forme négative est formée avec:

$$\textbf{ne} + \textit{verbe} + \textbf{pas}$$

Ne est placé *avant* le verbe. **Pas** est placé *après* le verbe.
Ne → **n'** devant une voyelle: **a, e, i (y), o, u.**

Voilà le verbe **être** à la forme négative:

Je	**ne**	suis	**pas**	à la bibliothèque.
Vous	**n'**	êtes	**pas**	à la banque.
Tu	**n'**	es		
Nous	**ne**	sommes	**pas**	dans le magasin.
Il	**n'**	est	**pas**	français.
Elle	**n'**	est	**pas**	jolie.
Ce	**n'**	est	**pas**	mon auto.
Ils	**ne**	sont	**pas**	absents.
Elles	**ne**	sont	**pas**	assises.
Ce	**ne**	sont	**pas**	les bâtiments de l'université.

2. Avez-vous une voiture?
Oui, **j'ai** une voiture.

Étudiez le verbe suivant: *avoir – possessive*

J'	**ai**	un crayon.
Vous	**avez**	une auto.
Tu	**as**	une serviette.
Nous	**avons**	une maison.
Il	**a**	des devoirs.
Elle	**a**	des leçons.
Ils	**ont**	un appartement.
Elles	**ont**	des professeurs.

■ C'est le verbe **avoir.**

ATTENTION: A la *forme interrogative*, 3ᵉ personne du singulier:

a-t-elle

Est-ce qu'il **a** des devoirs = A-t-il des devoirs?

Est-ce que Jessy **a** une auto? = Jessy a-t-elle une auto?

Vous — Vous avez

Il y a **t** entre **a** et **il,** entre **a** et **elle** parce que **a, e, i,** sont des voyelles. (Cf. « Y a-t-il? » leçon 5, page 35)

3. Il y a un arbre devant la maison.
Il **n'**y a **pas d'**arbre devant la maison.
J'ai un appartement.
Je **n'**ai **pas de** jardin.

Comparez:

Il y a un taxi devant la maison. **Il n'y a pas de** taxi devant la maison.
Il y a une voiture dans le garage. **Il n'y a pas de** voiture dans le garage.

Il y a des fleurs dans la classe.   **Il n'y a pas de** fleurs dans la classe.

Il y a des autos devant la banque.   **Il n'y a pas d'**autos devant la banque.

■ La forme négative de **il y a**
$\left\{\begin{array}{l} \textbf{un} \\ \textbf{une} \\ \textbf{des} \end{array}\right.$ . . . est: **il n'y a pas de (d')** . . . .

Comparez:

J'ai une serviette.	Je **n'ai pas de** serviette.
Vous avez un scooter.	Vous **n'avez pas de** scooter.
Elle a une auto.	Elle **n'a pas d'**auto.
Ils ont des devoirs.	Ils **n'ont pas de** devoirs.

■ A la *forme négative,* employez **pas de (pas d')** à la place de **un, une, des,** après le verbe **avoir.**

Voilà le verbe **avoir** à la forme négative:

Je	**n'ai**	**pas de** stylo.
Vous	**n'avez**	**pas de** bateau.
Tu	**n'as**	**pas de** sac.
Nous	**n'avons**	**pas d'**appartement.
Il	**n'a**	**pas de** leçons.
Elle	**n'a**	**pas de** devoirs.
Ils	**n'ont**	**pas de** maison.
Elles	**n'ont**	**pas d'**amis.

4. Voilà un **beau** magasin.

Voilà une **belle** maison.

Comparez:

Mon manteau est **neuf.**	Ma serviette est **neuve.**
Le verbe est **négatif.**	La phrase est **négative.**
Jean est **sportif.**	Hélène est **sportive.**

■ Le féminin des adjectifs en **f** est en **ve**.

L'exercice est **long**.   La leçon est **longue**.
Son jardin est **beau**.   Sa maison est **belle**.
Le bateau de Marc est **vieux**.   La voiture de Marc est **vieille**.
Le café est **bon**.   La bière est **bonne**.

■ Le féminin de quelques adjectifs est irrégulier.

5. C'est une **bonne** question.
C'est une question **intéressante**.

Comparez:

un restaurant **moderne**   un **petit** restaurant
un magasin **neuf**   un **grand** magasin
une ville **célèbre**   une **belle** ville
une maison **confortable**   une **jolie** maison
une rue **tranquille**   une **petite** rue
une réponse **stupide**   une **bonne** réponse
une question **intelligente**   une **mauvaise** question
un costume **élégant**   un **beau** costume

■ En français, *l'adjectif qualificatif* est en général placé *après* le nom.

Mais: quelques adjectifs sont placés *avant* le nom. Ce sont:

grand · petit · jeune · joli · mauvais · dernier · premier · autre ·
et
beau (belle) · **bon** (bonne) · **long** (longue) · **vieux** (vieille)

EXEMPLES: C'est une **vieille** maison **grise**.
Voilà une **petite** rue **tranquille**.
J'ai un **grand** appartement **confortable**.

NOTEZ: Le magasin et la banque sont ouvert**s**.
Charles et Patricia sont américain**s**.
Sa robe et son sac sont élégant**s**.

■ Après un *nom masculin* + *un nom féminin,* le *masculin pluriel* est employé pour l'adjectif qualificatif.

> **6.** Il y a **beaucoup de** classes.
> Il y a **beaucoup d'**étudiants à l'université.

Comparez:

Il n'y a pas beaucoup

Il y a **beaucoup de** circulation
dans la rue.

Il y a **beaucoup de** bruit dans
ma maison.

Betty a **beaucoup d'**imagination
et **beaucoup d'**énergie.

Il y a **beaucoup de** gens dans le
magasin.

Il y a **beaucoup de** voitures dans le
garage.

Il y a **beaucoup d'**étudiants
à l'université.

■ Employez **beaucoup de** (**beaucoup d'** devant une voyelle) avec un nom
singulier ou avec un nom *pluriel*.

> **7. J'ai besoin de** mon auto tous les jours.
> **Avez-vous besoin de** dollars?

Notez l'expression **avoir besoin de:**

Mon auto est vieille. **J'ai besoin d'**une auto neuve.
En classe, **nous avons besoin de** notre stylo et **de** notre cahier.
J'ai besoin de dollars (ou **d'**argent).
De quoi les étudiants **ont-ils besoin? Ils ont besoin de** vacances.
Nous avons besoin d'amis.

■ Avec « avoir besoin de », n'employez pas l'article « des » au pluriel.
Employez **de** (à la place de « des ») *devant le nom pluriel*.

EXERCICES

1. *Écrivez les phrases suivantes à la forme négative.*

1. Les étudiants sont contents parce que l'examen est facile. **2.** Les banques sont
ouvertes le samedi. **3.** Vous êtes à l'université tous les jours. **4.** Mon auto est

blanche; elle est moderne. **5.** Le samedi soir, je suis à la maison. **6.** C'est la fin de la classe; il est midi. **7.** C'est votre manteau et ce sont les livres de Philippe. **8.** Répétez votre phrase; elle est correcte. **9.** J'aime mon appartement; il est assez confortable. **10.** Jack est malade; il est à l'hôpital.

2. *Écrivez la forme correcte du verbe* **avoir** *ou du verbe* **être.**

1. Je ne _suis_ pas à la maison le mardi parce que je _j'ai_ des classes.
2. Nous _avons_ des exercices pour demain. **3.** Est-ce que vous _avez_ une auto?
4. Il _est_ onze heures du matin. **5.** Les étudiants _ont_ une classe de français tous les jours. **6.** Les bâtiments de l'université _sont_ hauts. **7.** Je _j'ai_ des amis.
8. Vous ne _tes_ pas content quand vous _avez_ un examen difficile. **9.** Mon livre et mon cahier _sont_ sur ma table. **10.** Vous _avez_ un bateau, mais nous _avons_ une auto.

3. (a) *Écrivez à la forme négative.*

1. Les étudiants ont des classes le samedi. **2.** Nous avons un examen aujourd'hui. **3.** Il y a une banque près de l'université. **4.** Il y a des fleurs dans la classe de français. **5.** Vous avez un jardin. **6.** Suzanne a une auto. **7.** Nous avons un musée à l'université. **8.** M. et Mme Roberts ont un appartement.
9. Il y a un restaurant sur le campus. **10.** Les étudiants ont des livres de russe.

(b) 1. *Écrivez cinq phrases négatives avec le verbe* **avoir.** *Écrivez des phrases complètes.*
2. *Écrivez trois phrases négatives avec* **il y a.** *Écrivez des phrases complètes.*

4. *Écrivez la forme correcte de l'adjectif.*

1. Voilà une (beau) _belle_ auto. **2.** Ce sont des questions (stupide) **3.** Regardez la bicyclette (neuf) _neuve_ de Jeannette. **4.** La (petit) _petite_ fille est (content) **5.** C'est une leçon (intéressant), mais elle est (long). **6.** Ce sont des exercices (important), mais ils sont (difficile). **7.** Répétez la phrase (négatif) _négative_. **8.** Le professeur est une (jeune) femme; elle est (grand) et (joli) **9.** Il y a un (vieux) monsieur et une (vieux) _vieille_ dame devant le magasin. **10.** Ma veste et mon tricot sont (neuf) _neuve_.

5. *Écrivez les phrases suivantes et placez correctement les adjectifs.*

1. Voilà une phrase (long, correct). **2.** C'est un bâtiment (grand, neuf). **3.** Il y a une auto (rouge, beau) devant la maison. **4.** J'aime la robe (joli, blanc).
5. Sa jupe (vieux, gris) n'est pas (beau). **6.** Regardez la maison (petit, jaune).
7. C'est une jeune fille (grand, brun). **8.** Il y a un magasin (moderne, beau) au coin de la rue. **9.** J'aime mon tricot (vieux, noir). **10.** Ils sont dans une université (grand, américain).

6. *Écrivez* **beaucoup de** *à la place de chaque* article indéfini *et faites les changements nécessaires.*

1. Il y a des étudiants dans le jardin.   2. Écrivez des phrases correctes.   3. Il y a un bâtiment neuf à gauche.   4. En ville, il y a des magasins.   5. Voilà une voiture moderne.   6. A l'université, il y a des laboratoires.   7. Nous avons des exercices.   8. Employez un verbe.   9. Vous avez des arbres dans votre jardin. 10. Les étudiants ont une leçon difficile.

7. *Écrivez des phrases avec l'expression* **avoir besoin de.**

1. un stylo et un cahier dans la classe de français (je)   2. notre livre tous les soirs (nous)   3. votre manteau le soir (vous)   4. sa mère (un jeune enfant)   5. son crayon rouge (un professeur)   6. une auto dans les grandes villes (les gens)   7. livres et cahiers à l'université (les étudiants)   8. sa bicyclette (Laura)   9. amis (nous)   10. argent (je)

8

Dans la rue

Quel jour est-ce aujourd'hui? C'est vendredi. Le vendredi, j'ai deux classes l'après-midi. Je n'ai pas de classes le matin. Je suis dans ma chambre. Je regarde par la fenêtre.

Devant notre maison, il y a quelques voitures. Nous avons deux voitures; mon père a une grande Ford noire et ma mère a une petite auto française. Je n'ai pas de voiture, mais j'ai un scooter. Les deux autos et mon scooter sont dans notre garage. 5 Notre maison est au coin d'une petite rue et d'un grand boulevard. Le boulevard est long et large. La rue est longue, mais elle n'est pas très large. De chaque côté de la rue, il y a des maisons. Les maisons ne sont pas hautes; elles ont des murs beiges ou blancs; il n'y a pas de jardins parce que nous sommes en ville.

Dans la rue, il y a beaucoup de voitures: des autos de toutes les couleurs, des 10 taxis jaunes ou verts, des autobus bleus. Il y a aussi des bicyclettes et des scooters. Il y a beaucoup de circulation à neuf heures du matin et, naturellement, il y a beaucoup de bruit: la rue n'est pas tranquille. Il y a aussi des gens (= des personnes) dans la rue. Voilà des enfants, des garçons et des filles, devant une école. Ils sont seuls ou ils sont avec des amis ou avec des grandes personnes, des hommes et des 15 femmes, jeunes ou vieux.

Beaucoup de magasins sont ouverts. Mais le cinéma et la banque ne sont pas ouverts. A côté de la banque, il y a une église, et devant l'église, une vieille marchande de fleurs. Voici un restaurant de l'autre côté de la rue. Des gens sont assis à l'intérieur. C'est l'heure du petit déjeuner. Regardez le beau magasin neuf: il est très moderne. 20 Mais devant le garage, entre le magasin et une station-service, il y a une vieille auto. Elle n'est pas belle. C'est probablement la voiture d'un étudiant. Les étudiants ne sont pas riches!

Un avion passe dans le ciel. Le ciel est bleu aujourd'hui. Il n'est pas couvert; il n'y a pas de nuages. Il y a du soleil et beaucoup de vent. Il fait beau. J'aime 25 le beau temps; je suis content quand il fait beau. Je n'aime pas le mauvais temps.

Au bout de la rue, je vois les arbres d'une belle avenue, et à l'horizon, je vois les montagnes parce que le temps est clair. Le temps est toujours clair quand il y a beaucoup de vent.

*

LE PROFESSEUR. — Est-ce dimanche, aujourd'hui, mademoiselle Brown? 30
L'ÉTUDIANTE. — Non, madame. Ce n'est pas dimanche, c'est vendredi. Nous ne sommes pas à la maison, nous sommes à l'université.

LE PROFESSEUR. — Vous comprenez « nous ne sommes pas », n'est-ce pas? C'est une phrase négative. NE . . . PAS . . . indique le négatif. « *Négatif* » est le contraire de « *affirmatif* ». Faites une phrase affirmative, monsieur Harris.

L'ÉTUDIANT. — « Je suis à côté de la porte » est une phrase affirmative.

LE PROFESSEUR. — Très bien. Faites une phrase négative maintenant.   5

L'ÉTUDIANT. — « Je ne suis pas à côté de la fenêtre » est une phrase négative.

LE PROFESSEUR. — Tous les étudiants ne sont pas présents, aujourd'hui. Beaucoup d'étudiants sont absents. Est-ce que M. Wilson est présent?

L'ÉTUDIANT. — Non, madame. Il n'est pas ici, il est absent. Mais mademoiselle Jensen n'est pas absente, elle est présente.   10

LE PROFESSEUR. — Où êtes-vous mademoiselle Jensen? A côté de la fenêtre, comme d'habitude? Regardez-vous par la fenêtre quelquefois?

L'ÉTUDIANTE. — Non, madame. Je ne regarde pas par la fenêtre. Je regarde le tableau noir et j'écoute le professeur.

LE PROFESSEUR. — Bravo! Vous êtes une bonne étudiante, une étudiante parfaite. Eh   15 bien, regardez par la fenêtre. Qu'est-ce que vous voyez?

L'ÉTUDIANTE. — Je vois beaucoup de choses. Je vois des maisons et des magasins; je vois aussi des voitures. Au coin de la rue, il y a un garage et une station-service. Devant le garage, je vois une grande auto rouge. C'est une Cadillac. Elle est très belle. Elle est probablement neuve. Et probablement, ce n'est pas la voiture d'un   20 étudiant! Voilà un grand autobus jaune et une petite voiture anglaise.

LE PROFESSEUR. — Avez-vous une auto, mademoiselle Stone?

Un agent de police réglant la circulation.

L'Avenue des Champs-Élysées à Noël.

L'ÉTUDIANTE. — Non, madame. Je n'ai pas de voiture personnelle. J'ai la voiture de
  ma mère. C'est une vieille Chevrolet bleue. Elle n'est pas jolie, elle n'est pas neuve,
  mais elle est très utile.

LE PROFESSEUR. — Votre père a-t-il aussi une voiture?

L'ÉTUDIANTE. — Certainement, madame. Il a besoin d'une voiture. Sa voiture est 5
  neuve. C'est une Mustang noire. Une famille de cinq personnes a besoin de deux
  voitures; naturellement, nous avons un grand garage.

LE PROFESSEUR. — Est-ce que votre rue est tranquille, monsieur Roberts?

L'ÉTUDIANT. — Non, madame. Ma rue n'est pas tranquille. Il y a beaucoup de circulation et il y a beaucoup de bruit, hélas!   10

LE PROFESSEUR. — Bien sûr! Nous sommes en ville; la circulation est intense dans
  les villes modernes. Mademoiselle Jensen, voyez-vous des gens dans la rue?

L'ÉTUDIANTE. — Oui, madame. Je vois des gens.[1] Je vois une vieille dame avec un
  petit garçon, et un vieux monsieur avec son chien noir. Devant l'école, il y a
  des enfants et des grandes personnes.   15

LE PROFESSEUR. — Écoutez. Qu'est-ce que c'est?

L'ÉTUDIANTE. — C'est le bruit d'un avion dans le ciel.

[1] *Les gens*—le nom « gens » est toujours pluriel.

Le Professeur. — De quelle couleur est le ciel aujourd'hui?

L'Étudiant. — Il est bleu et très clair. Il y a du soleil, il n'y a pas de nuages. Je vois les montagnes au bout de la rue, à l'horizon.

Le Professeur. — Oui, aujourd'hui, il fait très beau. Est-ce que vous aimez le beau temps, monsieur Edwards? 5

L'Étudiant. — Oui, madame. J'aime le beau temps, j'aime le soleil. Quand il fait mauvais, je ne suis pas content, je suis triste.

Le Professeur. — Eh bien, vous êtes content aujourd'hui, je suppose?

L'Étudiant. — Oui, madame, je suis content parce qu'il fait beau. Mais je suis content aussi parce que c'est vendredi. C'est le dernier jour de la semaine à l'université, 10 et demain, c'est samedi. Le samedi, nous ne sommes pas ici; nous n'avons pas de classes! Les étudiants ont besoin du week-end.

Le Professeur. — Pas de classes! Pas de professeurs! Pas d'étudiants! Alors bon week-end! A lundi.

Une bouche de métro. Notez la décoration Art Nouveau. (Paris)

EXERCICES

1. *Répondez à chaque question par une phrase complète.*

1. Avez-vous une classe le soir? Quelle classe? **2.** Avez-vous une auto, une bicyclette ou un scooter? **3.** Comment sont les maisons de votre rue? **4.** A quelle heure la circulation est-elle intense? **5.** Y a-t-il une école dans votre rue? **6.** Y a-t-il beaucoup de gens dans les rues à minuit? **7.** Aimez-vous le mauvais temps? **8.** Comment est le ciel aujourd'hui? **9.** Les étudiants ont-ils des classes le dimanche? **10.** Êtes-vous à l'université le samedi soir?

2. *Faites une phrase avec chaque expression.*

1. au bout de **2.** au coin de **3.** en ville **4.** tous les jours **5.** de chaque côté de **6.** en face de **7.** à l'heure **8.** souvent **9.** quelques **10.** loin de

3. *Questions sur la lecture. Répondez par des phrases complètes.*

1. Qu'est-ce qu'il y a dans les rues? **2.** Pourquoi y a-t-il beaucoup de bruit? **3.** Où sont les enfants? Avec qui sont-ils? **4.** La banque est-elle ouverte avant neuf heures du matin? **5.** Qui est devant l'église? **6.** Un étudiant a-t-il généralement une Cadillac? Pourquoi? **7.** Où est l'avion? **8.** Fait-il mauvais? **9.** Le

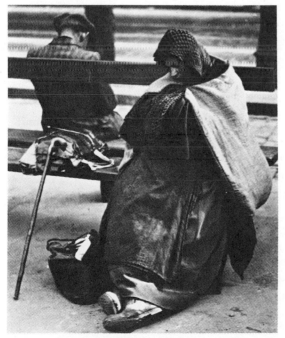

Une clocharde.

ciel est-il couvert? Comment est-il? **10.** Où est l'avenue? Qu'est-ce qu'il y a à l'horizon?

4. *Composition:*

(a) Faites la description de votre rue ou d'une rue intéressante de votre ville.
(b) Le campus de votre université. Comment est-il? Qu'est-ce que vous voyez?

Exercices Supplémentaires de Grammaire

1. *Écrivez:* (a) *trois phrases négatives avec:* **il y a.**
(b) *trois phrases négatives avec le verbe* **être.**
(c) *quatre phrases négatives avec le verbe* **avoir.**

2. *Placez correctement les adjectifs. Attention: les adjectifs sont variables!*

1. Mon amie Anne est une jeune fille (joli – sympathique). **2.** Elle a une auto (bleu – petit). **3.** Notre-Dame de Paris est une église (célèbre – vieux). **4.** Le président a une maison (grand – blanc). **5.** Le Boulevard Sunset est une rue (long – intéressant) de Los Angeles. **6.** Je n'aime pas le temps (mauvais), j'aime le temps (beau). **7.** Les exercices (dernier) de la leçon sont (difficile). **8.** Les leçons (premier) du livre sont (facile). **9.** La note A est une note (bon). **10.** Je ne comprends pas les phrases (long – compliqué).

3. *Écrivez à la forme négative.*

1. Il y a beaucoup de circulation à minuit. **2.** Nous avons des vacances maintenant. **3.** Sa voiture est dans le garage. **4.** Il y a des enfants à l'université. **5.** J'ai un chien. **6.** La banque est ouverte le samedi. **7.** Vous avez besoin de votre livre. **8.** C'est une question importante. **9.** Jack et Hélène ont un appartement. **10.** Les professeurs sont américains.

4. *Écrivez au pluriel.*

1. C'est l'ami de Jack. **2.** Je suis en bonne santé. **3.** Le dimanche, elle n'est pas à la maison. **4.** Il a une classe de mathématiques le mardi. **5.** As-tu besoin de ton livre et de ton stylo? **6.** Ce n'est pas une rue tranquille. **7.** Il est souvent en retard. **8.** J'ai un examen difficile. **9.** Le cinéma est ouvert le soir. **10.** Il y a un nuage dans le ciel.

PRONONCIATION

A. *Prononcez correctement:*

1. samédi   vendredi
   la fénêtre   une fenêtre
   la chémise   une chemise
   facilément   probablement
   la démoiselle   une demoiselle
   un encouragément   un appartement

2. Nous né sommes pas libres.   Ils ne sont pas libres.
                     malades.   malades.
                     français.   français.
                     contents.   contents.
                     fatigués.   fatigués.

[ə] à l'intérieur d'un mot ou d'un groupe est prononcé quand il est précédé de *deux* consonnes prononcées.

[ə] à l'intérieur d'un mot ou d'un groupe n'est pas prononcé quand il est précédé d'*une* consonne prononcée.

B. *Prononcez correctement le groupe* **je + ne** [ʒ]:

Je né suis pas libre.   Je né suis pas triste.
Je né suis pas content.   Je né suis pas malade.
Je né suis pas stupide.   Je né suis pas tranquille.
Je né suis pas difficile.   Je né suis pas fatigué.

C. *Faites la différence entre:*

1. Je suis riche.   J'ai des dollars.
              libre.   vacances.
              occupé.   devoirs.
              fatigué.   classes.

2. Il est riche.   Il a des dollars.
              libre.   vacances.
              occupé.   devoirs.
              fatigué.   classes.

3. Ils sont riches.   Ils ont des dollars.
              libres.   vacances.
              occupés.   devoirs.
              fatigués.   classes.

Notes de Prononciation

é, è, ê La lettre **e** est aussi employée avec

un *accent aigu:* **é**; étudiant, américain, université (Prononcez **é** comme **e** dans **papier, cahier**)

un *accent grave:* **è**; première, complète, très

un *accent circonflexe:* **ê**; être, fenêtre (Prononcez **è, ê** comme **ai** dans **français, chaise**)

ch Le groupe **ch** est généralement prononcé [ʃ]:

chaise, **ch**emise, **ch**aque, blan**ch**e, **ch**ose

c et ç La lettre **c** +
$\begin{cases} \textbf{a} \\ \textbf{o} = [\text{k}] \\ \textbf{u} \end{cases}$
camarade
école, contraction
culture

La lettre **c** +
$\begin{cases} \textbf{e} \\ \textbf{i} = [\text{s}] \\ \textbf{y} \end{cases}$
certain
exercice, cinéma
bicyclette

La lettre **ç** +
$\begin{cases} \textbf{a} \\ \textbf{o} = [\text{s}] \\ \textbf{u} \end{cases}$
français
leçon, garçon
reçu

s, ss, t

s   entre deux voyelles = [z]   une maison, une chaise
un magasin, mauvaise

ss   entre deux voyelles = [s]   la classe, le professeur, assis, aussi

t   devant **ion**   = [s]   l'action, la préposition, l'explication, la civilisation, attention

g

g +
$\begin{cases} \text{a} \\ \text{o} = [\text{g}] \\ \text{u} \end{cases}$
le garage, regardez, le magasin
le golf
Gustave, guttural

$$\mathbf{g} \; + \; \begin{cases} e \\ i(y) \end{cases} = [ʒ] \quad \begin{array}{l} \text{les } \mathbf{ge}\text{ns, la } \mathbf{gé}\text{ographie, } \mathbf{Ge}\text{orges} \\ \mathbf{Gi}\text{gi, a}\mathbf{gi}\text{le, } \mathbf{gy}\text{mnastique} \end{array}$$

$$\mathbf{gu} \; + \; \begin{cases} e \\ i(y) \end{cases} = [g] \quad \begin{array}{l} \text{fati}\mathbf{gué}\text{, lon}\mathbf{gue} \\ \mathbf{gui}\text{tare} \end{array}$$

h NOTEZ la différence de prononciation entre:

La maison est horrible. La maison est haute.
Les maisons ne sont pas horribles. Les maisons ne sont pas hautes.

Il y a deux **h** en français: **h** *muet* et **h** *aspiré*. En réalité les deux sont muets, mais il n'y a pas de liaison quand un mot commence par **h** *aspiré*.

EXPRESSIONS NOUVELLES

la bière
unc chambrc
la circulation
une école
une église
une femme
une marchande
une mère
une montagne
une rue
la santé
des vacances (*f.*)

un avion
un bruit
un chien
le ciel
un(e) enfant
un garçon
des gens
un nuage

un père
le soleil
le temps
le vent

beau / belle
bon / bonne
clair(e)
couvert(e)
jeune
large
mauvais(e)
neuf(ve)
seul(e)
sportif(ve)
tous / toutes
tranquille
triste
utile
vieux / vieille

avoir: j'ai
vous avez, tu as
il (elle) a
nous avons
ils (elles) ont
avoir besoin de
j'écoute / vous écoutez
il fait beau ≠ il fait mauvais
il a du soleil
je regarde / vous regardez
je vois / vous voyez
à l'intérieur (de)
au bout de
au coin de
beaucoup de
comme d'habitude
de chaque côté de
de toutes les couleurs
en bonne santé
en ville
quand

Vous savez déjà:

une avenue
une banque
la civilisation
une différence
une famille
l'imagination
une station-service

un boulevard
le café

un contraire
un garage
un groupe
l'horizon
un scooter

affirmatif(ve)
désagréable
intense

long(ue)
nécessaire
négatif(ve)
personnel(le)
riche

il passe
je suppose

Bravo!

GRAMMAIRE GÉNÉRALE

Verbe—Sujet—Objet

I. Étudiez les exemples suivants:

> L'étudiant regarde le tableau noir.
> Christine commence l'exercice.
> Je vois des autos.
> Il ferme son livre.

(a) Dans chaque phrase, il y a un *verbe:* **regarde, commence, vois** et **ferme** sont des verbes, des actions. Chaque verbe a un *sujet.* Le sujet du verbe est l'agent de l'action. **Je, il, l'étudiant, Christine** sont les sujets de **vois, ferme, regarde** et **commence.**

(b) Dans chaque phrase, il y a un objet pour le verbe. C'est le *complément d'objet direct.* L'objet de l'action est: **le tableau noir, l'exercice, des autos, son livre.** Dans une phrase française simple, il y a généralement un SUJET, un VERBE et un OBJET.

II. Le verbe exprime *une action* (Je ferme la fenêtre) ou *un état* (Je suis assis).

Le verbe est conjugué à différentes personnes. Il y a *six personnes* en français comme en anglais.

> 1re personne du singulier: **je**
> 2e personne du singulier: **tu**
> 3e personne du singulier: **il, elle**

> 1re personne du pluriel: **nous**
> 2e personne du pluriel: **vous**
> 3e personne du pluriel: **ils, elles**

Vous est pluriel ou singulier. **Vous** (singulier) est la forme de politesse. **Tu** est une forme familière. Employez « tu » avec vos parents, un ami, avec un jeune enfant ou avec un animal.

DEUXIÈME ÉCHELON

9

POINTS DE REPÈRE

1. **Faites-vous** des sports d'hiver?
   Oui, **je fais** des sports d'hiver.

   ──────────

2. **Allez-vous** à la bibliothèque?
   Oui, **nous allons** à la bibliothèque.

   ──────────

3. **Quel** exercice faites-vous?
   Quelle classe avez-vous à midi?

   ──────────

4. Le samedi soir, je vais **au** cinéma.
   Aux États-Unis, il n'y a pas de classes le samedi.

   ──────────

5. Les fleurs **des** jardins sont belles en juin.

   ──────────

6. En France, il y a beaucoup de **beaux** châteaux.
   Voilà des journ**aux** français.

   ──────────

7. **On** va à la plage quand il fait beau.

NEUVIÈME LEÇON

Le Pont Alexandre III. Au fond, l'Hôtel des Invalides construit
au 18e siècle par J. H. Mansard. (Paris)

DÉVELOPPEMENT GRAMMATICAL

> **1. Faites-vous** des sports d'hiver?
> Oui, **je fais** des sports d'hiver.

■ Étudiez les phrases suivantes:

Je	**fais**	un devoir de français.
Vous	**faites**	**(tu fais)** des compositions.
Nous	**faisons**	des progrès.
Il	**fait**	des fautes.
Elle	**fait**	une promenade.
Ils	**font**	un pique-nique.
Elles	**font**	une excursion.

■ C'est le verbe **faire.**

La *forme interrogative* est:

Est-ce que vous faites des compositions?

Faites-vous des compositions?

Est-ce que Paul fait des progrès?

Paul fait-il des progrès?

Est-ce que les étudiants font des exercices?

Les étudiants font-ils des exercices?

La *forme négative* est:

Je **ne** fais **pas de** compositions.
Paul **ne** fait **pas de** progrès.
Ils **ne** font **pas d'**exercices.

ATTENTION: employez **de** à la place de **un, une, des** (art. indéfinis) après **faire** à la forme négative. (Cf. leçon 7)

GRAMMAIRE

> **2. Allez-vous** à la bibliothèque?
> Oui, **nous allons** à la bibliothèque.

■ Étudiez les phrases suivantes:

Je	**vais**	à la banque le vendredi.
Vous	**allez**	**(tu vas)** à la bibliothèque.
Nous	**allons**	à la maison.
Il	**va**	à sa classe d'anglais.
Elle	**va**	à l'hôpital
Ils	**vont**	à la montagne.
Elles	**vont**	à l'église.

■ C'est le verbe **aller.**

La *forme interrogative* est:

Est-ce qu'il va à la maison?

Va-t-il à la maison?

Est-ce que Jeannette va à la bibliothèque?

Jeannette va-t-elle à la bibliothèque?

Est-ce que votre mère va à l'église le dimanche?

Votre mère va-t-elle à l'église le dimanche?

Est-ce que les professeurs vont à l'université tous les jours?

Les professeurs vont-ils à l'université tous les jours?

NOTEZ le **t** à la troisième personne du singulier dans l'inversion.

La *forme négative* est:

Je **ne** vais **pas** à la bibliothèque.
Nous **n'**allons **pas** à New York.
Vous **n'**allez **pas** à la banque.
Ils **ne** vont **pas** à Paris.

ATTENTION: Notez les expressions très importantes:

aller **à pied** (à l'école)
aller **en auto** (en ville)
aller **en train** (à New York)

aller **en bateau** (en Europe)
aller **en avion** (en Amérique du Sud)
aller **à bicyclette** (à la campagne)

Notez aussi l'emploi idiomatique du verbe **aller** dans:
Comment allez-vous—Je vais très bien.
Comment vos parents vont-ils?—Ils vont très bien.

---

3. Quel exercice faites-vous?
Quelle classe avez-vous à midi?

Comparez:

Quel livre avez-vous?
Quel sport préférez-vous?
Quels jours êtes-vous à l'université?
Avec **quels** étudiants faites-vous un
pique-nique?

Quelle classe préférez-vous?
Quelle composition faites-vous?
Quelles fleurs aimez-vous?
Dans **quelles** villes y a-t-il des univer-
sités?

■ **quel, quelle**   (*Singulier*) ⎫
quels, quelles   (*Pluriel*) ⎭ sont des *adjectifs interrogatifs.*

Ils sont variables. Ils sont employés pour les questions, devant un nom. Il
y a quelquefois une préposition devant l'adjectif interrogatif.

---

4. Le samedi soir, je vais **au** cinéma.
Aux États-Unis, il n'y a pas de classes le samedi.

Comparez:

Je vais **à la** banque.
Ils vont **à la** campagne.
Il est **à l'**hôpital.
Nous allons **à l'**église.
Nous sommes **aux** États-Unis.

Vous allez **au** laboratoire.
Nous allons **au** concert.
Elle est **au** bureau.
Ils vont **au** restaurant.
Faites attention **aux** questions.

GRAMMAIRE

■ **Au** est la contraction de la préposition **à** et de l'article défini **le**.

$$(\text{à} + \text{le}) = \textbf{au}$$

Aux est la contraction de la préposition **à** et de l'article défini **les**.

$$(\text{à} + \text{les}) = \textbf{aux}$$

Au et **aux** sont des *articles définis contractés*.

NOTEZ: **au (aux)** est employé *devant* un nom de *pays* ou d'*état masculin*.

EXEMPLES: **le** Japon   Steve est **au** Japon.
            le Viet-Nam   est **au** Viet-Nam.
            le Canada   est **au** Canada.
            le Mexique   est **au** Mexique.
            le Maroc   est **au** Maroc.
            le Brésil   va **au** Brésil.
            le Danemark   va **au** Danemark.
            le Pérou   va **au** Pérou.
            le Portugal   va **au** Portugal
            les États-Unis   est **aux** États-Unis.
            les Iles Hawaii   va **aux** Iles Hawaii.

Mais:

            la France   Mary   est **en** France.
            la Grèce   est **en** Grèce.
            la Géorgie   va **en** Géorgie.
            la Louisiane   va **en** Louisiane.
            l'Angleterre (*f.*)   va **en** Angleterre.
            l'Argentine (*f.*)   va **en** Argentine.
            la Suède   va **en** Suède.
                                     (Cf. Leçon 5)

> **5.** Les fleurs **des** jardins sont belles en juin.

Comparez:

les feuilles **de l'**arbre	les feuilles **des** arbres
les fenêtres **de la** classe	les fenêtres **des** classes
les livres **du** professeur	les livres **des** professeurs
la porte **du** laboratoire	les portes **des** laboratoires

■ **Des** est la contraction de la préposition **de** et de l'article défini **les.**

$$(de + les) = des$$

Des est un *article défini contracté*.

ATTENTION: **des,** article défini contracté, est différent de **des,** article indéfini
pluriel. (Cf. leçon 5)
Voilà la liste complète des articles contractés:

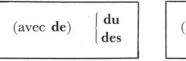   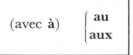

(avec **de**) { **du** / **des** }   (avec **à**) { **au** / **aux** }

> **6.** En France, il y a beaucoup de **beaux** châte**aux.**
> Voilà des journ**aux** français.

Comparez:

(a) Voilà un bateau.	Voilà des bateau**x.**
Regardez l'oiseau.	Regardez les oiseau**x.**
Le bureau est fermé.	Les bureaux sont fermés.
Le jardin est beau.	Les jardins sont beau**x.**
Le gâteau est bon.	Les gâteaux sont bons.

■ Les noms et les adjectifs qualificatifs terminés par **au** ont un **-x** au pluriel. La prononciation ne change pas.

(b) un journ**al** amusant des journ**aux** amusants
un anim**al** domestique des anim**aux** domestiques
un hôpit**al** moderne des hôpit**aux** modernes
le problème princip**al** les problèmes princip**aux**
l'examen or**al** les examens or**aux**

■ Le *pluriel* des adjectifs et des noms en **-al** est en **-aux**.
Le *féminin* des adjectifs en **-al** est régulier:

EXEMPLES: une autorisation **spéciale**
une composition **originale**
des idées **originales**

---

7. **On** va à la plage quand il fait beau.

Comparez:

Nous sommes à la maison le dimanche. **On** est à la maison le dimanche.
A Nöel, les étudiants ont des **On** a des vacances à Noël.
vacances.
Les Américains font des voyages **On** fait des voyages quand **on** a de
quand ils ont de l'argent. l'argent.

■ Le pronom **on** est un *pronom indéfini*. Il indique généralement une quantité indéfinie de personnes (*nous, les gens, les Français, les Américains, tout le monde*). **On** est toujours le *sujet d'un verbe*. Ce verbe est à la 3e personne du *singulier*.

ATTENTION: A-t-on des vacances à Noël?
Va-t-on tous les jours à la plage? (Cf. A-t-il? Va-t-elle?)

EXERCICES

1. **(a)** *Écrivez la forme correcte du verbe* **faire.**

   1. Beaucoup de gens ――― des sports d'hiver. **2.** ―――-vous des promenades quand il ――― mauvais? **3.** Philippe ――― une longue composition. **4.** Je ――― un exercice oral. **5.** Nous ne ――― pas de fautes quand nous ――― attention. **6.** Les motocyclettes ――― beaucoup de bruit. **7.** Vous ――― un pique-nique quand il ――― beau. **8.** Chaque année, mon père ――― un voyage en bateau.

   (b) *Écrivez cinq phrases complètes avec* **faire** *à la forme* négative.

2. **(a)** *Écrivez la forme correcte du verbe* **aller.**

   1. Nous ――― souvent à la plage. **2.** Mon ami Bob ――― à la montagne. **3.** Quand ―――-vous à la bibliothèque? **4.** Je ――― à ma classe d'anglais. **5.** Paul ―――-t-il à pied à l'université? **6.** Hélène ―――-t-elle en Europe en avion? **7.** Comment les parents de June ―――-ils? **8.** Son père est malade; il ne ――― pas bien.

   (b) *Écrivez cinq questions avec* **aller** *avec des sujets différents.*

3. *Écrivez la forme correcte des adjectifs interrogatifs.*

   1. ―――classes avez-vous aujourd'hui? **2.** ―――sports faites-vous en été? **3.** ――― jours êtes-vous à l'université? **4.** Dans ――― bâtiment avez-vous votre classe d'art? **5.** ――― heure est-il? **6.** De ――― couleurs sont les roses? **7.** A côté de ――― étudiante êtes-vous? **8.** ――― exercices faites-vous? **9.** A ――― banque allez-vous? **10.** ――― professeur préférez-vous?

4. *Complétez les phrases avec l'article contracté* **au** *ou* **aux** *ou avec* **à** + *l'article défini.*

   1. Les étudiants vont ――― stade le samedi. **2.** Ma mère va ――― église le dimanche. **3.** Les gens vont ――― théâtre ou ――― concert le soir. **4.** Mon père va ――― banque le vendredi. **5.** Ma voiture est ――― garage. **6.** Nous sommes fatigués ――― fin du semestre. **7.** Je vais ――― restaurant à midi. **8.** Mes amis sont ――― laboratoire; ils ne sont pas ――― hôpital. **9.** Jeannette va ――― université en auto. **10.** Faites attention ――― livres de Paul.

5. *Écrivez au pluriel les phrases suivantes.*

   1. La porte de l'école est fermée. **2.** La note de l'étudiant n'est pas bonne. **3.** Le sac de la jeune fille est par terre. **4.** La porte du magasin est ouverte. **5.** L'auto du professeur n'est pas neuve. **6.** Les couleurs de l'arbre sont belles. **7.** Le mur de la maison est en briques. **8.** Je fais un voyage agréable. **9.** Il a un ami français. **10.** Elle a une classe intéressante.

6. *Écrivez au pluriel les phrases suivantes.*

1. Regardez le joli petit oiseau. **2.** Le gâteau est bon. **3.** Il y a un château célèbre en Touraine.* **4.** Voyez-vous le grand bateau? **5.** Le 4 juillet, il y a un drapeau américain sur le momument. **6.** J'ai un examen oral. **7.** Le premier chapitre est original. **8.** Il y a un bureau spécial pour les étudiants. **9.** C'est un hôpital neuf. **10.** Étudiez le paragraphe principal.

7. *Changez les phrases suivantes et employez le pronom* **on.**

1. Les étudiants vont en classe à l'heure. **2.** Nous faisons des exercices au laboratoire. **3.** En Californie, les gens vont souvent à la plage. **4.** Vous faites des sports d'hiver au Colorado. **5.** Les Américains ont besoin d'un passeport quand ils vont en Europe. **6.** Les étudiants sont contents quand ils ont un A. **7.** Nous n'avons pas de devoirs quand nous sommes en vacances. **8.** Les gens n'ont pas de Cadillac quand ils ne sont pas riches.

*La Touraine est une province française.

La Place de la Concorde. Au centre, l'Obélisque de Louksor. (Paris)

10

Le temps et les saisons

Quel temps fait-il aujourd'hui? Il ne fait pas beau; il fait mauvais. Le ciel est gris
et il pleut.

En quelle saison sommes-nous? Nous sommes en automne. Nous sommes en
octobre, à la fin du mois d'octobre. L'automne est la saison de la pluie et du brouillard.
C'est une saison humide. Aujourd'hui, on a besoin d'un parapluie ou d'un imperméable. Je déteste la pluie, mais le brouillard a quelquefois un certain charme, une
certaine poésie. Dans le brouillard, les choses ont des formes étranges et les arbres
sont très beaux. En automne, les couleurs des feuilles sont magnifiques.

En hiver, il fait froid; il neige quelquefois. J'aime la neige et le froid. J'aime
l'hiver parce que c'est la saison de Noël. Le 25 décembre, à Noël, les écoles et les
universités sont fermées; on a des vacances.[1] Pendant les vacances, beaucoup de gens
vont à la montagne et ils font des sports d'hiver. Je n'ai pas de skis et je ne fais pas
de sports d'hiver. Mais en hiver, je vais souvent au théâtre et au concert.

Au printemps,[2] il ne fait pas froid généralement, mais il fait frais au commencement du printemps. Les arbres ont des feuilles, les plantes sont vertes, il y a des fleurs
dans les jardins: des roses, des tulipes, des pétunias, des géraniums. La nature est belle
et les oiseaux sont joyeux. Au printemps, la grande fête est Pâques, à la fin de mars,
ou en avril. La tradition des œufs de Pâques existe en France comme aux États-Unis,
mais en France, il n'y a pas de « lapin » de Pâques! (*Easter Bunny!*)

A la fin du printemps, la belle saison commence enfin. C'est l'été. En été, il fait
beau et chaud[3]. Les jours sont longs et les nuits sont courtes. On a besoin de vêtements
légers, en coton. En été, les étudiants et les élèves des écoles sont en vacances. J'aime
l'eau et le soleil. Nous n'avons pas de piscine derrière notre maison. Alors, je vais
souvent au bord de la mer, au bord de la rivière ou au bord du lac.

Combien de semaines de vacances avez-vous en été? Nous avons dix semaines
de vacances.

---

[1] Notez: **des vacances.** Le nom « vacances » est toujours au *pluriel.* (*f.*)
[2] **en** été, **en** hiver, **en** automne, mais **au** printemps.
[3] **Il fait** beau / mauvais, chaud / froid, frais.

Combien de mois y a-t-il dans l'année? Il y a douze mois: janvier, février, mars, avril, mai, juin, juillet, août,[4] septembre, octobre, novembre, décembre.

Combien de saisons y a-t-il? Il y a quatre saisons: le printemps, l'été, l'automne, l'hiver.

LE PROFESSEUR. — En quel mois sommes-nous, monsieur Wright? 5

L'ÉTUDIANT. — Nous sommes en novembre, au commencement de novembre. Ce n'est pas le printemps, c'est l'automne.

LE PROFESSEUR. — Aimez-vous l'automne?

L'ÉTUDIANT. — Oui, madame. J'aime beaucoup l'automne quand il fait beau parce que la nature est belle en automne. Les feuilles des arbres sont brunes, jaunes, 10 rouges, dorées. Mais je n'aime pas l'automne quand il pleut. Je déteste la pluie, le brouillard, les parapluies et les imperméables.

LE PROFESSEUR. — Et vous, monsieur Shannon, aimez-vous l'automne ou préférez-vous une autre saison?

L'ÉTUDIANT. — J'aime l'automne, mais pour une autre raison. Pour moi, l'automne, 15 c'est le commencement de la saison de football.

LE PROFESSEUR. — C'est une bonne raison. Êtes-vous sportif?

L'ÉTUDIANT. — Certainement, madame, je suis sportif. Je fais des sports et je vais souvent au stade; je vois un match de football ou de basketball avec plaisir.

LE PROFESSEUR. — Avez-vous des vacances en automne, mademoiselle Robertson? 20

L'ÉTUDIANTE. — Nous n'avons pas de vacances en octobre, mais nous avons des vacances à la fin de novembre, pour *Thanksgiving*. Y a-t-il un jour de *Thanksgiving* en France, madame?

LE PROFESSEUR. — Non, mademoiselle. Il n'y a pas de *Thanksgiving* en France. C'est une fête typiquement américaine. Mais il y a la fête de Noël comme aux États- 25 Unis.

L'ÉTUDIANTE. — Est-ce que Noël est une grande fête en France? A-t-on des cadeaux de Noël aussi? Les étudiants ont-ils des vacances?

LE PROFESSEUR. — Bien sûr. Il y a des cadeaux de Noël dans chaque famille et les écoles, les magasins et les bureaux sont fermés. Pendant les vacances de Noël, 30 on va à la montagne où on fait des sports d'hiver. Faites-vous des sports d'hiver, M. Wilson?

L'ÉTUDIANT. — Je fais quelquefois des sports d'hiver, madame. Mais l'hiver n'est pas ma saison favorite. Je préfère le printemps et j'aime particulièrement l'été.

LE PROFESSEUR. — Pourquoi? 35

L'ÉTUDIANT. — Eh bien, à mon avis, l'automne et l'hiver sont des saisons tristes, mélancoliques. Les nuits sont si longues! Moi, j'aime le soleil et la chaleur. Je déteste le froid et l'humidité. A la fin du printemps et en été, le temps est sec.

[4] Prononcez **août** comme **ou** [u].

LECTURE

Notre-Dame de Paris, cathédrale gothique (13e siècle) située dans l'Ile de la Cité.

Le Professeur. — Qu'est-ce que vous faites pendant la belle saison?

L'étudiant. — Je fais un voyage avec mon père et ma mère ou je fais des excursions avec des amis. Chaque année, nous faisons un grand pique-nique, à la campagne.

Le Professeur. — L'été est une saison très agréable. Êtes-vous d'accord, mademoiselle Brown? 5

L'étudiante. — Certainement, madame, je suis d'accord. J'aime l'été, excepté quand je vais à l'école d'été. Beaucoup d'étudiants vont à l'école d'été.

Le Professeur. — Et vous, monsieur Harris, aimez-vous l'été?

L'étudiant. — Oh oui, madame. J'adore l'été; je vais tous les jours à la plage; je suis au soleil. Je fais des promenades en bateau. La vie est belle! 10

Le Professeur. — Et après la classe de français, où allez-vous?

L'étudiant. — Hélas! Je vais au laboratoire de français. Je préfère la plage.

Le Professeur. — Oui, je comprends. Mais allez au laboratoire; c'est une bonne idée. Le laboratoire est très utile pour vous. Et faites attention à la prononciation. Faites attention aux verbes. Répondez correctement aux questions. Ne faites pas de 15 fautes. Bon courage et bonne chance.

EXERCICES

1. *Répondez aux questions par des phrases complètes.*

1. Aimez-vous l'hiver? Pourquoi? **2.** Faites-vous des sports d'hiver? Pourquoi? **3.** Où allez-vous après votre classe de français? **4.** Y a-t-il une piscine près de votre maison? **5.** Avez-vous des cadeaux à Noël? **6.** Combien de fois par semaine allez-vous au laboratoire de français? **7.** Avez-vous besoin de votre imperméable aujourd'hui? Pourquoi? **8.** Quel jour les gens vont-ils à l'église en général? **9.** Quand allez-vous au cinéma? Allez-vous au cinéma seul(e)? **10.** L'été est une belle saison. Êtes-vous d'accord? Pourquoi?

2. *Faites une phrase complète avec chaque expression.*

1. au commencement **2.** au printemps **3.** il pleut **4.** à pied **5.** au soleil **6.** à la fin **7.** en hiver **8.** il fait frais **9.** en auto **10.** au bord de

3. *Questions sur la lecture. Répondez par des phrases complètes.*

1. En quelle saison est Noël? En quelle saison est Pâques? **2.** Quelle fête y a-t-il en novembre aux États-Unis? Quand est-ce? **3.** Quel temps fait-il en hiver? **4.** Est-ce que les étudiants ont des vacances en hiver? Quand? **5.** De quoi les gens ont-ils besoin quand il pleut? **6.** Combien de semaines de vacances avez-vous en été? **7.** En quelle saison les arbres ont-ils des feuilles vertes? **8.** Fait-il froid en été? **9.** Quand les arbres sont-ils jaunes? **10.** Quelle tradition y a-t-il aux États-Unis et non en France pour Pâques?

4. *Composition:*

(a) Quelle saison préférez-vous? Pourquoi?

(b) Votre semaine d'étudiant. (Où allez-vous? Avec qui? Que faites-vous? Quand? Pourquoi?)

(c) Les différentes saisons dans votre ville ou dans votre état.

Exercices Supplémentaires de Grammaire

1. *Écrivez la forme correcte du verbe.*

1. On (avoir) ____ besoin d'un manteau en hiver. **2.** Les arbres (être) ____ magnifiques en automne. **3.** Je (aller) ____ à la montagne quand il (faire) ____ beau. **4.** Le professeur ne (être) ____ pas content quand nous (faire) ____ des fautes. **5.** Les étudiants ne (être) ____ pas tristes quand ils (avoir) ____ des vacances. **6.** Vous (avoir) ____ votre imperméable quand il (faire) ____ mauvais. **7.** Quand ils (aller) ____ au cinéma, les gens (avoir) ____ besoin d'argent. **8.** Nous (faire) ____ deux exercices par jour: ils (être) ____ souvent difficiles.

2. *Écrivez* **en, au** *ou* **aux** *pour compléter les phrases.*

1. Tokio est ____ Japon. **2.** Mon père va ____ Europe. **3.** La famille de Lisa est ____ Brésil. **4.** Elle fait un voyage ____ Texas (*m.*). **5.** Paul et Robert sont ____ Canada. **6.** Votre ami va-t-il ____ Mexique ou ____ Argentine? **7.** La Californie est ____ Amérique, ____ États-Unis. **8.** Pendant les vacances, je vais ____ Danemark et ____ France. Je vais aussi ____ Italie (*f.*) et ____ Grèce (*f.*). **9.** Bruxelles est ____ Belgique et Lisbonne est ____ Portugal (*m.*). **10.** L'hiver est agréable ____ Floride, mais il fait très froid ____ Norvège (*f.*).

3. *Écrivez à la forme interrogative avec inversion.*

1. Richard a sa voiture aujourd'hui. **2.** Les étudiants font des exercices au laboratoire. **3.** Marc et Jeannette vont au concert. **4.** Barbara va à la montagne; elle fait des sports d'hiver. **5.** Votre professeur est anglais. **6.** Jacques et Bob vont au bord de la mer.   7. Votre mère fait beaucoup de voyages.   8. La famille de son père est en France.   9. Il y a beaucoup d'étudiants absents. 10. Jean a un ami canadien.

4. *Répondez négativement à chaque question.*

1. Y a-t-il des autobus sur le campus?   2. Avez-vous un avion?   3. Avons-nous un examen aujourd'hui?   4. Sommes-nous à l'université à minuit?   5. Les banques sont-elles ouvertes le dimanche?   6. Les étudiants ont-ils des Cadillacs? 7. Allez-vous au cinéma le matin?   8. Y a-t-il des enfants à l'université? 9. Faites-vous des sports d'hiver en juillet?   10. Les exercices des étudiants sont-ils toujours corrects?

PRONONCIATION

A. Les voyelles [i] et [e].   *Prononcez après votre professeur:*

[i]   Le livre gris de Gigi est ici.
Mon ami Henri est petit.
L'exercice difficile est fini.
La civilisation de la Sicile.

[e]   Écoutez et répétez.
J'ai des cahiers et des papiers.
Préférez-vous l'été?

B. La voyelle [u] (groupe **ou**).   *Prononcez après votre professeur:*

bout, fou, nous, vous, sous,
rouge, douze, pelouse, blouse,
toujours,
tous les jours.
Où trouve-t-elle cette blouse rouge?
Il ouvre toujours le journal à la page douze.

C. *Prononcez correctement chaque phrase sans interruption entre les mots:*

1. J'ai un jardin.	J'ai un ami.
J'ai un manteau.	J'ai un oiseau.
J'ai un parapluie.	J'ai un exercice.
J'ai un camarade.	J'ai un examen.

2. J'ai une amie.   J'ai une enveloppe.
J'ai une idée.   J'ai une étudiante.
J'ai une auto.   J'ai une explication.
J'ai une histoire.

EXPRESSIONS NOUVELLES

une année

la campagne

la chaleur ≠ le froid

la chance

l'eau (f.)

une fête

la mer

une motocyclette

une piscine

une plage

la pluie

la poésie

une promenade

une raison

une rivière

une saison

le brouillard

un cadeau

un château

un commencement ≠

une fin

un gâteau

un imperméable

un lac

un mois

  janvier

  février

mars

avril

mai

juin

juillet

août

septembre

octobre

novembre

décembre

Noël

un œuf

Pâques

un parapluie

un plaisir

le printemps

l'été (m.)

l'automne (m.)

l'hiver (m.)

un sport (d'hiver)

un stade

un vêtement

court(e) ≠ long(ue)

doré(e)

étrange

humide ≠ sec

joyeux / joyeuse

léger / légère

sec / sèche

aller

être d'accord

faire

faire attention à

il fait chaud ≠ froid

il fait frais

il neige

il pleut

à pied

à bicyclette

au bord de

au commencement ≠

  à la fin

au printemps

au soleil

combien de . . . ?

comme

en avion

en auto

en automne

en bateau

en été

en hiver

enfin

en train

pendant

Vous savez déjà:

l'humidité (*f.*)
une idée
la nature
une plante
une rose
une tradition
une tulipe

le charme
le coton

le courage
un géranium
un journal
un match
un pétunia
un pique-nique
un progrès
un voyage

agréable
magnifique
mélancolique
oral(e)
original(e)
principal(e)
spécial(e)

certainement
typiquement

11

POINTS DE REPÈRE

1. **Parlez**-vous anglais dans la classe de français?
   Non, nous ne **parlons** pas anglais, nous **parlons** français.

   ———————

2. **Vos** exercices sont-ils difficiles?
   Oui, quelquefois, **nos** exercices sont difficiles.

   ———————

3. **Écoutez** bien les explications.
   Ne **faites** pas de fautes.

   ———————

4. C'est un garçon cur**ieux**.
   C'est une jeune fille cur**ieuse**.

   ———————

5. **Ces** journaux sont intéressants.
   Cet étudiant est sérieux.

   ———————

6. Dans mon jardin, il y a **de** beaux arbres et **de** belles fleurs.

   ———————

7. C'est mon ami. Il est **architecte**.

   ———————

8. Le dimanche, je reste **chez** moi.

DÉVELOPPEMENT GRAMMATICAL

> **1. Parlez**-vous anglais dans la classe de français?
> Non, nous ne **parlons** pas anglais, nous **parlons** français.

Comparez:

Où **habitez**-vous?	J'**habite** dans la rue Lincoln.
Barbara **habite**-t-elle en ville?	Non, elle **habite** à la campagne.
Où votre père **travaille**-t-il?	Il **travaille** à la compagnie I.B.M.
Arrivez-vous en retard en classe?	Non, je n'**arrive** pas en retard, j'**arrive** à l'heure.
Où **étudiez**-vous à la maison?	J'**étudie** dans ma chambre.
A quelle heure **dînez**-vous?	Nous **dînons** à six heures du soir.
Parle-t-on français dans votre famille?	Non, on ne **parle** pas français, on **parle** anglais.
Les étudiants **travaillent**-ils beaucoup avant un examen?	Oui, ils **travaillent** beaucoup avant un examen.

■ **J'habite, il travaille, j'arrive, nous dînons, on parle, ils travaillent, vous étudiez,** etc. sont des formes du *présent de l'indicatif* des verbes: **habiter, travailler, arriver, dîner, parler, étudier.**

La forme en **-er** est l'*infinitif.* L'infinitif est formé de deux parties:

ARRIV ER

le radical   la terminaison

Les verbes en **-er** sont généralement des verbes *réguliers*. Dans la conjugaison des verbes réguliers, le *radical ne change pas*.

	parler			écouter	
Je	parle	français.	J'	écoute	la radio.
Vous	parlez	anglais.	Vous	écoutez	la musique.
Tu	parles	anglais.	Tu	écoutes	la musique.
Nous	parlons	au professeur.	Nous	écoutons	le professeur.
Il	parle	chinois.	Il	écoute	des disques.
Elle	parle	chinois.	Elle	écoute	des disques.
Ils	parlent	espagnol.	Ils	écoutent	la conversation.
Elles	parlent	espagnol.	Elles	écoutent	la conversation.

Beaucoup de verbes français sont des verbes réguliers en **-er**.

aimer	détester	fumer	penser (à)
arriver	donner	habiter	ressembler (à)
continuer	écouter	inviter	rester
déjeuner	étudier	oublier	travailler
demander	expliquer	préférer	téléphoner (à)
dîner	fermer	parler (à)	trouver, etc.

Les verbes réguliers en **-er** (excepté **aller**) sont conjugués comme **parler** et **écouter**. Les terminaisons écrites du présent de l'indicatif sont:

	Singulier	*Pluriel*
1re *personne*	**-e**	**-ons**
2e *personne*	**-ez, -es**	**-ez**
3e *personne*	**-e**	**-ent**

Attention à la prononciation:

je parlé
tu parlés
il (elle) parlé   [parl]
ils (elles) parlént

j'écouté
tu écoutés
il (elle) écouté   [ekut]

Mais: ils écoutent [ilzekut]
elles écoutent [ɛlzekut]

NOTEZ: (a) Quand le verbe commence par une voyelle ou par **h** muet, la négation est: **n' . . . pas.**

EXEMPLES: Il **n'**écoute **pas** le professeur.
Elle **n'**arrive **pas** en retard.
Nous **n'**habitons **pas** à la campagne.

(b) Il y a quelquefois une modification dans le radical de certains verbes pour des raisons de prononciation.

Les verbes en **-cer** (commencer) ont un **ç** devant **ons.**
EXEMPLES: Nous commen**çons** notre examen à dix heures.

Les verbes en **ger** (corriger, manger) ont un **e** devant **ons.**
EXEMPLES: Nous corri**geons** les exercices.
Nous ne man**geons** pas dans la classe.

---

2. Vos exercices sont-ils difficiles?
Oui, quelquefois, **nos** exercices sont difficiles.

Comparez:

J'ai des amis.   **Mes** amis habitent à Denver.
Vous avez des livres.   **Vos** livres sont intéressants.
Les parents de Lise sont riches.   **Ses** parents sont riches.
Les enfants de M. et de Mme Stone   **Leurs** enfants sont mariés.
  sont mariés.

■ **Mes, vos, ses, leurs** sont des *adjectifs possessifs pluriels.*

Voilà la liste complète des *adjectifs possessifs:*

GRAMMAIRE

Dans	ma	poche, j'ai	mon	stylo et	mes	clés.
Dans	votre	poche, vous avez	votre	stylo et	vos	clés.
Dans	ta	poche, tu as	ton	stylo et	tes	clés.
Dans	sa	poche, il a	son	stylo et	ses	clés.
Dans	sa	poche, elle a	son	stylo et	ses	clés.
Dans	notre	poche, nous avons	notre	stylo et	nos	clés.
Dans	votre	poche, vous avez	votre	stylo et	vos	clés.
Dans	leur	poche, ils ont	leur	stylo et	leurs	clés.
Dans	leur	poche, elles ont	leur	stylo et	leurs	clés.

ATTENTION: Mes parents ont une auto. **Leur** auto est noire.

Les étudiants ont **leur** stylo à la main.

M. et Mme Gordon sont avec **leurs** amis dans **leur** jardin.

(Mes parents ont **une** seule auto. Chaque étudiant a **un** stylo.

M. et Mme Gordon ont **quelques** amis, mais ils ont **un** seul jardin.)

---

3. Écoutez bien les explications.
Ne **faites** pas de fautes.

Comparez:

Vous étudiez la leçon 11.   **Étudiez** la leçon 11.

Nous répétons les phrases.   **Répétons** les phrases.

Tu fais l'exercice 2.   **Fais** l'exercice 2.

Nous n'allons pas au restaurant.   **N'allons pas** au restaurant.

Vous ne faites pas les exercices.   **Ne faites pas** les exercices.

■ **Étudiez, répétons, fais,** etc., sont des formes de *l'impératif.* Il y a seulement 3 personnes à l'impératif en français.

1re personne du pluriel. **(nous)**

2e personne du pluriel. **(vous)**

2e personne du singulier. **(tu)**

ATTENTION: Les verbes en **-er** et **aller** n'ont pas de **-s** à la 2ᵉ personne du singulier de l'impératif.

EXEMPLES: Étudi**e** ta leçon. **Va** à ta classe. Téléphon**e** à Paul.

---

4. C'est un garçon curi**eux**.
C'est une jeune fille curi**euse**.

Comparez:

un livre ennuy**eux**	une leçon ennuy**euse**
un enfant joy**eux**	une personne joy**euse**
des étudiants séri**eux**	des étudiantes séri**euses**
des enfants heur**eux**	des jeunes filles heur**euses**

■ Le féminin des adjectifs qualificatifs en **-eux** est en **-euse.**

■ Les adjectifs qualificatifs en **-eux** au masculin singulier ne changent pas au pluriel.

---

5. Ces journaux sont intéressants.
Cet étudiant est sérieux.

Comparez:

Ce jardin est beau.	**Cette** jeune fille est canadienne.
Cet appartement est petit.	**Cette** maison est moderne.
Ces bâtiments sont hauts.	**Ces** universités sont célèbres.

■ **Ce, cet** (devant une voyelle ou **h** muet)
Cette
Ces
sont des *adjectifs démonstratifs.*

Employez **ce, cet** devant un nom *masculin singulier.*
Employez **cette** devant un nom *féminin singulier.*
Employez **ces** devant un nom *pluriel* (masculin et féminin).

Notez les expressions de temps: **Ce matin, ce soir, cet après-midi, cette semaine, cette année.**

---

6. Dans mon jardin, il y a **de** beaux arbres et **de** belles fleurs.

Comparez:

Voilà **des** maisons neuves.	Ce sont **de** belles maisons.
Il y a **des** arbres magnifiques.	Ce sont **de** vieux arbres.
Anne fait **des** compositions excellentes.	Elle fait **de** bonnes compositions.
Voilà **des** livres intéressants.	J'ai **d**'autres livres à la maison.

■ Employez **de** à la place de **des** (*article indéfini pluriel*) devant un *adjectif qualificatif.*

NOTEZ: (a) J'aime **les** promenades, **les** longues promenades à pied.
Mes parents préfèrent **les** vieilles maisons.

L'article *défini* pluriel *ne change pas* devant un adjectif qualificatif.

(b) Les feuilles **des** grands arbres sont jaunes en automne.

Ici, **des** n'est pas un article indéfini, mais un article défini contracté: **des** = de + les. (Cf. Leçon 9, p. 76)

---

7. C'est mon ami. Il est **architecte.**

Comparez:

C'est mon père; il est américain.	C'est mon père; il est **médecin.**
Voilà ma sœur; elle est très jolie.	Voilà ma sœur; elle est **actrice.**
Mon oncle est protestant.	Mon oncle est **dentiste.**
Ma tante est catholique.	Ma tante est **pharmacienne.**

■ En français, les noms de professions après le verbe **être** sont considérés comme des adjectifs. Il n'y a pas d'article devant ces noms.

EXEMPLES: Il **est acteur,** (professeur, étudiant, architecte, ingénieur, fermier, vétérinaire, chimiste, pharmacien, secrétaire, infirmier, etc.)
Elle **est actrice,** (professeur, étudiante, architecte, ingénieur, fermière, vétérinaire, chimiste, pharmacienne, secrétaire, infirmière, etc.)

ATTENTION: Il y a un article quand le nom de la profession est accompagné par un adjectif ou par une autre expression.

Il est **architecte.**   Ma tante est **pharmacienne.**

Ils sont **étudiants.**   Elles sont **étudiantes.**

Mais: C'est **un** architecte célèbre.   C'est **la** secrétaire de mon père.

Ce sont **des** étudiants sérieux.   Ce sont **les** étudiantes de Mme White.

Dans ces cas, employez **c'est** à place de $\begin{cases} \text{il est} \\ \text{elle est} \end{cases}$

ce sont à la place de $\begin{cases} \text{ils sont} \\ \text{elles sont} \end{cases}$

---

8. Le dimanche, je reste **chez** moi.

Étudiez les phrases suivantes:

Je reste **chez** moi le dimanche soir.
Jean habite **chez** ses parents.
Je vais **chez** le dentiste.

■ **Chez** est une préposition (= à la maison de . . . , dans la maison de . . .). Après **chez** employez seulement un nom ou un pronom qui représente une personne.

EXEMPLES: **chez** mes parents, **chez** vous, **chez** nous, **chez** moi

Mais: **à** la banque, **à** l'université, **à** la bibliothèque, **dans** la classe, etc.

EXERCICES

1. (a) *Écrivez la forme correcte du verbe.*

1. Pourquoi (fermer)-vous la fenêtre? — Je (fermer) la fenêtre parce qu'il (faire) froid.   2. Quelques étudiants (arriver) en retard parce qu'ils (habiter) loin.   3. Nous ne (aimer) pas la télévision, nous (préférer) la radio.   4. Quand il y (avoir) un bon programme, mon père et ma mère (regarder) la télévision.   5. Les étudiants (rester)-ils à la maison le samedi soir? — Non, ils (aller) au cinéma.   6. Votre père (travailler) le vendredi. Il ne (rester) pas à la maison, il (aller) à son bureau.   7. Quand je (inviter) des amis, ils (arriver) à l'heure.   8. Le professeur (expliquer) la leçon, mais quelques étudiants ne (écouter) pas les explications.   9. A qui (téléphoner)-vous? — Je (téléphoner) à mon ami Bob.   10. Où (étudier)-vous? — Je (étudier) à la bibliothèque.

(b) *Écrivez: (1) à la forme interrogative avec inversion. (2) à la forme négative.*

1. Son père travaille dans un bureau.   2. Les Jones habitent à la campagne.   3. Le professeur explique les mots difficiles.   4. Votre appartement est assez grand pour vous.   5. Jacques invite des amis au restaurant.   6. Les étudiants déjeunent dans la classe.   7. Votre père voyage toujours en avion.   8. Son petit frère va à l'école élémentaire.   9. Jeannette a une sœur.   10. Lisa écoute les explications du professeur.

2. *Employez la forme correcte de l'adjectif possessif.*

1. Quand il pleut, les gens ont _____ parapluie ou _____ imperméable.   2. Nous habitons avec _____ parents; _____ maison est très agréable.   3. Vous faites _____ exercices et j'étudie _____ leçons.   4. J'ai _____ livres et _____ cahiers devant moi.   5. Voici Mme Simpson; _____ appartement est joli; mais _____ auto est vieille.   6. Les étudiants font _____ devoirs et ils étudient _____ leçons à la maison.   7. Pierre habite avec _____ grand-père et _____ grand-mère. Il fait des promenades avec _____ amis.   8. Je comprends _____ professeur de français; _____ explications sont claires.   9. Je vais souvent à la plage avec _____ amis Bob et Patrick et _____ sœurs.   10. Nous étudions pour _____ examen.

3. *Donnez les deux formes du pluriel de* l'impératif. *Faites les changements nécessaires.*

1. téléphoner à ses amis   2. penser à son examen   3. aller au concert ce soir
4. (ne . . . pas) rester debout   5. (ne . . . pas) oublier ses clés

4. (a) *Écrivez au* féminin.

1. Voilà un étudiant sérieux (étudiante).   2. Mon père (mère) est nerveux.
3. Louis est intelligent mais très ambitieux (Louise).   4. C'est un film merveilleux (une histoire).   5. Les fruits de Californie sont délicieux (les oranges).

(b) *Écrivez au* pluriel.

1. Voilà un homme intelligent et courageux.   2. Le chat est un animal curieux.
3. Ce n'est pas un voyage dangereux.   4. Il y a un programme ennuyeux à la
télévision.   5. Je fais un gâteau délicieux.

5. (a) *Écrivez au* pluriel.

1. J'admire ce vieux château.   2. Cette idée est bonne.   3. Je regarde ce tableau
original.   4. Cet arbre est très beau.   5. Cette adresse est compliquée.   6. Cet
animal est dangereux.

(b) *Écrivez un* adjectif démonstratif *à la place de l'article défini.*

1. L'université est vieille et célèbre.   2. L'appartement est grand.   3. L'auto
est-elle neuve?   4. Les programmes ne sont pas intéressants.   5. L'hôtel est au
bord de la mer.   6. L'été n'est pas beau.   7. Regardez l'avion.   8. Les étudiantes
sont très sérieuses.

6. *Placez les adjectifs correctement et faites les changements nécessaires.*

1. Nous avons des fleurs (beau, rouge) dans notre jardin.   2. A l'université, il
y a des bâtiments (neuf, grand).   3. Barbara a une robe (joli, brun).   4. On fait
des voitures (petit, pratique).   5. Dans cette ville, il y a des maisons (joli, espagnol).   6. Je vois des nuages (petit, blanc).   7. Près du lac, y a-t-il des hôtels
(grand, moderne)?   8. Charles a des notes (mauvais), mais Richard a des notes
(bon).   9. A la télévision, il y a des programmes (amusant, bon).   10. Marc a
des livres (vieux, intéressant).

7. (a) *Faites des phrases avec les éléments proposés. Employez le verbe* **être:**

EXEMPLE: M. Jennings / ingénieur / bon.
   M. Jennings est ingénieur. C'est un bon ingénieur.

1. Madame Shaw / avocate / compétente.   2. le père de June / acteur / célèbre.
3. sa mère / professeur / très sérieux.   4. ma cousine / secrétaire / excellente.
5. Paul et Bob / étudiants / intelligents.

(b) *Employez* il (elle) est, ils (elles) sont *ou* c'est un(e) . . . ce sont des . . .

1. _____ chimiste; _____ chimiste compétente.   2. _____ artiste; _____ artiste original.   3. _____ sénateurs; _____ sénateurs américains.   4. _____ secrétaire; _____
secrétaire intelligente.   5. _____ étudiantes; _____ étudiantes de la classe de français.

12

PHOTO DE FAMILLE

JEANNETTE. — Bonjour Richard. Comment allez-vous?

RICHARD. — Jeannette! Quelle bonne surprise! . . . Ne restez pas à la porte. Entrez.

JEANNETTE. — Merci, Richard, mais . . . s'il vous plaît, ne restons pas dans la maison; allons dans le jardin, il fait si beau!

RICHARD. —Bien sûr, allons dans le jardin. 5

JEANNETTE. — Qu'est-ce qu'il y a dans cette grande boîte?

RICHARD. —C'est ma collection de photo(graphie)s. Regardez, voilà une photo de ma famille. Elle n'est pas très bonne parce que mes talents de photographe sont assez limités. Tout le monde[1] a l'air[2] un peu stupide sur mes photos excepté nos deux chats et notre chien! 10

JEANNETTE. — J'adore les photos de famille un peu ridicules et très traditionnelles. Montrez-moi cette photo. . . . Mais où est-ce? Ce jardin est ravissant et ces arbres sont magnifiques.

RICHARD. — Nous sommes chez mes grands-parents, en Nouvelle-Angleterre. Il y a de très beaux arbres dans leur jardin. Regardez, voilà mon père et voilà ma mère. 15

JEANNETTE. — Vos parents ont l'air jeunes et sympathiques. Quel âge ont-ils?

RICHARD. —Mon père a quarante-cinq ans. Il est grand et blond. Ma mère a quarante ans. Elle est petite et très élégante. Elle a les yeux et les cheveux[3] bruns. Elle est désolée parce qu'elle a aussi quelques cheveux blancs.

JEANNETTE. — Vous ressemblez à votre mère, Richard. Vous êtes brun et vous avez 20 les mêmes yeux. Qu'est-ce que votre père fait dans la vie?

RICHARD. —Il travaille à la compagnie I.B.M. où il est ingénieur. C'est un ingénieur très compétent. Ma mère reste chez nous, mais elle a beaucoup de travail parce que notre maison est grande. Mes parents invitent souvent leurs amis. Ma mère fait très bien la cuisine; c'est une bonne cuisinière. 25

JEANNETTE. — Qui est à côté d'elle?

---

[1] **tout le monde** = toutes les personnes d'une famille, d'une classe, d'un groupe. Après cette expression, le *verbe* est au *singulier*.

[2] **avoir l'air** (+ *adjectif*) = avoir l'apparence.

[3] le nom **cheveux** est généralement employé au pluriel.

La Place des Vosges, terminée en 1612, au coeur du vieux quartier du Marais. (Paris)

RICHARD. — C'est mon frère aîné, John. Il est marié et il habite dans un appartement avec sa femme. Ma belle-sœur,[4] Jacky, est assise devant son mari sur l'herbe, ici à droite. John et Jacky sont très heureux avec leur fille Mary-Ann.

JEANNETTE. — Qui est ce bébé? Est-ce Mary-Ann? Quel âge a-t-elle?

RICHARD. —Oui, c'est ma nièce. Elle a six mois. Elle est très jolie. 5

JEANNETTE. — Quelle est la profession de votre frère?

RICHARD. —Il est avocat. C'est un très bon avocat et il travaille beaucoup parce qu'il est ambitieux. Il a beaucoup d'énergie et de courage.

JEANNETTE. — Avez-vous un neveu?

RICHARD. —Non, je n'ai pas de neveu, mais j'ai beaucoup d'oncles et de tantes. En 10 été, je vais chez mon oncle Larry et chez ma tante Dorothée. Mon oncle est fermier. Il a une grande ferme pleine d'animaux: des vaches, des chevaux, des moutons. J'aime beaucoup leurs enfants, mes cousins et mes cousines. Ma cousine Irène et moi, nous faisons des promenades à cheval dans la forêt. J'adore la vie à la campagne. Et vous? 15

JEANNETTE. — Moi, je préfère la ville. . . . Richard, avez-vous des sœurs?

RICHARD. — J'ai seulement une sœur. Elle n'est pas sur cette photo. Ma sœur Christine est en Suisse où elle fait ses études.

JEANNETTE. — Quel âge a-t-elle?

RICHARD. —Elle a vingt et un ans. Elle n'est pas mariée, elle est célibataire. Mais 20 elle est fiancée. Ce grand jeune homme, c'est Marc, le fiancé de ma sœur. Il est médecin et il continue ses études de médecine à l'université.

JEANNETTE. — Et cette vieille dame?

RICHARD. —C'est ma grand-mère. Elle est âgée, elle a soixante-douze ans. Elle est très gaie et très amusante. Elle parle anglais avec l'accent suédois parce qu'elle 25 est née en Suède.

JEANNETTE. — Qui est cet enfant devant votre grand-mère?

RICHARD. —C'est mon jeune frère, Henri. Il adore les animaux. Il a des poissons rouges dans un aquarium et une souris blanche.

JEANNETTE. — Quel âge a-t-il? 30

RICHARD. — Il a six ans. Il est très gentil.[5] Mais quelquefois, il est vraiment insupportable. Il fait beaucoup de bruit et ma mère est furieuse. Cette année, il va à l'école une partie de la journée. Alors, la maison est calme.

JEANNETTE. — Et votre grand-père?

RICHARD. —Mon grand-père est mort l'année dernière. Mes autres grands-parents sont 35 morts avant ma naissance.

---

[4] ATTENTION: le beau-frère/la belle-sœur; le beau-père/la belle-mère; le mari/la femme; l'homme/la femme; le fils/la fille; le garçon/la fille.
[5] Le féminin de **gentil** est **gentille**.

Jeannette. — Quelle est votre date de naissance? Quand êtes-vous né et où?

Richard. — Je suis né à la Nouvelle-Orléans, le 23 juin 1956 (dix-neuf cent cinquante-six).[6]

Jeannette. — Mais aujourd'hui, c'est le 22! Eh bien, bon anniversaire, Richard. A bientôt!

Voici les nombres de 70 à . . .

soixante-dix; soixante et onze; soixante-douze; soixante-treize; etc.
   70   71   72   73

quatre-vingts;[7] quatre-vingt-un; quatre-vingt-deux; quatre-vingt-trois; etc.
   80   81   82   83

quatre-vingt-dix; quatre-vingt-onze; quatre-vingt-douze; etc.
   90   91   92

cent; cent un;[8] cent deux; etc. deux cents; deux cent un;[8] etc.
100   101   102   200   201

mille; deux mille; trois mille; etc. cent mille; un million.
1.000   2.000   3.000   100.000   1.000.000

EXERCICES

1. *Répondez aux questions par des phrases complètes.*

   1. Quel âge avez-vous? Quand est votre anniversaire? **2.** Quand et où êtes-vous né(e)? **3.** Quel âge ont vos parents? **4.** Avez-vous des frères et (ou) des sœurs? Comment s'appellent-ils (-elles)? Quel âge ont-ils (-elles)? **5.** Parlez-vous français chez vous? Quelle langue votre famille parle-t-elle? **6.** Avez-vous des cousins et des cousines? Sont-ils à l'université? Où habitent-ils? **7.** A quelle heure arrivez-vous à l'université? Avec qui? **8.** Téléphonez-vous souvent à vos amis? Quand? **9.** Avez-vous des grands-parents? Où sont-ils? **10.** Quand écoutez-vous la radio? Quand regardez-vous la télévision?

2. *Faites une phrase avec chaque verbe.*

   1. téléphoner (à) **2.** ressembler (à) **3.** écouter **4.** fumer **5.** rester **6.** détester **7.** travailler **8.** inviter **9.** déjeuner **10.** regarder

---

[6] L'abréviation de cette date est: 23/6/56. (Le jour est avant le mois et l'année.)
  6/10/54 = le 6 octobre 1954; 12/3/65 = le 12 mars 1965.
[7] quatre-vingts, mais page quatre-vingt. (80)
[8] Attention: pas de liaison.

3. *Questions sur la lecture. Répondez par des phrases complètes.*

1. Quelle est la profession du père de Richard? Quel âge a-t-il?   **2.** Le frère aîné de Richard est-il célibataire? Habite-t-il avec ses parents?   **3.** Comment s'appelle la nièce de Richard? Quel âge a-t-elle?   **4.** Richard est-il en ville en été? Où est-il? **5.** Richard aime-t-il la vie à la campagne? Jeannette est-elle d'accord?   **6.** Où est Christine? Que fait-elle?   **7.** Quels animaux y a-t-il chez Richard?   **8.** Quand la maison est-elle calme?   **9.** La grand-mère de Richard est-elle née aux États-Unis? Parle-t-elle très bien anglais?   **10.** Quand le grand-père de Richard est-il mort?

4. *Écrivez en toutes lettres en français les dates suivantes.*

(a) 5/6/36; 15/12/63; 13/9/47; 24/8/44; 30/5/51
(b) 1914; 1939; 1945; 1789; 1776; 1492; 1984; 1802

5. *Composition:*

(a) Décrivez votre famille.
(b) Faites le portrait d'une personne de votre famille.
(c) Imaginez une conversation entre deux étudiants à propos de leur famille.

Exercices Supplémentaires de Grammaire

1. *Écrivez la forme correcte du verbe.*

1. Ma sœur (faire) des études de chimie.   **2.** Les étudiants (aller) souvent à la bibliothèque.   **3.** Nous ne (manger) pas six fois par jour.   **4.** Quand nous (faire) attention, nous (corriger) nos fautes.   **5.** Ma mère (aller) chez le dentiste deux fois par an.   **6.** Jean (oublier) souvent son devoir chez lui.   **7.** Quand vous (préparer) un examen, (regarder)-vous la télévision?   **8.** Les étudiants (penser)-ils aux vacances avec plaisir?   **9.** Cet étudiant (avoir) une mauvaise note; il ne (avoir) pas l'air content.   **10.** Quand mon chien (être) malade, je (téléphoner) au vétérinaire.

2. *Changez la phrase pour employer l'impératif.*

1. Nous faisons un pique-nique.   **2.** Vous n'oubliez pas l'anniversaire de vos amis.   **3.** Tu prépares des sandwiches pour la soirée.   **4.** Nous pensons à notre examen.   **5.** Vous ne parlez pas très vite.   **6.** Tu vas chez le médecin.   **7.** Nous demandons des explications au professeur. **8.** Vous ne restez pas chez vous le samedi soir. **9.** Tu ne regardes pas ce programme stupide. **10.** Vous n'arrivez pas en retard.

3. *Mettez les phrases au pluriel.*

1. Il fait ses devoirs, mais il n'étudie pas sa leçon. **2.** J'oublie souvent mes clés à la maison. **3.** Invites-tu quelquefois un ami au restaurant? **4.** Elle n'est pas mariée et elle travaille avec son père. **5.** Il va souvent à la plage avec son frère. **6.** Cet artiste célèbre habite à Hollywood. **7.** Je n'aime pas ce manteau; il n'est pas pratique. **8.** Tu es malade; ne va pas au bureau.

4. *Placez correctement les adjectifs et faites les changements nécessaires.*

1. Il y a des plantes (beau – vert) dans mon jardin. **2.** Nous faisons des compositions (long) d'anglais. **3.** Lisa a des notes (bon) à ses examens. **4.** Ces jeunes filles ont des vêtements (joli – élégant). **5.** Les médecins font des études (*f.*) (long – difficile). **6.** Nous pensons à des vacances (*f.*) (bon) **7.** Ce sont des secrétaires (*f.*) (jeune – américain) **8.** Voilà des maisons (vieux – confortable). **9.** Dans cette classe, il y a des étudiantes (sérieux – bon). **10.** Montrez-moi des livres (intéressant – autre).

PRONONCIATION

A. Les voyelles [a] et [ɛ]. *Prononcez après votre professeur:*

[a] La famille arrive mardi.
Marc travaille à l'hôpital.
La dame parle à sa chatte.
Voilà l'avocat de la famille Laplace.

[ɛ] Il est français; elle est anglaise.
Estelle reste chez elle.
La semaine dernière.
Elle fait des exercices de français.

[a] [ɛ] Elle aime cet appartement moderne.
Isabelle parle à cette vieille dame.
Quel âge a-t-elle?
Bon anniversaire, Jeannette!

B. *Prononcez correctement chaque groupe sans interruption entre les mots:*

1. Elle va à l'école.
   Elle va à l'église.
   Elle va à l'hôpital.
   Elle va à l'appartement.

   Elle va à la banque.
   Elle va à la plage.
   Elle va à la piscine.
   Elle va à la bibliothèque.

2. Il parle anglais.
   Il reste assis.
   Il ferme une porte.
   Il déteste Eva.

   Il parle français.
   Il reste seul.
   Il ferme la porte.
   Il déteste Paul.

   Parle-t-il français?
   Reste-t-il seul?
   Ferme-t-il la porte?
   Déteste-t-il Paul?

C. *Écoutez attentivement et prononcez chaque groupe de mots:*

J'arrive seul.
J'oublie la date.
J'invite des amis.
J'écoute la musique.
J'étudie cette leçon.
J'habite à la campagne.

Ils arrivent seuls.
Ils oublient la date.
Ils invitent des amis.
Ils écoutent la musique.
Ils étudient cette leçon.
Ils habitent à la campagne.

EXPRESSIONS NOUVELLES

des études (*f.*)
une femme / un mari
une ferme
une grand-mère /
   un grand-père
une journée
la médecine
une (date de) naissance
une photographie
une sœur / un frère
une souris
une tante / un oncle

une vache

un anniversaire
un(e) avocat(e)
un bébé
un chat
un cheval
des cheveux (*m.*)
un(e) chimiste
un cuisinier / une
   cuisinière
un dîner

un fermier
un fils / une fille
un frère / une sœur
un grand-père /
   une grand-mère
des grands-parents
un mari / une femme
un médecin
un mouton
un neveu / une nièce
un oncle / une tante
un petit-fils /
   une petite-fille

un pharmacien
un photographe
un poisson
un travail
les yeux (*m*)

âgé(e)
aîné(e)
célibataire
désolé(e)
ennuyeux / ennuyeuse
gentil / gentille
heureux / heureuse
mort(e)
né(e)

aimer
avoir l'air
corriger
déjeuner
demander
donner
écouter
entrer
expliquer
faire la cuisine
faire ses études
fermer
fumer

habiter
manger
oublier
parler à
penser à
regarder
ressembler à
rester
travailler
trouver

absolument
chez
tout le monde
un peu

Vous savez déjà:

l'énergie (*f.*)
une forêt
la musique
une orange
une radio

un accent
un acteur / une actrice
un âge
un aquarium
un architecte
un(e) cousin(e)
un dentiste
un ingénieur
des parents
un programme
un(e) secrétaire

un talent
un vétérinaire

ambitieux / ambitieuse
catholique
compétent(e)
courageux(euse)
curieux(euse)
dangereux(euse)
délicieux(euse)
domestique
fiancé(e)
furieux(euse)
insupportable
japonais(e)
limité(e)
marié(e)

merveilleux(euse)
nerveux(euse)
protestant(e)
ridicule
sérieux(euse)
traditionnel /
    traditionnelle

admirer
adorer
arriver
commencer
continuer
inviter
préférer
prononcer
téléphoner à

13

POINTS DE REPÈRE

1. Les autos américaines sont **plus** grandes **que** les autos européennes.
   La composition de Richard est **meilleure que** la composition
   de Barbara.

   _____

2. Richard est mon ami; je travaille avec **lui.**

   _____

3. Que **voyez**-vous par la fenêtre?
   Je **vois** les arbres de l'avenue.

   _____

4. Qu'est-ce que vous **lisez?**
   Je **lis** un roman policier.
   Qu'est-ce que vous **dites** le matin?
   Nous **disons** « bonjour ».

   _____

5. Je vois un étudiant **qui** n'écoute pas le professeur.

   _____

6. Je n'ai pas **le temps de lire** des romans.
   Je **suis obligé de faire** la cuisine.

   _____

7. Nous faisons des exercices **tous** les jours.
   Nous avons un examen **toutes** les semaines.

   _____

8. **Avant** la classe de français, je suis au laboratoire.
   Avant de faire l'exercice, je lis les phrases.

DÉVELOPPEMENT GRAMMATICAL

> **1.** Les autos américaines sont **plus** grandes **que** les autos européennes.
> La composition de Richard est **meilleure que** la composition de Barbara.

Comparez:

Mon père a quarante-cinq ans; ma mère a quarante ans.	Mon père est **plus** âgé **que** ma mère; ma mère est **plus** jeune **que** mon père.
L'auto est rapide.	L'avion est **plus** rapide **que** l'auto. L'auto est **moins** rapide **que** l'avion. Le train n'est pas **aussi** rapide **que** l'avion.
Chicago est grand.	Chicago est **moins** grand **que** New York, mais San Francisco est **plus** petit **que** Chicago.
Ma maison est grande.	Votre appartement est **aussi** grand **que** ma maison.
La composition de Georges est bonne. La composition de Bob est excellente.	La composition de Bob est **meilleure que** la composition de Georges.

■ *L'adjectif qualificatif* a différents degrés. Voilà *le comparatif:*

Le comparatif *de supériorité:*   **plus**
Le comparatif *d'infériorité:*   **moins**   + (adjectif) + **que**
Le comparatif *d'égalité:*   **aussi**

L'adjectif est variable, naturellement.

ATTENTION: A mon avis, le thé est bon; mais le **café** est **meilleur que** le thé.
La **cuisine** de ma mère est bonne; elle est **meilleure que** la cuisine de la maison d'étudiants.

Le comparatif de supériorité de

bon	meilleur
bonne est	meilleure
bons	meilleurs
bonnes	meilleures

2. Richard est mon ami; je travaille avec **lui.**

Comparez:

Après la classe, je vais chez **moi.**   Vous allez chez **vous.**
Barbara est assise devant **nous.**   Charles est à côté d'**elle.**
Betty et Marc sont de bons étudiants.   Pour **eux,** la classe de français est assez
                                          facile.
Richard a 20 ans; j'ai 19 ans.   Je suis plus jeune que **lui.** Il est plus
                                   âgé que **moi.**

■ Les pronoms **moi, vous, nous, elle, eux, lui** sont employés après une préposition (avec, pour, de, devant, derrière, avant, après, chez, etc.).

Ils sont employés aussi *dans une comparaison.*
Ces pronoms s'appellent *pronoms personnels disjoints* ou *pronoms personnels accentués.*

Voici les *pronoms personnels accentués:*

Je suis chez **moi** à sept heures.   Nous sommes chez **nous** le matin.
Tu vas chez **toi** en autobus.   Vous allez chez **vous** à pied.
Il reste chez **lui** le dimanche.   Ils restent chez **eux** le soir.
Elle est chez **elle** le samedi.   Elles sont chez **elles** à midi.

3. Que **voyez**-vous par la fenêtre?
Je **vois** les arbres de l'avenue.

Comparez:

Qu'est-ce que vous **voyez** par la
fenêtre de votre chambre?

Je **vois** une petite rue et des
arbres.

Que **voit**-on quand on va au théâtre?

Ou **voit** une pièce de théâtre.

Voyez-vous souvent des films étrangers?

Oui, nous **voyons** souvent des
films italiens.

Les étudiants **voient**-ils toujours leurs
fautes?

Non, malheureusement, ils ne
voient pas toujours leurs
fautes.

■ Ce verbe est le verbe **voir.** C'est un verbe *irrégulier* (comme **aller** et
faire). Voilà la conjugaison du verbe **voir:**

Je	**vois**	le ciel par la fenêtre.
Vous	**voyez**	(tu **vois**) les arbres.
Nous	**voyons**	les bâtiments de l'université.
Il	**voit**	ses amis tous les jours.
Elle	**voit**	un bon film.
Ils	**voient**	un programme de télévision.
Elles	**voient**	leur professeur.

4. Qu'est-ce que vous **lisez?**
Je **lis** un roman policier.
Qu'est-ce que vous **dites** le matin?
Nous **disons** « bonjour ».

Comparez:

Qu'est-ce qu'on **dit** le soir?

On **dit** « bonsoir » ou « bonne nuit ».

GRAMMAIRE

Qu'est-ce que les étudiants **disent** à leur professeur?

Ils **disent** « bonjour », naturellement.

Qu'est-ce que vous **dites** quand vous êtes mécontent?

Je **dis** « zut » quand je suis mécontent.

Est-ce que vous **lisez** beaucoup de livres.

Oui, nous **lisons** beaucoup de livres. Les étudiants **lisent** toujours beaucoup de livres.

Lisez-vous quand vous êtes fatigué?

Oui, je **lis** un roman policier.

■ Ces verbes sont les verbes irréguliers **lire** et **dire**.

	lire			**dire**	
Je	**lis**	mon journal.	Je	**dis**	«bonjour» le matin.
Vous	**lisez**	(tu **lis**) une revue.	Vous	**dites**	(tu **dis**) « au revoir ».
Nous	**lisons**	nos notes de classe.	Nous	**disons**	« Bon Anniversaire ».
Il	**lit**	une lettre.	Il	**dit**	« bonsoir », le soir.
Elle	**lit**	ses notes.	Elle	**dit**	«Bonne Année».
Ils	**lisent**	un livre d'histoire.	Ils	**disent**	«Joyeux Noël».
Elles	**lisent**	leur composition.	Elles	**disent**	«Bon voyage».

ATTENTION: (a) Les verbes **lire** et **dire** ont les mêmes terminaisons au présent de l'indicatif, excepté à la 2e personne du pluriel. Remarquez le verbe **dire** : vous **dites**.

(b) Remarquez aussi ces constructions:

Qu'est-ce que vous dites?

Je dis **que** je suis en retard.

Nous disons **que** le français est utile.

Je dis au revoir **à** mes amis et **au** professeur.

> **5.** Je vois un étudiant **qui** n'écoute pas le professeur.

Étudiez les phrases suivantes:

> J'écoute le professeur **qui** explique la leçon.
> Je regarde les gens **qui** sont dans l'autobus.
> Nous voyons des avions **qui** passent dans le ciel.
> La maison **qui** est au bout de la rue est très vieille.
> Les enfants **qui** jouent dans le jardin sont mes cousins.
> Les livres **qui** sont sur le bureau sont les livres de Barbara.

■ **Qui** est un *pronom relatif* (voir Grammaire générale, fin du 2e échelon). Il remplace un nom. Ce nom est l'*antécédent* du pronom relatif. Dans les exemples: **le professeur, les gens, des avions, la maison, les enfants, les livres** sont les différents antécédents de **qui.**

Qui a pour antécédent un nom de personne ou de chose, au singulier ou au pluriel.

Qui est le *sujet du verbe suivant.*

Qui ne change pas devant une voyelle.

> **6.** Je n'ai pas **le temps de lire** des romans.
> Je **suis obligé de faire** la cuisine.

Étudiez les phrases suivantes:

> Je **suis obligé de** travailler en été parce que je ne suis pas riche.
> Les étudiants **sont obligés de** travailler et **d'**étudier pour les examens.
> **Êtes-**vous **obligé de** faire cette composition d'anglais?
>
> Je n'**ai** pas **le temps de** dîner avec vous.
> Le dimanche, on **a le temps de** regarder la télévision.
> **Avez-**vous **le temps d'**aller à la plage tous les jours?
>
> J'**ai besoin d'**aller à la banque parce que j'ai besoin d'argent.
> Nous **avons besoin de** manger tous les jours.
> Les étudiants **ont besoin de** faire des exercices au laboratoire.

GRAMMAIRE

■ Les expressions: $\left\{\begin{array}{l} \text{être obligé(e) de} \\ \text{avoir le temps de} \\ \text{avoir besoin de} \end{array}\right\}$ sont employées avec l'*infinitif*.

De est une *préposition*. En français, *après une préposition*, un verbe est *à l'infinitif*.

---

7. Nous faisons des exercices **tous** les jours.
Nous avons un examen **toutes** les semaines.

Étudiez les phrases suivantes:

Tous les matins, je suis dans la classe de français.
Tous ces bâtiments sont vieux.
Je fais **tous** mes devoirs à la maison.

Je vais au cinéma **toutes** les semaines.
J'aime **toutes** mes classes.
Dans la classe de française, **tous** les étudiants et **toutes** les étudiantes parlent
français.

■ **Tous** (masculin), **toutes** (féminin) sont des *adjectifs indéfinis*. Ils indiquent la totalité. Ils sont employés pour les personnes et pour les choses au pluriel. Après **tous, toutes,** employez un *article défini*, un *adjectif possessif* ou *démonstratif*.

NOTEZ: **Tous les matins** = le matin = chaque matin.
Tous les jeudis = le jeudi = chaque jeudi.

---

8. Avant la classe de français, je suis au laboratoire.
Avant de faire l'exercice, je lis les phrases.

Comparez:

Il y a toujours un vieux film **avant** mon programme de télévision préféré.

Les étudiants sont nerveux **avant** les examens.

J'étudie **avant de** regarder mon programme de télévision préféré.

Les étudiants corrigent leurs fautes **avant de** donner leur composition au professeur.

■ **Avant** et **avant de** sont des *prépositions.*

Employez: **avant** avec un *nom.*

avant de avec un *verbe à l'infinitif.* (Il y a *un* sujet pour les deux verbes.)

EXERCICES

1. *Faites des comparaisons avec les éléments suivants.*

1. Les bicyclettes _____ les autos (rapide). 2. Mon père _____ ma mère (jeune). 3. Les autos américaines _____ les autos françaises (petit). 4. Les trois premières leçons du livre _____ la leçon 13 (facile). 5. Ma classe de français _____ mes autres classes (difficile). 6. Les roses _____ les géraniums (beau). 7. Les journaux de New York _____ le journal de mon université (intéressant et important). 8. En été _____ au printemps (il fait chaud). 9. Une cravate rose _____ une cravate noire (élégant). 10. Les montagnes d'Europe _____ les montagnes d'Amérique (haut).

2. *Remplacez les mots en italiques par un* pronom personnel accentué.

1. Je vais chez *mon amie* le dimanche. 2. J'habite avec *mes parents.* 3. Nous allons au cinéma avec *Jeannette et Alice.* 4. Quand je suis chez *mon oncle,* je fais des promenades avec *mes cousins.* 5. Le professeur est devant *les étudiantes.* 6. Dans ma classe de chimie, je suis à côté de *Jeannette.* 7. Nous habitons près de *M. et de Mme Stone.* 8. Je ne vais pas au match avec *mon ami Steve.*

3. *Écrivez la forme correcte du verbe entre parenthèses.*

1. Par la fenêtre, je (voir) de grands bâtiments. 2. Qui (voir)-vous quand vous (arriver) en classe? 3. Nous ne (voir) pas souvent le président de l'université. 4. Qu'est-ce qu'on (voir) quand on (aller) au théâtre? 5. Quand les gens (aller) au cinéma, ils (voir) un film. 6. Je ne (voir) pas mes parents tous les jours parce que je (habiter) dans une maison d'étudiants. 7. Les Américains (voir) le président des États-Unis à la télévision. 8. Quand vous (faire) des fautes, (voir)-vous ces fautes?

4. *Écrivez la forme correcte du verbe entre parenthèses.*

1. Nous (lire) les phrases de l'exercice. 2. Quand nous (voir) notre professeur, nous (dire) bonjour. 3. Les étudiants ne (lire) pas leur livre quand ils (faire) un examen. 4. Qu'est-ce que vos parents (dire) quand vous (parler) pendant

une heure au téléphone? **5.** Le président (parler) à la télévision; il (dire) que la situation économique (être) assez bonne. **6.** Qu'est-ce que vous (dire)? **7.** Je (dire) que je (lire) les journaux tous les jours. **8.** (Lire)-vous quand vous (être) très fatigués?

5. *Écrivez en une seule phrase les groupes de phrases suivants. Employez* **qui.** (*Attention à la construction de la phrase.*)

> Exemple: J'écoute l'étudiant. Il lit une phrase.
> J'écoute l'étudiant **qui** lit une phrase.

1. Je regarde le professeur. Il explique la leçon. **2.** Les étudiants ont de meilleures notes. Ils travaillent beaucoup. **3.** Nous allons au restaurant. Il est au coin de la rue. **4.** Les exercices sont assez difficiles. Ils sont dans notre livre. **5.** Je n'aime pas la voiture. Elle est devant le garage. **6.** Mes parents ne regardent pas souvent la télévision. Ils sont très occupés. **7.** J'ai un professeur de physique. Il habite près de chez moi. **8.** Nous faisons les exercices. Ils sont à la fin de chaque leçon. **9.** Henri a des poissons rouges et une souris blanche. Il adore les animaux. **10.** Mon ami Bob arrive souvent en retard. Il a une vieille voiture.

6. *Écrivez les phrases et employez les expressions:* **avoir le temps de** (*phrases 1 à 4*), **avoir besoin de** (*phrases 5 à 8*), **être obligé(e) de** (*phrases 9 à 12*).

1. Paul fait ses devoirs. **2.** Les étudiants vont au laboratoire. **3.** Je ne vais pas au cinéma tous les soirs. **4.** Cette jeune fille ne téléphone pas à ses amies. **5.** J'étudie pour avoir de bonnes notes. **6.** Nous mangeons tous les jours. **7.** Lisa va chez le dentiste. **8.** Voyez-vous souvent vos amis? **9.** Les étudiants lisent la lecture. **10.** Travaillez-vous le dimanche? **11.** Dans une maison d'étudiants, on ne fait pas la cuisine. **12.** Je vais à l'université en autobus.

7. *Complétez les phrases suivantes avec* **tous** *ou* **toutes.**

1. ____ les professeurs ne sont pas américains. **2.** Je n'aime pas ____ les films italiens. **3.** J'étudie ____ mes leçons, mais je n'ai pas le temps de faire ____ mes devoirs. **4.** Nous avons besoin de ____ nos livres. **5.** Les étudiants sont fatigués ____ les lundis. **6.** Dans cette petite ville, ____ les maisons sont en bois. **7.** Lisez ____ ces phrases et faites ____ ces exercices. **8.** ____ les jeunes filles aiment les jolies robes. **9.** Je comprends ____ les explications du professeur. **10.** ____ mes amis habitent près de chez moi.

8. *Changez les phrases suivantes et employez* **avant de:**

> EXEMPLE: Je travaille à la bibliothèque et je vais chez moi.
> Je travaille à la bibliothèque **avant d'**aller chez moi.

1. Les gens dînent au restaurant et ils vont au théâtre.   **2.** J'écoute la question et je donne la réponse.   **3.** Mon père lit le journal et il va à son bureau.   **4.** Vous étudiez la grammaire et vous faites les exercices.   **5.** Nous faisons nos devoirs et nous lisons un roman.   **6.** On corrige ses fautes et on donne son devoir au professeur.   **7.** Les enfants regardent la télévision et ils dînent.   **8.** Je fais la cuisine et j'invite mes amis.

14

La maison

BOB. — Barbara! Barbara! Où allez-vous si vite? A la bibliothèque?

BARBARA. — Oh! C'est vous, Bob. Non, je ne vais pas à la bibliothèque. Je rentre
chez moi; j'ai besoin de travailler avant mon examen d'histoire. Excusez-moi.
Je n'ai pas le temps de bavarder, je suis pressée. Je vois mon autobus qui arrive.

BOB. — Et Jean? Où est-il? Vous ne rentrez pas avec lui comme d'habitude?   5

BARBARA. — Non, pas aujourd'hui, Sa voiture ne marche pas. Alors, nous sommes
obligés de prendre l'autobus. Au revoir, Bob. A demain.

Barbara quitte Bob. Elle monte dans l'autobus et elle paie son billet. Elle trouve
une place libre près d'une fenêtre. Les étudiants qui sont dans l'autobus rentrent chez
eux; tout le monde lit ou étudie. Voici Jeannette, l'amie de Barbara, qui monte aussi 10
dans l'autobus. Jeannette est moins grande que Barbara et Barbara est un peu plus
jeune que Jeannette. Les deux jeunes filles sont très différentes, mais leurs amis disent
que Barbara est aussi sympathique que Jeannette et que Jeannette est aussi gentille
que Barbara.

Les deux amies commencent une longue conversation. Elles parlent de leurs 15
classes, de leurs professeurs, de leur travail; elles ne font pas attention aux gens qui
sont dans l'autobus avec elles. Le temps passe vite et l'autobus arrive au milieu de
la rue où Barbara habite avec ses parents. Les jeunes filles vont à pied jusqu'à la
maison. «J'aime beaucoup votre maison,» dit Jeannette, avant d'arriver. «Nous
habitons un appartement. C'est moins pratique qu'une maison.»   20

La maison des parents de Barbara a deux étages. Elle n'est pas plus haute que
les maisons voisines qui ont deux étages aussi. Devant la maison, il y a quelques arbres,
des plantes, une belle pelouse verte et de superbes dahlias jaunes. Sur le toit, on voit
une antenne de télévision. Au rez-de-chaussée, il y a de larges fenêtres. La maison
n'est pas entourée de murs comme les maisons françaises ou italiennes. La mère de 25
Barbara est dans le jardin. Elle ramasse les feuilles mortes. Barbara dit à sa mère:
«Maman, je te présente mon amie Jeannette.» Et la mère répond: «Bonjour,
Jeannette. Je suis très contente de faire votre connaissance. Barbara parle souvent
de vous. Entrez, vous êtes la bienvenue.»

Maintenant, les jeunes filles sont dans la salle de séjour. C'est une grande pièce, 30
plus grande que les autres pièces de la maison. Il y a un tapis épais par terre. Les

meubles sont en bois clair et de style ancien. Contre le mur, on voit un divan avec des coussins de toutes les couleurs et devant le poste de télévision (le téléviseur), deux larges fauteuils ont l'air très confortables. De l'autre côté, il y a un grand meuble qui est une radio et un tourne-disque. Les parents de Barbara sont certainement des amateurs de musique; ils possèdent une magnifique collection de disques. Des repro- 5 ductions de tableaux anciens décorent les murs. Sur la table basse il y a un grand vase plein de belles roses rouges. Devant la cheminée, un gros chat gris regarde le feu. Tous les objets, lampes, cendriers, bibelots, sont originaux de bon goût.

Entre la cuisine et la salle de séjour, il y a un espace avec une table ronde et des chaises: c'est le coin-salle à manger; ce n'est pas une vraie salle à manger tradi- 10 tionnelle. De l'autre côté de la pièce, un buffet est contre le mur.

«Voilà maintenant la cuisine», dit Barbara. On voit une cuisinière électrique à gauche. L'évier est en face de la porte. A droite, il y a un énorme réfrigérateur. Dans cette cuisine, qui est plus moderne que la salle de séjour, la mère de Barbara prépare les repas de la famille. Sa cuisine est «meilleure que la cuisine de tous les restaurants 15 de la ville», dit son mari.

Montons au premier étage[1] par l'escalier. Voici trois portes. Ce sont les portes des chambres à coucher. La chambre des parents est plus grande que les autres.

Entrons dans la chambre de Barbara. Près du lit, il y a une petite table et une bibliothèque pleine de livres. Des livres et des cahiers sont en désordre sur le bureau. 20

BARBARA. — Excusez-moi, Jeannette. Le matin, je suis pressée et je n'ai pas le temps
    de ranger mes affaires, avant de quitter la maison.

JEANNETTE. — Oh! Je comprends très bien. Ma chambre aussi est en désordre; ma
    mère qui aime l'ordre est souvent furieuse parce que je ne range pas mes affaires.
    Nous ne sommes pas toujours d'accord. 25

Près de la fenêtre, il y a une grande commode et un placard pour les vêtements. Sur les murs on voit des photos et des dessins. La fenêtre, avec ses rideaux blancs, donne sur un petit jardin.

La salle de bain est au bout du corridor. La mère de Barbara dit quelquefois: «Une seule salle de bain pour une famille n'est pas suffisante». C'est vrai. Mais cette 30 salle de bain est très originale avec sa baignoire et son lavabo noirs.

La maison est tranquille et harmonieuse. Les gens qui habitent ici sont certaine- ment des gens heureux.

---

[1] ATTENTION: **au** rez-de-chaussée; **au** premier étage. A quel étage habitez-vous? A quel étage est
        votre chambre?
  Dans une maison française, il y a *d'abord* le rez-de-chaussée, *puis* le premier étage.

Vocabulaire et Expressions Utiles:

Un étudiant loue (**louer**) souvent **un appartement meublé.**
Quand on quitte sa maison pour longtemps, on **ferme** la porte **à clé.**
Pour écouter un programme de radio, on **ouvre** ($\neq$ on **ferme**) la radio.
On pend les robes, les manteaux, les vestes sur **des cintres** dans le placard.

EXERCICES

1. *Répondez aux questions suivantes.*

   1. A quelle heure rentrez-vous chez vous? Avec qui? Comment? **2.** De quoi avez-vous besoin pour vos classes à l'université? **3.** Qu'est-ce que vous êtes obligé de faire pour votre classe de français? (*donnez deux réponses au minimum*) **4.** De quoi avez-vous besoin pour passer un bon week-end? **5.** Posez-vous des questions dans votre classe de français? A qui? **6.** Qu'est-ce que vous n'avez pas le temps de faire très souvent? (*donnez deux réponses*) **7.** Qu'est-ce que vous voyez par la fenêtre de votre chambre? **8.** Combien de pièces y a-t-il dans votre maison (ou votre appartement)? **9.** A quel étage est votre chambre? **10.** A votre avis, les meubles anciens sont-ils plus jolis que les meubles modernes?

2. *Écrivez:* (**a**) *quatre phrases avec* **avoir besoin de** ⎫
   (**b**) *quatre phrases avec* **avoir le temps de** ⎬ + infinitif
   (**c**) *quatre phrases avec* **être obligé(e) de** ⎭
   Employez la forme affirmative, négative ou interrogative. Employez des personnes différentes comme sujets.

3. *Questions sur la lecture. Répondez par des phrases complètes.*

   1. Avec qui Barbara rentre-t-elle chez elle généralement? **2.** Pourquoi Jean et Barbara sont-ils obligés de prendre l'autobus? **3.** Barbara a-t-elle le temps de bavarder avec Bob? **4.** Que font les étudiants qui sont dans l'autobus? **5.** De quoi et de qui Barbara et Jeannette parlent-elles? **6.** Combien d'étages y a-t-il dans la maison de Barbara? **7.** Quelles pièces y a-t-il au rez-de-chaussée? **8.** Quels meubles voit-on dans la salle de séjour? **9.** A quel étage est la cuisine? Qui fait la cuisine? **10.** Combien de pièces y a-t-il au premier étage? Nommez les pièces.

4. *Composition:*

    (a) Décrivez votre maison, à l'extérieur et à l'intérieur.

    (b) Décrivez votre chambre ou une autre pièce de votre maison.

    (c) Votre maison idéale. Où est-elle? Comment est-elle? Pourquoi?

Exercices Supplémentaires de Grammaire

1. *Faites une phrase avec les propositions suivantes (employez* **qui***).*

    1. Nous écoutons les étudiants. Ils parlent français.   **2.** Ma mère ramasse les feuilles mortes. Elles sont sur la pelouse.   **3.** Mes parents invitent souvent mon amie. Ils habitent à la campagne.   **4.** Les étudiants posent des questions au professeur. Ils ont besoin d'explications.   **5.** Les phrases ne sont pas correctes. Elles sont au tableau noir.   **6.** Mon père travaille toujours le samedi. Il est médecin.   **7.** Les gens ont besoin d'un passeport. Ils vont dans un autre pays. **8.** Le professeur corrige les étudiants. Ils font des fautes.   **9.** Ma cousine va en vacances chez ses parents. Elle fait ses études de médecine.   **10.** Nous voyons des avions. Ils passent dans le ciel.

2. *Écrivez:* **(a)** *trois phrases avec* **voir.**
            (b) *trois phrases avec* **lire.**
            (c) *trois phrases avec* **dire.**
    Employez des sujets différents et des compléments différents.

3. *Écrivez:* **(a)** *trois phrases avec un comparatif d'*inériorité (**moins . . . que**)
            (b) *trois phrases avec un comparatif d'*égalité (**aussi . . . que**)
            (c) *trois phrases avec un comparatif de* supériorité (**plus . . . que** *ou* **meilleur que . . .**)

PRONONCIATION

A. La voyelle [o]. *Prononcez après votre professeur:*

    l'**eau**, ch**aud**, b**eau**, m**o**t, n**o**s, v**o**s,
    ch**au**de, f**au**te, j**au**ne, p**au**vre, ch**o**se, r**o**se,
    l'**eau** ch**au**de,
    vos f**au**tes, vos grosses f**au**tes,
    des roses jaunes.

B. La voyelle [5]. *Prononcez après votre professeur:*

n**on**, m**on**, s**on**, t**on**, f**on**t, v**on**t,

b**on**, l**on**g, ils s**on**t, ils **on**t,

onze, l**on**gue, bl**on**de, r**on**de, **om**bre, t**om**be.

Les garç**on**s s**on**t bl**on**ds.

Ils **on**t une l**on**gue comp**os**iti**on**.

Ils v**on**t à L**on**dres en avi**on**.

C. *Prononcez correctement chaque groupe sans interruption entre les mots:*

1. On va au stade.   On va au marché.
   On va au concert.   On va au bureau.
   On va au cinéma.   On va au restaurant.

2. Votre oncle, vos oncles.   Votre ami, vos amis.
   Votre exercice, vos exercices.   Votre examen, vos examens.
   Votre étudiant, vos étudiants.   Votre explication, vos explications.

EXPRESSIONS NOUVELLES

des affaires (*f.*)
une baignoire
une chambre (à coucher)
une cheminée
une commode
une pelouse
une pièce
une salle à manger
une salle de bain
une salle de séjour
une station d'autobus

un amateur
le (la) bienvenu(e)
un billet
le bois
un cendrier
un cintre
un coussin

un dessin
un escalier
un étage
un évier
un fauteuil
le feu
le goût
un lavabo
un meuble
un placard
un repas
un rez-de-chaussée
un rideau
un tableau
un tapis
un téléviseur
le thé
un toit
un tourne-disques

ancien / ancienne
bas / basse
entouré(e) de
épais / épaisse
gros / grosse
mécontent(e)
meilleur(e)
pressé(e)
rond(e)
voisin(e)

allumer
avoir le temps de
bavarder
dire
décorer
faire la connaissance de
lire
louer

marcher
monter
passer
on pend (pendre)
poser une question
prendre
quitter

ramasser
ranger
rentrer
elle répond (répondre)

avant de
à la place de

aussi . . . que
au milieu de
contre
en bois
longtemps
moins . . . que
plus . . . que

Vous savez déjà:

une antenne
une collection
l'électricité (*f.*)
une place
une reproduction

un buffet
un degré

le désordre
un divan
un style
un train
un vase

énorme
harmonieux(euse)

suffisant(e)
superbe

payer
posséder

en désordre

15

POINTS DE REPÈRE

1. **Prenez**-vous votre voiture pour aller à l'université?
      Non, je **prends** l'autobus.

———

2. Le matin, je prends **un verre de** lait.
      Les Américains mangent **moins de** pain **que** les Français.

———

3. **Le** pain et **les** fruits sont bons.
      Le matin, je mange **du** pain et **des** fruits.

———

4. Je mange **de la** viande.
      Je **ne** mange **pas de** viande.

———

5. J'aime **fumer** quand je travaille.
      Mon père préfère **dîner** au restaurant.

———

6. Ce soir je **vais préparer** mon examen d'anglais.

———

7. **Qui** prépare le dîner dans votre famille?
      Qu'est-ce que vous faites après le dîner?

DÉVELOPPEMENT GRAMMATICAL

---

1. Prenez-vous votre voiture pour aller à l'université?
Non, je **prends** l'autobus.

Comparez:

Quand il pleut, je **prends** mon parapluie. Et vous?

Moi, je **prends** mon imperméable.

Pour aller en ville, vous **prenez** la rue Nationale, n'est-ce pas?

Nous, nous **prenons** l'avenue Jefferson.

A Paris, les gens pressés **prennent** un taxi.

A New York, on **prend** un métro rapide.

Quelles langues **apprenez**-vous?

J'**apprends** le français et le russe.

Vos frères **apprennent-**ils aussi le français?

Non, ils **apprennent** l'espagnol.

Est-ce que vous **comprenez** un film français?

Oui, je **comprends** assez bien.

Votre mère parle-t-elle français?

Non, mais elle **comprend** quand on parle assez lentement.

■ Ces verbes sont les verbes irréguliers **prendre, apprendre** et **comprendre.** Voici la conjugaison du verbe **prendre:**

Je	**prends**	une tasse de café après le dîner.
Vous	**prenez**	(tu **prends**) un verre de lait.
Nous	**prenons**	un morceau de gâteau.
Il	**prend**	un verre de jus d'orange.
Elle	**prend**	un verre d'eau.
Ils	**prennent**	une tasse de thé.
Elles	**prennent**	une tasse de chocolat.

■ On conjugue les verbes **apprendre** et **comprendre** comme **prendre**:

	apprendre			comprendre	
J'	ap**prends**	le russe.	Je	com**prends**	les explications du professeur.
Vous	ap**prenez**	le russe.	Vous	com**prenez**	les explications du professeur.
Nous	ap**prenons**	le russe.	Nous	com**prenons**	les explications du professeur.
Il	ap**prend**	le russe.	Il	com**prend**	les explications du professeur.
Elle	ap**prend**	le russe.	Elle	com**prend**	les explications du professeur.
Ils	ap**prennent**	le russe.	Ils	com**prennent**	les explications du professeur.
Elles	ap**prennent**	le russe.	Elles	com**prennent**	les explications du professeur.

ATTENTION: La troisième personne du singulier à la forme interrogative est:

Est-ce qu'il prend l'autobus?   = **Prend-il** l'autobus?

Est-ce qu'elle apprend le russe? =**Apprend-elle** le russe?

Est-ce qu'il comprend l'arabe? = **Comprend-il** l'arabe?

(liaison avec **d** prononcé comme **t**)

---

2. Le matin, je prends **un verre de** lait.
Les Américains mangent **moins de** pain **que** les Français.

Étudiez les phrases suivantes:

Il y a **beaucoup d'**étudiants dans la classe de psychologie.
Cet étudiant a **beaucoup d'**imagination.

Je vais au cinéma ce soir parce que j'ai **peu de** devoirs.
Il travaille pendant le week-end; il a **peu d'**argent.

Nous avons **trop de** devoirs et **trop de** leçons.
J'ai **assez d'**argent pour mon déjeuner.

Je mange **plus de** légumes **que** vous.
Vous avez **moins de** classes **que** moi.
Il y a **autant d'**étudiants **que** d'étudiantes à l'université.

Il y a une **vingtaine de** personnes dans la salle.
J'ai une **dizaine de** dollars dans ma poche.

Je prends **une tasse de** café.

Vous avez **un verre de** bière.

Elle préfère **un morceau de** gâteau.

Il y a **un bouquet de** fleurs sur le bureau.

Il y a **une bouteille de** vin sur la table.

NOTEZ aussi:

une dizaine de livres, **une trentaine de** dollars, **une centaine de** personnes, **une douzaine d'**œufs, etc.

■ Une *expression de quantité* est suivie de la préposition **de** (+ *un nom*).

---

3. Le pain et **les** fruits sont bons.
Le matin, je mange **du** pain et **des** fruits.

Comparez:

Le chocolat qui est dans **la** tasse est bon.	J'aime **le** chocolat.
Je prends **l'**argent qui est sur **la** table.	**L'**argent est nécessaire.
Au restaurant des étudiants, **la** viande n'est pas toujours bonne.	**La** viande est chère.
Les roses de mon jardin sont belles.	J'aime **les** roses.

■ En français, il y a généralement un *article devant le nom commun.* (Cf. p. 19)
Comme en anglais, employez un *article défini,* quand le nom est déterminé, c'est-à-dire quand il est employé dans un *sens spécifique.*
Employez aussi un *article défini* quand le nom est employé dans un *sens général.*
En anglais, il n'y a pas d'article dans ce cas.

Comparez:

J'aime **le** chocolat. (*sens général*)
Je mange **du** chocolat avec plaisir. (*sens partitif*)

GRAMMAIRE

L'argent est nécessaire. (*sens général*)
J'ai **de l'**argent dans ma poche. (*sens partitif*)

La viande est chère. (*sens général*)
Nous mangeons **de la** viande. (*sens partitif*)

■ Les articles **du, de la, de l',** sont des *articles partitifs*.
L'article partitif indique *une quantité indéfinie d'une chose.*
Voilà d'autres exemples:

Pour le petit déjeuner, il y a **du** café, **du** thé, **du** sucre et **de la** crème, **du** lait, **du** pain et **du** beurre, **du** jus d'orange, **de la** confiture et **de l'**eau.

J'ai **de l'**argent et **du** travail.
Il a **de l'**énergie et **du** courage.
Nous avons **de la** chance.
Vous avez **de la** mémoire et **de** l'imagination.

■ Employez: **du**   devant un nom masculin
            de la   devant un nom *féminin*
            de l'   devant un nom *masculin* ou *féminin* qui commence par une voyelle.

Comparez:

J'aime **les** roses. (*sens général*)
Il y a **des** roses dans le vase bleu. (= quelques roses)

Les étudiants ne sont pas riches. (*sens général*)
Je vois **des** étudiants devant la porte du laboratoire. (= quelques étudiants)

■ L'article **des** indique *un nombre indéfini de personnes ou de choses.*
Il est souvent possible de remplacer **des** par « **quelques** ».

---

4. Je mange **de la** viande.
       Je **ne** mange **pas de** viande.

Comparez:

Je mange **de la** viande.
Paul prend **du** sucre.

Je ne mange **pas de** viande.
Paul ne prend **pas de** sucre.

Alice a **de l'**argent.

Vous avez **de la** chance.

Lisa a **de l'**imagination.

J'ai **des** amis.

Elle mange **des** fruits.

Jim fait **des** progrès.

Nous prenons **un** taxi.

Elle a **une** auto.

Alice n'a **pas d'**argent.

Vous n'avez **pas de** chance.

Jean n'a **pas d'**imagination

Je n'ai **pas d'**amis.

Elle ne mange **pas de** fruits.

Jim ne fait **pas de** progrès.

Nous ne prenons **pas de** taxi.

Elle n'a **pas d'**auto.

■ *A la forme négative* employez **de** sans article (**d'** devant une voyelle) pour **du, de la, de l', des, un** et **une** (Cf. leçon 7, page 51), c'est-à-dire pour indiquer la négation d'une *quantité* indéfinie.

Notez: 1. J'ai besoin **d'**argent. Il a besoin **de** courage et **de** patience.

Pour faire un gâteau, on a besoin **de** beurre et **de** sucre.

2. C'est **une** pomme, ce n'est **pas une** orange.

Ce sont **des** oiseaux, ce ne sont **pas des** bateaux.

■ Avec **avoir besoin de**, n'employez *pas d'article quand le sens* est *partitif.*

Avec **ce n'est pas, ce ne sont pas,** employez *l'article indéfini ou partitif* comme à la forme affirmative.

Notez: Il y a beaucoup d'expressions idiomatiques avec **faire: faire du ski, du camping, du canotage, du tennis, de la natation;**

Notez aussi: **faire du bruit, faire du feu, faire de l'auto-stop.**

---

5. J'aime **fumer** quand je travaille.

Mon père préfère **dîner** au restaurant.

Étudiez les phrases suivantes:

J'aime beaucoup **fumer** une cigarette après le dîner.

Les étudiants préfèrent souvent **étudier** à la bibliothèque.

Mon père déteste **travailler** dans le jardin.

J'espère **aller** en Europe l'année prochaine.

Je voudrais **faire** le tour du monde.

■ Après les verbes **aimer, préférer, détester, espérer, je voudrais** (et beaucoup d'autres verbes) employez *immédiatement l'infinitif* de l'autre verbe, *sans préposition*. L'adverbe est généralement entre les deux verbes.

■ Quand on emploie *deux verbes* successivement en français, le *2ᵉ verbe est toujours à l'infinitif.*

---

6. Ce soir je **vais préparer** mon examen d'anglais.

Comparez:

Je téléphone souvent à mon ami.	Ce soir, je **vais téléphoner** à mon ami.
Il fait beau aujourd'hui.	Demain, il **va faire** beau aussi.
Ce matin, nous n'avons pas d'examen.	Demain matin, nous **allons avoir** un examen.
Vous allez à la bibliothèque tous les jours	Cet après-midi, vous n'**allez** pas **aller** à la bibliothèque.
Généralement, mes parents prennent des vacances en juillet.	L'été prochain, mes parents **vont prendre** des vacances en juin.
Nous faisons toujours un pique-nique à la fin du semestre.	La semaine prochaine, nous **allons faire** un pique-nique.

■ Le présent du verbe **aller** + *l'infinitif* d'un autre verbe indique le *futur.*

NOTEZ 3 emplois différents du verbe **aller:**

Expression idiomatique: (Cf. leçon 1)

    EXEMPLE: Comment **allez**-vous? — Je **vais** très bien, merci.

Verbe de mouvement: (Cf. leçon 9)

    EXEMPLE: Où **allez**-vous? — Je **vais** chez le dentiste.

Verbe auxiliaire qui indique le futur:

    EXEMPLE: Qu'est-ce que nous **allons manger?** — Nous **allons manger** de la viande et des petits pois.

Comparez:

Qui est devant vous?
—**Jeannette** est devant moi.
Qui déjeune avec vous?
—**Robert** déjeune avec moi.

Qui regardez-vous?

—Je regarde **Richard.**
Qui invitez-vous?

—J'invite **mes amis.**

Devant **qui** êtes-vous?
—Je suis devant **Marc.**
A qui parlez-vous?
—Je parle à **Daniel.**

Qu'est-ce qui est à droite?
—**Notre maison** est à droite.
Qu'est-ce qui est sur la table?
—**Mon livre** est sur la table.

Qu'est-ce que vous regardez? **Que** regardez-vous?[1]

—Je regarde **l'horloge de la classe.**
Qu'est-ce que vous faites? **Que** faites-vous?[1]

—Je fais **des exercices.**

Devant **quoi** êtes-vous?
—Je suis devant **le tableau noir.**
A côté de **quoi** Jean est-il?
—Il est à côté de **la porte.**

■ **Qui, que, quoi**
Qu'est-ce qui, qu'est-ce que } sont des *pronoms interrogatifs.*

Pour une personne: employez **qui** { comme *sujet.*
comme *objet direct.*
après une préposition (avec, pour, devant, derrière, chez, etc.).

Pour une chose: employez **qu'est-ce qui**   comme *sujet.*
qu'est-ce que
que } comme *objet direct.*
quoi   *après une préposition.*

[1] Faites l'inversion avec: **que?** Ne faites pas l'inversion avec : **qu'est-ce que?**

EXERCICES

1. *Écrivez:* **(a)** *quatre phrases complètes avec le verbe* **prendre.**

    (b) *trois phrases complètes avec le verbe* **apprendre.**

    (c) *trois phrases complètes avec le verbe* **comprendre** *à la forme affirmative, négative ou interrogative. Employez des personnes différentes comme sujets.*

2. *Écrivez chaque phrase et employez l'expression proposée. Faites les changements nécessaires.*

    1. Pour son petit déjeuner, il prend ____ gâteau (un morceau) et ____ thé (une tasse). **2.** Sur la table, il y a ____ fleurs (un bouquet). **3.** J'ai besoin de ____ œufs (une douzaine). **4.** Voici ____ bonbons (une boîte). **5.** Mon frère a ____ courage (beaucoup), mais il n'a pas ____ ambition (beaucoup). **6.** Mon père prend ____ café (trop); il prend ____ café (six tasses) par jour. **7.** Il y a ____ neige (peu) à Paris. **8.** Je vois ____ craie (deux morceaux) sur le bureau du professeur. **9.** Il y a ____ brouillard (plus) à Londres qu'à Paris. **10.** Je n'ai pas ____ argent (beaucoup), mais j'ai ____ argent (assez) pour prendre l'autobus.

3. **(a)** *Complétez les phrases suivantes par des articles définis ou indéfinis.*

    1. Votre frère a-t-il ____ enfants? **2.** ____ enfants de ma sœur sont très gentils. **3.** Il y a ____ étudiants sérieux dans cette classe. **4.** ____ étudiants qui font attention ont de bonnes notes. **5.** Aimez-vous ____ musique et ____ sports? **6.** Faites-vous ____ sports en été? **7.** Sur le campus, on voit ____ bâtiments modernes. **8.** ____ bâtiments modernes ne sont pas toujours beaux. **9.** Il y a ____ chat sur le toit de notre garage. C'est peut-être ____ chat de nos voisins. **10.** Chez moi, nous avons ____ chiens parce que nous aimons ____ chiens.

    (b) *Complétez les phrases par suivantes un article partitif ou par* **de.**

    1. Nous mangeons _de la_ salade verte au dîner. **2.** Je prends _de la_ crème et _du_ sucre dans mon café. **3.** Comme dessert, il prend _de la_ glace et un morceau _de_ gâteau. **4.** Avez-vous _de la_ mémoire? **5.** Cet homme a _du_ courage. **6.** Il y a _du_ vin blanc dans le réfrigérateur; il y a aussi _de la_ viande et _du_ lait. **7.** Au restaurant de l'université, on mange souvent _du_ poulet, on ne mange pas beaucoup _de_ bœuf. **8.** Avec _du_ pain, _du_ beurre et _du_ fromage, on fait des sandwichs. **9.** Nous avons plus _de_ devoirs et moins _de_ leçons que dans la classe d'histoire. **10.** Quand il pleut, il y a _de l'_ eau par terre dans les rues.

4. *Écrivez l'article qui convient convenable* (article défini *ou* article partitif).

1. Il y a _du_ poulet pour le dîner. 2. Mon petit frère Jacques aime _la_ confiture. Il mange _de la_ confiture au petit déjeuner. 3. J'ai _de l'_ argent dans ma poche. 4. Nous avons _des_ roses dans notre jardin parce que ma mère aime _les_ roses. 5. Il y a _du_ sucre sur la table. Vous prenez _____ sucre dans votre café, n'est-ce pas? 6. J'aime _____ carottes; ma mère prépare souvent _____ carottes pour le dîner. 7. _____ café est bon; je prends _____ café le soir. 8. Prenez _____ salade. 9. _____ gâteau est délicieux; chaque personne mange _____ gâteau avec plaisir. 10. Quand j'ai faim, j'aime manger _____ viande et _____ légumes.

(b) *Écrivez les phrases de l'exercice* **4** *à la forme* négative, *excepté 9 et 10.*

5. *Indiquez:*

(a) trois choses que vous aimez faire.
(b) trois choses que vous détestez faire.
(c) deux choses qu'on fait généralement dans votre famille.
(d) deux choses qu'on fait quand on est un bon étudiant (employez **on**).

6. *Écrivez au futur, avec le verbe* **aller.**

1. Il fait froid; je prends ma veste. 2. Jack fait ses devoirs dans sa chambre. 3. Mes parents font un voyage en Europe; ils prennent l'avion. 4. Alice prépare le dîner, puis elle travaille. 5. Richard a une bonne note à l'examen; il est content. 6. Les jeunes filles organisent une soirée; elles font des gâteaux. 7. Le professeur explique la phrase et vous comprenez. 8. Je prends un taxi parce que je suis en retard. 9. A quelle heure déjeunez-vous? 10. Quand vous voyagez au Mexique, parlez-vous espagnol? 11. Je n'ai pas le temps d'aller à la banque. 12. Nous lisons la lecture, mais nous ne corrigeons pas les exercices.

7. *Remplacez les mots en italiques par un* pronom interrogatif *et écrivez la question.*

1. *Un étudiant* est à côté du professeur. 2. *Un avion* fait ce bruit. 3. Vous voyez *des autos.* 4. *Henri* téléphone tous les jours à votre frère. 5. Vous arrivez à l'université avec *Bob.* 6. *Le professeur* corrige les fautes. 7. Le professeur explique *la leçon.* 8. Vous faites votre devoir avec *votre stylo.* 9. Vous habitez chez *M. Simpson.* 10. Votre sœur fait *ses études de médecine.*

16

Repas d'anniversaire

Quatre heures sonnent. La classe de psychologie est finie. Tous les étudiants quittent la salle. Cinq ou six jeunes gens[1] et jeunes filles parlent avec animation.

ALICE. — Alors, vous êtes d'accord pour ce soir? Je vais préparer la table, mais qui va apporter des tasses et des cendriers? C'est vous, Marc? Parfait! Jeannette, tu ne vas pas oublier le gâteau, n'est-ce pas? Et vous, Charles, pensez aux petits 5 pains.[2]

JEANNETTE. — De quoi as-tu besoin? d'assiettes, de verres?

ALICE. Non, merci. J'ai assez d'assiettes et de verres.

ROBERT. — Est-ce que j'apporte de la bière? ou une autre boisson?

ALICE. — Nous avons trop de bière. Apportez quelques boites de jus de fruits, si vous 10 voulez. Nous allons danser et quand on danse on a soif.

ROBERT. D'accord. A ce soir, Alice.

Qu'est-ce que les jeunes gens vont faire ce soir? Que préparent-ils? Aujourd'hui, c'est l'anniversaire de Barbara et ses amis vont donner un dîner et une soirée en son honneur. 15

Alice rentre vite chez elle. Elle est contente parce qu'elle aime inviter ses amis. Elle prépare la table du dîner qui est couverte d'une jolie nappe blanche. Sur la nappe, Alice pose les assiettes et les verres avec les serviettes (de table). A gauche et à droite de chaque assiette, il y a une fourchette, une cuiller et un couteau.

Voilà les invités qui arrivent. Tout le monde est à l'heure. Les jeunes filles ont 20 beaucoup de paquets; les jeunes gens apportent des bouteilles de jus de fruits, de bière et de vin. Il y a aussi une bouteille de champagne. Marianne place un gros bouquet de fleurs au milieu de la table. Quelques minutes avant huit heures, quand le dîner est prêt, Barbara arrive. Elle est très étonnée (= surprise) de voir tous ses amis et . . . un tas de paquets sur son assiette. «Qu'est-ce que c'est?» dit-elle. «Pour 25

---

[1] **des jeunes gens** est le pluriel de **un jeune homme.** On emploie aussi cette expression collectivement pour les deux sexes.

[2] **des petits pains, des petits pois, des jeunes filles, des jeunes gens, des grandes personnes.** Ce sont des mots composés. Employez **des** (et non **de**).

La France des gourmets: un grand restaurant de luxe; un bistrot de quartier.

qui sont tous ces cadeaux? Pour moi? C'est la première fois de ma vie que j'ai autant de cadeaux pour mon anniversaire! Quelle bonne surprise! Merci, merci!»

ROBERT. — Ouvrez vite vos cadeaux, Barbara. Nous avons faim et soif. Nous allons mourir de faim et de soif!

Barbara ouvre les paquets. Chaque cadeau est une nouvelle surprise: des livres, 5 un disque, un collier, une broche, du parfum. Barbara remercie tous ses amis. Mais les garçons sont impatients: «A table! A table! Bon appétit.»

Le dîner commence. On mange d'abord[3] des hors-d'œuvre[4]: des œufs, des radis, du fromage, des olives. La corbeille de pain passe et chaque personne prend un petit pain et du beurre. Puis[3] on mange de la salade. Ensuite,[3] il y a du poulet rôti avec 10 des légumes: des carottes et des haricots[4] verts.

«Encore un peu de poulet —Avec plaisir; il est délicieux.» Et Robert prend un troisième morceau de poulet.

Tout le monde parle beaucoup. On rit, on chante.

Enfin[3] le moment du dessert arrive. Il y a un superbe gâteau au chocolat[5]. Robert 15 allume les dix-neuf petites bougies et il pose le gâteau devant Barbara, qui souffle toutes les bougies ensemble. Bravo Barbara! Chaque invité prend un morceau de gâteau et une tasse de café. Il y a du sucre et de la crème sur la table.

---

[3] Notez ces mots: **d'abord, puis, ensuite, enfin.** Ils indiquent une succession d'actions. Employez ces mots quand vous racontez une histoire oralement ou dans une composition.

[4] Il n'y a pas de liaison entre l'article et le nom.

[5] Notez la préposition: une glace **à** la vanille, une glace **au** café, une tasse de café **au** lait, une tarte **aux** pommes . . .

LECTURE

Le dîner est fini. D'autres étudiants vont arriver. On va enlever les assiettes et les verres et pousser la table dans un coin. Alice va poser une pile de disques de danse sur le tourne-disques et la soirée va commencer. Les jeunes gens vont chanter, danser, bavarder jusqu'à minuit. On va boire du café glacé, du coca-cola, de la bière et de l'orangeade. On va faire beaucoup de bruit et on va peut-être inviter les voisins!   5
Et Barbara va rentrer chez elle, très heureuse de cette soirée d'anniversaire.

EXERCICES

1. *Répondez aux questions suivantes.*

1. A quelle heure et où prenez-vous votre petit déjeuner? **2.** Où déjeunez-vous pendant la semaine? Avec qui? A quelle heure? **3.** Dînez-vous souvent au restaurant? Quand? Pourquoi? **4.** Qu'est-ce que vous aimez manger quand vous avez faim? **5.** Qu'est-ce que vous aimez boire quand vous avez soif? **6.** Quelle est votre boisson préférée? **7.** Quel dessert préférez-vous? **8.** Vos voisins font-ils du bruit quand ils ont des invités? **9.** Quand est votre anniversaire? **10.** Avez-vous des cadeaux généralement pour votre anniversaire?

2. *Faites une phrase complète avec chaque expression.*

1. faire de l'auto-stop **2.** jusqu'à **3.** Bon appétit! **4.** avoir faim **5.** avoir soif **6.** assez de **7.** aimer (+ infinitif) **8.** détester (+ infinitif) **9.** trop de **10.** peu de

3. *Questions sur la lecture. Répondez aux questions par des phrases complètes.*

1. Où les jeunes gens ont-ils rendez-vous? **2.** Alice a-t-elle besoin de tasses? Y a-t-il assez de cendriers chez elle? **3.** Pourquoi les jeunes gens dînent-ils ensemble ce soir? **4.** De quoi ont-ils besoin pour la soirée? **5.** Pourquoi Barbara est-elle étonnée quand elle arrive chez Alice? **6.** Qu'est-ce qu'il y a sur l'assiette de Barbara? Pourquoi Barbara est-elle contente? **7.** Quel est le menu du dîner? **8.** Qu'est-ce que les invités font pendant le repas? **9.** Qu'est-ce que Barbara est obligée de faire à la fin du dîner? **10.** Qu'est-ce qu'on boit pendant la soirée?

4. *Composition:*

(a) Un repas chez vous, un jour de la semaine.
(b) Un repas au restaurant ou un repas chez des amis.
(c) Un repas d'anniversaire ou un repas de fête.

Exercices Supplémentaires de Grammaire

1. *Écrivez au présent.*

> **1.** Richard va faire un cadeau à sa mère pour la Fête des Mères. **2.** Je vais prendre mon manteau parce qu'il va faire froid. **3.** Vous allez préparer un bon dîner pour vos amis. **4.** Vont-ils corriger leurs fautes quand ils vont recopier leur composition? **5.** Je ne vais pas avoir le temps de lire cette leçon. **6.** Elle va faire beaucoup de progrès parce qu'elle va travailler plus régulièrement. **7.** Ses parents vont quitter la ville parce que son père va avoir un nouveau poste. **8.** Nous allons voir un film excellent et nous allons rentrer à 11 heures. **9.** Vous allez penser à votre examen et vous allez étudier le vocabulaire. **10.** Nous allons prendre notre imperméable parce qu'il va faire mauvais.

2. *Écrivez la question avec un* pronom interrogatif. *Les mots en italiques constituent la réponse.*

> **1.** Je vois *des étudiants*. **2.** Pierre apprend *le russe*. **3.** Vous faites un sandwich *avec de la viande et du pain*. **4.** *Lisa* comprend la question. **5.** Paul dit au revoir *à son professeur*. **6.** J'ai besoin *de mon stylo*. **7.** Ses parents vont au théâtre *avec leurs amis*. **8.** Les jeunes gens organisent *une soirée*. **9.** Sa mère aime faire *la cuisine*. **10.** *Anne* va préparer le dîner. **11.** *Le sport* est bon pour la santé.

3. *Changez les phrases: employez le verbe entre parenthèses.*

> **1.** Nous faisons des promenades à bicyclette. (aimer) **2.** Je vais au stade. (détester) **3.** Vous allez au cinéma. (préférer) **4.** Mes parents dînent quelquefois au restaurant. (aimer) **5.** Son père fait le tour du monde. (espérer). **6.** Mes amis travaillent dans leur jardin. (détester). **7.** Lisez-vous des livres intéressants? (aimer) **8.** Voyez-vous un bon film? (préférer) **9.** Paul ne va pas au laboratoire. (aimer) **10.** Je ne regarde pas la télévision pendant le dîner. (aimer)

PRONONCIATION

A. La voyelle [ɔ] *Prononcez après votre professeur:*

> homme, personne, bonne, d'accord, j'apporte, carotte,
> chocolat, psychologie, étonné, honneur.
> **Paul** est d'accord.
> **Votre** note est bonne.
> **J'apporte** votre jolie robe.

Robert téléphone à Victor.

L'horloge de l'école sonne.

B. Les voyelles [ɔ] et [ɛ] *Prononcez après votre professeur:*

Esther donne un verre de bière à Robert.

Juliette apporte une pomme verte à Paul.

Hector déteste la jolie robe d'Estelle.

En automne, la forêt est dorée.

C. *Prononcez correctement les groupes:*

1. J'aime fumer.   Jé n'aime pas fumer.
   J'aime marcher.   Jé n'aime pas marcher.
   bavarder.   bavarder.
   travailler.   travailler.
   téléphoner.   téléphoner.

2. C'est une corde.   C'est une porte.
   une pomme.   une robe.
   une école.   une horloge.

Notes de Prononciation

[e].   Prononcez [e] pour: **é**

        er   (terminaison des noms et des verbes)

        ez   (2e personne du pluriel des verbes)

        et   et les articles: **les, des,** etc.

        j'ai, gai

[ɛ].   Prononcez [ɛ] pour **è**

        ê

        ai (excepté: **j'ai, gai**)

        e + consonne prononcée dans la même syllabe: cette, rester, belle.

[o].   Prononcez [o] pour: **ô, o** + **s** prononcé (s = [z]), **o** *final,* **au, eau.**

[ɔ̃].   est une voyelle nasale.

        Prononcez [ɔ̃] pour **on, om** (+ consonne, excepté **m** et **n**): **bon, mon, son, nom, on**ze, **blon**de, **ron**de,

        Mais [ɔ] homme, automne, bonne.

EXPRESSIONS NOUVELLES

une assiette
la bière
une boisson
une bougie
une bouteille
la chance
une corbeille
la crème
une cuiller
une fourchette
la glace
la limonade
une nappe
la natation
une soirée
une tasse
la viande

l'argent(*m.*)
l'auto–stop(*m.*)
le canotage
un couteau
le fromage
des haricots verts (*m.*)
des hors-d'œuvre(*m.*)
un(e) invité(e)

des jeunes gens
le jus (de fruits)
le lait
le métro
le monde
le pain
un paquet
un poulet (rôti)
un radis
un sens
le sucre
le tour du monde
un verre
un(e) voisin(e)

cher/chère
déterminé(e)
glacé(e)
prêt(e)

apporter
apprendre
avoir faim
avoir soif
on boit (boire)
chanter

comprendre
danser
enlever
mourir
ouvrir
poser
pousser
prendre
on rit (rire)
souffler
vous voulez (vouloir)

assez(de)
autant(de)
bon appétit
d'abord
    puis
    ensuite
    enfin
jusqu'à
peu (de)
sans ≠ avec
si
trop (de)
vite

Vous savez déjà:

une animation
une olive
l'orangeade(*f.*)
une pile
une quantité
la salade
une surprise

un bouquet
le chocolat
le dessert
un fruit
un honneur
un menu
un moment

un rendez-vous
impatient(e)

organiser

GRAMMAIRE GENERALE

Les Adjectifs

En français comme en anglais, il y a *différentes sortes d'adjectifs*. En français, les adjectifs sont généralement variables.

1. *L'adjectif qualificatif* indique une qualité d'une chose ou d'une personne.

   Mon ami est **anglais.**   Robert est **intelligent.**

   Les montagnes sont **hautes.**   Le tricot est **noir.**

   Le livre **rouge** est sur la **petite** table.   C'est une **vieille** dame.

2. *L'adjectif possessif* indique la possession.

   J'aime beaucoup **ma** maison et **mon** jardin.

   Vos exercices sont-ils difficiles?

   Charles et Betty sont contents; **leurs** notes sont excellentes.

3. *L'adjectif interrogatif* est employé pour une question.

   Quelle classe avez-vous à 10 heures?

   Avec **quels** amis faites-vous ce voyage?

4. *Les adjectifs démonstratifs* désignent un objet ou une personne.

   Je fais l'exercice 3.   **Cet** exercice est difficile.

   Voilà un jeune homme.   **Ce** jeune homme s'appelle Marc.

5. Il y a aussi des *adjectifs indéfinis*.

   Écrivez **chaque** phrase; étudiez **chaque** verbe.

   Je déjeune **tous** les jours au restaurant.

   Il y a **quelques** personnes devant le cinéma.

Adjectifs et Pronoms

   Ma maison est confortable.

   Quelle classe avez-vous à midi?

   Ce journal est intéressant.

Ma, quelle, ce sont des adjectifs. *L'adjectif accompagne et détermine le nom.*

   Voilà ma maison; **elle** est confortable.

   Je téléphone à ma sœur **qui** est à New York.

Elle, qui sont des pronoms. *Le pronom représente une personne ou une chose.*

1. **Qui** voyez-vous? Je vois **mon ami Marc.**
   Que voyez-vous? Je vois **des autos.**
2. Cet étudiant travaille beaucoup. **Il** a de bonnes notes.
   Voilà Pierre. Je vais au cinéma avec **lui.**
3. Je vais chez mes amis **qui** habitent en Floride.

Dans les phrases 1, 2, 3, il y a différentes sortes de pronoms. Un pronom est un mot qui est employé généralement *à la place d'un nom* de personne ou de chose, ou qui représente une personne ou une chose.

1. **Qui** et **que** sont des *pronoms interrogatifs.* On les emploie pour poser une question (Voir leçon 15, p. 130). Par leur forme, les pronoms interrogatifs font une distinction entre les personnes et les choses.

2. **Il** et **lui** sont des *pronoms personnels.* Ils remplacent **cet étudiant** et **Pierre.** Il y a plusieurs séries de pronoms personnels. Ces pronoms représentent des personnes ou des choses. Il y a des *pronoms sujets:* **je, tu, il, elle, nous, vous, ils, elles.** Il y a aussi des *pronoms personnels objets* (Voir leçons 17, p. 146 et 19, p. 165), des *pronoms personnels accentués* (Voir leçon 13, p. 109).

3. **Qui** est un *pronom relatif.* Il établit une relation entre son antécédent **amis** et la proposition suivante. Il y a d'autres pronoms relatifs; par exemple **que** (Voir leçon 17, p. 148). **Qui** est sujet du verbe suivant. Il représente une *personne* ou une *chose.*

Il y a encore d'autres pronoms: les *pronoms possessifs,* les *pronoms démonstratifs,* les *pronoms indéfinis* comme **on** (Voir leçon 9, page 77).

Les Propositions

Je suis content   parce que j'ai un A.
    (A)   (B)
Les gens restent à la maison   quand il pleut.
        (A)   (B)

Les phrases précédentes ne sont pas des phrases simples, ce sont des *phrases complexes.* Il y a *deux verbes* dans chaque phrase: chaque phrase a *deux propositions:* (A) et (B).
La proposition (A) est complète; c'est une *proposition principale.*

GRAMMAIRE GÉNÉRALE

La proposition (B) n'est pas complète; elle dépend de la proposition principale; c'est une *proposition subordonnée.*

Les expressions **parce que** et **quand** sont des *conjonctions.* On emploie une conjonction pour joindre la proposition principale et la proposition subordonnée.

La Conjonction «que»

J'espère **que** vos parents vont bien.
Je pense **que** vous êtes d'accord avec moi.
Je suppose **que** mes amis sont à Paris.
Barbara dit **que** le professeur est malade et **qu'**il est à l'hôpital.

Le mot **que (qu')** est une conjonction qui joint une proposition principale à une proposition subordonnée. En français, il est absolument nécessaire d'employer la conjonction **que.** On n'emploie pas toujours cette conjonction en anglais.

TROISIÈME ÉCHELON

La Cathédrale de Chartres (12e siècle) et la plaine de la Beauce.

17

POINTS DE REPÈRE

1. **Aimez**-vous ces tricots de sport?
   Non, je ne **les** aime pas.

   ———

2. **Pouvez**-vous aller à pied à l'université?
   Oui, je **peux** aller à pied à l'université.
   Voulez-vous prendre une tasse de café?
   Je **veux** bien, merci.

   ———

3. Les exercices **que** nous faisons sont difficiles.

   ———

4. Je **mets** mon cahier devant moi.
   Je ne **sais** pas faire la cuisine

   ———

5. J'aime fumer **en travaillant**.

6. Je **viens** à l'université cinq fois par semaine.

   ———

7. **Il faut** étudier pour avoir de bonnes notes.

DÉVELOPPEMENT GRAMMATICAL

> **1.** Aimez-vous ces tricots de sport?
> Non, je ne **les** aime pas.

Comparez:

Regardez-vous le professeur?	Oui, je **le** regarde.
Les étudiants écoutent-ils le professeur?	Oui, ils **l'**écoutent.
Avez-vous votre imperméable?	Non, je ne **l'**ai pas.
Montrez-moi votre livre.	**Le** voici.
Comprenez-vous la leçon 16?	Oui, je **la** comprends.
Étudiez-vous la leçon 17?	Oui, nous **l'**étudions.
Voyez-vous souvent votre amie Jeannette?	Non, je ne **la** vois pas souvent.
Où est votre composition?	**La** voici.
Faites-vous vos devoirs?	Oui, nous **les** faisons.
Aimez-vous les chats?	Non, je ne **les** aime pas.
Où sont vos parents?	**Les** voici.
Est-ce que vous **me** comprenez?	Oui, je **vous** comprends.
Le professeur **vous** corrige-t-il?	Oui, il **nous** corrige.
Vous ne **m'**écoutez pas, n'est-ce pas?	Non, je ne **vous** écoute pas.
Jeannette **vous** invite-t-elle quelquefois?	Oui, elle **m'**invite quelquefois.

■ **Le, la, l', les** sont des pronoms personnels. Ils remplacent: **le professeur, votre imperméable, votre livre, la leçon, Jeannette, votre composition, vos devoirs, les chats, vos parents.**

Le, la, l', les représentent des personnes *ou* des choses.

Me (m'), nous, vous sont aussi des pronoms personnels.

Tous ces pronoms sont des *pronoms personnels objets directs* des verbes.

Ces pronoms sont le plus souvent placés *immédiatement avant le verbe.*

Voici la liste complète des *pronoms personnels objets directs:*

Le professeur **me**	regarde et il **m'**	écoute.	
Le professeur **vous**	regarde et il **vous**	écoute.	
Le professeur **te**	regarde et il **t'**	écoute.	
Le professeur **nous**	regarde et il **nous**	écoute.	
Le professeur **le**	regarde et il **l'**	écoute.	*(Paul)*
Le professeur **la**	regarde et il **l'**	écoute.	*(Hélène)*
Le professeur **les**	regarde et il **les**	écoute.	*(les étudiants)*

ATTENTION: à la forme négative: Je **ne le** vois **pas.** Il **ne m'**écoute **pas.**

à la forme interrogative: **Le** voyez-vous? **M'**écoutez-vous?

---

2. Pouvez-vous aller à pied à l'université?

Oui, je **peux** aller à pied à l'université.

Voulez-vous prendre une tasse de café?

Je **veux** bien, merci.

Comparez:

Est-ce qu'on **peut** fumer au théâtre? — Non, on ne **peut** pas fumer au théâtre.

Pouvez-vous prendre l'autobus? — Oui, je **peux** prendre l'autobus.

Les étudiants **peuvent**-ils poser des questions au professeur? — Oui, ils **peuvent** poser des questions au professeur.

Voulez-vous dîner chez moi? — Oui, je **veux** bien dîner chez vous.

Vos amis **veulent**-ils travailler le dimanche? — Oui, ils **veulent** travailler le dimanche.

Voici les verbes **pouvoir** et **vouloir** au présent de l'indicatif.

Je	**peux**	acheter un sandwich.
Vous	**pouvez**	(tu **peux**) parler au professeur.
Nous	**pouvons**	aller à la plage.
Il	**peut**	faire des progrès.
Elle	**peut**	faire des progrès.
Ils	**peuvent**	poser des questions.
Elles	**peuvent**	poser des questions.

Notez: **pouvoir** a plusieurs sens: être capable de . . . , avoir la permission de . . . , il est possible de. . . .

Je	**veux**	aller dans les magasins.
Vous	**voulez**	(tu **veux**) manger du poulet.
Nous	**voulons**	voyager en avion.
Il	**veut**	inviter ses amis.
Elle	**veut**	inviter ses amis.
Ils	**veulent**	faire du camping.
Elles	**veulent**	faire du camping.

Notez: **Je veux** est une expression très énergique.

Je voudrais est la forme de politesse. **Je voudrais** exprime aussi un désir.

EXEMPLE: **Je voudrais** faire le tour du monde, mais **je ne veux pas** visiter la planète Mars.

Pour accepter, employez: **Je veux bien.**

EXEMPLE: Voulez-vous prendre une tasse de café avec moi? **Je veux bien.**

---

3. Les exercices **que** nous faisons sont difficiles.

Comparez:

Lisa est une jeune fille **que** je trouve sympathique.

J'aime beaucoup la robe **qu'**elle porte.

Les amis **que** nous invitons habitent près de chez nous.

Le livre **que** Paul étudie est intéressant.

■ Que (**qu'** devant une voyelle) est un pronom relatif. (Cf. Grammaire générale, p. 140.)

Que représente des personnes et des choses, au singulier et au pluriel.

Que établit une relation entre son antécédent (**une jeune fille, la robe, des professeurs, les amis, le livre, les gens**) et la proposition suivante.

Que est le *complément d'objet direct* du verbe suivant.

ATTENTION: (1) **Que** est différent de **qui** (Cf. leçon 13).

> EXEMPLE: C'est une jeune fille **qui** a beaucoup de talent.
> C'est une jeune fille **que** j'admire.

(2) **Que** et **qui,** *pronoms relatifs* sont différents de **que** et **qui,** *pronoms interrogatifs* (Cf. leçon 15.)

---

4. Je **mets** mon cahier devant moi.
Je ne **sais** pas faire la cuisine.

Comparez:

Où **mettez-**vous votre clé?	Je **mets** ma clé dans ma poche.
Où **mettons-**nous notre argent?	Nous **mettons** notre argent à la banque.
Où **met-**on la fourchette?	On **met** la fourchette à gauche.
Savez-vous l'allemand?	Oui, je **sais** l'allemand, mais je **sais** mieux l'espagnol.
Hélène **sait-**elle jouer au golf?	Non, elle ne **sait** pas jouer au golf.
Savez-vous où est le professeur?	Je ne **sais** pas où il est, mais je **sais** qu'il est malade aujourd'hui

Mettre et **savoir** sont des verbes irréguliers.

	mettre			savoir	
Je	**mets**	ma serviette par terre.	Je	**sais**	l'anglais.
Vous	**mettez**	(tu **mets**) un tricot.	Vous	**savez**	(tu **sais**) le russe.
Nous	**mettons**	notre manteau.	Nous	**savons**	le français.
Il	**met**	son livre sur la table.	Il	**sait**	lire et écrire.
Elle	**met**	son livre sur la table.	Elle	**sait**	nager.
Ils	**mettent**	leur chapeau.	Ils	**savent**	que je suis ici.
Elles	**mettent**	leur chapeau.	Elles	**savent**	qu'il est malade.

ATTENTION: N'employez pas **savoir:** avec un *nom de personne* employé comme complément d'objet direct.

Employez **savoir:** $\begin{cases} \text{avec un } \textit{nom de chose} \text{ employé comme com-} \\ \quad \text{plément d'objet direct.} \\ \text{avec un } \textit{verbe à l'infinitif.} \\ \text{avec } \textbf{que} + \textit{proposition subordonnée.} \end{cases}$

---

5. J'aime fumer **en travaillant.**

Comparez:

Je marche et je pense à mes examens.	Je marche **en pensant** à mes examens.
Les étudiants prennent des notes et ils écoutent le professeur.	Les étudiants prennent des notes **en écoutant** le professeur.
Mon père fume et il regarde la télévision.	Mon père fume **en regardant** la télévision.
Ma mère chante et elle fait la cuisine.	Ma mère chante **en faisant** la cuisine.

■ **Pensant, écoutant, regardant, faisant,** sont des formes verbales invariables qu'on appelle le *participe présent.*

Le participe présent est formé avec le *radical* de la 1re personne du pluriel du présent + **-ant.** (2 exceptions: **avoir (ayant); savoir (sachant)**)

fermer	nous **ferm**ons	**ferm**ant
prendre	nous **pren**ons	**pren**ant
faire	nous **fais**ons	**fais**ant
voir	nous **voy**ons	**voy**ant, etc.

■ Après la préposition **en,** le verbe est toujours au *participe présent.* Après les autres prépositions, le verbe est à *l'infinitif.* (Cf. leçon 13, page 112.)

En + le participe présent est *le gérondif.* Le gérondif indique que *deux actions* sont faites au *même moment* par la (les) *même(s) personne(s).*

---

6. Je viens à l'université cinq fois par semaine.

Comparez:

Comment **venez-**vous à l'université?	Je **viens** en autobus.
Quand vos amis vont-ils **revenir?**	Ils vont probablement **revenir** demain.
A quelle heure votre père **revient-**il?	Il **revient** vers cinq heures.

GRAMMAIRE

■ **Venir** est un verbe irrégulier.

	venir	
Je	**viens**	à l'université à neuf heures.
Vous	**venez**	(**tu viens**) en auto.
Nous	**venons**	ici tous les jours.
Il	**vient**	en autobus.
Elle	**vient**	en autobus.
Ils	**viennent**	à pied.
Elles	**viennent**	à pied.

■ Les verbes **devenir** et **revenir** sont conjugués comme **venir.**

EXEMPLES: Quand nous allons en ville, nous quittons la maison à deux heures et nous **revenons** à six heures.

Cette jeune fille **devient** très jolie. Paul veut **devenir** avocat.

---

7. Il faut étudier pour avoir de bonnes notes.

Étudiez les phrases suivantes:

Il faut travailler quand on a besoin d'argent.
Il faut manger tous les jours.
Il faut faire attention quand on parle français.

■ **Il faut** est une expression impersonnelle qui indique la nécessité ou l'obligation (= il est nécessaire de . . . on est obligé de . . .).

Après **il faut,** employez l'*infinitif* du verbe principal. Le pronom **il** est impersonnel comme dans: **il** pleut, **il** neige, **il** fait froid.

EXERCICES

1. (a) *Remplacez les mots en italiques par un* pronom personnel objet direct.

1. J'aime *les mathématiques* et j'étudie *les mathématiques.* **2.** Nous regardons *la télévision* tous les soirs. **3.** Ils apprennent *le vocabulaire* et ils emploient *le vocabulaire* dans leurs compositions. **4.** J'achète *mes livres* au commencement du semestre, puis je lis *mes livres*. **5.** Sylvie apprend *le russe* et elle parle assez bien *le russe*. **6.** Voilà *nos amis;* je vois *nos amis*. **7.** Je fais *ma composition* et j'oublie *ma composition* à la maison. **8.** Il voit *son amie* et il invite *son amie*. **9.** Barbara ramasse-t-elle *les feuilles mortes?* **10.** Les étudiants aiment-ils *les examens?*

(b) *Répondez aux questions et employez un* pronom objet direct *dans la réponse.*

1. Avez-vous votre livre de français aujourd'hui? **2.** Faites-vous vos devoirs tous les jours? Quand? **3.** Avez-vous votre imperméable aujourd'hui? Pourquoi? **4.** Voyez-vous les arbres du campus par la fenêtre? **5.** Quand faites-vous votre lit? **6.** Qui fait la cuisine chez vous? **7.** Prenez-vous l'autobus pour aller chez vous? Pourquoi? **8.** Écoutez-vous la radio? Quand? Pourquoi? **9.** Est-ce que vous m'écoutez toujours attentivement? **10.** Le professeur vous comprend-il quand vous posez une question? **11.** Est-ce que nos parents nous comprennent? **12.** Vos amis vous trouvent-ils sympathique ou insupportable?

2. (a) *Changez les phrases; employez* **pouvoir** *ou* **vouloir.**

1. On pose des questions au professeur. (pouvoir) **2.** Le professeur corrige les fautes des étudiants. (vouloir) **3.** Est-ce que vous dînez au restaurant? (vouloir) **4.** Comprenez-vous cette phrase? (pouvoir) **5.** Les étudiants organisent des soirées. (pouvoir) **6.** Les jeunes filles font des gâteaux. (vouloir) **7.** Je n'invite pas Jack à dîner au restaurant. (pouvoir) **8.** Je ne vais pas chez lui. (vouloir) **9.** Anne apprend l'italien. (vouloir) **10.** Mike prend l'autobus pour aller à l'université. (pouvoir) **11.** Téléphones-tu à Jean? (pouvoir) **12.** Travailles-tu dimanche prochain? (vouloir)

(b) *Écrivez cinq phrases complètes avec* **pouvoir;** *et cinq phrases avec* **vouloir.**

3. *Complétez les phrases avec* **qui** *ou* **que** (pronoms relatifs).

1. C'est un restaurant _que_ mes parents aiment beaucoup. **2.** Les étudiants _qui_ travaillent font des progrès. **3.** Mon ami a une petite sœur _qui_ adore les poissons rouges. **4.** Les livres _que_ vous voyez sur la table sont des livres russes. **5.** Voici le journal _que_ vous désirez. **6.** C'est un homme _qui_ je trouve très sympathique. **7.** Les leçons _que_ nous étudions au laboratoire ne sont pas difficiles. **8.** Nous employons le vocabulaire _que_ nous savons. **9.** Richard oublie le devoir _qui_ est sur son bureau. **10.** Nous faisons un exercice _qui_ est compliqué.

4. *Écrivez la forme correcte du verbe.*

1. On (mettre) un tricot quand il (faire) froid. 2. Je (mettre) mon livre devant moi quand j' (étudier). 3. Avant 5 ans, les enfants ne (savoir) pas lire, mais ils (savoir) parler. 4. Le professeur (prendre) son livre et il le (mettre) sur son bureau. 5. Avant de (quitter) la maison, on (mettre) la clé de sa voiture dans sa poche. 6. Vos parents (savoir)-ils parler français? — Non, mais ils le (comprendre). 7. Nous (mettre) notre imperméable parce qu'il (faire) mauvais temps. 8. Quand on (savoir) une langue, on (pouvoir) parler et écrire cette langue. 9. (Savoir)-vous quand les vacances (commencer)? — Non, je ne (savoir) pas. 10. Un étudiant qui ne (savoir) pas corriger ses fautes ne (pouvoir) pas avoir de bonnes notes.

5. *Écrivez ces phrases en remplaçant les mots en italiques par le* gérondif.

1. Je n'étudie pas *quand je mange*. 2. Il entre dans le magasin *et il dit* bonjour. 3. Sylvie ne regarde pas par la fenêtre *et elle répond* au professeur. 4. Je vais à l'université *et je regarde* les vitrines. 5. Il dîne *et il regarde* la télévision. 6. Elle fait la cuisine *et elle pense* à ses amis. 7. Elle entre dans la classe *et elle lit* le journal. 8. Paul et Anne bavardent *et ils dansent*. 9. Il est impossible d'étudier *et d'écouter* la radio. 10. Jean et moi, nous parlons de nos études *et nous allons* à la station d'autobus.

6. *Répondez aux questions suivantes.*

1. A quelle heure venons-nous dans la classe de français? 2. Quels jours venez-vous à l'université? 3. Comment vos amis viennent-ils à l'université? 4. A quelle heure revenez-vous chez vous? 5. Avec qui revenez-vous chez vous? 6. A quelle heure votre père revient-il à la maison? 7. Revenez-vous à la bibliothèque pendant le week-end? 8. Quand vos amis viennent-ils chez vous?

7. *Répondez aux questions par des phrases complètes.*

(a) A votre avis, qu'est-ce qu'il faut faire
   quand on a faim? *Quand on a faim il faut manger.*
   quand on est malade?
   quand on ne comprend pas le sens d'un mot?
   quand on est triste?
   quand on ne prononce pas bien? *Il faut pratiquer.*

(b) A votre avis, qu'est-ce qu'il faut faire (*ou* avoir, *ou* être)

pour avoir une bonne note en français? *Il faut étudier.*

pour être en bonne santé? *health*

pour avoir des amis?

pour passer de bonnes vacances?

pour arriver à l'heure?

pour devenir Président des États-Unis? *became*

pour avoir une vie agréable?

Bétail aux pâturages. Bourgogne.

Ci-contre: Artisans au travail à la Tapisserie d'Aubusson.

GRAMMAIRE

Fabrication du fromage
de Camembert. (Normandie)

Le Clos-Vougeot,
célèbre vignoble
de Bourgogne.

18

Dans les magasins

JEANNETTE. — Marianne! Marianne! Viens-tu? Il est trois heures moins vingt. Je veux aller à la banque avant de faire des courses. Quand tu es plongée dans tes livres, tu oublies le reste du monde. Tu exagères!

MARIANNE. — Excuse-moi, Jeannette. Je viens. J'oublie l'heure qu'il est quand je travaille, c'est vrai. 5

En quittant la maison les deux jeunes filles continuent leur conversation.

MARIANNE. — De quoi avons-nous besoin exactement? Nous pouvons aller au marché à pied. Ce n'est pas très loin et . . .

JEANNETTE. — Tu es folle! A quoi penses-tu? Tu veux porter trois ou quatre gros sacs de provisions jusqu'à la maison? Non, merci. C'est trop fatigant. 10

MARIANNE. — Tu as raison comme d'habitude et j'ai tort! Nous allons avoir un tas de paquets; il faut prendre la voiture, à cause de ces paquets.

JEANNETTE. — Il faut acheter des provisions pour le week-end. Le réfrigérateur est presque vide et tu as l'intention d'inviter Paul et ses amis, samedi soir. Alors, il nous faut[1] de la viande et des légumes; nous avons aussi besoin de pain et 15 de boissons.

MARIANNE. — Très bien . . . Jeannette! Tu sais qu'il y a une vente-réclame de blouses chez Norton. Toutes mes blouses sont vieilles. Je les trouve horribles. J'ai absolument besoin d'une nouvelle blouse. Allons chez Norton.

JEANNETTE. — Je vois! As-tu besoin d'une blouse neuve ou as-tu envie d'une nouvelle 20 blouse? Ce n'est pas exactement la même chose!

MARIANNE. — Eh bien! Voilà la vérité: je voudrais une blouse élégante pour le mariage de Carole. Et je vais peut-être acheter des chaussures si elles sont bon marché.[2] Il faut profiter des occasions, tu sais.

JEANNETTE. — Tu as raison. Pour une fois, tu es pratique. Moi, je veux aller aussi 25 à la librairie. Il me faut un livre de psychologie que je n'ai pas.

---

[1] Il **me** faut, il **nous** faut + *nom* = J'ai besoin de . . . nous avons besoin de . . .
[2] **Bon marché** est le contraire de **cher/chère**. C'est une expression invariable.

Les deux jeunes filles entrent dans un immense supermarché où on vend toutes sortes de choses. Voici d'abord le coin des fruits et des légumes. Que de couleurs! Il y a de grosses pommes rouges et vertes, des citrons jaunes, des oranges, du raisin blanc ou noir. Il y a même des pêches et des fraises, mais elles sont très chères parce que ce n'est pas la saison. 5

Jeannette prend quelques bananes et elle les met dans un sac. Les jeunes filles achètent aussi une livre de poires, des noix, un ananas et trois pamplemousses. « Et maintenant, nous avons besoin de légumes » dit Marianne. Elle achètent des asperges, des petits pois et des tomates. « N'oublions pas les pommes de terre. Il nous faut des pommes de terre pour faire des frites. Paul les adore et il dit que je les fais très bien, » 10 ajoute Jeannette. « Il nous faut aussi de la viande. » C'est embarrassant! La viande est si chère! « Prenons un rôti de porc », dit Marianne. — « Le porc est meilleur marché[3] que le bœuf ».

Les jeunes filles mettent dans leur charriot une bouteille de lait, une livre de beurre et un morceau de fromage. Elles achètent aussi du pain, du riz, du macaroni, puis 15 elles vont à la caisse.

Là, Jeannette et Marianne sont obligées de faire la queue: il y a beaucoup de clients le vendredi dans un supermarché! Enfin, leur tour arrive; un vendeur enveloppe et met dans des sacs les provisions que Jeannette paie avant de quitter le magasin 20 avec son amie.

DANS UN GRAND MAGASIN

A l'extérieur et à l'intérieur du magasin, il y a des vitrines pleines de vêtements, de costumes de ski et de cadeaux de Noël. Le rayon des blouses est au quatrième étage. Les jeunes filles montent par l'ascenseur.

Voici une vendeuse qui demande à Jeannette et à Marianne: « Que désirez-vous, mesdemoiselles? » Jeannette et Marianne préfèrent regarder les blouses seules. Elles 25 prennent plusieurs blouses et elles les comparent.

JEANNETTE. — Cette blouse est très jolie. Moi, je l'aime beaucoup, je la trouve[4] très
  chic. Et toi, comment la trouve tu?
MARIANNE. — Moi, je ne l'aime pas du tout. Le vert est une couleur que je déteste.

---

[3] **meilleur marché** = moins cher. C'est le comparatif de supériorité de « bon marché ».
[4] Notez le sens du verbe **trouver** ici(= juger).
  EXEMPLES: Je **trouve** ma chambre confortable.
       Nous **trouvons** ce film intéressant.

JEANNETTE. — Pourquoi?

MARIANNE. — Parce que je suis trop pâle. Quand je porte une blouse ou une robe verte, j'ai l'air malade. Alors, je préfère le bleu.

Maintenant, Marianne a une blouse blanche à la main. Elle l'examine avec attention et elle la montre à son amie. 5

MARIANNE. — Regarde, Jeannette. Je la trouve ravissante. Et c'est juste ma taille.

JEANNETTE. — Oui, elle est très jolie et je l'aime beaucoup. Mais combien coûte-t-elle?

MARIANNE. — Je ne sais pas. Je vais demander le prix à la vendeuse.

Marianne parle à la vendeuse et elle continue:

MARIANNE. — Elle est beaucoup trop chère pour moi. Je ne peux pas acheter les choses 10 que je veux parce qu'elles sont toujours trop chères. Quel dommage!

La jeune fille cherche une autre blouse, en pensant que c'est vraiment la blouse blanche qu'elle préfère.

JEANNETTE. — Tu peux essayer cette blouse et prendre une décision plus tard.

Marianne entre dans une petite pièce où les clientes essaient les vêtements qu'elles 15 ont l'intention d'acheter. Elle essaie la blouse et elle la trouve vraiment jolie. Il faut trouver une solution à ce problème! Jeannette revient vers Marianne.

JEANNETTE. — Écoute, Marianne, j'ai une idée. N'achète pas de chaussures. Tu as assez d'argent pour la blouse.

MARIANNE. — J'ai une meilleure idée. Je vais demander à Maman l'argent de mon 20 cadeau d'anniversaire. Ainsi, je vais pouvoir acheter la blouse et les chaussures. Jeannette, je suis géniale! Tu es d'accord, n'est-ce pas?

EXERCICES

1. *Répondez aux questions par des phrases complètes.*

1. Aimez-vous aller dans les magasins pour faire des courses? Pourquoi? 2. Allez-vous au supermarché? Quand? Comment? 3. Quels fruits mangeons-nous en hiver? et en été? 4. Où payez-vous dans un magasin? 5. Faites-vous la queue quelquefois? Où? Pourquoi? 6. Pourquoi faut-il aller à la banque? 7. Est-ce que vous faites la queue souvent? Où? Quand? 8. Que prenez-vous comme dessert quand vous êtes au restaurant? 9. De quoi avez-vous envie pour votre anniversaire (ou pour Noël)? 10. Qu'est-ce que vous avez l'intention de faire samedi soir? Que faites-vous avant de revenir chez vous?

2. *Faites une phrase complète avec chaque expression.*

1. Il faut   **2.** bon marché   **3.** ne . . . pas du tout   **4.** faire des courses   **5.** faire la queue   **6.** avoir l'intention de   **7.** pouvoir   **8.** vouloir   **9.** une vente-réclame   **10.** fatigant

3. *Questions sur la lecture. Répondez par des phrases complètes.*

1. Où les jeunes filles vont-elles aller avant de faire des courses? Pourquoi? **2.** Comment vont-elles au supermarché? Pourquoi?   **3.** Qu'est-ce qu'un super-marché?   **4.** Où Jeannette a-t-elle l'intention d'aller? Pourquoi?   **5.** Quels fruits les jeunes filles achètent-elles?   **6.** Les fraises sont-elles bon marché? Pourquoi? **7.** Que font les jeunes filles avant de quitter le supermarché?   **8.** Comment Jeannette et Marianne montent-elles au 4e étage?   **9.** Comment Marianne trouve-t-elle la blouse blanche?   **10.** Quelle solution trouve-t-elle au problème du prix?

4. *Composition:*

(a) Vous allez au supermarché. Que faites-vous? Que voyez-vous?
(b) Vous avez besoin d'un cadeau d'anniversaire pour un(e) ami(e). Vous allez dans un magasin. Décrivez le magasin. Imaginez le dialogue avec le vendeur (la vendeuse).
(c) Décrivez un magasin important de votre ville.

Exercices Supplémentaires de Grammaire

1. *Indiquez:*

(a) deux choses que *vous avez l'intention de* faire pendant le week-end;
(b) deux choses que *vous avez envie de* faire l'année prochaine;
(c) deux choses qu'*il faut faire* quand on est étudiant;
(d) deux choses que *vous n'avez pas l'intention de* faire cette année;
(e) deux choses que *vous savez faire.*

2. *Complétez les phrases suivantes par* **qui** *ou par* **que:**

1. Les étudiants ＿＿ habitent loin ont souvent une auto.   **2.** Le programme ＿＿ je regarde souvent à la télévision est intéressant.   **3.** Le professeur explique les mots ＿＿ les étudiants ne comprennent pas.   **4.** J'achète des provisions ＿＿ je mets dans le réfrigérateur.   **5.** Nous corrigeons les phrases ＿＿ ne sont pas correctes.   **6.** J'ai une amie _____ habite près de la plage.   **7.** Elle a une auto _____ ne marche pas bien.   **8.** La cliente essaie une robe _____ elle aime beaucoup. **9.** Je préfère les sports _____ ne sont pas trop fatigants.   **10.** Mes parents _____ je vois toutes les semaines ne me téléphonent pas souvent.

3. *Composez cinq phrases complètes avec* **qui;** *cinq phrases complètes avec* **que.**

PRONONCIATION

A. La voyelle [ã].   *Prononcez après votre professeur:*

1. dans, sans, gens, grand, blanc.
   avant, accent, parents, enfants.
   vêtement, commencement, appartement.
   France, absence, présence, blanche.

2. en allant   en parlant
   en entrant   en mangeant
   en chantant   en dansant
   en écoutant   en bavardant

B. La voyelle [ø].   *Répétez après votre professeur (attention à la position des lèvres):*

eux, deux, feu, bleu, il pleut,
mieux, milieu, les yeux, les œufs,
curieux, curieuse, sérieux, sérieuse,
les yeux bleus,
deux œufs.

C. La voyelle [œ].   *Répétez après votre professeur:*

1. heure, sœur, fleur, leur, elle pleure,
   vendeur, professeur, acteur, danseur,
   neuf, seul, jeune, feuille.

2. Il **peut**   parler.   Ils peuvent   parler.
                 fumer.   fumer.
                 manger.   manger.
                 danser.   danser.
                 rentrer.   rentrer.
                 travailler.   travailler.

EXPRESSIONS NOUVELLES

une asperge
la caisse
les chaussures (*f.*)
une fraise
une livre
une noix
une occasion
une pêche
une poire
une pomme de terre
des provisions (*f.*)
une taille
une vente-réclame
la vérité
une vitrine

un ananas
le bœuf
un charriot
un citron
un(e) client(e)

un pamplemousse
des petits pois
le porc [pɔr]
un poste
un prix
un rayon
le riz
un vendeur/une vendeuse

fatigant(e)
fou/folle
génial(e)
nouveau/nouvelle
vide

acheter
ajouter
avoir envie de
avoir l'intention de
avoir raison ≠ avoir tort
chercher
coûter

demander
devenir
essayer
faire des courses
faire la queue
il faut
mettre
monter
porter
pouvoir
savoir
on vend (vendre)
venir
vouloir

à cause de
bon marché
meilleur marché
ne . . . pas du tout
presque
Quel dommage!

Vous savez déjà:

une banane
une décision
une nécessité
une obligation
une solution
une tomate

le macaroni (*m.*)

chic
embarrassant
immense
impersonnel
pâle

raisonnable
sûr(e)

désirer
exagérer
examiner

19

POINTS DE REPÈRE

1. **Répondez**-vous quand le professeur vous pose une question?
   Oui, je **réponds** à sa question.

   ———————

2. Que dites-vous à votre ami quand vous le voyez?
   Je **lui** dis bonjour quand je le vois.

   ———————

3. A quelle heure **partez**-vous le matin?
   Je **pars** à sept heures et demie.

   ———————

4. Pensez-vous souvent à vos examens?
   Oui, j'**y** pense souvent.

   ———————

5. A quelle heure **finissez**-vous votre travail?
   Je **finis** mon travail à 11 heures.

   ———————

6. Il est utile **de** savoir des langues étrangères.
   Je suis content **d'**aller à l'université.

   ———————

7. **Écrivez**-vous à vos parents?
   Je leur **écris** quand je suis en voyage.

DÉVELOPPEMENT GRAMMATICAL

Comparez:

A la fin du mois, je suis pauvre. Mon ami me prête dix dollars.

Naturellement, je **rends** les dix dollars à mon ami le mois suivant.

Répondez-vous à toutes les lettres?

Oui, je **réponds** à toutes les lettres.

Qu'est-ce qu'on **vend** dans une pâtisserie?

On **vend** des gâteaux et des bonbons.

Attendez-vous vos amis quand ils sont en retard à un rendez-vous?

Oui, je les **attends** quelques minutes, mais je déteste **attendre** longtemps.

Les fenêtres de la classe sont fermées.

Non, je n'**entends** pas de bruit. J'**entends** la voix du professeur.

Entendez-vous le bruit des voitures?

Dans les bâtiments qui ont beaucoup d'étages, on prend l'ascenseur.

On monte et on **descend** en ascenseur.

Ma mère **perd** toujours ses lunettes.

Moi, je **perds** toujours mon stylo.

■ Les verbes: **rendre
répondre
vendre
attendre
entendre
descendre
perdre**

C'est verbes sont conjugués comme **répondre**.

	répondre	
Je	**réponds**	à mon professeur.
Vous	**répondez**	(tu **réponds**) à Barbara.
Nous	**répondons**	à une question difficile.
Il	**répond**	à ses amis.
Elle	**répond**	à la lettre de sa mère.
Ils	**répondent**	à leurs parents.
Elles	**répondent**	aux questions de l'examen.

Notez: Le **d** à la 3ᵉ personne du singulier. (On le prononce en liaison comme *t*.)

Les consonnes non prononcées au singulier: je répon~~ds~~, tu répon~~ds~~, il répon~~d~~.

La forme interrogative: Répond-il?   Répond-elle?
[t]   [t]

---

2. Que dites-vous à votre ami quand vous le voyez?
Je **lui** dis bonjour quand je le vois.

Comparez:

Je dis bonjour **à Paul.**
Je donne un cadeau **à ma mère.**
Nous posons des questions **au professeur.**

Je **lui** dis bonjour.
Je **lui** donne un cadeau.
Nous **lui** posons des questions.

Je parle anglais **à mes parents.**
Je téléphone souvent **à mes amis.**
Mes parents **me** donnent de l'argent.

Je **leur** parle anglais.
Je **leur** téléphone souvent.
Je **leur** dis merci.

Vous **me** parlez français.
Le professeur **nous** pose des questions.
Nous **vous** disons au revoir.

Je **vous** parle français aussi.
Nous **lui** répondons.
Vous **nous** dites au revoir aussi.

■ Dans les exemples précédents, **un cadeau, des questions, de l'argent** sont des *compléments d'objets directs.*

Les autres compléments: **à Paul, à ma mère, au professeur, à mes parents, à mes amis, lui, leur, me, vous, nous** sont des *compléments d'objets indirects.* (Cf. Grammaire générale, page 219.)

Me, vous, nous, lui, leur sont des *pronoms personnels* compléments d'objets *indirects.*

Voilà la liste complète des *pronoms personnels objets indirects:*

Jean **me**	téléphone tous les soirs.	
Jean **vous (te)**	téléphone tous les soirs.	
Jean **lui**	téléphone tous les soirs.	(à Georges)
Jean **lui**	téléphone tous les soirs.	(à Marianne)
Jean **nous**	téléphone tous les soirs.	
Jean **vous**	téléphone tous les soirs.	
Jean **leur**	téléphone tous les soirs.	(à Georges et à Marianne)

NOTEZ: Ces pronoms remplacent seulement des *noms de personnes.*

Avec ces pronoms, *n'employez pas* la préposition **à.**

Voici quelques verbes qui sont employés avec:

$$\text{à} + \textit{un nom de personne.}$$

demander
dire
donner   **téléphoner à**
écrire   **parler**   **à** } (une personne)
envoyer   **ressembler à**
expliquer } (une chose) **à** (une personne.)
montrer
prêter
rendre
vendre

---

3. A quelle heure **partez**-vous le matin?
Je **pars** à sept heures et demie.

Comparez:

Je suis fatigué parce que je ne **dors** pas assez. Combien d'heures **dormez-**vous?

Je **dors** sept ou huit heures par nuit. Il faut **dormir** assez longtemps pour être en bonne santé.

A quelle heure **partez-**vous pour l'université?

Quand je suis seul, je **pars** à 7 heures.
Quand je suis avec mon père,
nous **partons** un peu plus tard.

Aimez-vous **sortir** le soir?

J'aime **sortir;** mais je **sors** rarement
pendant la semaine. Mon ami et moi,
nous **sortons** le dimanche.

■ **Dormir, partir, sortir** sont trois verbes irréguliers. Ils sont conjugués de la même manière.

	partir	
Je	**pars**	pour l'Europe.
Vous	**partez**	(tu **pars**) en avion.
Nous	**partons**	ensemble.
Il	**part**	en bateau.
Elle	**part**	en auto.
Ils	**partent**	en train.
Elles	**partent**	en avion.

■ Remarquez l'emploi des verbes **quitter, partir** et **sortir:**

(a) Employez **quitter** *avec un complément d'objet direct.* (**quitter** sa famille, ses amis, l'université.)
Employez **partir** *sans complément d'objet direct.*
EXEMPLES: Je **quitte l'université** à 4 heures de l'après-midi.
Le bateau **quitte** le port à minuit.
Je **pars** à 4 heures de l'après-midi.
Le bateau **part** à minuit.

(b) **Partir** est le contraire de **arriver.**
Sortir est le contraire de **entrer.**
EXEMPLES: Nous allons **partir** pour l'Europe le 20 juin et nous allons **arriver** à Paris le 26 juin.
Les étudiants **entrent dans** la classe à 10 heures.
Ils **sortent de** la classe à 11 heures.

Employez l'*infinitif* immédiatement après les verbes de mouvement: **aller, venir, entrer, sortir, monter, descendre, revenir.**

EXEMPLES: Nous **venons voir** votre sœur.

Je **sors acheter** du pain.

Il **monte prendre** sa veste.

N'oubliez pas les expressions:

Je sors   **à** pied.
Je vais   **à** bicyclette.
Je viens   **à** cheval.
J'arrive   **en** auto, **en** voiture.
Je pars   **en** autobus.
Je rentre   **en** avion.
Je reviens   **en** bateau.

---

4. Pensez-vous souvent à vos examens?
Oui, j'**y** pense souvent.

Comparez:

(a) Pensez-vous aux vacances?   Oui, nous **y** pensons.

Faites-vous attention aux questions?   Naturellement, j'**y** fais attention.

Les étudiants répondent-ils correctement aux questions?   Non, ils n'**y** répondent pas toujours correctement.

Vos amis pensent-ils à votre anniversaire?   Oui, ils **y** pensent généralement.

(b) Allez-vous souvent à la banque?   Oui, j'**y** vais toutes les semaines.

Les étudiants vont-ils à la bibliothèque?   Oui, ils **y** vont quand ils ont besoin d'un livre.

Êtes-vous chez vous tous les soirs?   Non, je n'**y** suis pas tous les soirs.

Vos parents restent à la maison, n'est-ce pas?   Oui, ils **y** restent.

■ Le pronom **y** remplace *un nom de chose*. Il remplace un nom complément précédé de la préposition **à** (objet indirect). Le mot y remplace aussi un nom précédé d'une préposition qui indique la position (**à, chez, dans, sur, sous,** etc.).

5. A quelle heure **finissez**-vous votre travail?
Je **finis** mon travail à 11 heures.

Comparez:

Finissez-vous vos devoirs le soir?
Oui, je **finis** mes devoirs le soir.

A quelle heure votre dernière classe **finit**-elle?
Elle **finit** à trois heures.

Finissez-vous toujours vos examens?
Non, nous ne **finissons** pas toujours nos examens.

Est-ce que votre petit frère **grandit**?
Oui, il **grandit** beaucoup. A son âge, les enfants **grandissent** beaucoup.

Est-ce que vous **brunissez** quand vous restez au soleil?
Non, je ne **brunis** pas, je **rougis.**

Pendant un examen, on est obligé de **réfléchir,** n'est-ce pas?
Oui, et quand on **réfléchit,** on ne fait pas de fautes stupides.

Qu'est-ce que vous **choisissez** comme dessert?
Je **choisis** des fraises à la crème.

Quel bâtiment est-ce qu'on **bâtit** à l'université?
Ces ouvriers **bâtissent** un nouveau théâtre.

Robert **réussit**-il à ses examens?
Bien sûr. Les étudiants sérieux **réussissent** toujours.

■ Ces verbes: **finir, grandir, brunir, rougir, réfléchir, choisir, bâtir, réussir** sont des verbes du *2ᵉ groupe.*
Les verbes du *2ᵉ groupe* ont *l'infinitif* en **-ir** et ils sont *réguliers.* Ils sont conjugués comme **finir.**
Voilà par exemple le verbe **finir:**

Je	finis	mon petit déjeuner à 8 heures.
Vous	finissez	(tu finis) les exercices.
Nous	finissons	une dictée.
Il	finit	sa composition.
Elle	finit	son devoir.
Ils	finissent	leur dîner.
Elles	finissent	leur travail.

■ En français une forme verbale est composée de deux parties: le *radical* et la *terminaison* (parl**er**, fin**ir**). Cf. leçon 11, page 90.

Remarquez: l'infinitif en **-ir**

		Singulier	*Pluriel*
les terminaisons	1)	**-is**	**-issons**
	2)	**-issez, -is**	**-issez**
	3)	**-it**	**-issent**

le suffixe **-iss** aux trois personnes du pluriel.

Très souvent les verbes du deuxième groupe sont formés sur un adjectif qualificatif.

brun — brun**ir**	gros — gross**ir**	rouge — roug**ir**
grand — grand**ir**	maigre — maigr**ir**	vieux (vieille) — vieill**ir**

> **6.** Il est utile **de** savoir des langues étrangères.
> Je suis content **d'**aller à l'université.

Étudiez les phrases suivantes:

(a) **Il est** facile **de** comprendre cette phrase.
   Il est agréable **de** nager en été.
   Il est intéressant **de** voir un bon film.
   Il n'est pas agréable **d'**être malade.
   Il n'est pas possible **de** répondre à cette question.

■ Notez cette construction: **Il est** + *adjectif* + **de** + *infinitif.*

(b) **J'oublie** souvent **de** faire mon lit.
   Nous **finissons de** dîner à sept heures.
   Mon père **décide d'**acheter une voiture de sport.
   Nous **essayons de** corriger nos fautes.
   J'ai l'intention d'aller au musée dimanche prochain.
   Mon ami **a envie de** voir ce film français.
   J'ai peur d'être en retard.
   Je **suis content d'**avoir une bonne note.
   Paul **est** toujours **sûr d'**avoir raison.

■ On emploie la préposition **de** *devant l'infinitif* après beaucoup de verbes français. (Cf. pp. 265–266)

> **7. Écrivez-vous** quelquefois à vos parents?
> Oui, je leur **écris** quand je suis en voyage.

Étudiez les phrases suivantes.

J'	**écris**	une composition.
Vous	**écrivez**	(tu **écris**) une lettre.
Nous	**écrivons**	à nos parents.
Il	**écrit**	à sa mère.
Elle	**écrit**	à sa mère.
Ils	**écrivent**	des poèmes.
Elles	**écrivent**	des poèmes.

■ C'est le verbe **écrire** au présent de l'indicatif.

EXERCICES

1. *Écrivez les verbes à la forme correcte.*

1. Les étudiants (répondre) aux questions du professeur. **2.** Qu'est-ce que vous (attendre)? — Je (attendre) l'autobus. **3.** J'aime (entendre) une symphonie de Mozart. **4.** Jean (perdre) toujours ses livres. **5.** (vendre)-vous vos livres à la fin du trimestre? **6.** Le professeur (rendre) les examens aux étudiants. **7.** Je (rendre) ces livres à la bibliothèque. **8.** Quand on (aller) à Las Vegas, on (perdre) souvent de l'argent. **9.** Mes parents ne veulent pas (vendre) leur maison. **10.** Dans un grand magasin, je (monter) et je (descendre) en ascenseur.

2. *Remplacez les mots en italiques par un* pronom personnel.

1. Le matin, je dis bonjour *à ma mère*. **2.** Vous posez des questions *au professeur*. **3.** Je parle *à Robert* après la classe. **4.** Il vend sa vieille voiture *à ses amis*. **5.** Diane montre une photo *à Hélène*. **6.** J'envoie des nouvelles *à mes parents*. **7.** Nous ne téléphonons pas *aux professeurs* à minuit. **8.** Mon père ne prête pas sa voiture *à ses amis*. **9.** Je ne ressemble pas *à mon frère*. **10.** Le professeur rend-il les devoirs *aux étudiants?*

3. *Écrivez la forme correcte du verbe.*

1. Quand je (partir), je (prendre) des provisions et je les (mettre) dans un sac.
2. Mon amie Suzanne (sortir) tous les samedis; mais je ne (sortir) pas très souvent. 3. Les étudiants ne (dormir) pas beaucoup avant les examens. 4. A quelle heure votre père (revenir)-il de son travail? 5. Combien d'heures un bébé (dormir)-il? 6. Je ne (rendre) pas ces livres à la bibliothèque aujourd'hui. 7. Quand on (donner) un rendez-vous à des amis, on les (attendre) avec patience pendant quelques minutes. 8. Pendant le week-end, elle (vendre) des vêtements dans un petit magasin et quelquefois, elle (répondre) au téléphone. 9. Je suis furieux quand je (perdre) de l'argent. 10. A quelle heure (partir)-vous pour l'université? — Nous (partir) à huit heures.

4. *Répondez aux questions en employant un* pronom personnel objet indirect *ou* y.

1. Demandez-vous une explication au professeur? 2. Faites-vous attention à ses questions? 3. Allez-vous à la bibliothèque le dimanche? 4. Prêtez-vous de l'argent à vos amis? 5. Téléphonez-vous à votre meilleur(e) ami(e) tous les jours? 6. Restez-vous chez vous le samedi soir? 7. Les gens vont-ils à la banque régulièrement? 8. Vos parents vous donnent-ils des cadeaux pour votre anniversaire? 9. Le professeur vous explique-t-il les mots difficiles? 10. Allons-nous à la plage quand il pleut?

5. *Écrivez des phrases complètes et correctes avec les verbes:* **finir, choisir, réfléchir, brunir, vieillir, réussir (à), grossir, maigrir, rougir, bâtir.** *Employez des sujets différents.*

6. *Indiquez:*

(a) deux choses *que vous avez envie de faire* dimanche prochain.
(b) deux choses *que vous oubliez de faire* très souvent.
(c) deux choses *que vous allez faire* en rentrant chez vous.
(d) deux choses *que vous n'avez pas l'intention de faire* l'été prochain.
(e) deux choses *que vous êtes content de faire* tous les jours.
(f) deux choses *que vous essayez souvent de faire.*

20

Pique-nique au bord de la mer

Aujourd'hui, c'est vendredi. Dans la classe de français, le professeur pose une question à Barbara. Mais Barbara ne lui répond pas; elle ne l'entend pas: elle est distraite. Barbara rêve en regardant le tableau noir. Elle pense au week-end. « Nous allons partir demain matin assez tôt. J'espère que tout le monde va être à l'heure. Nous allons emporter des provisions pour faire un pique-nique sur la plage. Quelle bonne 5 journée nous allons passer! Oh mon Dieu! J'y pense maintenant. Nous n'avons pas de dessert. Comment faire? . . . Jeannette va peut-être avoir une idée. Elle réussit toujours à trouver une solution aux problèmes difficiles. Je vais lui téléphoner. »

Le professeur parle très haut maintenant et Barbara entend enfin sa voix:

LE PROFESSEUR. — Eh bien, mademoiselle Green! Vous dormez! Je répète ma question: 10
    « Que faites-vous en écoutant le professeur? »
BARBARA. — En écoutant le professeur, je . . . euh . . . je . . .

Le professeur finit la phrase:

LE PROFESSEUR. — « . . . je réfléchis. » Oui, mademoiselle Green, vous réfléchissez. Il faut réfléchir à la question avant d'y répondre, c'est vrai. Mais je pense que vous 15 réfléchissez trop longtemps. Écrivez votre phrase au tableau noir, s'il vous plaît.

Le professeur continue à parler et les étudiants lui répondent: maintenant toute la classe est attentive. Quelques étudiants posent des questions et le professeur leur donne une explication supplémentaire.

SAMEDI MATIN VERS HUIT HEURES

Il fait un temps magnifique. Le ciel est clair. Il est agréable de sortir quand 20 il fait si beau. Tout le monde est à l'heure au rendez-vous. Tout le monde? Non, il y a seulement sept personnes. Qui est absent? C'est Betty. On ne va pas partir sans elle. On l'attend quelques minutes en bavardant et en faisant les derniers préparatifs.
    A huit heures et quart, le téléphone sonne chez Barbara. La jeune fille répond:

BARBARA. — « Allô, ici Barbara Green. » 25
MME JONES. — Allô, bonjour Barbara. Ici Mme Jones, la mère de Betty. Je vous
    téléphone parce que Betty est malade.

La Place du Tertre, Montmartre. (Paris)

BARBARA. — Oh! qu'est-ce qu'elle a? J'espère que ce n'est pas grave!

MME JONES. — Non. Ce n'est pas très grave. Betty a un gros rhume. Elle tousse. Elle a mal à la gorge et à la tête; ses yeux pleurent. Il est préférable de rester à la maison quand on a un si gros rhume. Partez avec vos amis, Barbara, et passez une bonne journée. 5

BARBARA. — Je suis désolée! J'espère que Betty va aller mieux[1] demain. Meilleure santé pour elle. Au revoir, madame. Je vous remercie de votre coup de téléphone.

MME JONES. — Au revoir, Barbara. A bientôt.

Barbara sort de la maison. Ses amis l'attendent et ils lui demandent pourquoi Betty est en retard. 10

BARBARA. — Betty ne vient pas avec nous: elle est malade. Pauvre Betty! Elle n'a pas de chance . . . Alors! sommes-nous prêts? Avons-nous les provisions et les boissons? Tout le monde a son maillot de bain et des serviettes? Richard, je ne vois pas votre guitare. J'espère que vous l'avez.

RICHARD. — Soyez[2] tranquille, Barbara. Vous savez bien que je n'oublie pas de 15 prendre ma guitare et . . . que je ne la perds pas de vue. Elle est dans le coffre de ma voiture. Maintenant, venez! Il faut partir. En route!

Richard est assis au volant de sa voiture. Il porte ses lunettes de soleil parce que le soleil brille. Marianne et Jeannette montent avec lui. Charles est le conducteur

[1] **Mieux** est un adverbe. C'est le *comparatif de supériorité* de **bien**.

    Attention: Un *adverbe* accompagne un verbe, un *adjectif* accompagne un nom: EXEMPLES: Votre composition est bonne; elle est **meilleure** que les autres. Vous parlez ~~aussi~~ **mieux** qu'avant.

[2] **Soyez** est l'impératif du verbe **être. (Sois, soyons, soyez)**

LECTURE

de l'autre auto. Barbara est assise à côté de lui. Derrière, il y a Suzanne et Jean et aussi le chien de Jean. Les deux voitures marchent bien. Le samedi matin, de bonne heure, il est facile de circuler sur l'autoroute: il y a moins d'autos et de camions que les autres jours.

A LA PLAGE

Sur la plage, les jeunes gens choisissent un endroit tranquille où il y a de gros 5
rochers et où le sable est propre et fin. La mer est calme. On peut facilement nager
parce qu'il y a seulement de petites vagues. Les jeunes gens sont heureux de nager
longtemps dans l'eau fraîche et transparente. Puis ils prennent un bain de soleil. Mais
attention! Il est bien désagréable d'avoir un coup de soleil sur le nez ou sur les épaules!
Marianne, qui est blonde, ne peut pas brunir, et elle est obligée de porter un grand 10
chapeau.

Une vendeuse de la Loterie Nationale.

Une boulangerie.

Les Bouquinistes sur les
quais de la Seine. (Paris)

A midi, on mange les sandwichs qu'on trouve délicieux. Puis, on fait la sieste sur le sable à l'ombre d'un rocher. Richard ne dort pas; il n'a pas sommeil, il joue de la guitare.[3]

Après la sieste, les jeunes gens nagent et font des châteaux de sable que la mer démolit. Vers six heures, il fait plus frais, il y a un peu de vent, on décide de rentrer. 5 Il faut ramasser les paquets, les sacs, les vêtements, les serviettes et les maillots de bain mouillés. Les amis reviennent en chantant, ravis de cette journée en plein air.

EXERCICES

1. *Répondez aux questions par des phrases complètes et employez des* pronoms *si possible.*

1. En quelle saison a-t-on des rhumes? Où a-t-on mal quand on a un rhume? **2.** Comment venez-vous à l'université? A quelle heure? **3.** Que fait votre professeur quand vous lui posez une question? **4.** Réfléchissez-vous aux questions avant d'y répondre? **5.** Parlez-vous français à vos parents? **6.** De quoi avez-vous besoin quand vous allez à la plage? **7.** Qu'est-ce qu'il est amusant de faire quand on est à la plage? **8.** Qu'est-ce qu'on porte quand le soleil est très brillant? **9.** Qu'est-ce qu'une autoroute? **10.** Avez-vous quelquefois envie de dormir quand vous êtes en classe? Quand?

2. *Employez chaque expression dans une phrase.*

1. faire la sieste **2.** avoir sommeil **3.** jeter **4.** faire des courses **5.** mieux **6.** emporter **7.** à l'ombre de **8.** avoir mal à **9.** prêter **10.** jouer à

3. *Questions sur la lecture. Répondez aux questions par des phrases complètes.*

1. Barbara dort-elle pendant la classe? Que fait-elle? **2.** A qui Barbara va-t-elle téléphoner en revenant de l'université? Pourquoi? **3.** Est-ce que Barbara répond au professeur par une phrase complète? Qu'est-ce que le professeur pense? **4.** Que fait le professeur quand les étudiants lui posent une question? **5.** Betty est-elle devant la maison de Barbara? Où est-elle? **6.** Qui téléphone à Barbara? Betty est-elle en bonne santé? Qu'est-ce qu'elle a? **7.** Richard emporte-t-il sa guitare? Où la met-il? **8.** Où Jean et Suzanne sont-ils assis? **9.** Qu'est-ce qu'un camion? **10.** Qu'est-ce que les jeunes gens font pendant la journée?

---

[3] **jouer de** ≠ **jouer à**

EXEMPLES: On joue **de la** guitare, **de la** flûte, **de la** clarinette, **du** violon, **du** piano, etc. (un instrument de musique)

Mais: on joue **à la** poupée, **à la** balle, **au** bridge, **au** tennis, **aux** boules, **aux** cartes, **aux** échecs, etc.

4. *Composition:*

(a) Vous avez l'intention de faire un pique-nique avec des amis. Imaginez la conversation entre vos amis et vous pour préparer ce pique-nique.

(b) Vous allez dans un supermarché pour acheter des provisions pour un pique-nique. Qu'est-ce que vous achetez? Qu'est-ce que vous pensez? Pourquoi?

(c) Une promenade (ou un pique-nique) à la plage ou à la campagne.

Exercices Supplémentaires de Grammaire

1. *Répondez aux questions suivantes en employant* un pronom complément.

1. Quand écrivez-vous à vos amis? 2. Donnez-vous des cadeaux à vos parents pour leur fête? 3. Combien de fois par semaine allez-vous au laboratoire de français? 4. Les gens vont-ils à la plage quand il fait mauvais? 5. Votre père vous prête-t-il sa voiture? 6. Les étudiants posent-ils des questions au professeur? 7. Quelle langue parlez-vous à vos amis? 8. Prenez-vous votre auto tous les jours? 9. Quand faites-vous vos devoirs? 10. Voyons-nous le Président à la télévision?

2. *Répondez aux questions suivantes.*

1. A quelle heure vos classes finissent-elles le vendredi? 2. Est-ce qu'on maigrit quand on mange beaucoup? 3. Les gens blonds brunissent-ils facilement? 4. Rougissez-vous quand vous faites une faute? 5. Est-ce que nous vieillissons tous les jours? 6. Généralement, réussissez-vous à vos examens? 7. Finissez-vous vos exercices pendant la classe? 8. Faites-vous moins de fautes quand vous réfléchissez?

3. (a) *Faites des phrases avec les éléments suivants en employant:* il est . . . de . . .

1. faire la sieste en été (agréable) 2. être en bonne santé (important) 3. maigrir en mangeant beaucoup (impossible) 4. travailler pour avoir de bonnes notes (nécessaire) 5. brunir quand on est blond (souvent difficile) 6. faire des efforts (toujours possible)

(b) *Faites des phrases en employant le verbe entre parenthèses (Attention: certains verbes sont employés avec **de**).*

1. Elle ne fait pas la cuisine. (savoir) 2. Paul a une auto neuve. (être content) 3. Nous ne partons pas en avion. (vouloir) 4. Quelques personnes pleurent au

cinéma. (aimer) **5.** J'écoute ces disques. (avoir l'intention) **6.** Nous ne lui téléphonons pas. (essayer) **7.** Font-ils leurs devoirs? (oublier) **8.** Apprenez-vous le russe? (avoir envie)

PRONONCIATION

A. La voyelle [i]. *Prononcez après votre professeur:*

Ici, midi, chimie, timide, tapis,
difficile, Mississipi.

Lili finit sa chimie à midi et demi.
Félix quitte le Chili samedi.
Virginie habite ici.
Christine est difficile.

Il finit	Ils finissent
Il vieillit	Ils vieillissent
Il brunit	Ils brunissent
Il rougit	Ils rougissent
Il réfléchit	Ils réfléchissent

B. La voyelle [y]. *Prononcez après votre professeur:*

du, jus, tu, une, lune,
mule, Jules, mur, sur,
russe, la rue, brune, prune,
sud, étude, flûte.

La mule de Jules est dans la rue.

Ursule a du jus de prune.

C. *Prononcez après votre professeur. Faites attention au mouvement des lèvres:*

[i] [y] figure, minute, ridicule, issue,

[y] [i] utile, humide, stupide, musique,

unique, subtil, surpris.

Julie étudie la musique.
Lucie fume dans son lit.
C'est inutile et stupide.

EXPRESSIONS NOUVELLES

une autoroute
une balle
une épaule *shoulder*
la gorge
une langue
des lunettes de soleil (*f.*)
des nouvelles (*f.*) *news*
l'ombre (*f.*) *shadow*
une pâtisserie
une pierre *stone*
la santé *health*
une serviette *napkin*
la sieste *rest*
une vague *wave*
une voix *voice*

un bain de soleil
un bonbon
un camion *truck*
un chapeau
un coffre *chest or trunk*
un conducteur
un coup de soleil *sunburn*
un coup de téléphone *call*
un endroit *place*
un maillot de bain *sink*
un marché
le nez
des préparatifs (*m.*)
un rhume *bad cough*
un rocher *rock*

le sable *sand*
un volant *steering wheel*

désolé(e) *sorry*
distrait(e) *distract*
entier/entière
étranger/étrangère
fin(e)
frais/fraîche
grave
mouillé(e)
propre ≠ sale
ravi(e)
supplémentaire
tout/toute

attendre (*3*)*
avoir mal à
avoir sommeil *to be sleepy*
briller (*1*) *to shine, sparkle*
brunir (*2*)
circuler (*1*)
démolir (*2*) *demolish or tear down*
descendre (*3*)
dormir (*3*)
écrire (*3*)
emporter (*1*) *to carry away*
entendre (*3*)
envoyer (*1*)
finir (*2*)
grandir (*2*) *to grow*

grossir (*2*)
jeter (*1*) *to throw*
jouer (*1*)
maigrir (*2*)
nager (*1*)
partir (*3*)
perdre (*3*) *to loose*
pleurer (*1*)
prêter (*1*) *to lend*
réfléchir (*2*) *to reflect*
remonter (*1*) *to go up again*
rendre (*3*) *to give back*
rêver (*1*) *to dream*
réussir (*2*) *to succeed*
rougir (*2*)
rouler (*1*)
tousser (*1*)
vendre (*3*)
vieillir (*2*)

à l'ombre de *at a shady place*
de bonne heure
de temps en temps
déjà
en plein air
en route
mieux *better*
sans
tôt ≠ tard
vers *towards, to, or about*

Vous savez déjà:

une guitare

un adverbe

attentif/attentive

bri**ll**ant(e)
immobile
pré**f**érable
transparent(e)

dé**c**ider (*1*)
ré**p**ondre (*3*)

correct**ement**
immé**d**iat**ement**

*Les numéros qui sont après les verbes indiquent le *groupe* du verbe.

21

POINTS DE REPÈRE

1. Qu'est-ce que vous **avez fait** hier soir?
J'**ai fini** ma composition, puis j'**ai regardé** la télévision parce qu'il y **avait** un bon programme.

---

2. La semaine dernière, j'**ai écrit** à Jack, mais il ne m'**a** pas **répondu.**

---

3. Dimanche dernier, il ne **faisait** pas beau, il **pleuvait.**

---

4. Comment **êtes-vous** venu à l'université ce matin?
Je **suis venu** en autobus parce que ma voiture était au garage.

---

5. Dimanche dernier, j'**ai travaillé,** j'**ai dîné** et je **suis allé(e)** au cinéma.
Il **faisait** mauvais temps, il **pleuvait** et il y **avait** du vent.

---

6. Dans la classe de français, j'apprends **à** parler français.

DÉVELOPPEMENT GRAMMATICAL

> **1.** Qu'est-ce que vous **avez fait** hier soir?
> J'**ai fini** ma composition, puis j'**ai regardé** la télévision parce qu'il y **avait** un bon programme.

Comparez:

Après mes classes, j'étudie à la bibliothèque. A midi, j'ai faim; je déjeune avec mes amis.	Hier matin, j'**ai étudié** dans ma chambre. A midi, j'**avais** faim; j'**ai déjeuné** avec mes parents.
Aujourd'hui, je fais un exercice qui est long et difficile.	Hier, j'**ai fait** un exercice qui **était** long et difficile.
En été, beaucoup d'étudiants travaillent parce qu'ils ont besoin d'argent.	L'été dernier, beaucoup d'étudiants **ont travaillé** parce qu'ils **avaient** besoin d'argent.
Quand les étudiants répondent bien, le professeur est content.	Ce matin, les étudiants **ont** bien **répondu;** le professeur **était** content.
Je réponds quand le professeur me pose une question.	Ce matin, j'**ai répondu** quand le professeur m'**a posé** une question.
Comprenez-vous généralement les questions du professeur?	Ce matin, **avez-vous compris** les questions du professeur?
Je prends l'autobus pour aller en ville.	L'année dernière, j'**ai pris** l'avion pour aller à Montréal.
Cet étudiant réfléchit avant de répondre et il ne fait pas de fautes.	Hier, cet étudiant n'**a pas réfléchi** et il **a fait** des fautes.
Aujourd'hui, c'est lundi. Je suis à l'université parce que j'ai des classes.	Hier, c'**était** dimanche. J'**étais** à la maison parce que je n'**avais** pas de classes.

■ La deuxième phrase de chaque groupe commence par une expression de temps qui indique *le passé:* **hier, hier matin, l'été dernier, ce matin, l'année dernière.**

En français, dans la conversation, *le passé* est exprimé par *deux temps:*

Le passé composé: j'ai étudié; j'ai déjeuné; j'ai fait; ont travaillé; ont répondu; j'ai répondu; a posé; avez-vous compris; j'ai pris; n'a pas réfléchi; a fait.

L'imparfait: j'avais; était; avaient; j'étais.

GRAMMAIRE

2. La semaine dernière, j'**ai écrit** à Jack, mais il ne m'**a** pas **répondu.**

Comparez:

Je dîne généralement chez moi.	Hier soir, j'**ai dîné** au restaurant.
Téléphonez-vous souvent à votre ami?	Hier, **avez-**vous **téléphoné** à votre ami?
Oui, je lui téléphone souvent.	Oui, je lui **ai téléphoné,** mais il n'était pas chez lui.
Vous réfléchissez avant de répondre, n'est-ce pas?	Ce matin, **avez-**vous **réfléchi** avant de répondre au professeur?
Oui, je réfléchis toujours.	Oui, j'**ai réfléchi** avant de lui répondre.
Voyez-vous souvent des films étrangers?	**Avez-**vous **vu** un bon film récemment?
Oui, nous voyons souvent des films italiens.	Oui, nous **avons vu** un excellent film d'Ingmar Bergman.
Les étudiants répondent-ils au professeur?	Ce matin, les étudiants **ont-**ils bien **répondu** au professeur?
Oui, ils lui répondent.	Oui, ils lui **ont** bien **répondu.**
Habituellement, je dors bien.	La nuit dernière, j'**ai** mal **dormi.**
Lisez-vous beaucoup pour votre classe d'histoire?	**Avez-**vous **lu** le livre de Tocqueville sur la démocratie américaine?
Oui, je lis beaucoup. Nous lisons des livres intéressants.	Oui, je l'**ai lu;** nous l'**avons lu** pour le dernier examen d'histoire.

■ Dans la première colonne les verbes sont au *présent.*

Dans la deuxième colonne les verbes sont au *passé composé.*

> *Passé composé* = **avoir** (au présent) + *participe passé* du verbe

Dans ce cas, le verbe **avoir** est un *auxiliaire.* Le passé composé est un *temps composé.* (Le présent est un temps *simple.*)

Le participe passé est formé de la manière suivante:

(1) *Verbes du 1er groupe:* radical du verbe + **é**

(parl**é**, travaill**é**, achet**é**, téléphon**é**, voyag**é**, pay**é**, etc.)

(2) *Verbe du 2e groupe:* radical de l'infinitif + **i**

(fin**i**, chois**i**, réfléch**i**, gross**i**, brun**i**, roug**i**, etc.)

(3) *Verbes du 3e groupe:* ils ont un participe passé irrégulier.

Voici les participes passés des principaux verbes irréguliers usuels:

attendre	attend**u**	apprendre	app**ris**
entendre	entend**u**	comprendre	comp**ris**
falloir	fall**u**	mettre	**mis**
lire	**lu**	prendre	**pris**
perdre	perd**u**	dire	**dit**
rendre	rend**u**	écrire	**écrit**
répondre	répond**u**	faire	**fait**
savoir	**su**	ouvrir	**ouvert**
vendre	vend**u**	dormir	**dormi**
voir	**vu**	avoir	**eu** (prononcez [y])
		être	**été**

Voilà le passé composé des verbes **dîner** et **voir:**

J'	**ai**	**dîné** au restaurant, puis j'	**ai**	**vu** un bon film.
Vous	**avez**	**dîné** au restaurant, puis vous	**avez**	**vu** un bon film.
Tu	**as**	**dîné** au restaurant, puis tu	**as**	**vu** un bon film.
Nous	**avons**	**dîné** au restaurant, puis nous	**avons**	**vu** un bon film.
Il	**a**	**dîné** au restaurant, puis il	**a**	**vu** un bon film.
Elle	**a**	**dîné** au restaurant, puis elle	**a**	**vu** un bon film.
Ils	**ont**	**dîné** au restaurant, puis ils	**ont**	**vu** un bon film.
Elles	**ont**	**dîné** au restaurant, puis elles	**ont**	**vu** un bon film.

NOTEZ: (a) L'auxiliaire est *affirmatif, interrogatif* ou *négatif:*

Nous **avons fini** la leçon 19.
Elle **a acheté** une robe blanche.

Avez-vous commencé la leçon 21?
Vos amis **ont-ils dîné** au restaurant?
Votre professeur **a-t-il rendu** un examen?

Je **n'ai pas compris** votre question.
Paul **n'a pas fait** sa composition.
Nous **n'avons pas bien dormi.**

GRAMMAIRE

(b) Le *pronom personnel complément* est placé *avant* l'auxiliaire.

> Je **lui** ai demandé son cahier.
> Il **m'**a prêté de l'argent.
> Nous **y** avons pensé.
> Elles ne **l'**ont pas vu.
> **Lui** avez-vous répondu?
> Jean **vous** a-t-il écrit?
> **Leur** avez-vous parlé?
> Le professeur **nous** a-t-il donné un exercice?

■ *Le passé composé* est le temps de *l'action dans le passé.*

---

3. Dimanche dernier, il ne **faisait** pas beau, il **pleuvait.**

Comparez:

Aujourd'hui, c'est le lundi 12 décembre. Vous êtes en classe.

Hier, c'était le dimanche 11 décembre. **Étiez-**vous en classe?
Non, je n'**étais** pas en classe; j'**étais** chez mon oncle.

Le professeur n'est pas souvent absent.

Vendredi dernier, il **était** absent parce qu'il **était** malade.

Mon ami et moi, nous sommes souvent à la bibliothèque.
Les étudiants sont dans la classe aujourd'hui.
Avez-vous des devoirs tous les jours?

Samedi dernier, nous **étions** à la plage.
Hier, ils n'**étaient** pas dans la classe parce que c'était dimanche.
Aviez-vous des devoirs pendant le dernier week-end?

Oui, j'ai des devoirs tous les jours; nous avons toujours beaucoup de devoirs.
Les étudiants ont-ils peur de l'examen oral de français?
Oui, ils ont peur de cet examen.
Maintenant, il y a du vent.
Aujourd'hui, il fait beau, il ne pleut pas.

Oui, j'**avais** des devoirs; nous **avions** beaucoup de devoirs comme d'habitude.
Les étudiants **avaient-**ils peur avant l'examen oral de français?
Oui, ils **avaient** peur.
Ce matin, il y **avait** du brouillard.
Hier, il ne **faisait** pas beau, il **pleuvait.**

■ Dans la première colonne les verbes sont au *présent*.

Dans la deuxième colonne les verbes sont à l'*imparfait*.

L'imparfait est un *temps simple*. Voilà l'*imparfait* des verbes **être** et **avoir**:

$$
\text{Quand}
\begin{cases}
\text{j'} & \text{étais} & \text{enfant, j'} & \text{avais} \\
\text{vous} & \text{étiez} & \text{enfant, vous} & \text{aviez} \\
\text{(tu} & \text{étais)} & \text{enfant, (tu} & \text{avais)} \\
\text{nous} & \text{étions} & \text{enfants, nous} & \text{avions} \\
\text{il} & \text{était} & \text{enfant, il} & \text{avait} \\
\text{elle} & \text{était} & \text{enfant, elle} & \text{avait} \\
\text{ils} & \text{étaient} & \text{enfants, ils} & \text{avaient} \\
\text{elles} & \text{étaient} & \text{enfants, elles} & \text{avaient}
\end{cases}
\text{beaucoup d'amis.}
$$

■ Les *terminaisons* de l'imparfait sont *les mêmes* pour *tous les verbes*. Ainsi:

penser:	je pens**ais**	nous pens**ions**	ils pens**aient**
travailler:	je travaill**ais**	nous travaill**ions**	ils travaill**aient**
finir:	je finiss**ais**	nous finiss**ions**	ils finiss**aient**
dire:	je dis**ais**	nous dis**ions**	ils dis**aient**
dormir:	je dorm**ais**	nous dorm**ions**	ils dorm**aient**
faire:	je fais**ais**	nous fais**ions**	ils fais**aient**
voir:	je voy**ais**	nous voy**ions**	ils voy**aient**

■ Le *radical de l'imparfait* est le radical de la 1re personne du pluriel du présent de l'indicatif.

Notez une *exception:* **être** (j'**étais**, nous **étions**, ils **étaient**).

■ *L'imparfait* est le temps de *la description dans le passé* et le temps de *l'habitude dans le passé*.

---

4. Comment êtes-vous **venu** à l'université ce matin?

Je **suis venu** en autobus parce que ma voiture était au garage.

Comparez:

Mon ami vient souvent chez moi; il reste assez longtemps parce qu'il a toujours beaucoup de choses à me dire.

Hier, mon ami **est venu** chez moi; il **est resté** assez longtemps parce qu'il avait beaucoup de choses à me dire.

Les étudiants arrivent à 9 heures du matin parce qu'ils ont une classe.	Ce matin, les étudiants **sont arrivés** à 10 heures parce qu'ils n'avaient pas de classe à 9 heures.
Nous allons au laboratoire deux fois par semaine.	La semaine dernière, nous **sommes allés** trois fois au laboratoire parce que nous avions un examen oral.
A quelle heure rentrez-vous chez vous?	Hier, à quelle heure **êtes-vous rentré(e)** chez vous?
Je rentre chez moi vers quatre heures.	Hier, je **suis rentré(e)** plus tard parce que je **suis allé(e)** à une conférence. Elle était très intéressante.

■ En français, quelques verbes forment le passé composé avec **être** qui est aussi un *auxiliaire*.

> *Passé composé =* **être** (au présent) + *participe passé* du verbe

Les principaux verbes qui forment leur *passé composé avec* **être** sont:

aller	Je suis allé(e)
venir (devenir, revenir)	Je suis venu(e) [devenu(e), revenu(e)]
arriver	Je suis arrivé(e)
partir (repartir)	Je suis parti(e) [reparti(e)]
entrer	Je suis entré(e)
sortir	Je suis sorti(e)
monter (remonter)	Je suis monté(e) [remonté(e)]
descendre (redescendre)	Je suis descendu(e) [redescendu(e)]
retourner	Je suis retourné(e)
rentrer	Je suis rentré(e)
tomber	Je suis tombé(e)
rester	Je suis resté(e)
naître	Je suis né(e)
mourir	Il est mort, elle est morte.

■ Voilà *le passé composé* des verbes **partir** et **revenir**:

Je	suis	**parti(e)**	en mai et je	suis	**revenu(e)**	en juin.
Vous	êtes	**parti(e)(s)**	en mai et vous	êtes	**revenu(e)(s)**	en juin.
Tu	es	**parti(e)**	en mai et tu	es	**revenu(e)**	en juin.
Nous	sommes	**partis(es)**	en mai et nous	sommes	**revenus(es)**	en juin.
Il	est	**parti**	en mai et il	est	**revenu**	en juin.
Elle	est	**partie**	en mai et elle	est	**revenue**	en juin.
Ils	sont	**partis**	en mai et ils	sont	**revenus**	en juin.
Elles	sont	**parties**	en mai et elles	sont	**revenues**	en juin.

NOTEZ: (a) Le participe passé des verbes conjugués avec l'auxiliaire **être** est *variable*. Il s'accorde *avec le sujet du verbe*.

(b) L'auxiliaire est affirmatif, négatif ou interrogatif:

EXEMPLES: Nos amis **sont restés** huit mois en Europe.

Sont-ils revenus en bateau?

Quand **sont-ils partis?**

Le professeur **n'est pas arrivé.**

Hier, il **n'est pas venu** à l'université.

(c) Le *pronom complément* est placé *avant* l'auxiliaire:

EXEMPLES: Nous n'**y** sommes pas allés.

Combien de temps **y** est-elle restée?

Ils **y** sont retournés dimanche dernier.

---

5. Dimanche dernier, j'**ai travaillé**, j'**ai dîné** et je **suis allé(e)** au cinéma.
Il **faisait** mauvais temps; il **pleuvait** et il y **avait** du vent.

Étudiez le texte suivant:

Samedi dernier, il **faisait** très beau; je n'**avais** pas beaucoup de travail pour mes classes. J'**ai décidé** de faire une promenade à la campagne avec mon ami Bob. Nous **sommes partis** de bonne heure en auto; nous **avons marché** toute la journée dans la forêt. Les arbres **étaient** très beaux; les oiseaux **chantaient.** A midi, nous **avons déjeuné** à l'ombre d'un grand rocher. Nous **sommes rentrés** très tard; nous **étions** heureux. J'espère que nous allons refaire cette promenade la semaine prochaine.

GRAMMAIRE

■ On trouve souvent dans une phrase au passé, le *passé composé* et l'*imparfait*. Ce sont deux temps du passé, mais en français, il y a une distinction entre ces deux temps:

L'*imparfait* exprime un *état* ou une *action, sans limites précises de temps.*
Le *passé composé* exprime un *état* ou une *action* marqués par des *limites de temps précises* ou qui existent à un *moment précis.*
Il est possible de représenter graphiquement cette différence. Voir tableau, p. 190.

■ Très souvent, les verbes **avoir** et **être, il y a, il fait** (beau, chaud, etc.) sont employés *à l'imparfait* parce qu'ils indiquent, en général, *un état physique ou mental.*

Certains autres verbes qui expriment un *état physique ou mental* sont aussi très souvent *à l'imparfait.*

Ce sont les verbes:

aimer	**penser**	**vouloir**
détester	**pouvoir**	**falloir** (il faut, il fallait)
espérer	**savoir**	**s'appeler**

EXEMPLES:

J'achète ce disque parce que je l'aime beaucoup.

J'ai acheté ce disque parce que je l'**aimais** beaucoup.

Je téléphone parce que je pense que mon ami est chez lui.

J'ai téléphoné parce que je **pensais** que mon ami **était** chez lui.

Je vous demande des nouvelles parce que je sais que votre mère est malade.

Je vous ai demandé des nouvelles parce que je **savais** que votre mère **était** malade.

Je pense que ses parents sont en Europe.

Je **pensais** que ses parents **étaient** en Europe.

Maintenant je n'ai pas d'animal favori.

Quand j'**étais** enfant, j'**avais** un poisson rouge et un oiseau.

A l'université, il faut faire des devoirs.

A l'école élémentaire, il **fallait** aussi faire des devoirs.

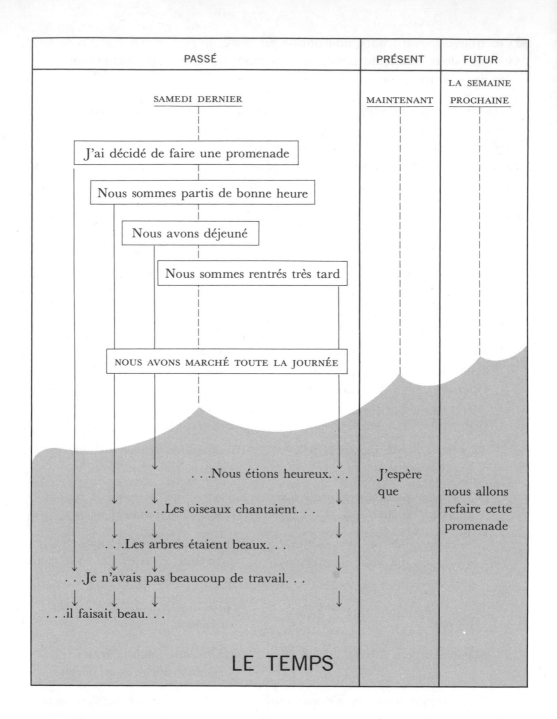

LE TEMPS

> **6.** Dans la classe de français, j'apprends **à** parler français.

Étudiez les phrases suivantes:

> Je commence **à** écrire ma composition.
> Le professeur continue **à** expliquer la leçon.
> Je vous invite **à** dîner chez moi.
> Nous avons **à** faire l'exercice 1.
> Ils sont prêts **à** partir.

■ Certains verbes et certains adjectifs sont suivis de la préposition **à** devant un infinitif.

commencer	à
continuer	à
apprendre	à
avoir	à
inviter	à
être prêt	à

+ infinitif

EXERCICES

1. *Mettez les phrases suivantes au* présent, *puis au* passé composé.

(a) **1.** Je (inviter) mon ami Jacques au restaurant. **2.** Nous (dépenser) beaucoup d'argent pour nos livres. **3.** Ils (danser) jusqu'à minuit. **4.** Elles (passer) une excellente soirée. **5.** Je (faire) des voyages magnifiques. **6.** Nous (apprendre) de nouveaux mots. **7.** (Emporter)-vous vos livres à la plage? **8.** Ils (rendre) leurs livres à la bibliothèque. **9.** Le professeur (corriger)-il les fautes? **10.** Les étudiants (comprendre)-ils les questions? **11.** Où (déjeuner)-vous? **12.** Quand (jouer)-vous au tennis? **13.** Vos parents (voyager)-ils en Europe? **14.** Marianne (brunir)-elle en été? **15.** Est-ce que vous (dîner) au restaurant?

(b) **1.** Il nous (écrire) des lettres et nous lui (répondre). **2.** Je (attendre) l'autobus et je le (prendre) vers 4 heures. **3.** Mon ami Robert me (prêter) de l'argent.

4. Je le (voir) très souvent pendant les vacances.   **5.** Ils (acheter) un disque et ils le (écouter).   **6.** Combien de temps (dormir)-vous?   **7.** Qu'est-ce que vous (faire)? — Je (lire) un roman.   **8.** Elle ne (oublier) pas d'écrire à ses parents.   **9.** Ils ne (vendre) pas leur voiture.   **10.** Nous ne (apprendre) pas le poème par cœur.   **11.** Il (entendre) ce mot, mais il ne le (comprendre) pas.   **12.** Vous ne lui (téléphoner) pas?   **13.** Nous n'y (dîner) pas.   **14.** On me (donner) un bonbon, mais je ne le (manger) pas.   **15.** Je ne lui (parler) pas parce que je ne le (voir) pas.

2. *Écrivez au* passé composé.

1. Je vois mon ami et je lui dis bonjour.   **2.** Il ne répond pas à mes lettres.   **3.** Attendez-vous l'autobus?   **4.** Mes parents ne prennent pas l'avion.   **5.** Cette étudiante ne vous répond pas parce qu'elle ne comprend pas votre question.   **6.** Vous ne réfléchissez pas et vous faites des fautes.   **7.** Pourquoi quittez-vous la classe si vite?   **8.** J'étudie jusqu'à minuit, puis je dors.   **9.** Nous lui téléphonons et nous lui disons au revoir.   **10.** Que faites-vous pendant le week-end? Voyez-vous vos amis?

3. *Écrivez à* l'imparfait.

1. Mon amie Eva est malade et sa mère est inquiète.   **2.** Je suis fâché parce que je n'ai pas le temps de préparer cet examen.   **3.** Quel temps fait-il?   **4.** Il y a des nuages et le ciel est gris.   **5.** Tout le monde a faim; on est fatigué.   **6.** C'est vendredi; le professeur est absent et les étudiants l'attendent.   **7.** Ce film est excellent; il y a des scènes magnifiques.   **8.** Mon père ne va pas bien; il a un gros rhume.   **9.** Nous sommes pressés parce que nous sommes déjà en retard.   **10.** Quand j'ai faim, je mange du chocolat.

4. (a) *Mettez les phrases suivantes au* présent, *puis au* passé composé.

1. Nous (aller) à la plage pendant les vacances.   **2.** (Rester)-vous longtemps au laboratoire?   **3.** Quand votre mère (revenir)-elle?   **4.** Le professeur (arriver)-il en retard?   **5.** Mes amis ne (partir) pas pour la France en avion.   **6.** Je (tomber) en faisant du ski.   **7.** Mon père ne (revenir) pas de son bureau avant six heures du soir.   **8.** Nous n'y (rester) pas très longtemps.   **9.** Elle (entrer) dans le magasin et elle (sortir) immédiatement.   **10.** (Revenir)-vous en auto?

(b) *Écrivez au* passé composé.

1. Je vais chez moi et j'écris une lettre.   **2.** Il paye à la caisse et il sort du magasin.   **3.** Ils partent en juillet et ils reviennent en septembre.   **4.** Les étudiants entrent dans la classe et ils disent bonjour au professeur. **5.** La mère de Paul tombe malade et elle va à l'hôpital. **6.** Ma sœur part pour l'Europe; elle prend l'avion. **7.** Paul invite Marianne à dîner; il vient chez elle à 6 heures. **8.** Je ne sors pas; je reste chez moi où je regarde mon programme de télévision favori. **9.** Où allez-vous? Pourquoi sortez-vous? **10.** A quelle heure rentrez-vous? Pourquoi revenez-vous si tard?

5. *Écrivez au passé* (passé composé *ou* imparfait). *Faites attention au sens.*

(a) 1. Pendant la promenade, nous (acheter) de l'orangeade parce que nous (avoir) soif. **2.** Hier soir, mon père (écouter) la radio; il y (avoir) un bon concert de musique classique. **3.** Je (faire) la cuisine quand ma mère (être) en voyage. **4.** Nous (comprendre) les mots parce que les explications du professeur (être) très claires. **5.** Mes parents ne (voir) pas ce film parce qu'ils ne (être) pas libres vendredi dernier. **6.** Le professeur (donner) de mauvaises notes parce que nos devoirs (être) pleins de fautes. **7.** Je ne (aller voir) pas cette pièce de théâtre parce que je (avoir) un examen à préparer. **8.** Paul (rester) à la bibliothèque hier parce qu'il (être) obligé d'étudier. **9.** Pourquoi (sortir)-ils si vite? (Avoir)-ils une autre classe? **10.** Betty ne (venir) pas en classe; elle (être) malade.

(b) Quand je (être) enfant, je (avoir) un chien noir que je (aimer) beaucoup. Il (s'appeler) Sam. Un jour, il (sortir) de la maison et quand je (revenir) de l'école, je ne (trouver) pas Sam. Je le (appeler), je (aller) chez nos voisins pour essayer de le retrouver. Ma mère (téléphoner) à la police; mais nous ne (réussir) pas à savoir où (être) mon chien. Je (être) très triste et ce soir, je (refuser) de dîner. Enfin, vers 10 heures du soir, mon père (entendre) du bruit à la porte. Nous y (aller) et nous (voir) Sam qui (être assis) devant la porte. Nous (être) heureux de revoir notre chien.

(c) Le semestre dernier, mon amie Anne me (demander) d'aller chez elle pour une soirée très élégante. Elle me (dire) que je (pouvoir) venir avec un ami. Alors, je (téléphoner) à Richard et je le (inviter) à y aller avec moi. Je (avoir) une robe blanche; ce (être), à mon avis, une robe très chic. Richard (arriver) chez moi vers 8 heures et il (attendre) un peu parce que je ne (être) pas prête. Nous (monter) en voiture; nous (être) très gais. Nous (aller) chez Anne où nous (passer) une soirée très agréable. Il y (avoir) un bon orchestre et un délicieux souper. Nous (danser) toute la nuit. Le matin, je (avoir) si mal aux pieds que je ne (pouvoir) pas marcher. Richard et moi, nous (être) si fatigués que nous (dormir) jusqu'à midi.

6. *Indiquez:*

    (a) deux choses *que vous avez à faire* tous les jours.

    (b) deux choses *que vous avez l'habitude de faire* chaque week-end.

    (c) deux choses *que vous allez commencer à faire* pendant les vacances.

    (d) deux choses *que vous allez continuer à faire* le semestre prochain.

    (e) deux choses *que vous êtes prêt(e) à faire* maintenant.

22

Après le week-end

Dix heures sonnent. Des étudiants attendent leur professeur dans la classe de mathématiques. Voici Betty et Suzanne. Elles bavardent. De quoi parlent-elles?

BETTY. — Moi, je n'étais pas à la classe de français, jeudi et vendredi derniers. J'étais malade. Pouvez-vous me prêter vos notes, Suzanne? Je voudrais les copier. Est-ce qu'on a étudié des choses importantes? Qu'est-ce qu'on a fait à la fin de la 5
semaine?

SUZANNE. — . . . Qu'est-ce qu'on a fait? Voyons . . . Ah, oui. Jeudi, le professeur a rendu les examens et il n'était pas très content. Il était fâché parce que nos examens étaient pleins de fautes.

BETTY. — Est-ce qu'il a donné de mauvaises notes? 10

SUZANNE. — Mais oui. Il y avait plusieurs F, beaucoup de C et de D.

BETTY. — Je pense que mes réponses n'étaient pas bonnes. Je ne savais pas très bien les verbes.

SUZANNE. — J'ai pris votre examen, mais je l'ai oublié chez moi. Ne soyez pas inquiète! Vous avez un C, ce n'est pas une catastrophe. 15

BETTY. — Vous avez raison! J'avais peur d'avoir une très mauvaise note! Ouf! Mais dites-moi, qu'avez-vous fait pendant le reste de la classe?

SUZANNE. — Le professeur a corrigé les fautes principales et plusieurs étudiants lui ont demandé d'autres exemples. Alors, il a expliqué de nouveau certaines règles et nous avons écrit des phrases. 20

BETTY. — Bon. Et vendredi?

SUZANNE. — Vendredi, la classe était très intéressante et amusante. Le professeur a apporté un magnétophone et nous avons écouté des chansons françaises, des chants de Noël et des poésies. Il nous a donné le texte d'un poème. Je l'ai ici, dans mon cahier . . . Attendez . . . Où est-il? Est-ce que je l'ai perdu? 25

BETTY. — De qui est ce poème?

SUZANNE. — De Paul Verlaine. C'est un auteur français du dix-neuvième siècle. Le poète était en prison quand il a écrit ce poème. Voilà le texte.

Paul Verlaine (1844–1896) par Carrière

Le ciel est, par-dessus le toit,
    Si bleu, si calme!
Un arbre, par-dessus le toit,
    Berce sa palme.

La cloche, dans le ciel qu'on voit,
    Doucement tinte.
Un oiseau sur l'arbre qu'on voit,
    Chante sa plainte.

Mon Dieu, mon Dieu, la vie est là
    Simple et tranquille.
Cette paisible rumeur-là
    Vient de la ville.

—Qu'as-tu fait, ô toi que voilà
    Pleurant sans cesse,
Dis, qu'as-tu fait, toi que voilà
    De ta jeunesse?

BETTY. — Faut-il apprendre le poème par cœur?

SUZANNE. — Oui, pour mercredi prochain. Nous avons un enregistrement au labora-
    toire de français. Il est facile d'écouter et de répéter chaque vers.

BETTY. — Il y a des mots que je ne comprends pas. Par exemple: « sans cesse ».

SUZANNE. — Le professeur nous a expliqué que « sans cesse » a le même sens que   5
    « continuellement ».

BETTY. — Et « toi que voilà »?

SUZANNE. — C'est une invocation poétique. C'est comme « toi qui es là ». Le professeur
    nous a dit que c'était une forme très idiomatique. . . . Mais dites-moi, Betty,
    qu'est-ce que vous avez fait pendant que vous étiez chez vous? Étiez-vous très   10
    malade? Avez-vous dormi tout le temps?

BETTY. — Oh, non! Les premiers jours, je toussais, j'avais mal à la tête et au dos. J'avais de la fièvre: j'avais la grippe. Ma mère était inquiète parce que je n'avais pas faim. Elle a appelé le médecin; il est venu; il m'a dit de rester au lit et il a écrit une ordonnance. Ma mère est allée acheter les médicaments chez le pharmacien (à la pharmacie); je les ai pris; ils étaient horribles. 5

SUZANNE. — Et maintenant, allez-vous mieux? Vous n'avez pas très bonne mine et votre voix n'est pas très claire.

BETTY. — Je tousse encore; mais je n'ai pas de fièvre; je n'ai pas mal à la tête. Je ne veux pas manquer trop de classes: les examens approchent.

SUZANNE. — Avez-vous lu les chapitres du livre d'histoire que nous avions à étudier 10 la semaine dernière?

BETTY. — Non, je n'ai pas étudié quand j'étais malade. J'avais envie de dormir. Et vous? Avez-vous passé un bon week-end?

SUZANNE. — Oh, excellent! Je dis « excellent » parce que je n'ai pas beaucoup travaillé. Samedi après-midi, je suis sortie et je suis allée en ville faire des courses. J'ai acheté 15 une jolie robe bleue très élégante pour la soirée de Noël chez Barbara. J'ai aussi choisi quelques cadeaux de Noël pour ma famille. Il y avait un monde fou[1] dans les magasins. Il fallait attendre des heures à chaque rayon; les vendeuses étaient complètement perdues; les clients étaient nerveux; bref, c'était horrible! Et naturellement, il n'y avait pas de « parking » pour toutes les voitures. Mais j'ai réussi 20 à acheter une paire de chaussures.

BETTY. — Bravo! Vous avez sûrement dépensé beaucoup d'argent!

SUZANNE. — Oui. J'avais assez d'argent parce que mon anniversaire était le mois dernier. Ensuite, samedi soir, j'ai vu un film russe avec Marc. Nous avons d'abord dîné au restaurant, puis nous sommes allés au cinéma. 25

BETTY. — Êtes-vous rentrés tard?

SUZANNE. — Nous sommes rentrés vers onze heures. J'ai passé une très bonne soirée.

BETTY. — Vous avez de la chance! Et hier, qu'avez-vous fait?

SUZANNE. — Hier, les amis de mon frère sont venus écouter ses nouveaux disques et . . . 30

Le professeur entre rapidement dans la classe. « Bonjour, mesdemoiselles et messieurs. Excusez-moi d'arriver en retard. Ce matin, ma voiture ne marchait pas. Un pneu était crevé. Je suis venu à l'université en taxi, mais quelle circulation! . . . Maintenant, travaillons. Nous avons beaucoup de choses à faire avant la fin du semestre. Voyons! . . . Monsieur Milligan, qu'est-ce que je vous ai expliqué la semaine dernière? De quoi avons-nous parlé? . . . »

---

[1] **un monde fou,** expression familière: beaucoup de monde, une grande foule.

La Galerie des Glaces. (Château de Versailles).

Le Palais de Versailles (17e siècle), construit par
Le Vau et Mansard pour le roi Louis XIV.

EXERCICES

1. *Répondez aux questions par des phrases complètes.*

1. Étiez-vous content(e) de votre note après le dernier examen de français? Pourquoi? **2.** Votre professeur est-il fâché quand vous faites une faute? **3.** Aviez-vous peur la première fois que vous êtes venu(e) à l'université? Pourquoi? **4.** A votre avis, le dernier examen de français était-il difficile? Le professeur a-t-il donné beaucoup de mauvaises notes? **5.** Que faites-vous quand vous êtes malade? Aimez-vous prendre des médicaments? **6.** En quelle saison les gens ont-ils la grippe ou des rhumes? **7.** Où achète-t-on des médicaments? **8.** Avez-vous entendu des chansons françaises? Si oui, quelles chansons? **9.** Aimez-vous ce poème de Verlaine? Pourquoi? **10.** Avez-vous fait des courses pendant le week-end? Où êtes-vous allé(e)?

2. *Écrivez au passé un paragraphe sur:*

(a) Une petite aventure de votre enfance.
(*Employez le* passé composé *et l'*imparfait).
(b) Votre vie à l'école élémentaire.
Commencez: « Quand j'*étais* à l'école élémentaire . . . »
(*Continuez et employez l'*imparfait *pour la description de votre vie*).

3. *Questions sur la lecture. Répondez par des phrases complètes.*

1. Betty était-elle en classe à la fin de la semaine dernière? Pourquoi? Où était-elle? **2.** Qu'est-ce que le professeur de français a fait jeudi dernier? **3.** Était-il content? Pourquoi? **4.** Qu'est-ce que Betty pensait de son examen? **5.** Est-ce que les étudiants ont passé un examen vendredi dernier? Qu'est-ce qu'on a fait dans la classe de français? **6.** Où était Paul Verlaine quand il a écrit le poème? **7.** Est-ce que Betty a étudié quand elle était malade? **8.** Pourquoi la mère de Betty était-elle inquiète? Qu'est-ce qu'elle a acheté chez le pharmacien? **9.** Suzanne est-elle sortie samedi soir ou est-elle restée chez elle? Qu'est-ce qu'elle a vu? **10.** Pourquoi le professeur de mathématiques était-il en retard?

4. *Composition:*

(a) Le week-end dernier: Qu'est-ce que vous avez fait? Pourquoi? Comment? Avec qui?
(b) Racontez au passé une journée de votre vie d'étudiant.
(Par exemple: « Hier, . . . »)
(c) Une journée au bord de la mer, à la montagne ou à la campagne l'été dernier.

Exercice Supplémentaire de Grammaire

Écrivez au passé (passé composé *ou* imparfait). (*Attention au sens des phrases: certains verbes peuvent rester au présent.*)

L'été dernier, mon oncle qui (habiter) La Nouvelle-Orléans me (inviter) à passer deux semaines chez lui avec ma sœur. Mes parents (décider) que nous (aller) voyager en train. Nous (partir) un matin de juillet. Mon père (venir) nous accompagner à la gare. Ma mère (rester) à la maison parce qu'elle (détester) les adieux dans les gares. Nous (acheter) des journaux et mon père nous (donner) de l'argent. Nous (bavarder) un moment sur le quai de la gare et quelques minutes avant le départ du train, nous (monter) en wagon. Quel plaisir quand le train (quitter) la gare! Notre voyage (commencer). Il (faire) beau; par les fenêtres, on (voir) le paysage. D'abord, nous le (regarder): c'(être) un paysage paisible de collines et de petites vallées. Dans les champs, il y (avoir) des vaches et des chevaux. Mais on (être) vite fatigué de regarder les champs. Alors je (lire) et ma sœur (dormir). Ensuite, nous (aller) au wagon-restaurant où nous (déjeuner): je (être) très content parce que je (aimer) manger dans le train; la cuisine (être) très bonne; mais les repas (être) assez chers! A la fin de la journée quand nous (arriver) à La Nouvelle-Orléans, nous (prendre) nos bagages et nous (descendre) du train. Je (penser) que nous (aller) prendre un taxi pour aller chez mon oncle. Mais il nous (attendre). Nous (être) contents de le voir. Nous lui (dire) que nous (avoir envie) de visiter la ville immédiatement. Il (mettre) nos valises dans le coffre de sa voiture qui (être) devant la gare et en allant chez lui, nous (traverser) les endroits célèbres de la ville.

PRONONCIATION

A. La voyelle [e]. *Répétez après votre professeur:*

et, mes, tes, ses, les, des,
été, idée, j'ai, gai,
étudiez, désolé, réfléchissez.
Désiré est désolé.
Le bébé est né l'été dernier.
Étudiez et réfléchissez.

B. *Prononcez chaque groupe:*

1. J'ai eu faim.   Il a eu faim.
          soif.   soif.
          chaud.   chaud.
          froid.   froid.
          peur.   peur.

2. J'ai pu.   Ils ont pu.
      bu.   bu.
      vu.   vu.
      su.   su.
      lu.   lu.
      voulu.   voulu.

C. La voyelle [ɛ̃]. *Prononcez après votre professeur:*

bain, faim, main, pain, vin, plein, simple,
jardin, médecin, matin
C'est bien simple.
Le matin, le jardin est plein d'insectes.
Son cousin est médecin aux Indes.
J'aime le pain et le vin.

EXPRESSIONS NOUVELLES

une chanson	une plainte	un magnétophone
une cloche	une prison	un médicament
une colline	une règle	le passé
une conférence	une valise	un paysage
une enfance		un pneu(matique)
une feuille de papier	un auteur	un quai
la fièvre	un auxiliaire	un vers
une gare		
la grippe	un champ	crevé(e)
la jeunesse	un chant de Noël	fâché(e)
la mine	le dos	inquiet/inquiète
une paire	un enregistrement	paisible
une palme	un état	prêt(e) à

appeler (*1*)
apporter (*1*)
avoir bonne (mauvaise) mine
avoir de la chance
bercer (*1*)
copier (*1*)
dépenser (*1*)
manquer (*1*)

ouvrir (*3*)
passer (*1*)
tinter (*1*)
traverser (*1*)

de nouveau
en prison

mon Dieu!
par cœur
plusieurs
quelque chose
sans cesse
sûrement
un monde fou

Vous savez déjà:

une catastrophe
une description
une invocation
une pharmacie
une rumeur
une vallée

un auteur
des bagages (*m.*)
un chapitre
un poème
un wagon-restaurant

idiomatique

poétique

copier (*1*)
passer (*1*)

continuellement

23

POINTS DE REPÈRE

1. Avez-vous une auto?
     Non, je n'**en** ai pas, mais mon père **en** a une.

———

2. Est-il quelquefois en retard?
     Non, il **n'**est **jamais** en retard.
   Sommes-nous encore en été?
     Non, nous **ne** sommes **plus** en été.
   Étudions-nous la leçon 25?
     Non, nous **ne** l'étudions **pas encore.**

———

3. Il travaille **beaucoup** et il dort **peu.**
     Nous avons **déjà** étudié la leçon 21.

———

4. **Tout** mon appartement est moderne.
     Toute ma famille habite aux États-Unis.

———

5. **Connaissez**-vous mon frère Philippe?
     Non, je ne le **connais** pas.

———

6. Finissez-vous vos devoirs ce soir?
     Non, j'ai l'intention de **les** finir demain.

DÉVELOPPEMENT GRAMMATICAL

> **1.** Avez-vous une auto?
>   Non, je n'**en** ai pas, mais mon père **en** a une.

Comparez:

Y a-t-il des laboratoires à l'université?	Oui, il y **en** a.
Avez-vous des amis?	Oui, nous **en** avons.
Achetez-vous des oranges en hiver?	Oui, j'**en** achète.
Y a-t-il de la soupe pour le dîner?	Oui, il y **en** a.
Mangez-vous de la salade tous les jours?	Oui, nous **en** mangeons.
Prenez-vous du sucre dans votre café?	Oui, j'**en** prends.
Avez-vous de l'argent dans votre poche?	Non, je n'**en** ai pas.
Mangez-vous un sandwich à 10 heures?	Oui, j'**en** mange **un**, mais Paul n'**en** mange pas.
Mangez-vous une pomme le matin?	Non, je n'**en** mange pas. Ma sœur **en** mange **une**.
Votre frère a-t-il beaucoup d'amis?	Oui, il **en** a **beaucoup**.
Avez-vous assez d'argent?	Non, je n'**en** ai pas **assez**.
Avez-vous quatre classes aujourd'hui?	Oui, j'**en** ai **quatre**.
Combien de pièces a votre maison?	Elle **en** a **sept**.
Combien de livres achetez-vous au commencement du semestre?	J'**en** achète **une quinzaine**.

■ Le pronom **en** remplace un *nom de personne* ou *de chose* précédé de: **des, du, de l', de la, un, une** ou d'une *expression de quantité.*

Notez: Quand **en** remplace un nom accompagné d'un nombre ou d'une expression de quantité, on emploie ce nombre ou cette expression *après* le verbe et **en** *avant* le verbe.

Avez-vous des chats? — Oui, j'**en** ai.
          — Non, je n'**en** ai pas.
Avez-vous **un** chien? — Oui, j'**en** ai **un**.
          — Non, je n'**en** ai pas.*

*A la forme négative on ne répète pas le mot **un** en général.

Mangez-vous **beaucoup de** fruits?

     — Oui, j'**en** mange **beaucoup.**

     — Non, je n'**en** mange pas **beaucoup.**

Combien d'étudiants y a-t-il à l'université?

     — Il y **en** a **20.000** (vingt mille).

Combien de cigarettes fumez-vous?

     — J'**en** fume **cinq** ou **six** par jour.

Combien d'exercices faites-vous?

     — Nous **en** faisons **deux** ou **trois.**

Comparez:

Parlez-vous de vos études chez vous?	Oui, j'**en** parle quelquefois.
Avez-vous besoin de votre stylo tous les jours?	Oui, nous **en** avons besoin tous les jours.
Les étudiants ont-ils peur des examens?	Oui, ils **en** ont peur.
Paul a-t-il parlé de son voyage?	Non, il n'**en** a pas parlé.
Jouez-vous de la guitare?	Non, je n'**en** joue pas.
Êtes-vous content de vos notes?	Non, je n'**en** suis pas content.

■ Dans les exemples précédents, le pronom **en** remplace le complément du verbe introduit par **de.** Dans ce cas, **en** représente toujours un *nom de chose.* On l'emploie avec des verbes comme:

parler **de,** jouer **de,** avoir besoin **de,** avoir envie **de,** avoir peur **de,** être sûr **de,** être content **de,** être heureux **de,** être désolé **de,** etc.

Notez: Le pronom **en** contient la préposition **de.**

---

2. Est-il quequefois en retard?

    Non, il **n'**est **jamais** en retard.

Sommes-nous encore en été?

    Non, nous **ne** sommes **plus** en été.

Étudions-nous déjà la leçon 25?

    Non, nous **ne** l'étudions **pas encore.**

Comparez:

Allez-vous quelquefois à un match de boxe?	Je **ne** vais **jamais** à un match de boxe. Je n'**y** vais **jamais.**

Sortez-vous quelquefois le soir pendant la semaine?	Je **ne** sors **jamais** le soir pendant la semaine.
Guy et Alice dansent-ils toujours ensemble.	Ils **ne** dansent **jamais** ensemble.
Avez-vous encore mal à la tête?	Je **n'**ai **plus** mal à la tête; je **n'**y ai **plus** mal.
Y a-t-il encore de la neige?	Il **n'**y a **plus** de neige sur la montagne.
Sommes-nous déjà en vacances?	Nous **ne** sommes **pas** encore en vacances.
Votre petit frère va-t-il déjà à l'école?	Il **ne** va **pas** encore à l'école; il **n'**y va **pas encore**.

■ Faites attention à ces *formes négatives spéciales:*

Ne . . . **jamais** est la forme négative absolue qui correspond à **quelquefois**, à **souvent**, ou à **toujours**.

Notez: La réponse négative est quelquefois: **ne** . . . **pas toujours**.

Exemple: Déjeunez-vous toujours au restaurant? — Non, je **ne** déjeune **pas toujours** au restaurant.

Ne . . . **plus** est la forme négative qui correspond à **encore**.
Ne . . . **pas encore** est la forme négative qui correspond à **déjà**.

Notez: Quand vous employez ces formes négatives: **ne** . . . **jamais, ne** . . . **plus**, employez **ne**, mais n'employez pas *pas*.

---

3. Il travaille **beaucoup** et il dort **peu**.
Nous avons **déjà** étudié la leçon 21.

Comparez:

Il mange **beaucoup**.	Il a **beaucoup** mangé.
Elle travaille **trop**.	Elle a **trop** travaillé.
Nous dormons **mal**.	Nous avons **mal** dormi.
Vous ne prononcez pas **bien**.	Vous n'avez pas **bien** prononcé.
Il fait **encore** des fautes.	Il a **encore** fait des fautes.
Il ne va **jamais** au théâtre.	Il n'est **jamais** allé au théâtre.
Nous pensons **déjà** aux vacances.	Nous avons **déjà** pensé aux vacances.

GRAMMAIRE

■ Notez la position des adverbes comme: **trop, assez, beaucoup, bien, mieux, mal, déjà, encore, plus, jamais.**

Ces adverbes sont placés:

(1) *après le verbe* en général.

(2) *entre l'auxiliaire et le participe* passé quand on les emploie avec un temps composé.

ATTENTION: **Bien, mieux, mal** sont des *adverbes*. Employez un adverbe avec un *verbe*.

Bon, meilleur, mauvais sont des *adjectifs*. Employez un adjectif avec un *nom*.

EXEMPLES: Vous prononcez ⎱ bien.
mieux.
mal.

Votre prononciation est ⎱ bonne.
meilleure.
mauvaise.

---

4. Tout mon appartement est moderne.
Toute ma famille habite aux États-Unis.

Comparez:

Je fais **tout** l'exercice 2.

Mon frère travaille **tout** le week-end dans un supermarché.

Tout mon livre de sociologie est intéressant.

Je reste à la campagne **tout** l'été

Toute votre composition est mauvaise.

Je suis à l'université **toute** la journée.

Le professeur pose des questions à **toute** la classe.

Avant un examen, Jack travaille **toute** la nuit.

■ **Tout, toute** sont des *adjectifs indéfinis*. Ils sont employés *au singulier* (+ *article* ou *adjectif possessif* ou *adjectif démonstratif*) au sens de **entier, entière** (complet, complète).

ATTENTION: Il y a une différence de forme et de sens entre: **tous** / **toutes** et
tout / **toute**

Tout l'exercice = l'exercice complet; **toute** la journée = la
journée complète

Tous les exercices = chaque exercice (Cf. leçon 13, page 113)

Tous les jours = chaque jour; **toutes** les semaines = chaque
semaine

---

5. Connaissez-vous mon frère Philippe?
Non, je ne le **connais** pas.

Comparez:

Voici les parents de Barbara. Les
connaissez-vous?

Non, je ne les **connais** pas.
Je **connais** son frère.
Mes parents **connaissent** les parents
de Barbara.

Connaissez-vous mon père?

Oui, je le **connais** très bien.

■ Le verbe **connaître** est un verbe du 3e *groupe.*
Voici le verbe **connaître** au présent de l'indicatif:

Je	**connais**	votre famille.
Vous	**connaissez**	(tu **connais**) sa sœur.
Nous	**connaissons**	vos amis Shaw.
Il	**connaît**	le professeur de physique.
Elle	**connaît**	votre beau-frère.
Ils	**connaissent**	les grandes villes d'Europe.
Elles	**connaissent**	bien Paris et Rome.

L'imparfait: je connaiss**ais**, nous connaiss**ions**, ils connaiss**aient**.
Le participe présent: connaiss**ant**.
Le participe passé: conn**u**.

GRAMMAIRE

Connaître est employé le plus souvent à propos de personnes (= être familier avec . . .). **Savoir** indique une connaissance par l'esprit, par la mémoire, ou une aptitude. (Cf. leçon 17)

EXEMPLE: Je sais que vous connaissez mon amie Marianne.

> **6.** Finissez-vous vos devoirs ce soir?
> Non, j'ai l'intention de **les** finir demain.

Comparez:

Allez-vous faire des exercices?	Oui, je vais **en** faire.
Allez-vous **les** finir ce soir?	Oui, je vais **les** finir.
Faut-il aller au laboratoire de français?	Oui, il faut **y** aller.
Aimez-vous **y** aller?	Non, je n'aime pas beaucoup **y** aller, mais je suis obligé d'**y** aller.
Quand téléphonez-vous à votre ami?	Je **lui** téléphone quand j'ai le temps de **lui** téléphoner ou quand j'ai besoin de **lui** téléphoner.
Allez-vous continuer à étudier les sciences politiques?	Certainement, je vais continuer à **les** étudier.

■ Les *pronoms personnels objets* directs et indirects et les pronoms **y** et **en** sont placés *devant l'infinitif* quand ils sont compléments de cet infinitif.

ATTENTION: Si le verbe (ou l'expression verbale) est suivi d'une préposition, il n'y a pas de contraction entre la préposition (**à** ou **de**) et les pronoms **le** ou **les**.

> EXEMPLES: Je voudrais lire ce roman de Baldwin, mais je n'ai pas le temps **de le** lire maintenant; je vais commencer **à le** lire bientôt.

ATTENTION: N'oubliez pas que certains verbes ne prennent pas de préposition quand ils sont suivis d'un infinitif (Cf. leçon 15). D'autres verbes sont suivis de la préposition **de** (Cf. leçon 19) ou de la préposition **à** (Cf. leçon 21).

Le pronom complément est devant l'infinitif qu'il complète.

J'aime voir des films français.	J'aime **en** voir.
Je suis content d'étudier le français.	Je suis content **de** l'étudier.
Il continue à jouer du piano.	Il continue **à en** jouer.

EXERCICES

1. (a) *Remplacez les mots en italiques par* **en** *ou par le* pronom *qui convient.*

1. Ce soir, j'ai *des devoirs;* je vais faire *mes devoirs.*   2. J'achète *des livres* parce que j'ai besoin *de livres.*   3. J'ai *des cousins* et je vois souvent *mes cousins.*   4. Nous mangeons *du poulet;* nous mangeons beaucoup *de poulet* parce que nous aimons *le poulet.*   5. Il y a *des fruits* sur la table; il faut manger *des fruits.*   6. J'achète *des citrons;* j'achète une douzaine *de citrons.*   7. Il y a beaucoup *d'exercices* dans notre livre; nous faisons deux ou trois *exercices* par jour.   8. Quand je n'ai pas *d'argent,* je demande *de l'argent* à mon père.   9. Mon grand-père ne mange jamais *de viande;* il n'aime pas *la viande.*   10. Je choisis *des cigarettes* pour mon père; il fume un paquet *de cigarettes* par jour.

(b) *Répondez aux questions en employant* **en** *ou un autre* pronom.

1. Combien de compositions faites-vous par semaine?   2. Mangez-vous de la viande au petit déjeuner?   3. Avez-vous des frères? Si oui, combien?   4. Portez-vous vos lunettes de soleil en classe?   5. Voyez-vous vos amis tous les jours? Parlez-vous à vos amis?   6. Demandez-vous de l'argent à vos parents?   7. Avez-vous des leçons à étudier tous les soirs?   8. Combien de classes avez-vous aujourd'hui?   9. Allez-vous acheter des vêtements pour l'été?   10. Combien de dollars avez-vous dans votre sac ou dans votre poche?

2. *Écrivez à la forme négative.*

1. F. D. Roosevelt est encore président des États-Unis.   2. Mes grands-parents habitent encore en Floride.   3. Betty est encore malade; elle est encore à l'hôpital.   4. Ma mère mange toujours des fruits le matin.   5. Ils vont souvent à la montagne.   6. Ce matin, il y a encore du brouillard.   7. Il est déjà midi.   8. Notre voiture marche encore très bien.   9. Elle pense déjà à son mariage.   10. Ces étudiants sont quelquefois en retard.

3. *Écrivez les phrases suivantes en plaçant correctement les adverbes.*

   1. Cet étudiant lit le poème (bien). 2. Nous avons dansé hier soir (trop). 3. Cet enfant n'a pas mangé (assez). 4. Il a voyagé pendant sa jeunesse (beaucoup). 5. Vous avez écrit votre exercice (mal). 6. Les étudiants ont compris l'explication (bien). 7. Ils ont répondu au professeur (mal). 8. Sont-ils allés au Canada (déjà)? 9. Vous n'avez pas dormi (beaucoup). 10. Elle a vu la mer (ne . . . jamais).

4. *Complétez les phrases par* **tout, toute, tous, toutes.**

   1. Robert va apprendre _toute_ sa leçon et il va faire _tous_ les exercices. 2. Le cinéma est ouvert _toute_ l'année, mais il n'est pas ouvert _toute_ la journée. 3. _Tous_ les étudiants sont présents. 4. _Toutes_ les leçons ne sont pas faciles. 5. Il travaille pendant _toutes_ les vacances dans un magasin. 6. _Toute_ la famille est malade; _Tout_ le monde est au lit. 7. Pour l'examen, nous allons lire _tout_ notre livre. 8. Le chien mange _toute_ la viande. 9. Nous corrigeons _toute_ la dictée. 10. _Toutes_ ses chemises sont trop petites et _tous_ ses vêtements sont trop vieux.

5. *Employez le verbe* **savoir** *ou le verbe* **connaître** *au présent.*

   1. _connaissez_-vous le père de Marc? — Non, je ne le _connais_ pas. 2. Votre amie Anne _sait_-elle nager? 3. Les parents de Michael _connaissent_-ils sa fiancée? 4. Ses sœurs _savent_-elles qu'il est fiancé? 5. Elle _connaît_ ce monsieur, mais elle ne _sait_ pas son adresse. 6. Les étudiants _connaissent_ le poème de Verlaine, mais ils ne le _savent_ pas par cœur. 7. Je _connais_ assez bien la ville de Londres, mais je ne _sais_ pas le nom des rues. 8. _savez_-vous que le trimestre va bientôt finir?

6. *Répondez aux questions suivantes en employant un pronom complément.*

   Oui, elle la sait.   _Non, je n'apprends pas à le jouer._
   1. Votre amie sait-elle faire la cuisine? 2. Apprenez-vous à jouer du piano?
   Oui, j'ai le temps de leur téléphoner.   _Oui, il faut y aller._
   3. Avez-vous le temps de téléphoner à vos amis? 4. Faut-il aller au laboratoire
   Non, je ne veut pas lui parler.   _Oui, j'ai l'intention d'y aller._
   de français? 5. Voulez-vous parler au professeur? 6. Avez-vous l'intention
   Oui, ils ont décidé de la acheter.
   d'aller en Europe? 7. Vos parents ont-ils décidé d'acheter une maison?
   Oui, j'aime les inviter.   _Oui, je commence à le bien comprendre._
   8. Aimez-vous inviter vos amis? 9. Commencez-vous à bien comprendre le
   Oui, on peut en acheter sur le campus.
   français? 10. Peut-on acheter des livres sur le campus? 11. Essayez-vous de
   Oui, j'essaye de lui répondre correctement.
   répondre correctement au professeur? 12. Préférez-vous voir très souvent vos
   amis?
   Non, je ne préfère pas les voir très souvent.

Hector Berlioz (1803–1869)

Georges Bizet (1838–1875)

Le Théâtre de l'Opéra, construit par Charles Garnier de 1862 à 1874. (Paris)

24

Une soirée agréable

JEAN. — Allô, c'est vous Jackie? Excusez-moi de vous téléphoner si tard. Mais je voudrais vous poser une question. Avez-vous un billet pour les Ballets de Paris?

JACKIE. — Non, je n'en ai pas. Je voulais y aller, mais il n'y a plus de billets; on ne peut pas en trouver un seul au bureau de location du théâtre. On a loué toutes les places pour la soirée. Je vais manquer ce spectacle et j'en suis désolée. 5

JEAN. — Eh bien! Ne soyez plus désolée. Un ami de mon père, qui est parti subitement en voyage, m'a donné deux billets, gratuits bien sûr. Je connais votre goût pour la danse et la musique. Alors, je vous invite. Qu'est-ce que vous en pensez?

JACKIE. — Je pense que votre invitation est magnifique. J'en suis ravie et . . . naturellement, j'accepte. 10

JEAN. — Alors, c'est entendu. A demain soir. Je vais venir chez vous à six heures et demie.

JACKIE. — Mais . . . la représentation est à huit heures et demie!

JEAN. — C'est exact. Mais, j'ai l'habitude de dîner et vous aussi, je suppose. Appréciez vous la bonne cuisine? Je connais un petit restaurant français qui . . . 15

JACKIE. — Jean, c'est formidable. Je suis si contente de sortir. Vous savez, je ne sors jamais le soir excepté le samedi. Je garde des enfants pour gagner l'argent de mon voyage en Europe l'été prochain. Et puis, j'ai des devoirs à[1] faire. Mais cette fois . . .

JEAN. — Oui, cette fois, c'est une occasion exceptionnelle: il faut en profiter. Nous 20 allons passer une bonne soirée. A demain.

LE JOUR DE LA REPRÉSENTATION

JACKIE. — Me voici, Jean. Je suis prête.

JEAN. — Déjà! Je vous félicite. Alors, partons. Il ne faut pas arriver en retard au théâtre.

JACKIE. — Vous avez raison. Je déteste les gens qui arrivent en retard et qui dérangent 25 tout le monde. Je veux absolument voir le commencement du programme.

---

[1] **avoir à** + *infinitif* indique une obligation (= être obligé de . . .)

Jean arrête sa voiture devant le restaurant et les deux jeunes gens y entrent rapidement. Ils sont maintenant assis à une petite table. La serveuse leur apporte le menu. La spécialité de la maison, ce sont les côtelettes de veau à la crème et aux champignons.

JEAN. — Allez-vous en prendre, Jackie? Je crois que c'est très bon.

JACKIE. — Volontiers. Et vous, que choisissez-vous? 5

JEAN. — Comme je ne mange jamais de veau, je vais en manger ce soir pour changer. Et comme dessert, qu'est-ce que nous allons choisir? Voyons . . . Connaissez-vous les crêpes Suzette? En voulez-vous?

JACKIE. — Oh oui, des crêpes Suzette! J'ai envie d'en manger depuis longtemps.

JEAN. — Eh bien, deux crêpes Suzette. Je vais en prendre aussi. 10

Jean commande le repas à la serveuse et les deux jeunes gens commencent à bavarder. Ils parlent de leurs occupations, de leurs distractions, de leurs goûts.

Jackie préfère la musique classique; elle déteste le jazz. Elle n'en écoute jamais. Jean lui dit qu'il n'aime plus la musique romantique, mais qu'il préfère Bach et la musique baroque. Il ajoute qu'il n'a pas beaucoup de loisirs, mais qu'il les passe à 15 écouter des disques de ses compositeurs préférés et à lire.

Ils aiment tous les deux la vie en plein air. Ainsi, ils adorent faire du camping.

JEAN. — J'aime surtout en faire en automne. Quelquefois je pars seul et je marche toute la journée au milieu des arbres. J'adore les promenades dans la solitude et le silence de la forêt. 20

JACKIE. — J'aime beaucoup la nature, moi aussi et j'aime faire du camping à la belle saison. Mais on ne peut pas encore en faire maintenant. Faire du camping sous la pluie! Non, merci! Faites-vous d'autres sports?

JEAN. — Je joue rarement au tennis. Les sports d'équipe ne m'intéressent pas du tout. Vous savez, je suis individualiste et les individualistes ne sont pas très sociables. 25 Je déteste aller à des soirées où on rencontre une foule de gens inconnus.

JACKIE. — J'ai les mêmes goûts que vous. J'aime mieux² passer une soirée avec quelques amis que d'aller dans ces réunions où on parle de choses sans intérêt pour moi. J'ai l'impression de perdre mon temps.

JEAN. — De temps en temps, le soir, je reste chez moi et je lis . . . des revues ou je 30 regarde des reproductions d'art. Mon père est abonné à plusieurs revues illustrées; il y en a une surtout qui est passionnante, sur l'archéologie.

JACKIE. — Je la connais. Dans le dernier numéro, on voit de très belles photos en couleurs et en noir et blanc, d'un célèbre temple aztèque du Mexique. Lisez-vous beaucoup de journaux? 35

JEAN. — Oh! Comme tout le monde. Dans les journaux, il y a des pages que je ne regarde jamais. Je lis les nouvelles politiques et économiques quand il y a de

²**J'aime mieux** = je préfère . . .

bons articles de certains journalistes. Il faut bien connaître les événements du
monde. Mais je n'ouvre jamais les pages des petites annonces. Quelques dessins
de publicité sont assez drôles; en revanche, je trouve les bandes dessinées parfaitement stupides.

Maintenant, nos amis mangent les délicieuses crêpes Suzette. Comme c'est bon! 5
Tout à coup Jean regarde sa montre. Le temps passe vite: il est l'heure de partir.
Il demande l'addition à la serveuse et il paie.

Devant le théâtre, il y a déjà beaucoup de monde et naturellement, il n'y a plus
de place pour garer la voiture. Il faut trouver un autre parking où il y a encore des
places libres. Jackie et Jean reviennent au théâtre à pied et ils entrent. 10

La salle est pleine. Une ouvreuse prend les billets et elle conduit les jeunes gens
à leurs places, puis elle leur donne un programme. On ne voit pas encore la scène
qui est fermée par un rideau de velours rouge. Tout le monde parle: les spectateurs
sont impatients de voir les artistes, danseurs et danseuses, les costumes et les décors
de ces ballets modernes et classiques.

Voici les musiciens et le chef d'orchestre. On éteint les lumières. Il y a un moment 15
de silence. L'orchestre commence à jouer. La représentation va commencer.

EXERCICES

1. *Répondez aux questions suivantes en employant des pronoms quand c'est possible.*

   1. Avez-vous beaucoup de loisirs? Quand? **2.** Que faites-vous pendant vos
   loisirs? **3.** Où achète-t-on les billets de théâtre? **4.** Préférez-vous aller au théâtre
   en matinée ou en soirée? Pourquoi? **5.** Que fait un journaliste? **6.** Quelle sorte
   de musique préférez-vous? Quel compositeur aimez-vous particulièrement?
   7. Quand vous sortez, choisissez-vous un restaurant chinois, français, italien ou
   américain? Pourquoi? **8.** Qu'est-ce qui vous intéresse dans un journal? Lisez-vous
   une (des) revue(s)? **9.** Aimez-vous mieux les sports individuels que les sports
   d'équipe? Quels sports faites-vous? **10.** Faites-vous du camping? Pourquoi?

2. *Faites une phrase avec chaque expression.*

   1. avoir l'habitude de **2.** déranger **3.** un événement **4.** être ravi de **5.** avoir
   l'impression de **6.** perdre son temps **7.** gratuit(e) **8.** connaître

3. *Questions sur la lecture. Répondez par des phrases complètes en employant des pronoms si possible.*

   1. Jackie a-t-elle un billet pour les Ballets de Paris? Pourquoi? **2.** Pourquoi Jean
   invite-t-il Jackie à y aller? **3.** A quelle heure et où est le rendez-vous?
   4. Qu'est-ce que les jeunes gens vont faire avant d'aller au théâtre? **5.** Qu'est-ce
   que Jackie fait généralement le soir? Pourquoi? **6.** Qu'est-ce que Jean et Jackie

mangent? **7.** Quelle sorte de sports Jean n'aime-t-il pas? **8.** Quelle est l'opinion de Jean sur les bandes dessinées? **9.** Pourquoi Jean est-il obligé de chercher un autre parking? **10.** Qu'est-ce qu'une ouvreuse? Que fait-elle?

4. *Composition:*

(a) Votre distraction favorite. Que faites-vous? Pourquoi? Comment? Où? Quand? etc. . . .

(b) Une soirée agréable ou une soirée ennuyeuse.

(c) Un repas au restaurant.

Exercices Supplémentaires de Grammaire

1. *Répondez négativement avec un* pronom.

1. Y a-t-il encore des étudiants ici à 8 heures du soir? **2.** Téléphonez-vous quelquefois à votre professeur? **3.** Prenez-vous encore des leçons de piano? **4.** Votre père est-il encore au Mexique? **5.** Faites-vous souvent du ski? **6.** Étudions-nous déjà la leçon 25? **7.** Avez-vous encore des devoirs à faire ce soir? **8.** Lisez-vous déjà des romans français? **9.** Avez-vous encore de l'argent? **10.** Avez-vous quelquefois le temps d'aller au théâtre?

2. *Écrivez 3 phrases avec chaque expression:* **ne . . . plus, ne . . . pas encore, ne . . . jamais.**

3. *Placez correctement l'adverbe et écrivez de nouveau les phrases.*

1. Le professeur explique la leçon. (très bien) **2.** Je vais en Europe. (ne . . . jamais) **3.** Vous employez cette expression. (mal) **4.** Nous comprenons le passé en français. (assez bien) **5.** Mon père ne voyage pas en avion. (souvent) **6.** Je fais cette faute stupide. (encore) **7.** Nous ne travaillons pas pendant les vacances. (beaucoup) **8.** Vous perdez votre temps. (quelquefois) **9.** Cet homme boit. (beaucoup trop). **10.** Nous mangeons à la cafétéria. (mal)

4. *Écrivez les phrases de l'exercice 3 (avec les adverbes) au* passé composé.

PRONONCIATION

A. La semi-voyelle [j]. *Prononcez après votre professeur:*

pied, papier, cahier,
avion, nation, action,
mieux, milieu, les yeux, sérieux,
fille, famille, brille,

soleil, corbeille,
fauteuil, feuille,
travaille, mouillé, brouillard.

Les yeux de Pierre brillent.
Il y a des avions dans le ciel.
J'ai les pieds mouillés.
La famille du fermier travaille au soleil.

B. La lettre **y** entre deux voyelles est équivalente à [i + j]:

envoyer, essayer, crayon.
[waj]   [ej]   [ɛj]

C. La semi-voyelle [w]. *Prononcez après votre professeur:*

[wi] [wɛ]   **oui, Louis, l'ouest**

[wa]   **moi, toi, voix, fois, bois,
froid, trois, droite, froide,
voiture, voyage.**

[wɛ̃]   **loin, moins, coin.**

Employez ce crayon de bois noir.
Il fait de **moins** en **moins** froid.
Louis a joué **loin** de la voiture.

Les semi-voyelles [j] et [w].

J'ai payé ces trois cahiers.
Il va mieux au milieu de son merveilleux voyage
à l'ouest.
Essayez cette voiture. Je crois qu'elle est bien
meilleure.

Notes de Prononciation

[ã]. Prononcez **[ã]** pour **an, am** ⎫ + consonne, *excepté* **m** *et* **n**)
en, em ⎭

Exceptions: **femme** (Prononcez comme **dame.**)

examen, bien, chien (Prononcez **en** comme dans vingt.)

[ɛ̃]. Prononcez **[ɛ̃]** pour **in, im** ⎫
ain, aim ⎪ (+ consonne *excepté* **m** *ou* **n**)
ein ⎬
yn, ym ⎭

EXPRESSIONS NOUVELLES

une (petite) annonce
une bande dessinée
une côtelette
une crêpe
une distraction
une équipe
une foule
une ouvreuse
une place
une réunion
une revue
une scène
une serveuse
une soirée

un billet
un bureau de location
un champignon
un chef d'orchestre
un compositeur

un décor
un événement
un goût
des loisirs (*m.*)
le veau
le velours

drôle
gratuit(e)
inconnu(e)
loué(e)
passionnant(e)
sociable

avoir l'habitude de
commander (*1*)
connaître (*3*)
elle conduit (conduire) (*3*)

déranger (*1*)
on éteint (éteindre) (*3*)
être abonné à
être ravi(e) de
féliciter (*1*)
gagner (*1*)
garder (*1*)
garer (*1*)
perdre son temps (*3*)

c'est entendu
depuis
en revanche
encore
ne . . . pas encore
ne . . . plus
subitement
surtout
tout à coup

Vous savez déjà:

une invitation
une matinée
la publicité
une représentation
la solitude
une spécialité

un article (de journal)
un(e) artiste
un danseur/une danseuse

un intérêt
un orchestre
un spectacle
un spectateur
baroque
énorme
exceptionnel(le)
familier/familière
formidable
illustré(e)

individualiste
romantique

avoir l'impression de
accepter (*1*)
apprécier (*1*)
intéresser (*1*)

rapidement
rarement

GRAMMAIRE GÉNÉRALE

Objet Direct—Objet Indirect *(always has a preposition)*

Je demande le prix à la vendeuse.

Paul donne sa composition au professeur.

Barbara pose une question à son amie.

Elle présente Jeannette à sa mère.

Dans les phrases précédentes, il y a différents éléments:

1. **Je, Paul, Barbara, elle** sont les *sujets* des verbes *demande, donne, pose, présente.* (*Voir* Grammaire générale, fin du 1ᵉʳ échelon.)

2. **Le prix, sa composition, une question, Jeannette** sont les *compléments d'objets directs* des verbes de chaque phrase. Ils s'appellent compléments d'objets *directs* parce qu'ils sont *directement* affectés par l'action du verbe.

3. **à la vendeuse, au professeur, à son amie, à sa mère** sont les *compléments d'objets indirects.* Ils s'appellent compléments d'objets *indirects* parce qu'ils sont *indirectement* affectés par l'action du verbe. Il y a la préposition **à** devant le nom complément.

NOTEZ: En français, *le nom objet indirect* est toujours *précédé* d'une préposition. (Le plus souvent c'est la préposition **à**.*)

    EXEMPLES: Je demande le prix **à** la vendeuse.

           Paul donne sa composition **au** professeur.

           Barbara pose une question **à** son amie.

           Elle présente Jeannette **à** sa mère.

Le *sujet*, le *complément d'objet direct*, le *complément d'objet indirect* sont des *noms* ou des *pronoms*.

---

*En anglais, ce n'est pas toujours le cas. Très souvent, l'anglais n'emploie pas de préposition pour indiquer l'objet indirect: *I ask the salesgirl the price. Paul gives the teacher his composition.* En français, il faut dire; à la vendeuse, **au** professeur, etc.

Verbe Transitif—Verbe Intransitif

Nous voyons des films français.

Ils comprennent les explications.

Je téléphone à mon père.

Les étudiants parlent à leur professeur.

Dans chaque phrase précédente le verbe a un *complément d'objet*.
Les verbes qui ont un complément d'objet sont des verbes *transitifs*.
Les verbes **voir, comprendre** ont un complément d'objet *direct*.
Ce sont des verbes *transitifs directs*.
Les verbes **téléphoner, parler** ont un complément d'objet *indirect*.
Ce sont des verbes *transitifs indirects*.

> Je **reste** chez moi le samedi soir.
>
> Mes amis **sont venus** en auto.

Les verbes **rester, venir** *n'ont pas* de *complément d'objet*.
Ce sont des verbes *intransitifs*.

TERMINAISONS DU PRÉSENT DES VERBES: *

1er *groupe*	2e *groupe*	3e *groupe*
Je **parle**	Je **finis**	Je **vois**
Tu **parles**	Tu **finis**	Tu **vois**
Il **parle**	Il **finit**	Il **voit**
Nous **parlons**	Nous **finissons**	Nous **voyons**
Vous **parlez**	Vous **finissez**	Vous **voyez**
Ils **parlent**	Ils **finissent**	Ils **voient**

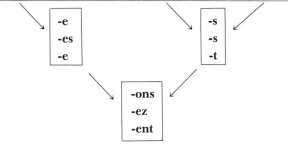

-e
-es
-e

-s
-s
-t

-ons
-ez
-ent

*Notez que les verbes en **-dre** ont **-d** à la troisième personne du singulier: **répondre,** il répond; notez aussi: vous **faites,** vous **dites,** ils **font,** ils **vont.**

GRAMMAIRE GÉNÉRALE

Les Trois Groupes des Verbes Français

Les verbes français sont divisés en trois groupes:

(a) *Les verbes du premier groupe* sont les verbes en **-er** comme **parler.** Ils sont réguliers (excepté **aller**). *Le radical[1] ne change pas.*

ATTENTION: Il y a quelques modifications dans le radical de certains verbes du 1er groupe:

acheter: J'achète des livres à la librairie.
e → è devant une syllabe avec un e muet.

exagérer: Paul dit qu'il a une Cadillac; il exagère. C'est une Ford.
é → è devant une syllabe avec un e muet.

employer: On emploie cette expression en français.

envoyer: A Noël, j'envoie des cartes à mes amis.

essuyer: J'essuie les meubles de ma chambre.
y → i devant une syllabe avec un e muet.

(b) *Les verbes du deuxième groupe* sont les verbes en **-ir** comme **finir.** Ces verbes sont réguliers aussi. On emploie le suffixe **-iss** aux trois personnes du pluriel du présent de l'indicatif.

(c) *Les verbes du troisième groupe* sont des verbes plus ou moins irréguliers. Le radical de ces verbes change souvent.
L'infinitif des verbes du 3e groupe est terminé par:

-ir (dormir)
-re (faire, lire, vendre)
-oir (voir)

Les formes de ces verbes sont quelquefois très irrégulières. Il faut apprendre par cœur les formes des verbes irréguliers usuels.

---

[1] En français, une forme verbale est composée de deux parties:

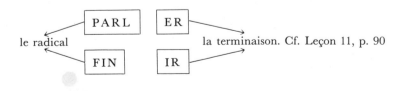

le radical — PARL / FIN — ER / IR — la terminaison. Cf. Leçon 11, p. 90

QUATRIÈME ÉCHELON

25

POINTS DE REPÈRE

1. Avez-vous appris la leçon 23?
     Oui, nous l'avons appris**e**.

———————

2. Après **avoir fait** ses devoirs, il a regardé la télévision.
     Après **être allé(e)** en Europe, je vais travailler dans un bureau.

———————

3. Y a-t-il **quelqu'un** dans le corridor?
     Non, il n'y a **personne**.
   Avez-vous **quelque chose** à faire ce soir?
     Non, je n'ai **rien** à faire ce soir.

———————

4. Qu'est-ce que vous **venez de** faire?
     Je **viens** d'écrire une lettre.

———————

5. Qu'est-ce que vous **buvez** pendant le repas?
     Je **bois** du lait ou de l'eau.
   Croyez-vous que cet étudiant va réussir?
     Oui, je **crois** qu'il va réussir.

VINGT-CINQUIÈME LEÇON

Vue de la campagne française.

DÉVELOPPEMENT GRAMMATICAL

---

1. Avez-vous appris la leçon 23?
Oui, nous l'avons appri**se**.

Comparez:

Avez-vous écrit votre composition?	Oui, je l'ai écrit**e**.
Avez-vous déjà vu Mme Jensen?	Non, je ne l'ai pas encore vu**e**.
Les étudiants ont-ils compris les explications?	Oui, ils les ont compris**es**.
Qu'est-ce que vous regardez?	Je regarde une photo que j'ai reçu**e** hier.

■ Le *participe passé* des verbes conjugués avec **avoir** *s'accorde avec l'objet direct placé avant* le verbe.

Le complément d'objet direct est placé *avant* le verbe dans trois cas:

(1) Quand l'objet direct est un *pronom personnel:* **me, te, le, la, nous, vous, les.**

> J'ai acheté des journaux et je **les** ai lus.
> Le professeur **nous** a vus et il nous a dit bonjour.

(2) Quand l'objet direct est le *pronom relatif* **que:**

> Je vous apporte les journaux **que** j'ai lus.
> Le professeur corrige les fautes **que** les étudiants ont fait**es**.

(3) Dans une *phrase interrogative* ou *exclamative:*

> **Quels journaux** avez-vous lus?
> **Quelles leçons** avez-vous apprises?

ATTENTION: Si le pronom placé avant le verbe *n'est pas* un complément d'objet direct, *il n'y a pas d'accord:* le participe passé conjugué avec **avoir** reste *invariable.*

EXEMPLES: Leurs parents leur ont donné la permission de partir.
Ses amis lui ont dit « Bon voyage. »
Paul nous a parlé de ses projets.

en — replaces things with 'de' in it

■ Le *participe passé* des verbes conjugués avec **être** *s'accorde avec le sujet du verbe.*
(Cf. leçon 21)

EXEMPLES: Jean et Charles sont parti**s** pour Paris.

Ils sont allé**s** avec leurs parents à l'aéroport.

---

2. Après **avoir fait** ses devoirs, il a regardé la télévision.
Après **être allé(e)** en Europe, je vais travailler dans un bureau.

Comparez:

Je dis bonjour à ma mère, puis je monte dans ma chambre.	**Après avoir dit** bonjour à ma mère, je monte dans ma chambre.
Le professeur a expliqué la règle, puis il a posé des questions.	**Après avoir expliqué** la règle, le professeur a posé des questions.
Les étudiants ont réfléchi, puis ils ont répondu.	**Après avoir réfléchi,** les étudiants ont répondu.
Elle est allée à la banque, puis elle est rentrée chez elle.	**Après être allée** à la banque, elle est rentrée chez elle.
Le professeur va entrer en classe, puis il va donner l'examen.	**Après être entré** en classe, le professeur va donner l'examen.

■ **Avoir dit, avoir expliqué, avoir réfléchi, être allé(e), être entré(e)** sont des *infinitifs passés.*
L'infinitif passé est formé avec:

$$\text{ou} \quad \left.\begin{array}{l} \textbf{avoir} \\ \textbf{être} \end{array}\right\} + \textit{le participe passé du verbe.}$$

■ Après la préposition **après**, on emploie un *infinitif passé;* il indique que deux actions successives sont faites par le même sujet.
Les verbes qui sont conjugués avec **être** au passé composé sont aussi conjugués avec **être** à l'infinitif passé. Attention à l'accord du participe passé avec le *sujet.*

EXEMPLES: Après être sorti**s** du cinéma, **nous** parlons du film.

Après être descendu**es** du train, **elles** vont prendre un taxi.

ATTENTION à l'accord du participe passé avec *l'object direct qui le précède,* quand l'infinitif passé est formé avec **avoir:**

    EXEMPLES: J'ai donné ma composition au professeur après l'avoir corrigée.

                 Je vais prêter ces revues à Hélène après **les** avoir lu**es.**

■ En français, *après une préposition,* on emploie un *nom* ou un *verbe.*

Quand il y a un verbe, on emploie:

(1) le *participe présent* après **en** (Cf. leçon 17, p. 150).

    EXEMPLE: Mon père écoute la radio **en lisant** son journal.

(2) l'*infinitif passé* après la préposition **après.**

    EXEMPLE: **Après avoir étudié** pour l'examen, j'étais fatigué.

(3) l'*infinitif* après toutes *les autres prépositions.*

    EXEMPLES: Nous travaillons **pour gagner** de l'argent.

               Il est entré **sans dire** bonjour.

■ **Après avoir (être)** + (*part. passé*) est opposé à **avant de** (+ *infinitif*).

Après + (*infinitif passé*)
Avant de (+ *infinitif*)   indique une action   { *antérieure* / *postérieure* / *simultanée* }   à l'action principale.
En (+ *participe présent*)

    EXEMPLES: Jean regarde la télévision **après avoir dîné.**   (antériorité)

               Jean regarde la télévision **avant de dîner**   (postériorité)

               Jean regarde la télévision **en dînant.**   (simultanéité)

Dans chaque cas, le *sujet* fait les *deux actions.* (Voir leçons 15 et 17.)

---

3. Y a-t-il **quelqu'un** dans le corridor?
Non, il n'y a **personne.**
Avez-vous **quelque chose** à faire ce soir?
Non, je n'ai **rien** à faire ce soir.

Comparez:

(1) Voyez-vous **quelqu'un** dans le jardin?   Oui, je vois **quelqu'un.**
Non, je **ne** vois **personne.**

    Avez-vous rencontré **quelqu'un** en venant ici?   Oui, j'ai rencontré **quelqu'un.**
Non, je **n'**ai rencontré **personne.**

Avez-vous trouvé **quelqu'un de** libre?	Non, nous **n'**avons trouvé **personne de** libre.
	Personne n'a frappé à la porte
Quelqu'un frappe à la porte.	**Personne ne** frappe à la porte.
Quelqu'un a téléphoné.	**Personne n'**a téléphoné.
(2) Y a-t-il **quelque chose** devant vous?	Oui, il y a **quelque chose** devant moi. Non, il **n'**y a **rien** devant moi.
Avez-vous acheté **quelque chose** pendant votre voyage?	Oui, j'ai acheté **quelque chose**. Non, je **n'**ai **rien** acheté.
J'ai appris **quelque chose** d'intéressant.	Je **n'**ai **rien** appris **d'**intéressant.

■ **Quelqu'un / personne ne . . .**
Ne . . . personne } sont des *pronoms indéfinis neutres.*
Quelque chose / ne . . . rien

Personne ne . . . et **ne . . . personne** correspondent négativement à **quelqu'un** ou à **tout le monde**.
Ne . . . rien correspond négativement à **quelque chose**.

ATTENTION: (a) Après les pronoms neutres, *l'adjectif* est *masculin singulier*. Il est invariable.

> J'ai vu quelque chose **d'amusant**.
> Il n'a rien acheté **de cher**.
> Nous avons entendu quelqu'un **de** très **intelligent**.
> Il n'a vu personne **de célèbre**.

quelqu'un
ne . . . personne
quelque chose   **+ de +** *adjectif qualificatif masculin·*
ne . . . rien

Mais: une personne intelligent**e**, une chose amusant**e**.
(**une personne, une chose** sont des *noms*).

(b) Remarquez la place de **rien** et de **personne** dans les exemples précédents:
(ne) . . . **rien**   entre *l'auxiliaire* et le *participe passé*.
(ne) . . . **personne**   après le *participe passé*.

Comparez:

J'ai fini ma composition d'anglais
il y a* un quart d'heure.
Votre ami a téléphoné **il y a quelques minutes.**
Les étudiants ont quitté la classe
il y a peu de temps.
Nous avons étudié le passé composé
récemment.

Je **viens de finir** ma composition d'anglais.
Votre ami **vient de téléphoner.**

Les étudiants **viennent de quitter**
la classe.
Nous **venons d'étudier** le passé
composé.

■ **Venir de** + *l'infinitif* du verbe principal indique un passé très proche du présent. On l'appelle *le passé récent.* Dans ce cas, **venir de** est un *auxiliaire* (et non un verbe de mouvement). Il y a aussi un auxiliaire pour le *futur:* c'est le verbe **aller.**

■ **Aller** + *l'infinitif* du verbe principal indique *le futur proche.* (Cf. leçon 15, p. 129.)

Je **viens d'écrire** une lettre à mes parents.
≠ Je **vais écrire** une lettre à mes parents.

Mon père **vient d'acheter** une nouvelle voiture.
≠ Mon père **va acheter** une nouvelle voiture.

Les étudiants **viennent de passer** un examen.
≠ Les étudiants **vont passer** un examen.

ATTENTION: (a) Le pronom personnel complément est *devant* l'infinitif (Cf. leçon 23):

Je vais étudier mes leçons.
Nous venons d'acheter des fleurs.
Ils viennent d'aller au laboratoire.

Je vais **les** étudier.
Nous venons d'**en** acheter.
Ils viennent d'**y** aller.

*Il y a (+ *une expression de temps*) indique un moment précis du passé.

(b) Les verbes $\left\{\begin{array}{l}\textbf{aller} \\ \textbf{venir de}\end{array}\right.$ + *l'infinitif* d'un verbe sont *toujours à l'imparfait* dans une phrase *au passé*.

Mon ami **venait de** partir quand je suis allé chez lui.

Mes parents **venaient de** vendre leur maison quand ma mère est tombée malade.

Hier, je faisais des courses; j'**allais** acheter un livre, mais j'ai vu que je n'avais pas assez d'argent.

---

5. Qu'est-ce que vous **buvez** pendant le repas?
Je **bois** du lait ou de l'eau.
Croyez-vous que cet étudiant va réussir?
Oui, je **crois** qu'il va réussir.

Comparez:

Qu'est-ce que vous **buvez** au petit déjeuner? Moi, je **bois** du thé.

Qu'est-ce que les bébés **boivent?**

En France, **buvez**-vous plus de café que de thé?

Moi, je **bois** du chocolat.

Ils **boivent** du lait.

Oui, nous **buvons** plus de café; les Anglais **boivent** plus de thé.

■ Le verbe **boire** est un verbe du 3ᵉ *groupe.*
Voilà le verbe **boire** au *présent de l'indicatif:*

Je	**bois**	du café au lait.
Vous	**buvez**	(tu **bois**) du thé.
Nous	**buvons**	de la limonade.
Il	**boit**	de l'eau.
Elle	**boit**	de l'eau.
Ils	**boivent**	du champagne.
Elles	**boivent**	du champagne.

L'imparfait: je buv**ais**, nous buv**ions**, ils buv**aient**.
Le participe présent: buv**ant**.
Le participe passé: **bu.**

Comparez:

Croyez-vous toutes ces histoires?

Votre petit frère **croit**-il au Père Noël?

Non, je ne les **crois** pas.

Tous les petits enfants **croient** au Père Noël.

■ Le verbe **croire** est un verbe du *3ᵉ groupe.*

Voilà la conjugaison du verbe **croire** au *présent de l'indicatif:*

Je	**crois**	votre père.
Vous	**croyez**	(tu **crois**) les nouvelles extraordinaires.
Nous	**croyons**	notre médecin.
Il	**croit**	tout le monde.
Elle	**croit**	tout le monde.
Ils	**croient**	que j'ai raison.
Elles	**croient**	que j'ai raison.

L'imparfait: je croy**ais**, nous croy**ions**, ils croy**aient**.

Le participe présent: **croyant**.

Le participe passé: **cru**.

Notez: **Je crois** a souvent le sens de «**Je pense**» . . .

EXERCICES

1. *Mettez les phrases suivantes au* passé composé.

1. En voyage, j'achète des journaux et je les lis. **2.** Les fleurs que je donne à ma mère lui font plaisir. **3.** Quels exercices écrivez-vous? **4.** Je remarque des fautes; je les corrige. **5.** Ma tante arrive à midi et elle reste deux heures chez nous. **6.** Les jeunes gens commandent des gâteaux qu'ils ne mangent pas. **7.** Quand ils arrivent en classe, ils disent bonjour au professeur. **8.** Je leur demande leurs cahiers et ils me les prêtent. **9.** Quels pays visitez-vous? **10.** Les amis qu'elle rencontre lui demandent de partir avec eux.

2. *Exprimez les mêmes idées en employant* **(a)** après avoir (être) . . . **(b)** avant de . . .

1. Vous prenez un billet; vous entrez dans la salle de cinéma. **2.** Robert va prendre un bain de soleil; il va nager. **3.** Nous avons joué à la balle; nous avons

GRAMMAIRE

déjeuné. **4.** Les jeunes gens sont sortis du restaurant; ils ont marché dans la rue. **5.** Les étudiants réfléchissent; ils répondent correctement. **6.** Hélène va vendre sa vieille auto; elle va acheter une voiture neuve. **7.** Nous allons faire la sieste; nous allons faire une promenade. **8.** Je prends mes clés; je sors de la maison. **9.** J'ai beaucoup toussé; j'ai pris ce médicament. **10.** Je suis allé(e) au marché; j'ai préparé le dîner.

3. *Écrivez à la forme négative.*

1. Ils ont parlé à tout le monde. **2.** Quelqu'un a rencontré Paul. **3.** Tout le monde a compris. **4.** Ils avaient quelque chose à manger. **5.** Mon frère a vu quelque chose d'intéressant au Mexique. **6.** Il y avait quelqu'un de malade. **7.** J'ai rencontré quelqu'un de très connu. **8.** Nous avons appris quelque chose de nouveau. **9.** Quelqu'un vous a téléphoné. **10.** J'ai quelque chose d'important à faire.

4. **(a)** *Écrivez les phrases suivantes au* passé récent *en employant* **venir de.**

1. Il neige. **2.** J'apprends à danser. **3.** Nous lisons la lettre de Jeannette. **4.** Mes amis me prêtent des revues. **5.** J'écris des cartes de Noël. **6.** Marc vend sa vieille voiture. **7.** Suzanne fait des courses en ville. **8.** Anne sort avec son chien. **9.** Nous passons un examen difficile. **10.** Ils m'écrivent une longue lettre. **11.** Le professeur nous rend les examens. **12.** Jeannette y va.

(b) *Écrivez les phrases suivantes au* passé récent, *puis au futur proche. Employez des pronoms à la place des mots en italiques.*

1. Je travaille *au laboratoire de physique*. **2.** Nous parlons *au professeur*. **3.** Les étudiants rendent *leur examen*. **4.** J'écris une lettre à *mes parents*. **5.** Je prête dix *dollars* à mon frère. **6.** Elle visite beaucoup *de musées*. **7.** Ils achètent *de vieux meubles*. **8.** Ils lisent *ce poème* et ils l'apprennent. **9.** Les professeurs donnent des explications *aux étudiants*. **10.** Nous pensons *aux examens*.

5. *Répondez aux phrases suivantes.*

1. Buvez-vous du jus d'orange le matin? **2.** Qu'est-ce que les Américains boivent avant un bon dîner? **3.** Qu'est-ce qu'on boit généralement aux États-Unis au petit déjeuner? **4.** Qu'est-ce que les Anglais boivent plusieurs fois par jour? **5.** Que boit un petit enfant? **6.** Que boivent les Français pendant les repas? **7.** Que buvez-vous après le dîner? **8.** Croyez-vous toutes les nouvelles qu'on annonce à la radio? **9.** Les gens croient-ils leur médecin en général? **10.** A 12 ans, croit-on encore au Père Noël?

26

Projet° de voyage en France

Charles et Jean sont à la cafétéria de l'université et ils parlent d'un projet qui les intéresse beaucoup. Ils viennent de quitter la file° des étudiants qui choisissent leur repas au buffet° de la cafétéria. Après avoir payé leur addition, ils cherchent° une table dans la salle à manger bondée° de l'université.

JEAN. — Il n'y a pas de places libres. Ah, si! Voilà une table, Charles; la seule qui 5 n'est pas prise. C'est une chance. Il n'y en a pas d'autres. Vite, prenons-la.

Jean et Charles déposent° leur plateau° sur la table, le débarrassent,° puis prennent place l'un en face de l'autre.

CHARLES. — Qu'est-ce que tu manges aujourd'hui?

JEAN. — Oh, moi, c'est toujours la même chose ou presque! Un potage° pour avoir 10 quelque chose de chaud, un sandwich au jambon ou au bœuf pour avoir quelque chose de solide; une glace comme dessert et je bois° un verre de lait. C'est suffisant! Mais ne parlons pas de nourriture.° Parlons de notre voyage en France l'été prochain; c'est beaucoup plus intéressant. Alors, c'est décidé? Tu viens? C'est sûr?

CHARLES. — Oui, c'est décidé. J'en ai reparlé hier soir à mon père et à ma mère. Après 15 avoir hésité pendant plusieurs semaines, ils viennent enfin de me donner leur consentement.° Ils m'ont demandé si j'avais assez d'argent. Ils m'ont dit qu'ils allaient m'offrir ce voyage. J'espère payer le reste moi-même avec les économies que j'ai faites. Je vais avoir assez d'argent pour le cours° de vacances à Tours et pour au moins un mois de voyage ensuite. 20

JEAN. — C'est épatant!° Moi aussi. Mais tu sais, j'ai moins d'argent que toi. Avant notre départ, je vais être obligé de travailler beaucoup et de faire sérieusement des économies.° Je vais continuer à travailler tous les week-ends dans mon supermarché.

CHARLES. — Mais au fond,° comment fait-on pour aller à l'étranger?° Il ne suffit° 25 pas de monter dans un avion pour aller en Europe, je suppose?

JEAN. — Bien sûr que non. On demande un passeport.

CHARLES. — Où demande-t-on un passeport? Et à qui?

JEAN. — On le demande en ville. Il y a un bureau spécial pour les passeports.

CHARLES. — Qu'est-ce qu'il faut présenter comme documents? 30

Dans les Alpes, la Mer de Glace. Chamonix. (Savoie)

JEAN. — Un extrait° de naissance, je crois, et pour des mineurs° comme nous, une autorisation de nos parents disant que nous avons la permission de partir.

CHARLES. — Si nous faisions cela maintenant? Pourquoi attendre?

JEAN. — Eh bien, d'accord! Demandons nos passeports et après les avoir obtenus, réservons nos places dans un avion et achetons quelques vêtements. 5

CHARLES. — Dis-moi, qu'est-ce qu'il faut emporter comme bagages et comme vêtements?

JEAN. — Surtout, n'emportons pas de choses inutiles! Moi, j'ai l'intention d'emporter seulement les deux valises que j'ai achetées pour aller au Mexique. Nous allons partir au début de juin et revenir vers la mi-septembre pour la rentrée° des classes. 10 Il nous faut donc deux costumes: un costume de sport et un costume de ville, quelques chemises, une cravate ou deux, du linge,° des chaussettes,° deux paires de chaussures solides—car moi, j'ai l'intention de beaucoup marcher—et quoi encore?

CHARLES. — Des slips° de bain, sans doute, si nous allons sur la Côte° d'Azur. 15 N'oublions pas nos imperméables. Il pleut beaucoup en France, en été.

JEAN. — Oui, je sais. Alors, il faut aussi emporter des parapluies.

CHARLES. — Des parapluies! Tu es ridicule!

JEAN. — Bon, bon. Je n'ai rien dit! Mais . . . on ne sait jamais! Et . . . quelle ligne d'avion est-ce que nous allons prendre? Une ligne américaine ou *Air-France?* Moi, 20 je préfère *Air-France.* Après avoir embarqué° dans un avion français, on est déjà presque en France.

CHARLES. — Bon, d'accord. Mais dis-moi, cette décision d'aller en France, quand l'as-tu prise?

JEAN. — Oh, je ne sais pas. Je pense à ce voyage depuis très longtemps. Tu sais que 25 ma mère est française?

CHARLES. — Oui, je sais. Quand est-elle venue aux États-Unis?

JEAN. — Après son mariage. Mon père l'a épousée° après la dernière guerre.° Alors, tu comprends, elle m'a beaucoup parlé de la vie en France et de toute la famille qu'elle y a laissée. Naturellement, j'ai très envie de voir la France de mes propres 30 yeux.

CHARLES. — Où est-ce que tes grands-parents habitent en France?

JEAN. — En Normandie. Ma mère est normande.

CHARLES. — Normande? Mais tu m'as dit qu'elle était française.

JEAN. — Oui, elle est française, mais elle dit toujours qu'elle est normande quand on 35 lui demande son pays d'origine. Cela me semble° bizarre aussi, mais c'est comme ça! Les vieilles provinces françaises ont gardé leur ancien caractère local et les gens continuent à employer les noms de ces provinces.

CHARLES. — As-tu l'intention d'aller voir tes grands-parents là-bas?

LECTURE

JEAN. — Mais bien entendu! Et même je vais t'emmener° avec moi si tu veux. Les touristes n'ont pas toujours la possibilité de voir une vraie famille française.

CHARLES. — Est-ce qu'on parle anglais ou français chez toi?

JEAN. — Les deux.

CHARLES. — (*Il insiste.*) Mais quelle langue as-tu apprise la première? L'anglais ou 5 le français?

JEAN. — J'ai toujours parlé français avec ma mère et anglais avec mon père.

CHARLES. — Alors, tu es bilingue.°

JEAN. — Oui, probablement.

CHARLES. — Qu'est-ce que tu sais le mieux? L'anglais ou le français? 10

JEAN. — Vraiment, je ne sais pas. Les deux langues sont tout à fait séparées pour moi. Probablement l'anglais parce que je suis allé à l'école aux États-Unis. Mais en même temps, je suis tout à fait à l'aise en français. J'ai peut-être un peu plus de vocabulaire en anglais mais c'est tout. J'ai deux registres différents.

CHARLES. — Tu crois qu'un jour je vais parler français comme toi? 15

JEAN. — Mais tu parles déjà très bien, je t'assure. Et après avoir passé quelques semaines en France, tu vas étonner° tout le monde.

CHARLES. — Oh, j'ai hâte° de partir, ça va être très intéressant.

JEAN. — J'en suis sûr!

EXERCICES

1. *Répondez aux questions suivantes par des phrases complètes.*

    1. Que faut-il à un voyageur qui va en Europe? 2. Qu'est-ce qu'il suffit de faire pour aller en Europe quand on a des vacances et assez d'argent? 3. Dans quoi met-on ses vêtements quand on voyage? 4. A votre avis, les avions sont-ils plus dangereux que les autos? Pourquoi? 5. Qu'est-ce qu'une personne *bilingue*? Êtes-vous bilingue? Pourquoi? 6. Quel document faut-il présenter pour obtenir un passeport? 7. Qu'est-ce qu'un *mineur*? Êtes-vous mineur(e)? 8. De quoi a-t-on besoin dans un pays où il pleut beaucoup? 9. Avez-vous déjà voyagé à l'étranger? Où? Quand? Comment? 10. Quel est le pays d'origine de votre père? de votre mère? de vos grands-parents? Quelle(s) langue(s) parlent-ils?

2. *Faites deux phrases avec chaque expression.*

    1. avoir hâte de . . . 2. avoir raison de . . . 3. il suffit de . . . pour . . . 4. avoir la permission de . . . 5. au moins. 6. faire des économies.

3. *Questions sur la lecture. Répondez aux questions par des phrases complètes.*

1. Où sont Charles et Jean? De quoi parlent-ils? Que font-ils? 2. Que font les deux garçons après avoir déposé leur plateau sur la table? 3. Qu'est-ce que les parents de Charles vont offrir au jeune homme? Qui va payer le reste? Avec quoi? 4. Charles va-t-il seulement voyager en France? 5. Comment Jean va-t-il gagner de l'argent avant son départ? 6. Pendant combien de temps les deux garçons vont-ils rester en Europe? 7. Charles et Jean ont-ils plus de 18 ans? Comment le savez-vous? 8. La mère de Jean est-elle née aux États-Unis? Quand y est-elle venue? 9. Où les grands-parents de Jean habitent-ils? Qu'est-ce que la Normandie? 10. Pourquoi Jean est-il bilingue?

4. *Composition:*

(a) Vous avez déjà voyagé.
Comment avez-vous préparé votre voyage? Qu'est-ce que vous avez pensé, dit, acheté avant votre départ? De quoi avez-vous parlé avec vos parents ou avec vos amis avant de partir?

(b) Vous voulez partir pour l'Europe, mais vos parents hésitent à vous donner leur consentement. Imaginez votre conversation avec eux. Que leur dites-vous? Que vous répondent-ils? Vous racontez votre conversation à un ami sous forme de dialogue.

(c) Vous parlez à un ami d'un projet de voyage. Imaginez votre conversation.

Exercices Supplémentaires de Grammaire

1. *Mettez les phrases suivantes au* passé composé.

1. Les amis que nous rencontrons nous invitent chez eux. 2. Jean prend ses vêtements et il les empile dans une valise. 3. Charles paie son billet avec les économies qu'il a faites. 4. Je commence à écrire une lettre, mais je ne la finis pas. 5. Le père de Jean fait la connaissance d'une Française et il l'épouse. 6. Les étudiants donnent au professeur les devoirs qu'ils écrivent. 7. Quelles villes visitez-vous au Mexique? 8. Voici les livres que j'achète. 9. Nous voyons des fautes et nous les corrigeons. 10. Quelles langues étudiez-vous?

2. *Répondez négativement aux questions suivantes.*

1. Savez-vous quelque chose d'autre? 2. Connaissez-vous quelqu'un de plus compétent? 3. Avez-vous acheté quelque chose de cher? 4. Les étudiants ont-ils

lu quelque chose d'intéressant? **5.** Votre mère a-t-elle vu quelqu'un de la famille? **6.** La police a-t-elle appris quelque chose de nouveau? **7.** Quelqu'un a-t-il vu ce programme de télévision? **8.** Quelqu'un est-il venu en mon absence? **9.** Avez-vous (*pl.*) compris quelque chose? **10.** Est-ce qu'on vous a donné quelque chose à faire?

3. *Écrivez quatre phrases avec chaque expression:* **(a) après avoir (être) ... (b) avant de ... (c) en** (+ participe présent).

PRONONCIATION

A. La voyelle [ã]. *Prononcez après votre professeur:*

> **an,** banc, dans, gant, **Jean,** lent, **sans, vent, rang.**
> blanc, blanche; dans, danse.
> lent, lente; rang, range; **an,** ange.
> **Jean** Leblanc chante **en** dansant.
> L'enfant entre lentement avec sa tante.
> Pendant trente **ans,** Fernand a vendu des gants.
> Les étudiants pensent aux grandes vacances.

B. La voyelle [õ]. *Prononcez après votre professeur:*

> **on, bon, long, mon, non, ton, son.**
> Ils font, ils vont, ils sont, ils ont.
> **on, on**ze; long, longue; **son,** sombre.
> rond, ronde; **mon,** monde.
> Ce sont les maisons de **mon on**cle Alphonse.
> **Onze** compositions sont trop longues.
> Nous avons les questions et les réponses.

C. Les voyelles [ã] et [õ]. *Prononcez après votre professeur:*

> banc, **bon;** lent, long; **vent, vont.**
> sans, son; rang, rond.
> Cent ans, c'est long!
> Les gens sont contents le dimanche.
> Chantons avant la conférence.
> **On** entend des chansons **en** France.

EXPRESSIONS NOUVELLES

des chaussettes (*f.*)°
la côte (la Côte d'Azur)°
des économies (*f.*)
une file°
une guerre°
une langue
une ligne (d'avion)
une nourriture°
la rentrée (des classes)°
une valise

un consentement°
un cours (de vacances)°
un départ
un extrait (de naissance)°
le jambon
le linge°
un(e) mineur(e)°
un plateau°
un potage°

un projet°
un slip (de bain)°

bilingue°
bondé(e)°
familial(e)
normand(e)
séparé(e)
vrai(e)

assurer (*1*)
avoir hâte° de
avoir la permission de
boire (*3*)°
chercher (*1*)°
croire (*3*)
débarrasser (*1*)°
déposer (*1*)°
embarquer (*1*)°
emmener (*1*)°

épouser (*1*)
étonner (*1*)°
faire des économies°
obtenir
offrir (*3*)
prendre (place)
prendre (une décision)
sembler (*1*)°
il suffit (suffire, *3*)°
venir de

à l'aise
à l'étranger°
au fond°
au moins
en même temps
de (mes) propres yeux
si
surtout
tout à fait

Vous savez déjà:

une autorisation
une cafétéria
une origine
une permission
une possibilité
une province

un buffet°
un **caractère**
un document
un mariage
un passeport
un(e) touriste
le vocabulaire

local(e)
soli**d**e

insis**t**er

sérieusement

27

POINTS DE REPÈRE

1. Quand les classes **finiront**-elles?
     Elles **finiront** dans deux semaines.

   ---

2. Est-ce que vous **aurez** des vacances?
     Oui, nous **aurons** des vacances.
   Qu'est-ce que vous **ferez** pendant les vacances?
     Je **ferai** un voyage; j'**irai** au Mexique.

   ---

3. Le professeur me dit **que** ma composition est bonne.
     Il me demande **si** je suis content de mes classes.

   ---

4. Pourquoi **ouvrez**-vous la fenêtre?
     Je l'**ouvre** parce qu'il fait chaud.
   Quels cours de langue **suivez**-vous maintenant?
     Je **suis** maintenant un cours d'espagnol et un cours de
   français.

   ---

5. Son frère a quinze **ans**.
     Il va passer **une année** entière en Europe.

DÉVELOPPEMENT GRAMMATICAL

> **1.** Quand les classes **finiront**-elles?
> Elles **finiront** dans deux semaines.

Comparez:

Ce soir, je **vais dîner** chez moi avec mes parents.

Ce soir, je **vais finir** mes devoirs avant d'aller au lit.

Ce soir il **va finir** ses devoirs avant de dormir.

Cet après-midi, Jack et moi nous **allons entendre** une conférence.

Bientôt les étudiants **vont lire** des poèmes français.

Cette semaine vous **allez écrire** des exercices.

Samedi prochain, je **dînerai** au restaurant avec des amis.

Samedi prochain, je **finirai** ma composition avant de sortir.

Demain il **finira** ses devoirs avant de sortir.

Dimanche prochain, Jack et moi, nous **entendrons** un concert de musique moderne.

Dans quelques mois, ils **liront** des livres et des romans français.

A l'examen final, vous **écrirez** une composition en français.

Je **vais dîner**
Je **vais finir**
Il **va finir**
Nous **allons entendre**
Ils **vont lire**
Vous **allez écrire**

$\left.\right\}$ sont des formes du *futur proche* (Cf. leçon 15).

Il y a aussi en français, un *futur* plus général:

Je **dînerai**
Je **finirai**
Il **finira**
Nous **entendrons**
Ils **liront**
Vous **écrirez**

$\left.\right\}$ sont des formes du *futur*.

■ Le *futur* est un *temps simple* (c'est-à-dire, il n'est pas formé avec un auxiliaire). Les terminaisons écrites du futur sont les mêmes pour tous les verbes sans exception. Ces terminaisons sont:

	Singulier	*Pluriel*
1)	**ai***	**ons**
2)	**ez, as**	**ez***
3)	**a**	**ont**

Voici le futur des verbes **parler** et **finir:**

	parler		**finir**
Je	parler**ai** français.	Je	finir**ai** cette lettre.
Vous	parler**ez** anglais.	Vous	finir**ez** l'exercice.
Tu	parler**as** anglais.	Tu	finir**as** l'exercice.
Nous	parler**ons** français.	Nous	finir**ons** la leçon 27.
Il	parler**a** rapidement.	Il	finir**a** sa composition.
Elle	parler**a** lentement.	Elle	finir**a** sa composition.
Ils	parler**ont** rapidement.	Ils	finir**ont** leurs devoirs.
Elles	parler**ont** lentement.	Elles	finir**ont** leurs devoirs.

■ Pour beaucoup de verbes, le *radical du futur est l'infinitif* du verbe:

2ᵉ groupe:	**brunir**	je **brunir**ai,	il **brunir**a,	ils **brunir**ont.
	réussir	je **réussir**ai,	il **réussir**a,	ils **réussir**ont.
	choisir	je **choisir**ai,	il **choisir**a,	ils **choisir**ont.
3ᵉ groupe:	**dormir**	je **dormir**ai,	il **dormir**a,	ils **dormir**ont.
	sortir	je **sortir**ai,	il **sortir**a,	ils **sortir**ont.
	ouvrir	j'**ouvrir**ai,	il **ouvrir**a,	ils **ouvrir**ont.

■ Les verbes qui sont terminés par **-e** à l'infinitif, comme **prendre, mettre, dire, lire, boire, écrire,** etc., abandonnent cet **e** au futur;

mettre	je **mettr**ai,	il **mettr**a,	ils **mettr**ont.
boire	je **boir**ai,	il **boir**a,	ils **boir**ont.
prendre	je **prendr**ai,	il **prendr**a,	ils **prendr**ont., etc.

*Prononcez de la même manière: **ai** et **ez** [e].

Voici le futur du verbe **lire:**

Je	li**rai** le journal.
Vous	li**rez** une histoire.
Tu	li**ras** une histoire.
Nous	li**rons** un roman policier.
Il	li**ra** un article.
Elle	li**ra** un article.
Ils	li**ront** les nouvelles.
Elles	li**ront** les nouvelles.

ATTENTION: *Verbes du 1er groupe:*

prononcez le *radical de l'infinitif* + **r** + **ai, as, a, ons, ez, ont**

EXEMPLES: je **mangerai,** il **mangera,** ils **mangeront.**

j'**étudierai,** il **étudiera,** ils **étudieront.**

j'**achèterai,** il **achètera,** ils **achèteront.**

Quelquefois il faut aussi prononcer [ə] de l'infinitif avant **r.**

je parlerai   il parlera   ils parleront

j'entrerai   il entrera   ils entreront

(Cf. prononciation leçons, 8 et 28.)

---

2. Est-ce que vous **aurez** des vacances?

Oui, nous **aurons** des vacances.

Qu'est-ce que vous **ferez** pendant les vacances?

Je **ferai** un voyage; j'**irai** au Mexique.

Comparez:

Cet après-midi, je **vais faire** des courses; je **vais aller** dans les magasins. Il **va y avoir** beaucoup de monde.

A quelle heure vos amis **vont**-ils venir chez vous?

La semaine prochaine, je **ferai** des courses; j'**irai** dans les magasins. Il **y aura** beaucoup de monde.

A quelle heure vos amis **viendront**-ils chez vous?

Est-ce que nous **allons** les **voir?** Est-ce que nous les **verrons?**

J'espère qu'il **va faire** beau demain. J'espère qu'il **fera** beau pendant les vacances.

Si je ne trouve pas de taxi, je **vais être** en retard à mon rendez-vous. Si je ne trouve pas de taxi, je **serai** en retard à mon rendez-vous.

Quand Charles **va être** en France, il **va parler** français. Quand Charles **sera** en France, il **parlera** français.

■ Certains verbes ont un *radical spécial pour le futur.* Ce sont les verbes:

être	je **serai,**	il **sera,**	ils **seront.**
avoir	j'**aurai,**	il **aura,**	ils **auront.**
aller	j'**irai,**	il **ira,**	ils **iront.**
envoyer	j'**enverrai,**	il **enverra,**	ils **enverront.**
faire	je **ferai,**	il **fera,**	ils **feront.**
falloir		il **faudra,**	
pleuvoir		il **pleuvra,**	
pouvoir	je **pourrai,**	il **pourra,**	ils **pourront.**
savoir	je **saurai,**	il **saura,**	ils **sauront.**
tenir	je **tiendrai,**	il **tiendra,**	ils **tiendront.**
venir	je **viendrai,**	il **viendra,**	ils **viendront.**
voir	je **verrai,**	il **verra,**	ils **verront.**
vouloir	je **voudrai,**	il **voudra,**	ils **voudront.**

ATTENTION: 1. *Employez le futur après* **quand,** si le sens de la phrase indique le futur.

EXEMPLES: Quand je **serai** plus âgé, je **travaillerai** dans un bureau.
Quand j'**aurai** mon diplôme de l'université, j'**irai** en Europe.
Nous **dînerons** quand mon père **rentrera.**

2. *Employez le présent après* **si** quand l'autre verbe est au futur.

EXEMPLES: J'**irai** chez vous demain soir **si** j'**ai** le temps.
Si nous **avons** assez d'argent, mes amis et moi, nous **achèterons** un bateau.
Si notre examen **est** très difficile, beaucoup d'étudiants **auront** une mauvaise note.

NOTEZ: Dans ces exemples, le mot **si** indique *une condition.*
(**Si** → s' devant **il, ils** seulement.)

> **3.** Le professeur me dit **que** ma composition est bonne.
> Il me demande **si** je suis content de mes classes.

Comparez:

Je dis: « Finissez la phrase. »
Qu'est-ce que je dis?

Vous dites **de** finir la phrase.

Vous dites: « Les provinces n'existent plus en France. »

Je dis **que** les provinces n'existent plus en France.

Un étudiant demande: « La Côte d'Azur est-elle belle? »

Il demande **si** la Côte d'Azur est belle.

Les phrases de la colonne de gauche répètent les paroles textuelles d'une personne. Les phrases de la colonne de droite rapportent indirectement les paroles d'une personne. A gauche, les phrases sont au *discours direct*. A droite, les phrases sont au *discours indirect*.

■ Quand on rapporte les paroles d'une ou de plusieurs personnes, on emploie le *discours indirect*. Une phrase au discours indirect est une *phrase complexe*. Le verbe principal est souvent **dire** ou **demander**. D'autres verbes sont aussi employés dans le discours indirect: **répondre, répéter, téléphoner, écrire, ajouter,** etc. Ces verbes indiquent que deux ou plusieurs personnes communiquent, échangent des paroles, rapportent un discours.

Comparez:

(a) Je vous dis **d'écrire** la phrase.
(b) Je vous dis **que** vous avez besoin d'un passeport.
(c) Je vous demande **si** vous partez en avion?

■ La phrase (a) rapporte un ordre: « Écrivez la phrase. »
La phrase (b) rapporte un fait: « Vous avez besoin d'un passeport. »
La phrase (c) rapporte une question: « Partez-vous en avion? »

■ Pour *un ordre,* employez **de** + l'*infinitif* (à la place de l'impératif).
Pour *un fait,* employez **que** (attention à la personne du verbe).
Pour *une question,* employez **si** (**s'** devant **il** ou **ils**). (La réponse à cette question est **oui** ou **non**). Attention: il n'y a *pas d'inversion* du sujet.

Comparez:

(a) ⌈ Robert téléphone à Marianne et il lui dit:
« Viens chez moi. J'ai besoin de te voir. J'ai quelque chose à te dire. Peux-tu
⌊ venir avant 8 heures du soir? »

(b) ⌈ Robert téléphone à Marianne et il lui dit **de venir** chez **lui**. Il ajoute qu'**il**
a besoin de **la** voir **et qu'il a** quelque chose à **lui** dire. Il demande à Marianne
⌊ **si elle peut** venir avant 8 heures du soir.

(c) ⌈ Robert *a téléphoné* à Marianne et il lui **a dit** de venir chez lui. Il a ajouté
qu'il **avait** besoin de la voir et qu'il **avait** quelque chose à lui dire. Il **a**
⌊ **demandé** à Marianne si elle **pouvait** venir avant 8 heures du soir.

On peut rapporter des paroles ou une conversation au *présent* (b) ou au *passé* (c).

■ Dans le discours indirect:

Verbe principal au *présent:* le *temps du 2ᵉ verbe ne change pas.*
Verbe principal au *passé composé:* le *temps du 2ᵉ verbe* (qui est au présent dans
le discours direct) est *l'imparfait.*
NOTEZ: Il y a souvent un *changement de forme verbale, de temps, de personne.* Il
y a aussi un changement dans la construction de la phrase.

ATTENTION: Le changement de temps est le même pour les auxiliaires: **aller**
(+ infinitif) et **venir de** (+ infinitif).

EXEMPLES: « Allez-vous partir pour   On me demande **si je vais** partir
l'Europe? »   pour l'Europe.
                                               On m'**a demandé** si j'**allais** partir
                                                  pour l'Europe.

---

4. Pourquoi **ouvrez**-vous la fenêtre?
   Je l'**ouvre** parce qu'il fait chaud.
Quels cours de langue **suivez**-vous maintenant?
   Je **suis** maintenant un cours d'espagnol et un cours de
   français.

Comparez:

Ouvre-t-on la fenêtre quand il fait   Non, on ne l'**ouvre** pas; on la
   froid?   ferme.
Ouvrez-vous votre livre pendant   Non, je ne l'**ouvre** pas.
   un examen?

Avez-vous **ouvert** votre cahier avant l'examen?	Oui, nous l'**avons ouvert.**	

Quand **offre**-t-on des cadeaux?	On **offre** des cadeaux à Noël.
Qu'est-ce qu'on vous **a offert?**	On m'**a offert** des livres et de l'argent.

Ma grand-mère a une crise de rhumatismes; elle **souffre** beaucoup.	Pendant la dernière guerre, beaucoup de gens **ont** beaucoup **souffert.**

■ Les verbes **ouvrir, couvrir, découvrir, offrir, souffrir** sont conjugués de la même manière. Ce sont des verbes irréguliers du *3ᵉ groupe*.

NOTEZ: Ces verbes sont conjugués au présent comme les verbes du *1ᵉʳ groupe*. Voici le verbe **ouvrir** au présent de l'indicatif:

J'	**ouvre**	la fenêtre.
Vous	**ouvrez**	(tu **ouvres**) la porte.
Nous	**ouvrons**	le réfrigérateur.
Il	**ouvre**	son livre.
Elle	**ouvre**	son livre.
Ils	**ouvrent**	le placard.
Elles	**ouvrent**	le placard.

L'imparfait: j'ouvr**ais,** nous ouvr**ions,** ils ouvr**aient**
Le participe présent: **ouvrant**
Le participe passé: **ouvert (couvert, découvert, offert, souffert)**

Voici le verbe **suivre** au présent de l'indicatif:

Je	**suis**	un cours de littérature.
Vous	**suivez**	(tu **suis**) une classe de musique.
Nous	**suivons**	une classe de musique.
Il	**suit**	ses amis.
Elle	**suit**	ses amis.
Ils	**suivent**	les professeurs.
Elles	**suivent**	les professeurs.

L'imparfait: Je suiv**ais,** nous suiv**ions,** ils suiv**aient**
Le participe présent: **suivant**
Le participe passé: **suivi**

ATTENTION: **suivre** a différents sens: *to follow*

suivre un cours (une classe) = assister à, être présent à.

suivre une personne = {(a) aller derrière cette personne.

{(b) comprendre cette personne quand elle parle.

ajouter — to add

---

5. Son frère a quinze **ans**.
Il va passer **une année** entière en Europe.

Comparez:

Le soir, il reste chez lui; **le matin** il est à l'école.

Il y a sept **jours** dans une semaine.

Au théâtre, il y a des **matinées** et des **soirées.**

Nous restons chez nous toute la **journée.**

NOTEZ:

an	jour	matin	soir
année	journée	matinée	soirée

■ **An, jour, matin, soir,** sont des mots qui expriment une division du temps, une *unité de temps.* Employez ces noms avec un *nombre*.

Année, journée, matinée, soirée, sont des mots qui expriment en général une *durée*.

On dit: **L'année dernière, l'année prochaine, toute l'année, quelques années, plusieurs années.**

toute la journée, toute la matinée, toute la soirée.

Mais: **deux ans, cinq ans, cent ans** (= un siècle).

tous les ans, tous les jours, tous les matins, tous les soirs.

EXERCICES

1. *Mettez les phrases suivantes au* futur.

1. Quand les touristes arrivent dans une ville, ils cherchent un hôtel. **2.** Robert épouse Marianne et il l'emmène au Canada. **3.** L'imagination et le talent de certains artistes nous étonnent toujours. **4.** Nous lui demandons des nouvelles de sa famille quand nous le rencontrons. **5.** Les étudiants passent l'examen avec succès et le professeur les félicite. **6.** Nous dépensons beaucoup d'argent quand nous voyageons. **7.** Quand je ne comprends pas, je demande une explication. **8.** La jeune fille garde des enfants et elle gagne assez d'argent pour payer un cours de vacances. **9.** Brunissez-vous quand vous prenez un bain de soleil? **10.** Je lis attentivement les questions et j'y réponds correctement. **11.** L'étudiant qui ne travaille pas réussit-il à l'examen? **12.** Après son voyage, Charles parle mieux français et il connaît un peu la France.

2. (a) *Mettez les phrases au* futur.

1. Vous pouvez aller à l'étranger quand vous avez un passeport. **2.** Quand je pars en voyage, je mets mes affaires dans une valise. **3.** Nous emportons des sandwichs quand nous faisons un pique-nique. **4.** Robert vient à l'université à pied quand il fait beau. **5.** Quand elles vont à la plage, elles prennent un bain de soleil. **6.** Quand il y a des questions difficiles, il faut réfléchir avant de répondre. **7.** Je félicite mes amis de leurs succès quand je les vois. **8.** Quand Robert et Jack veulent aller au cinéma, ils me téléphonent. **9.** Vous allez chez le dentiste quand vous avez mal aux dents. **10.** Quand j'obtiens une bonne note, je suis très content(e). **11.** Quand il pleut, nous mettons notre imperméable. **12.** Paul sait répondre quand on lui pose une question en français.

(b) *Dans les phrases précédentes, au futur, remplacez* **quand** *par* **si** *et faites les changements nécessaires.*

(c) *Mettez le verbe au* futur (*ou au* présent *si c'est nécessaire*).

1. Vos parents (vouloir)-ils vendre leur voiture? **2.** S'ils (vouloir) la vendre, je la (acheter). **3.** A quelle heure vos amis (venir)-ils? **4.** S'ils (pouvoir) venir, ils (venir) ce soir vers huit heures. **5.** Ma sœur (faire) de bons repas quand ma mère (être) absente. **6.** Quand me (envoyer)-vous ce livre? **7.** Je vous le (envoyer) quand le cours de littérature (être) fini si je n'en (avoir) plus besoin. **8.** (pouvoir)-vous me prêter de l'argent quand je n'en (avoir) plus? **9.** Oui, je vous (prêter) de l'argent si j'en (avoir) encore. **10.** (falloir)-il savoir tout le vocabulaire pour l'examen? Oui, les bons étudiants (savoir) tout le vocabulaire.

3. *Mettez au* discours indirect: **(a)** *au présent.* **(b)** *au passé.*

1. Le professeur vous dit: « Mettez vos devoirs sur mon bureau ». — Qu'est-ce qu'il vous dit? Qu'est-ce qu'il vous a dit?
2. Le professeur me dit: « Réfléchissez avant de parler et faites des phrases complètes ». — Qu'est-ce qu'il vous dit? Qu'est-ce qu'il vous a dit?
3. Mes amis m'écrivent: « Il faut aller avec nous à la montagne. Vous avez besoin

de vacances ». — Qu'est-ce qu'ils vous écrivent? Qu'est-ce qu'ils vous ont écrit?

4. Le père de Jeannette lui répète: « Vous dépensez trop d'argent; je ne peux pas vous donner 100 dollars; il faut travailler ». — Qu'est-ce qu'il lui répète? Qu'est-ce qu'il lui a répété?

5. Son ami demande à Jack: « As-tu ta voiture aujourd'hui? » Jack lui répond: « Je ne l'ai pas; elle est au garage et je n'ai pas d'argent pour payer la réparation ». — Qu'est-ce que son ami lui demande? Qu'est-ce que Jack lui répond? (*Mettez votre réponse au passé.*)

6. Ma mère me demande: « Allez-vous sortir ce soir? » Je lui réponds: « Je vais voir un nouveau film français ». Elle ajoute: « Vous sortez trop, vous allez être fatigué demain ». — Qu'est-ce que votre mère vous demande? Qu'est-ce que vous lui répondez? (*Mettez vos réponses au passé.*)

7. Le professeur demande aux étudiants: « Comprenez-vous ma question? » Il ajoute: « Je vais la répéter plus lentement ». — Qu'est-ce qu'il demande aux étudiants? Qu'est-ce qu'il leur a demandé?

8. Les étudiants demandent au professeur: « Les questions de l'examen vont-elles être difficiles? » Il leur répond: « Elles vont être faciles pour les étudiants qui travaillent régulièrement. » — Qu'est-ce que les étudiants demandent au professeur? Qu'est-ce qu'il leur répond? (*Mettez vos réponses au passé.*)

4. *Mettez les verbes* (a) *au présent* (b) *au passé composé.*

1. Mon père me (offrir) des skis pour Noël. 2. Je veux (offrir) un cadeau à mon ami. 3. Nous (offrir) des fleurs à notre mère pour sa fête. 4. Elle (souffrir beaucoup) depuis cet accident. 5. Je ne (souffrir) pas quand je (aller) chez le dentiste. 6. Je (ouvrir) la porte et mes amis (entrer) chez moi. 7. Nous (ouvrir) notre livre pour lire la lecture, mais nous ne le (ouvrir) pas le jour de l'examen. 8. Des spectateurs enthousiastes (couvrir) l'artiste de fleurs. 9. (Suivre)-vous la conversation quand on (parler) français? 10. Oui, je la (suivre) quand les gens (parler) lentement.

5. *Employez* un mot *d'un groupe selon le sens.* (*Employez l'article ou non selon le cas.*)

(a) l'**an**, l'**année** (b) le **jour**, la **journée** (c) le **matin**, la **matinée** (d) le **soir**, la **soirée**.
1. Picasso est mort à 90 _____ (a). 2. Je préfère aller au cinéma pendant _____ (d). 3. Quand il pleut, on reste à la maison toute _____ (b). 4. J'ai passé _____ (c) à la bibliothèque. 5. Le samedi _____ (d), les gens vont au cinéma ou ils passent _____ (d) à regarder la télévision. 6. Dans quelques _____ (a), on ira peut-être sur Mars. 7. Peu de gens vivent 100 _____ (a). 8. Nous avons une classe de français tous _____ (c). 9. A l'université, il y a des cours toute _____ (a), cinq _____ (b) par semaine. 10. Le jeune homme passera un _____ (a) à l'étranger.

Les pêcheurs.

Un panorama de la Côte d'Azur. (Beaulieu-sur-mer)

28

De Californie en France via Montréal

Le semestre touchait à sa fin. Jean et Charles étaient de plus en plus impatients de partir pour la France. Enfin le moment des adieux° est venu. Le jour du départ, les familles accompagnent les jeunes gens à l'aéroport. Arrivés à l'aéroport, ils vont au bureau de la compagnie où on contrôle leurs billets et où on enregistre leurs bagages. La mère de Jean dit à son fils de faire attention quand il sera à Orly.[1] Elle 5 ajoute que s'il ne trouve pas son grand-père à l'aéroport, il pourra aller au bureau de renseignements° où il y aura certainement un message pour lui.

JEAN. — Mais oui, Maman, mais oui! N'aie pas peur. Tu penses toujours que je suis un petit garçon. Je n'aurai pas d'ennuis. Tout ira bien!

Les adieux sont interrompus° par la voix du haut-parleur° qui annonce le départ 10 du vol° numéro 92 à destination de Paris.

LA MÈRE DE CHARLES. — Voilà, on annonce le départ de votre avion. Tu vas le manquer.° Vite, Charles. Embrasse-moi et file.°
JEAN. — Voyons! Ne pleure° pas, Maman!
LA MÈRE DE JEAN. — Mais, je ne pleure pas, petit fou! Allons, vite! Embrasse ton 15 père.
JEAN. — Au revoir, Papa.
LE PÈRE DE JEAN. — Au revoir, Jeannot. Tiens, voilà quelque chose pour toi. Tu l'ouvriras quand tu seras dans l'avion.
JEAN. — Qu'est-ce que c'est? 20
LE PÈRE. — Tu verras, tu verras. C'est une surprise.

Les deux garçons quittent leurs familles en courant et suivent° la foule des voyageurs. Ils passent devant l'employé de l'immigration qui vérifie leurs passeports et ils montent à bord. En pénétrant dans l'avion, les jeunes voyageurs pénètrent aussi dans un autre monde. 25

[1] Orly: un des aéroports internationaux de Paris.

L'HÔTESSE DE L'AIR (*d'une voix professionnellement aimable*). — Bonjour, messieurs. Puis-je voir^2 votre carte d'embarquement, s'il vous plaît . . . Vous avez les places 27 et 28, à côté de la fenêtre et au milieu. Avancez, s'il vous plaît. Le 27 et le 28 sont à l'avant de la cabine.

Les jeunes gens trouvent leurs places sans difficulté. Ils mettent leurs manteaux 5 dans le filet° qui est au-dessus° des sièges.° Assis sur leur sièges, ils attendent le moment du départ. Pendant ce temps-là, d'autres passagers arrivent et enfin presque toutes les places sont occupées. Un signal lumineux avertit les passagers en anglais et en français: « Défense de fumer! Attachez vos ceintures. »

CHARLES. — As-tu peur? 10

JEAN. — Moi? Pas du tout! Et toi?

CHARLES. — Je n'ai pas peur. Mais j'ai hâte de partir.

Tout à coup, on entend un bruit puissant° qui semble envelopper tout l'avion. Ce sont les réacteurs qu'on met° en marche.

JEAN. — (*en attachant sa ceinture*) Ça y est! Nous partons! 15

Lentement, l'énorme appareil bouge.° Il tourne d'abord, puis roule sur la piste° d'envol. Un arrêt! . . . On attend un moment; enfin la tour° de contrôle donne le signal du départ. Alors le bruit des réacteurs devient encore plus violent. L'avion roule sur le sol° de ciment de plus en plus rapidement et, arrivé au bout de la piste, décolle° avec une légèreté° inattendue.° 20

« Mesdames, messieurs, le commandant Girard et son équipage sont heureux de vous souhaiter° la bienvenue à bord du° Boeing Intercontinental d'*Air France*, Château de Versailles. Notre prochaine escale° sera Montréal que nous atteindrons° un peu avant dix-neuf heures, heure locale. Nous volerons à une altitude de croisière de 10.000 mètres et à une vitesse° moyenne° de 900 kilomètres 25 à l'heure. Au cours° de ce vol, un déjeuner vous sera servi.° Nous vous souhaitons un voyage très agréable et nous espérons que vous en garderez le meilleur souvenir. »°

C'est la voix de l'hôtesse de l'air qui accueille° les passagers et qui explique ensuite l'emploi du gilet° de sauvetage et, en cas de besoin, du masque à oxygène pendant 30 qu'une autre hôtesse montre comment les employer.

JEAN. — J'espère que nous n'en aurons pas besoin.

CHARLES. — Et comment! Moi, je voudrais bien savoir si on va bientôt nous servir°

---

^{2} **Puis-je . . .?** = 1re personne du singulier du présent de **pouvoir.** C'est une forme plus polie que **je peux.** On peut faire l'inversion avec **je puis (puis-je)** mais non avec **je peux.**

ce fameux repas. On m'a tellement parlé de la cuisine d'*Air France*. On dit qu'elle est extraordinaire.

Et voilà justement que le steward commence à distribuer des menus. Puis, aidé par une hôtesse, il passe dans l'allée en poussant° un petit chariot° chargé de bouteilles. C'est l'heure des apéritifs° et des cocktails.   5

LE STEWARD. — Est-ce que vous prenez quelque chose, messieurs?

JEAN. — Qu'est-ce que tu vas prendre, Charles?

CHARLES. — Je prendrai volontiers un jus de tomate. Et toi?

JEAN. — Moi, je prendrai un Cinzano.

LE STEWARD. — Alors, un Cinzano et un jus de tomate. Voilà, messieurs. Cela fait 10
    deux francs.

JEAN. — Mais nous n'avons pas d'argent français.

LE STEWARD. — Cela ne fait rien. Donnez-moi quarante cents.

JEAN. — Je n'ai pas de monnaie. J'ai un billet d'un dollar.

LE STEWARD. — Je vais vous rendre la monnaie° en francs. Voilà, monsieur. Je vous 15
    dois° trois francs.

Une demi-heure plus tard, l'hôtesse leur apporte leur déjeuner sur un plateau en plastique. Voilà enfin le célèbre repas d'*Air France* et il est vraiment très bon. Comme hors-d'œuvre, il y a de la macédoine° de légumes. Comme plat° principal, il y a une côtelette° de veau° cuite° à point° et garnie de pommes de terre au gratin et de 20 haricots verts. Le pain n'est pas le vrai pain de Paris, la célèbre « baguette », mais un petit pain bien croustillant.° Il y a aussi de la salade préparée à la française,° c'est-à-dire à l'huile° et au vinaigre.° Comme dessert, il y a de la mousse° au chocolat. On leur apporte le café plus tard en leur donnant le choix° entre le café américain et le café français. Les deux garçons, bien entendu, prennent le café français. Ils le 25 trouvent bon, très fort et assez semblable au café que la mère de Jean prépare chez elle. Tout à coup, Jean cherche dans sa poche.

JEAN. — J'y pense maintenant. Nous n'avons pas encore ouvert nos enveloppes.
    Ouvrons-les.

CHARLES. — C'est vrai. Je n'y pensais plus! Ouvrons-les. Qu'est-ce qu'il y a dans ton 30
    enveloppe?

JEAN. — Oh! C'est un « Eurailpass. » C'est merveilleux.

CHARLES. — Un quoi?

JEAN. — Un « Eurailpass. » Mon père m'a expliqué que c'est une carte qui permet°
    de voyager partout en Europe, en train naturellement et en première classe. Mais 35
    toi, qu'est-ce que tu as dans ton enveloppe?

CHARLES. — La même chose! Quelle chance! Nous pourrons voyager partout ensemble
    sans rien payer.

JEAN. — Et le train est bien plus agréable que l'avion quand on veut voir du pays.
CHARLES. — Ça, c'est vrai!

Jean et Charles sont fatigués par tant d'émotions et d'expériences nouvelles. Ils ne parlent plus. Ils posent leur tête sur l'oreiller° et tombent dans un profond° sommeil pendant que l'avion continue son vol vers Montréal.

5

EXERCICES

1. *Répondez aux questions suivantes en employant des phrases complètes.*

1. Aimez-vous accompagner des voyageurs à l'aéroport? Pourquoi? **2.** Qu'est-ce qu'on fait avant de quitter sa famille ou ses amis pour faire un long voyage? **3.** Comment annonce-t-on le départ des avions à l'aéroport? **4.** Y a-t-il un bureau de renseignements à l'université? Où est-il? Quels renseignements peut-on y obtenir? **5.** Avez-vous déjà manqué le train ou l'avion? Si oui, qu'avez-vous fait? **6.** En avion, qu'est-ce qu'on met dans le filet? **7.** Où préférez-vous être assis dans un avion, à l'avant ou à l'arrière de l'appareil? Pourquoi? **8.** Qu'est-ce qu'on ne peut pas faire quand l'appareil décolle? Qu'est-ce qu'il faut faire? **9.** Qu'est-ce qu'on boit avant un repas? **10.** Qu'est-ce qu'un « Eurailpass » permet de faire?

2. *Faites des phrases avec chaque expression.*

1. de plus en plus **2.** au dessus de **3.** souhaiter la bienvenue **4.** servir **5.** des renseignements **6.** avertir **7.** mettre en marche **8.** volontiers **9.** pleurer **10.** avoir peur

3. *Questions sur la lecture. Répondez par des phrases complètes.*

1. Jean et Charles sont-ils allés seuls à l'aéroport? **2.** Qui les accompagnait? **3.** Qui attendra Jean à Orly? **4.** Qu'est-ce que la mère de Jean fait avant le départ de son fils? Et son père? **5.** Comment s'appelle l'avion que les jeunes gens ont pris? Où est Versailles? **6.** Qui montre leur place aux passagers? **7.** A quelle vitesse moyenne l'avion volera-t-il? A quelle altitude? **8.** Combien Jean paie-t-il les apéritifs? Est-ce que le steward rend la monnaie en argent américain? **9.** Qu'est-ce qu'il y avait dans les enveloppes? Pourquoi est-ce important pour les garçons? **10.** Jean et Charles ont-ils dormi en avion? Pourquoi?

4. *Donnez en français une définition des mots suivants.*

1. décoller **2.** la tour de contrôle **3.** un aéroport **4.** une piste d'envol **5.** une hôtesse de l'air **6.** un haut-parleur **7.** un passager **8.** un apéritif

5. *Composition:*

(a) Que ferez-vous pendant le week-end prochain?
(b) Vos vacances d'été. Que ferez-vous? Où irez-vous? Pourquoi?
(c) Projets d'avenir. Que ferez-vous quand vous aurez votre diplôme de l'université?
(d) Vous avez déjà pris le train ou l'avion. Décrivez votre départ. (*au passé*)

Exercices Supplémentaires de Grammaire

1. *Mettez au* passé composé; *puis au* futur.

1. Mes parents vont en Europe en avion. **2.** Ils visitent plusieurs villes et ils voient beaucoup de musées. **3.** Vous lisez un livre d'histoire que vous trouvez intéressant. **4.** Hélène et Lisa sortent souvent; elles ne travaillent pas assez. **5.** A quelle heure prenez-vous votre petit déjeuner? Que mangez-vous? **6.** Gagnez-vous de l'argent en travaillant? **7.** Ma mère part à 9 heures et elle revient à 5 heures. **8.** Barbara voit Richard et elle lui demande des nouvelles de sa santé. **9.** Que faites-vous pendant les vacances? Où allez-vous? **10.** Elle met son manteau et ses gants et elle sort.

2. (a) *Remplacez* **quand** *par* **si** *et faites les changements nécessaires.*

1. Je voyagerai en bateau quand j'irai en Europe. **2.** Nous ferons une promenade à pied quand il fera beau. **3.** Jacques achètera une guitare quand il aura de l'argent. **4.** Vous irez au restaurant quand vous aurez faim. **5.** Les étudiants poseront des questions au professeur quand ils ne comprendront pas.

(b) *Écrivez trois phrases avec* **si** *(indiquant une condition).*
Écrivez trois phrases au futur avec **quand.**

PRONONCIATION

A. *Prononcez correctement les groupes de mots:*

1. Il copié   il copiéra   **2.** il dîné   il dînéra
oublié   oubliéra   fumé   fuméra
étudié   étudiéra   dansé   danséra
joué   jouéra   écouté   écoutéra
continué   continuéra   invité   invitéra

3. Je parlé   je parlerai

    fermé   fermerai

    rentré   rentrerai

    gagné   gagnerai

    marché   marcherai

B. La voyelle [ɛ]. *Prononcez après votre professeur:*

> f**ain**, m**ain**, p**ain**, l**in**, v**in**
> améric**ain**, mexic**ain**, jard**in**, mat**in**
> **im**possible, **in**croyable, **in**connu, **in**certain.

[jɛ̃]   b**ien**, ch**ien**, r**ien**, v**iens**, t**iens**
> canad**ien**, brésil**ien**, norvég**ien**.

> V**ingt**-c**inq** mar**ins** améric**ains**.
> Anton**in** a **in**vité l'**in**specteur.

> Il v**ient** le mat**in**, c'est cert**ain**.
> Le qu**inze** ju**in** à c**inq** heures du mat**in**.

C. *Faites une différence entre:*

[ɛ̃]	[ɛn]
1. Il est canad**ien**.	Elle est canad**ienne**.
norvég**ien**.	norvég**ienne**.
brésil**ien**.	brésil**ienne**.
mexic**ain**.	mexic**aine**.
améric**ain**.	améric**aine**.
2. il v**ient**	ils v**iennent**
rev**ient**	rev**iennent**
dev**ient**	dev**iennent**
t**ient**	t**iennent**

EXPRESSIONS NOUVELLES

une carte
une ceinture°
une côtelette°
une escale°
une hôtesse de l'air
l'huile (f.)°
la légéreté°
la macédoine° de légumes
la monnaie°
la mousse au chocolat°
une piste° d'envol
la tête
une tour° de contrôle
une vitesse°

un adieu°
un aéroport
un apéritif°
un bureau de renseigne-
  ments
un chariot°
un choix°
un embarquement
un(e) employé(e)
un ennui
un filet°
un franc
un gilet° de sauvetage
un haut-parleur°
  (h aspiré)
un oreiller°
un passager
un plat°
un réacteur

un renseignement°
un siège°
le sol°
un souvenir°
le veau°
le vinaigre°
un vol°
un voyageur /
  une voyageuse

aimable
croustillant(e)°
cuit(e)°
garni(e) de
inattendu(e)°
interrompu(e)°
lumineux / lumineuse°
moyen(ne)°
profond(e)°
puissant(e)°
semblable

accueillir (3)°
attacher (1)
atteindre (3)°
avertir (2)°
avoir peur (de)
bouger (1)°
courir (3)°
décoller (1)°
découvrir (3)
devoir (3)°
distribuer (1)
embrasser (1)
enregistrer (1)°
filer (1)°

manquer (1)°
mettre en marche (3)°
ouvrir (3)
permettre (3)°
pleurer (1)°
pousser (1)°
servir (3)°
souffrir (3)
souhaiter° la bienvenue
suivre (3)°
toucher (1)°
tourner (1)
voler (1)

à l'avant (de)
à bord (de)°
à destination de
à la française°
à point°
au cours° de
au gratin
au-dessus° de
bien entendu
ça ne fait rien
de nouveau°
de plus en plus
défense° de
en cas de
ensemble
justement
lentement
partout°
pendant que
volontiers°

Vous savez déjà:

une altitude
une compagnie
une émotion
une expérience
l'immigration (*f.*)

le ciment
un masque

un message
un moment
le plastique
un signal

fameux / fameuse
intercontinental(e)

violent(e)
annoncer (*1*)
avancer (*1*)
contrôler (*1*)
vérifier (*1*)

professionnellement

dont — of , (by, from, with , about) whom or which, whose

POINTS DE REPÈRE

---

1. Le livre **qui** est sur la table est mon livre de français.
   L'étudiant **qui** est devant moi s'appelle Marc.
   Le livre **que** nous étudions s'appelle « Langue et Langage ».
   L'étudiant **que** vous voyez au tableau noir est mon ami Jacques.

   ———————

2. **Le livre dont** je vous ai parlé est un roman de Camus.
   L'étudiant **dont** je vous ai parlé revient de France.

3. N'oubliez pas **d'**écrire à Jean.
   Mes amis m'ont invité **à** partir avec eux.

   ———————

4. Jean espère qu'il va **recevoir** une lettre de ses parents.
   On **aperçoit** des arbres par la fenêtre.

   ———————

5. **D'abord,** nous avons fait des courses;
   puis, nous avons pris une tasse de café.
   Nous sommes **donc** rentrés assez tard.

DÉVELOPPEMENT GRAMMATICAL

---

1. Le livre **qui** est sur la table est mon livre de français.

L'étudiant **qui** est devant moi s'appelle Marc.

Le livre **que** nous étudions s'appelle « Langue et Langage ».

L'étudiant **que** vous voyez au tableau noir est mon ami Jacques.

Comparez:

L'étudiant **qui** parle au professeur revient de Paris.

L'avion **qui** venait de Montréal a atterri à Orly.

Les étudiants **qui** écoutent le professeur comprennent le français.

Les avions **qui** atterrissent à Orly viennent de tous les pays.

L'étudiant **que** nous allons entendre revient de Paris.

L'avion **que** Jean et Charles ont pris a atterri à Orly.

Les étudiants **que** nous avons vus ont étudié le français pendant un an.

Les avions **qu'**on prend pour aller en Europe sont des avions à réaction.

■ **Qui** et **que** sont des *pronoms relatifs,* c'est-à-dire: ils introduisent une proposition subordonnée qui est *en relation* avec un mot de la proposition principale. Ce mot s'appelle l'*antécédent* du pronom relatif. (Cf. leçons 13, 17. Grammaire générale, fin du 2ᵉ échelon.)

On emploie **qui** comme *sujet du verbe* de la proposition subordonnée.

On emploie **que** (**qu'** devant une voyelle) comme *objet direct du verbe* de la proposition subordonnée.

Qui ⎤ réprésentent des *personnes* ou des *choses.* Ils sont masculins, féminins,
Que ⎦ singuliers ou pluriels.

Qui ne change jamais de forme, même devant une voyelle.

EXEMPLES: Il y a des étudiants **qui** écrivent des phrases au tableau noir.

C'est un de nos amis **qui** est architecte.

Il y a des compagnies **qui** expédient des bagages en Europe.

Mais: Les phrases **qu'ils** écrivent sont correctes.

Nous aimons les histoires **qu'il** raconte.

Les bagages **qu'elles** expédient arrivent à destination.

dont — of whom, of which, whose

---

2. Le livre **dont** je vous ai parlé est un roman de Camus.
L'étudiant **dont** je vous ai parlé revient de France.

Comparez:

Albert Camus est un grand écrivain français du XXᵉ siècle. Les œuvres **d'Albert Camus** sont connues dans le monde entier.	Albert Camus **dont** les œuvres sont connues dans le monde entier est un grand écrivain français du XXᵉ siècle.
Le roman s'appelle *L'Étranger.* Je vous ai parlé **de ce roman.**	Le roman **dont** je vous ai parlé s'appelle *L'Étranger.*
J'ai des classes. Je suis très content **de mes classes.**	J'ai des classes **dont** je suis très content.
Molière est un grand auteur classique du 17ᵉ siècle. Vous avez entendu parler **de Molière.**	Molière, **dont** vous avez entendu parler, est un grand auteur classique du 17ᵉ siècle.

■ **Dont** est un autre *pronom relatif.* On l'emploie pour représenter *une personne* ou une *chose,* au singulier ou au pluriel.

Dans le pronom relatif **dont,** il y a la préposition **de.** Par conséquent on emploie **dont** dans une proposition subordonnée pour indiquer la possession ou pour remplacer une expression qui contient la préposition **de.**

Dont peut être:

(a) *complément d'un verbe* (ou d'une expression verbale) construit avec **de** (parler de, avoir besoin de, avoir envie de, avoir peur de):

EXEMPLES: Il ne peut pas acheter la voiture **dont** il a envie. (Il a envie **de** cette voiture) [voiture = antécédent de **dont**]

Un ami m'a prêté le livre **dont** j'avais besoin. (J'avais besoin **de** ce livre) [livre = antécédent de **dont**]

La Tour Eiffel est un monument **dont** tout le monde a entendu parler. (Tout le monde a entendu parler **de** ce monument [un monument = antécédent de **dont**]

(b) *complément d'un nom:*

EXEMPLES: *La Leçon* est une pièce de théâtre moderne **dont** l'auteur s'appelle Eugène Ionesco. (L'auteur **de** la pièce de théâtre s'appelle E. Ionesco.) [la pièce de théâtre = antécédent de **dont**]

Au Louvre on peut voir la « Joconde » **dont** l'auteur est Léonard de Vinci. (L'auteur **de** la « Joconde » est Léonard de Vinci.) [La « Joconde » = antécédent de **dont**]

Jean, **dont** les grands-parents habitent la Normandie, parle aussi bien anglais que français. (Les grands-parents **de** Jean habitent la Normandie.) [Jean = antécédent de **dont**]

(c) *complément d'un adjectif* construit avec **de:** (être fier, heureux, content, ravi, amoureux **de . . .**)

EXEMPLES: Jean nous a montré ses photos de vacances **dont** il est très fier. (Il est très fier **de** ses photos.) [photos = antécédent de **dont**]
Je vous félicite de votre succès **dont** je suis très heureux. (Je suis très heureux **de** votre succès.) [succès = antécédent de **dont**]

---

3. N'oubliez pas **d'**écrire à Jean.
Mes amis m'ont invité **à** partir avec eux.

Étudiez les phrases suivantes:

Je commence **à** faire mes exercices.
Le professeur n'oublie pas **de** nous donner des exercices.
Je préfère travailler seul.

■ Certains verbes sont suivis de la préposition **à** devant l'infinitif.
D'autres verbes sont suivis de la préposition **de** devant l'infinitif.
D'autres verbes sont suivis de l'infinitif *sans préposition*.

(1) Employez *l'infinitif avec* **à** après les verbes:

apprendre		réussir		
commencer		être prêt		
continuer	à . . .	avoir	(quelque chose)	à . . .
hésiter		aider	(quelqu'un)	
penser		inviter	(quelqu'un)	
renoncer		obliger	(quelqu'un)	

EXEMPLES: Nous apprenons **à** parler français.
Bob a réussi **à** obtenir son diplôme.
J'aiderai mon frère **à** laver sa voiture.
Nous les invitons **à** aller au restaurant.

(2) Employez *l'infinitif avec* **de** après les expressions verbales:

(a)		(b)	
être obligé		avoir besoin	
être sûr (certain)		avoir envie	
Il est possible		avoir l'habitude	
Il est impossible		avoir horreur	
Il est agréable		avoir peur	
Il est désagréable	de . . .	avoir le droit	de . . .
Il est nécessaire		avoir l'impression	
Il est important		avoir l'intention	
Il est utile		avoir raison	
Il est intéressant		avoir tort	
Il est amusant		avoir le temps	
Il est préférable			

EXEMPLES: Nous sommes obligés **de** parler français.
Je n'ai pas le temps **de** bavarder avec vous.
Vous avez horreur **d'**avoir une mauvaise note, n'est-ce pas?

(c) accepter		(d) conseiller	
cesser		demander	
choisir		dire	
décider		écrire	
essayer		offrir	
éviter	**de . . .**	permettre	(à quelqu'un) **de . . .**
finir		promettre	
négliger		proposer	
oublier		recommander	
refuser		répondre	
regretter			
venir			

EXEMPLES: Elle a oublié **de** faire sa composition.

Nous avons refusé **d'**aller à cette soirée.

Le professeur a permis à Suzanne **de** quitter la classe.

On vous recommande **de** travailler régulièrement.

(3) Employez *l'infinitif sans préposition* après:

aimer (mieux)

détester

désirer

penser (avoir l'intention de)

préférer

pouvoir

savoir

vouloir

falloir

aller

EXEMPLES: Je ne sais pas **faire** la cuisine.

Elle déteste **laver** le linge.

Nous aimons **danser;** ils préfèrent **faire** du sport.

---

4. Jean espère qu'il va **recevoir** une lettre de ses parents.
On **aperçoit** des arbres par la fenêtre.

Étudiez les phrases suivantes:

Je	reçois	des cadeaux.
Vous	recevez	des lettres.
Tu	reçois	des lettres.
Nous	recevons	des nouvelles.
Il	reçoit	des félicitations.
Elle	reçoit	des félicitations.
Ils	reçoivent	leurs amis.
Elles	reçoivent	leurs amis.

■ C'est le verbe **recevoir** au présent de l'indicatif. *to recieve, to welcome*

Le verbe **recevoir** est un verbe du *3e groupe*.

■ Conjuguez de la même manière le verbe **apercevoir:**

EXEMPLES: Jean et Charles **aperçoivent** la mer et les bateaux. *to percieve, to notice*
En arrivant à Paris, ils **apercevront** la Tour Eiffel.

L'imparfait: **je recevais (j'apercevais)** *D'abord comes first*
Le futur: **je recevrai (j'apercevrai)**
Le participe présent: **recevant (apercevant)**
Le participe passé: **reçu (aperçu)**

---

5. D'abord, nous avons fait des courses;
puis, nous avons pris une tasse de café.
Nous sommes **donc** rentrés assez tard.

Étudiez le texte suivant:

Il y a quelques jours, j'avais une lettre à expédier par avion. **D'abord,** je suis allé à la poste, **puis** j'ai cherché un parking pour ma voiture. **Ensuite,** je suis entré dans le bureau de poste **et** j'ai attendu **car** il y avait beaucoup de monde. Plusieurs personnes avaient deux ou trois paquets à expédier à l'étranger. Il leur fallait **donc** beaucoup de temps pour remplir les étiquettes pour la douane. J'ai attendu patiemment pendant vingt minutes. Un jeune homme a voulu passer devant moi. **Alors** j'ai protesté; **mais** il refusait de m'écouter. **Pourtant** j'avais raison. **Enfin,** devant la réprobation générale, le jeune homme est parti et j'ai pu acheter mes timbres.

■ Les mots en caractères gras dans le texte précédent sont des *conjonctions* et des *adverbes* de coordination. Ils sont employés pour indiquer le *rapport logique,* la relation qui existe entre les différentes parties du texte. Ce sont des *termes de transition* qui rendent le texte plus cohérent.

D'abord indique la première action d'une série, le commencement:
EXEMPLE: Je rentre chez moi. **D'abord,** je vais dans ma chambre, ensuite j'enlève mon manteau.

On peut aussi employer le verbe **commencer par** pour indiquer la première action d'une succession d'actions.
EXEMPLE: **J'ai commencé par** lire le journal, puis, j'ai préparé le dîner.

Ensuite, puis indiquent les actions qui suivent.
EXEMPLES: Je suis revenu chez moi; **ensuite** j'ai travaillé, **puis** j'ai préparé le dîner, **puis** j'ai dîné.

Car indique la cause, la raison. Ce mot n'est jamais au commencement de la phrase. Il a le même sens que « parce que ».
EXEMPLE: Hier soir, j'étais content **car** j'avais une bonne note à mon examen.

Donc indique une conséquence:
EXEMPLES: Ce matin, il pleuvait. Je suis sorti sans mon imperméable; je suis **donc** revenu à la maison pour le prendre.
Hier, la voiture de Jacques ne marchait pas; il a **donc** pris l'autobus.

Remarquez la place de **donc** dans la phrase. Ne commencez pas une phrase par **donc.** Une expression qui a le même sens que **donc** est: **par conséquent** employé au commencement de la phrase.
EXEMPLE: Hier, la voiture de Jacques ne marchait pas; **par conséquent** il a pris l'autobus.

On peut aussi employer **c'est pourquoi** au commencement de la phrase.
EXEMPLE: L'été dernier, je n'avais pas d'argent; **c'est pourquoi** j'ai commencé à travailler.

GRAMMAIRE

Alors indique une idée de temps (= à ce moment-là) et de résultat.

EXEMPLE: Hier soir, j'étais très fatigué. **Alors** je ne suis pas sorti.

Mais indique une objection ou une restriction à l'idée qui est exprimée précédemment.

EXEMPLE: Il faisait beau, **mais** il y avait un peu de brouillard.

Pourtant, cependant ont presque le même sens que **mais.**

EXEMPLES: Je n'aime pas du tout cette jeune fille. **Pourtant** tout le monde la trouve
très gentille.

Suzanne a beaucoup travaillé pour son examen de français. **Cependant**
elle n'a pas compris une question et elle n'a pas eu une bonne note.

Enfin indique la dernière action d'une série d'actions. Dans ce cas, on peut
aussi employer un verbe: **finir par.**

EXEMPLES: Après être resté dix ans à l'université, il a **enfin** obtenu (il **a fini par**
obtenir) son diplôme.

Ce jeune homme a **enfin** compris (il **a fini par** comprendre) qu'il faut
travailler dans la vie.

NOTEZ: **commencer à** est l'opposé de **finir de** (+ *infinitif*)

commencer par est l'opposé de **finir par** (+ *infinitif*)

EXERCICES

1. (a) *Complétez les phrases suivantes par un pronom relatif* (**qui, que**).

1. Voilà les photos _____ j'ai prises pendant les vacances. **2.** Je vous présenterai
un étudiant _____ est dans ma classe de sociologie. **3.** Le roman _____ vous m'avez
prêté est peu intéressant. **4.** Les gens _____ voyagent souvent préfèrent prendre
l'avion. **5.** L'avion _____ Jean et Charles ont pris a fait escale à Montréal.
6. C'est un professeur _____ nous aimons beaucoup, mais _____ est très sévère.
7. Hélène a acheté une robe _____ elle trouve très élégante. **8.** Au musée, il y
a des tableaux _____ je n'aime pas. **9.** Le professeur nous expliquera les mots
_____ nous ne comprenons pas. **10.** C'est un musicien _____ a composé des
symphonies et des opéras.

(b) *Faites une seule phrase avec chaque groupe. Employez un* pronom relatif. *Attention à la construction de la phrase. Faites les changements nécessaires.*

1. L'hôtesse de l'air accueille les passagers. Ils montent à bord. **2.** Les voyageurs mangent le repas avec plaisir. On leur sert le repas. **3.** On annonce le départ d'un avion. Il va à Hong-Kong. **4.** On m'a donné des renseignements. Je les trouve utiles. **5.** Charles et Jean embrassent leurs parents. Leurs parents les ont accompagnés à l'aéroport. **6.** Le steward apporte les apéritifs aux passagers. Ils les ont commandés. **7.** Les voyageurs sont obligés de prendre un autre avion. Ils ont manqué leur avion. **8.** Les deux garçons ouvrent l'enveloppe. Leur père leur a donné cette enveloppe. **9.** Les repas sont souvent très bons. Les compagnies offrent des repas à leurs passagers. **10.** L'avion vient de décoller. Il va à Paris.

2. *Faites une seule phrase en employant le pronom relatif* **dont.** *Attention à la construction de la phrase. Faites les changements nécessaires.*

1. Mon frère a acheté la voiture de sport. Il avait envie de cette voiture. **2.** Les revues sont à la bibliothèque. Vous m'avez parlé de ces revues. **3.** Ses parents lui prêteront l'argent. Il en aura besoin pour son voyage. **4.** New York est une ville. Tout le monde en a entendu parler. **5.** J'ai un professeur très sévère. Tous les étudiants ont peur de lui. **6.** Je connais une étudiante. Ses parents habitent aux Caraibes. **7.** Jean est bilingue. Sa mère est française. **8.** Jack a une voiture. J'aime beaucoup la couleur de cette voiture. **9.** Mes grands-parents ont des arbres. Les fruits de ces arbres sont délicieux. **10.** Mozart a vécu au 18e siècle. On apprécie beaucoup ses œuvres. **11.** Tristan n'a pas épousé la femme. Il était amoureux de cette femme. **12.** Vous avez pris une bonne décision. Je suis ravi de votre décision.

3. (a) *Écrivez la préposition correcte (ou n'écrivez rien).*

1. Paul m'a invité _____ aller _____ une conférence, mais j'ai refusé _____ y aller parce que je préférais _____ rester à la maison. **2.** N'oubliez pas _____ me donner votre devoir; je vais _____ le corriger. **3.** Avez-vous appris _____ danser? Non, mais je sais bien _____ nager. **4.** Il m'a demandé _____ lui répondre tout de suite. **5.** Hier soir, je n'ai pas regardé _____ la télévision, mais j'ai écouté la radio. **6.** Nous avons payé _____ ces skis 30 dollars. **7.** Il ne parle pas parce qu'il a peur _____ faire des fautes _____ parlant. **8.** Ils sont entrés _____ la classe et ils ont dit bonjour _____ tout le monde. **9.** Nous n'avons pas pensé _____ fermer la porte quand nous sommes sortis _____ la maison. **10.** Il est toujours fatigué avant _____ commencer _____ écrire une composition. **11.** Mes amis ont essayé _____ me téléphoner, mais ils n'ont pas réussi _____ me parler. **12.** Nous avons conseillé à Marc _____ aller chez un médecin, mais il n'a pas voulu _____ y aller.

(b) *Dans les phrases suivantes, employez chaque verbe entre parenthèses pour faire deux autres phrases sans changer le temps du verbe.*

Ex: Il lave sa voiture. (détester, refuser)

Il **déteste** laver sa voiture. / Il **refuse** de laver sa voiture.

1. Il a étudié l'allemand. (continuer, décider). **2.** J'ai pris les clés de ma voiture. (oublier, penser à) **3.** Anne accompagne ses amis. (hésiter, accepter) **4.** Nous sommes partis très tôt. (vouloir, essayer) **5.** Les jeunes gens vont souvent au cinéma. (aimer, être prêt)

4. *Écrivez correctement le verbe au temps indiqué.*

1. Quand Jim (recevoir, *présent*) ____ un cadeau, il ne (dire) jamais « merci ». **2.** A quelle heure, le docteur Z. (recevoir, *futur*)-il ses malades? **3.** Nous (être, *présent*) ____ ravis quand nous (recevoir) ____ de bonnes nouvelles. **4.** Mes parents (recevoir, *imparfait*) ____ souvent leurs amis. **5.** Les passagers de l'avion (apercevoir, *présent*) ____ la terre. **6.** Quand le brouillard (couvrir, *présent*) ____ la terre on ne (apercevoir, *présent*) ____ rien. **7.** Quand je (être, *imparfait*) ____ enfant, je (recevoir, *imparfait*) ____ beaucoup de cadeaux pour Noël. **8.** Nous (apercevoir, *passé composé*) ____ Jean à l'aéroport, mais il ne nous (voir, *passé composé*) ____ pas ____.

5. *Employez le terme de transition logique dans chaque phrase.*

1. Hier, j'ai travaillé tard; je n'ai ____ pas beaucoup dormi. **2.** Il y a peu de temps que nous connaissons ces personnes; *pourtant* ____ nous les considérons comme des amis. **3.** Nous avons bavardé pendant deux heures; *donc* ____ je n'ai pas le temps de finir mon travail. **4.** Nous avons beaucoup ri *car* ____ le spectacle était comique. **5.** Je veux faire le tour du monde; *alors* ____ je fais des économies. **6.** En arrivant à Paris, Jean était fatigué *car* ____ un long voyage est fatigant. **7.** Il n'avait pas faim; il n'a *donc* ____ pas mangé ~~rien~~. **8.** ____ le professeur nous a dit bonjour; ____ il a ouvert sa serviette; ____ il a pris son livre; ____ il a commencé sa classe. **9.** Notre examen était difficile; *par conséquence* ____ les étudiants ont fait beaucoup de fautes. **10.** Marie était malade; *Pourtant* ____ elle est venue en classe *car* ____ il y avait un examen.

La Fondation Maeght, musée d'art moderne
à Saint-Paul-de-Vence. (Provence)

30

Le voyage et l'arrivée à Paris

Trois heures plus tard, les deux garçons ouvrent les yeux. L'avion a commencé sa longue descente avant d'atterrir° à Montréal où on va faire escale.

JEAN. — Où sommes-nous? Mon Dieu! Nous avons dormi trois heures; il fait déjà nuit.

CHARLES. — Nous arrivons probablement à Montréal où nous ferons une escale d'une 5 demi-heure avant de reprendre l'air pour Paris. Il ne faut pas oublier d'avancer nos montres. Il est de plus en plus tard.

JEAN. — C'est vrai; nous allons vers l'est.° Cependant on peut dire qu'il est de plus en plus tôt aussi. Cela dépend du point de vue. Voyager en avion, c'est vraiment voyager dans le monde de la relativité. Voilà les lumières° de Montréal. 10

CHARLES. — En effet: voilà le signal: « Défense de fumer. Attachez vos ceintures. » Regarde, les lumières de la ville sont de plus en plus proches; nous touchons presque la terre° maintenant.

JEAN. — Ça y est. C'est merveilleux. L'atterrissage° a été parfait, sans le moindre[1] choc. 15

On entend la voix de l'hôtesse de l'air: « Mesdames, messieurs, nous venons d'atterrir à l'aéroport de Montréal où nous ferons une escale de quarante-cinq minutes environ.° Les passagers à destination de Montréal sortiront du côté gauche. Les passagers en transit pour Paris suivront le représentant d'*Air-France* vers l'entrée à droite. Ils attendront notre départ dans la salle° d'attente des passagers internationaux. 20 Pendant l'escale, des rafraîchissements vous seront servis. »

Après avoir débarqué, les deux garçons suivent le représentant d'*Air-France* dans la salle d'attente.

Tout à coup, Jean et Charles entendent au haut-parleur une voix de femme qui annonce en anglais, puis en français, le départ d'un prochain vol pour Québec. C'est 25 une voix dont l'accent les étonne.

JEAN. — As-tu entendu cette voix? Je suppose que c'est l'accent canadien.

---

[1] **moindre** = plus petit; **le moindre** est le superlatif de **petit**; on dit aussi **le plus petit**.

CHARLES. — Dis-moi, sais-tu quand les Français sont venus au Canada?

JEAN. — Ce sont des Normands et des Poitevins[2] qui ont colonisé le Canada français et qui ont fondé° la ville de Québec, au début° du 17e siècle. C'est donc la vieille prononciation française que les Canadiens ont conservée.

CHARLES. — Est-ce qu'on parle encore comme ça en France? 5

JEAN. — Je ne crois pas. Ma mère m'a souvent dit que les accents provinciaux sont en train° de disparaître en France. Grâce° aux mass-média, les accents deviendront plus uniformes.

Les deux garçons prennent un jus d'orange. Ils n'ont pas encore fini de boire au moment où l'hôtesse annonce le départ de leur avion pour Paris. 10

Installés de nouveau dans l'avion, les garçons attendent avec impatience le départ du jet qui, dans sept heures, les déposera à Paris. Quelques instants après le décollage,° Jean et Charles entendent encore une fois la voix de l'hôtesse de l'air qui souhaite la bienvenue aux passagers et qui leur dit que le dîner sera servi immédiatement.

On ne voit plus Montréal dont les lumières ont disparu. Par la fenêtre, on voit 15 dans le ciel clair la lune et quelques étoiles.° Très loin, on aperçoit la mer dont la surface brille.

JEAN. — Voilà le steward qui revient avec son chariot. Qu'est-ce que tu vas prendre cette fois-ci?

CHARLES. — Oh, la même chose. 20

LE STEWARD. — Bonsoir, messieurs. Alors, vous faites un bon voyage? Vous n'avez pas le mal° de l'air?

CHARLES. — Oh, non. Tout va très bien.

LE STEWARD. — Il fait un temps très calme, ce soir, et la météo° dit que nous aurons beau temps jusqu'à Paris. Vous avez de la chance. Quelquefois nous dansons un 25 peu au-dessus de l'Atlantique. Deux francs, s'il vous plaît, messieurs.

JEAN. — Les voilà. Cette fois-ci, je les ai. C'est la monnaie que votre collègue m'a rendue.

LE STEWARD. — Merci, messieurs. Bon voyage.

CHARLES. — Il est très gentil, mais comme il parle vite! 30

JEAN. — Pourtant tu le comprends.

CHARLES. — Oui, mais je suis étonné de pouvoir comprendre le français dans une situation réelle.

JEAN. — Voilà l'hôtesse qui apporte les plateaux. J'ai une faim de loup.°

CHARLES. — Et moi, j'ai une faim d'ours.° 35

---

[2] **La Normandie** et **le Poitou** qui sont les provinces d'origine des Normands et des Poitevins, sont situés dans le nord-ouest et l'ouest de la France.

LECTURE

JEAN. — Ah non! On ne peut pas dire cela en français. On dit « une faim de loup », mais on ne dit pas « une faim d'ours. »

CHARLES. — Pourquoi pas? Les ours n'ont pas faim en France?

JEAN. — Non. C'est comme cela; c'est l'usage.°

CHARLES. — Mais l'usage° français me semble bien arbitraire. Pourquoi ne pas dire 5
« une faim d'ours »?

JEAN. — Le français est une langue plus traditionnaliste que l'anglais. En français, l'usage est beaucoup plus rigoureux, plus fixé.

CHARLES. — Mais, si je dis « une faim d'ours », on me comprendra?

JEAN. — On te comprendra, mon vieux. Mais on te corrigera aussi. 10

CHARLES. — J'ai déjà remarqué que les Français sont très exigeants° pour leur langue.

JEAN. — Oui, c'est un fait. Ils ont la manie° de corriger les étrangers. Les Américains sont beaucoup plus indulgents pour les questions de langue.

CHARLES. — Mais pourquoi? Après tout, on peut parler trop correctement!

L'HÔTESSE DE L'AIR. — Bonsoir, messieurs. Voilà votre dîner. Bon appétit. 15

CHARLES. — Merci mademoiselle. J'ai une faim d'ours.

L'HÔTESSE. — Une faim d'ours? . . . Ah! vous voulez dire[3] une faim de loup. Alors, bon appétit, monsieur.

Quelques heures plus tard, l'hôtesse, dont la voix réveille° les jeunes gens, annonce que l'avion survole° le sud de l'Angleterre. 20

CHARLES. — Regarde, Jean. C'est comme une carte ouverte sous nos yeux. On voit le bout de l'Angleterre et la Manche exactement comme dans un atlas.

JEAN. — Oui, on voit même les autos sur les routes et les bateaux sur la mer. Mais comme c'est petit!

L'avion vole de plus en plus bas. Les deux garçons aperçoivent la côte de Nor- 25
mandie, de nombreuses° petites fermes et des champs. Ils voient distinctement la Seine. Quelques minutes plus tard, les maisons, les rues et les jardins sont plus proches. C'est l'agglomération parisienne qui commence. Bientôt l'avion atterrit sur la piste et roule avant de stopper devant les bâtiments de l'aéroport. Déjà les passagers sont debout et prêts à débarquer.° 30

JEAN. — Voilà. Nous sommes arrivés.

CHARLES. — C'est incroyable.° Nous sommes à Paris.

On entend la voix de l'hôtesse: « Mesdames et messieurs, nous venons d'atterrir à Paris-Orly. Il est neuf heures du matin, heure locale. Air-France vous remercie de votre confiance et vous souhaite un très agréable séjour en France. » 35

---

[3] **vouloir dire** = donner à ses paroles une certaine signification, un certain sens. **Cela veut dire** = cela a le sens de. . . .

EXERCICES

1. *Répondez aux questions suivantes par des phrases complètes.*

1. Avez-vous peur quand votre avion décolle? **2.** Avez-vous déjà fait un long voyage en avion? Où alliez-vous? **3.** Avez-vous déjà eu le mal de l'air (ou le mal de mer en bateau)? Si oui, quand? **4.** Où y a-t-il une salle d'attente? **5.** Qu'est-ce que vous aimez faire en avion? **6.** Est-ce qu'on aperçoit la terre quand il y a du brouillard? **7.** Pour un long voyage, comment préférez-vous voyager? Pourquoi? **8.** Qu'est-ce que la Normandie et le Poitou? Situez-les en France. **9.** Qu'est-ce qu'on achète à la poste? **10.** Quand avez-vous une « faim de loup »? Qu'est-ce que vous aimez manger dans ce cas?

2. *Faites une phrase avec chaque expression.*

1. atterrir **2.** c'est pourquoi **3.** faire escale **4.** survoler **5.** environ **6.** débarquer **7.** embarquer **8.** par conséquent

3. *Questions sur la lecture. Répondez par des phrases complètes.*

1. Où l'avion a-t-il fait escale? Où est cette ville? Combien de temps l'avion y est-il resté? **2.** Tous les passagers allaient-ils à Paris? Où sont restés les passagers à destination de Paris? **3.** Qu'est-ce que Jean et Charles font pendant l'escale? **4.** De quoi parlent-ils? **5.** Qui a colonisé le Canada? Quand? D'où venaient ces gens? **6.** Est-ce que les Français ont colonisé une autre partie de l'Amérique du Nord? Si oui, quelle partie? Quand? **7.** Quel pays et quelle mer l'avion survole-t-il avant d'arriver à Paris? **8.** Comment les passagers d'un avion voient-ils le pays qu'ils survolent? **9.** Qu'est-ce que Jean et Charles aperçoivent avant d'atterrir à Orly? **10.** Pourquoi ne peut-on pas dire « *une faim d'ours* » en français?

4. *Composition:*

(a) Votre premier grand voyage (en train, en avion).
Qu'avez-vous vu? Qu'avez-vous fait? Quelles étaient vos impressions?
(b) Imaginez la lettre que Jean a écrite à ses parents à son arrivée à Paris.
(c) Une conversation entre deux amis: Robert préfère voyager en avion. Marc préfère voyager en auto. Ils donnent les raisons de leur choix.

Exercices Supplémentaires de Grammaire

1. *Joignez les éléments par un* pronom relatif. (*Faites les changements nécessaires.*)

1. Voilà le tourne-disque / Mes parents m'ont offert ce tourne-disque pour Noël. **2.** Nous allons chez nos amis / Ils habitent à la campagne. **3.** C'est un livre d'histoire / J'ai besoin de ce livre. **4.** Voici mon ami Richard / Le père de Richard est ingénieur. **5.** L'avion part à minuit / Je prendrai cet avion. **6.** C'est une expression idiomatique / On emploie beaucoup cette expression. **7.** Vous lisez un journal / Il a l'air intéressant. **8.** Sartre est un grand écrivain / Vous avez entendu parler de cet écrivain. **9.** C'est un professeur de sociologie / Les classes de ce professeur sont passionnantes. **10.** On enregistre les bagages / Les passagers les emportent.

2. *Faites:* (**a**) *trois phrases avec* **qui;** (**b**) *trois phrases avec* **que;** (**c**) *quatre phrases avec* **dont.**

3. *Indiquez:*

(**a**) deux choses que vos parents vous permettent de faire.
(**b**) deux choses que vos professeurs vous recommandent de faire.
(**c**) deux choses que vous évitez généralement de faire.
(**d**) deux choses que vous avez négligé de faire récemment.
(**e**) deux choses que vous renoncez à faire quand vous avez des examens.
(**f**) deux choses que vous avez appris à faire le semestre dernier.

PRONONCIATION

A. La voyelle [œ̃]. *Prononcez après votre professeur:*

un, quelqu'**un,** Verd**un,** parf**um.**

B. *Faites la différence entre les voyelles nasales:*

[ɛ̃]	[ã]	[ɔ̃]
b**ain,**	b**an**c,	b**on**
v**in,**	v**en**t,	v**on**t
s**ain,**	s**ans,**	s**on**t
f**in,**	**en**f**an**t,	f**on**t
l**in,**	l**en**t,	l**on**g

C. Révision des voyelles nasales. *Prononcez après votre professeur:*

Un b**on** v**in** bl**an**c.
On parle b**ien** fr**an**çais à M**on**tréal.

Le **pain** est **bon** quand on a **faim**.
André et Vincent sont maintenant dans le train.
Quelqu'**un** d'**inconnu** m'a dit bonjour **en** entrant.

EXPRESSIONS NOUVELLES

une arrivée
une descente
la douane°
une étiquette
une étoile°
une lumière
la lune°
la météo(rologie)°
la poste°
une réprobation
une salle° d'attente
la terre°

un atterrissage°
un début°
un décollage°
l'est° (*m.*)
un loup°
le mal° de l'air
un ours°
un rafraîchissement
un représentant

un timbre
un usage°

exigeant(e)
incroyable°
installé(e)
moindre
nombreux /
   nombreuse°
normand(e)
parisien(ne)
poitevin(e)
proche

apercevoir (*3*)°
atterrir (*2*)°
avoir la manie° de
briller (*1*)°
dépendre:° cela dépend (*3*)
entendre (*3*)
parler de°
être en train° de
expédier (*1*)

faire escale
faire nuit
fonder (*1*)°
remarquer (*1*)
réveiller (*1*)
survoler (*1*)°
vouloir dire

alors
après tout
au moment où
bientôt
cependant
c'est pourquoi
donc
dont
environ°
grâce° à
par conséquent
patiemment
pourtant
une faim de loup°

Vous savez déjà:

une agglomération
la relativité

un atlas
un choc
un(e) collègue
un instant
un point de **vue**

arbitra**ire**
fix**é**(e)
indulgent(e)
international(e)
provincial(e)
rigour**eux** / rigour**euse**
traditionn**a**list**e**
uniform**e**

coloniser (*1*)
débarquer (*1*)°

protester (*1*)
refuser (*1*)
stop**per** (*1*)

distinct**ement**

31

POINTS DE REPÈRE

1. Quand j'ai de l'argent, je **leur en** prête.
   Voilà un livre. Vous allez **le lui** donner.

---

2. N'allez pas à la plage.
   N'**y** allez **pas**.
   Donnez vos devoirs au professeur.
   Donnez-**les-lui**.

---

3. J'ai répondu à **toutes** vos questions.
   Les étudiants ont fait **tout** l'exercice.
   Dans cette ville, **tout** est cher.

---

4. Le professeur a interrogé **chaque** étudiant.
   Chacun a répondu à ses questions.
   Aucun n'a fait de fautes.

---

5. Il avait dix ans quand il a pris l'avion pour la première **fois**.

DÉVELOPPEMENT GRAMMATICAL

1. Quand j'ai de l'argent, je **leur en** prête.
Voilà un livre. Vous allez **le lui** donner.

Comparez:

Mon père me donne de l'argent.	Il **m'en** donne.
Jean offre des fleurs à sa mère.	Il **lui en** offre.
Nos amis nous écrivent des cartes de Noël.	Ils **nous en** écrivent.
Je ne vous apporterai pas de journaux.	Je ne **vous en** apporterai pas.
J'enverrai des cadeaux à mes parents.	Je **leur en** enverrai.
Mon amie m'a écrit une lettre.	Elle **m'en** a écrit une.
Je ne vous ai pas apporté beaucoup de livres.	Je ne **vous en** ai pas apporté beaucoup.
Robert me prête son cahier.	Il **me le** prête.
Vous me montrez votre composition.	Vous **me la** montrez.
Le professeur ne nous rendra pas nos devoirs demain.	Il ne **nous les** rendra pas demain.
Je vous rendrai vos livres.	Je **vous les** rendrai.
Marianne m'a prêté ses disques.	Elle **me les** a prêtés.
Robert prête son cahier à Charles.	Il **le lui** prête.
Vous montrez votre composition à Barbara.	Vous **la lui** montrez.
Le professeur rendra les devoirs aux étudiants.	Il **les leur** rendra.
Marianne a prêté ses disques à Jean.	Elle **les lui** a prêtés.
Je mets mon livre sur la table.	Je **l'y** mets.
Nous oublions nos cahiers dans la classe.	Nous **les y** oublions.

■ L'ordre des pronoms personnels compléments est variable en français. Il varie selon que le pronom objet indirect est à la 1re, 2e ou à la 3e personne.
Voici l'ordre des pronoms personnels *avant le verbe*, dans la phrase *affirmative*, *négative* ou *interrogative*.

ne +	1.	2.	3.	4.	5.		+ pas
	me (m') te (t') nous vous se	le (l') la (l') les	lui leur	y	en	+ *verbe* (ou *auxiliaire*)	

(handwritten annotations: "DO", "DO", "IND", "-a", "de", "pers.")

NOTEZ: **Me, te → m', t'**, devant

> **en:** Je vais **t'en** donner.
> **y:** Il n'a pas le temps de **m'y** accompagner.

En pratique, on trouve **y en** seulement dans: il **y en** a, il **y en** avait, il **y en** aura.

Le pronom **en** est toujours le dernier dans un groupe de pronoms.

---

2. N'allez pas à la plage.
N'**y** allez pas.
Donnez vos devoirs au professeur.
Donnez-**les-lui.**

Comparez:

(handwritten: Prenez ma cré · Prenez-la · Donnez-moi du café. · Donnez m'en. · Ne me · Nous-me donnez mec · N'e it lis)

Prenez votre livre de français.	Prenez-**le.**
Ne prenez pas votre livre d'anglais.	Ne **le** prenez pas.
Téléphonez à Barbara.	Téléphonez-**lui.**
Ne téléphonez pas à Jeannette.	Ne **lui** téléphonez pas.
Mangez de la viande.	Mangez-**en.**
Ne mangez pas de chocolat.	N'**en** mangez pas.
Allez à la plage.	Allez-**y.**
N'allez pas au cinéma.	N'**y** allez pas.

■ Les *pronoms personnels compléments*, les pronoms **en** et **y** sont placés *après le verbe à l'impératif affirmatif; avant le verbe à l'impératif négatif.*

Les pronoms ont leur forme habituelle à l'exception du pronom de la 1re personne du singulier, à la forme affirmative: **moi.**

Écoutez vos parents. Écoutez-**les**. Ne **les** écoutez pas.
Écrivez à vos amis. Écrivez-**leur**. Ne **leur** écrivez pas.
Téléphonez-**nous**. Ne **nous** téléphonez pas.

Mais: ~~Téléphone à votre famille~~ ~~Téléphonez-lui~~
Regarde-**moi**. Ne **me** regarde pas. ~~Ne lui téléphonez pas~~
Écoutez-**moi**. Ne **m'**écoutez pas.
Donnez-**moi** votre devoir. Ne **me** donnez pas votre devoir.

NOTEZ: Les verbes du *1er groupe* et le verbe **aller** abandonnent l's de la 2e personne du singulier *à l'impératif,* excepté devant **en** et **y**.

Téléphone-moi ce soir. Ne me téléphone pas ce soir.
Donne-lui ton adresse. Ne lui donne pas ton adresse.
Mange des fruits. Mange**s-en**.
Va à la banque. Va**s-y**.

Comparez:

Prêtez votre cahier à Jeannette. Prêtez-**le-lui**.
Ne **le lui** prêtez pas.

Montrez votre composition au professeur. Montrez-**la-lui**.
Ne **la lui** montrez pas.
Montrez cette lettre à vos parents. Montrez-**la-leur**.
Ne **la leur** montrez pas.

Donnez-moi votre devoir. Donnez-**le-moi**.
Ne **me le** donnez pas.

Montrez-moi votre composition. Montrez-**la-moi**.
Ne **me la** montrez pas.

Rendez-nous nos livres. Rendez-**les-nous**.
Ne **nous les** rendez pas.

Apportez-moi du café. Apportez-**m'en**.
Ne **m'en** apportez pas.

Donnez-nous de l'eau. Donnez-**nous-en**.
Ne **nous en** donnez pas.

Envoyez de l'argent à Charles. Envoyez-**lui-en**.
Ne **lui en** envoyez pas.

Posez des questions aux étudiants. Posez-**leur-en**.
Ne **leur en** posez pas.

■ *A l'impératif négatif* la place et l'ordre des pronoms sont *les mêmes* que dans la phrase affirmative, négative ou interrogative.

A *l'impératif affirmatif,* les *deux pronoms* sont *après* le verbe: le pronom objet direct est toujours le premier; le pronom **en** est toujours le dernier.

---

3. J'ai répondu à **toutes** vos questions.
Les étudiants ont fait **tout** l'exercice.
Dans cette ville, **tout** est cher.

Comparez:

Tous les passagers de l'avion ont débarqué à Orly.

Tous leurs amis leur ont dit « bon voyage ».

Toutes les hôtesses de l'air sont aimables.

Nous ne visiterons pas **toutes** les grandes villes d'Europe.

Tout le voyage de Charles et de Jean a été agréable.

Jean et Charles sont restés en France **tout** l'été.

Ils ont vu **toute** la famille de Jean.

Nous ne visiterons pas **toute** l'Europe.

■ **Tout — toute**
Tous — toutes } sont des adjectifs indéfinis, employés avec un *article et un nom.*

Tout — toute | *article* (ou adjectif possessif ou adjectif démonstratif) + *nom singulier* a le sens de **entier, entière.**

Tous — toutes + *article* (ou adjectif possessif ou adjectif démonstratif) + *nom pluriel* a le sens de **chaque.**

Remarquez la différence entre:

tous les jours	**toute la journée**
tous les ans	**toute l'année**
tous les matins	**toute la matinée**
tous les soirs	**toute la soirée** (Cf. leçon 27)

Remarquez l'expression: **tous (toutes) les deux** (trois, quatre, etc.).

Comparez:

Tous les étudiants de la classe comprennent le français.

Tous parlent français au professeur.

Presque **tous les monuments** de Paris sont intéressants.

Toutes les jeunes filles n'aiment pas les sports.

Tous ont une histoire. (*ou:* Ils ont **tous** une histoire).

Toutes font des sports. Elles font **toutes** des sports à l'université.

■ **Tous — toutes** (+ *article* + *nom*) sont des *adjectifs indéfinis*.

Tous — toutes qui accompagnent un *verbe* sont des *pronoms indéfinis*.

NOTEZ: On prononce l's final de **tous** quand **tous** est un pronom.

Tous, toutes sont sujets ou objets. Ils peuvent être employés devant le verbe comme sujets, ou doubler le pronom, comme sujets ou objets. EXEMPLES: **Tous** sont venus. (= Ils sont **tous** venus.) Je les connais **tous**.

Étudiez les phrases suivantes:

Pour Jean et Charles, **tout** est nouveau à Paris.

Quand on est à l'étranger, **tout** semble étrange.

Tout est bon quand on a faim.

Dans cet examen, **tout** est difficile.

Elle n'a pas de mémoire. Elle oublie **tout.**

Le professeur a expliqué la leçon; j'ai **tout** compris.

■ Le mot **tout** est un *pronom indéfini neutre;* il est invariable. Il a le sens de **chaque chose.** Il est *sujet* ou *objet* du verbe.

NOTEZ les expressions: **tout à fait; pas du tout; tout de suite; tout à coup.**

---

4. Le professeur a interrogé **chaque** étudiant.

Chacun a répondu à ses questions.

Aucun n'a fait de fautes.

Comparez:

L'hôtesse de l'air a parlé à **chaque** passager.

A l'école d'été, **chaque** cours était intéressant.

Chaque époque historique est différente de la précédente.

Chacun lui a posé des questions. Elle a répondu à **chacun.**

Dans **chacun,** il y avait de 20 à 30 étudiants.

Chacune a son histoire.

■ **Chaque** est un *adjectif indéfini singulier*. Employez un *nom* après **chaque**.

Chacun — **chacune** sont des *pronoms indéfinis*. Employez **chacun** et **chacune** comme sujets ou comme compléments. Ils représentent le *singulier*.

[handwritten: chacun – each, each one, every one, everybody / chaque – each, every]

Comparez:

Chaque étudiant a fait des fautes dans son examen.	**Aucun** étudiant **n'**a obtenu un A.
Chaque question était difficile.	**Aucune** question **n'**était facile.
Tous les cours étaient intéressants.	**Aucun** cours **n'**était ennuyeux.
Tous les passagers ont débarqué à Orly.	**Aucun** **n'**est resté dans l'avion.
J'ai vu **beaucoup de** films le semestre dernier.	**Aucun** **n'**était excellent.
Jean et Charles ont retrouvé **toutes** leurs valises en arrivant.	**Aucune** **n'**était perdue.

[handwritten: anyone, no one, nobody; pl. some people a. any, not any]

■ **Aucun** } + *nom singulier* sont des *adjectifs indéfinis* qui ont un *sens négatif*.
Aucune } Employez **ne** devant le verbe.

Aucun } + **ne** + *verbe* sont des *pronoms indéfinis* qui ont un *sens négatif.*
Aucune }

Ces expressions correspondent négativement à **chaque** (+ *nom*), **chacun**, **chacune, tous, toutes,** etc.

---

5. Il avait dix ans quand il a pris l'avion pour la première **fois**.

NOTEZ les sens et les emplois des expressions suivantes:

âge · fois · heure · moment · temps

■ **Age** indique le temps écoulé depuis la naissance.
EXEMPLES: Quel **âge** avez-vous? — J'ai vingt ans.
Quel **âge** ont vos parents? — Ils ont 48 et 42 ans.
On emploie aussi **âge** pour indiquer une période historique:
EXEMPLES: Le Moyen Age; l'Âge de la pierre; l'Âge Moderne.

■ **Fois** indique la répétition, la multiplication (avec un nombre):
EXEMPLES: Nous allons **deux fois** par semaine au laboratoire de français.
J'ai pris l'avion pour **la première fois** quand j'avais 10 ans.

Notez: Les adverbes de temps: **quelquefois, autrefois** (= dans le passé, à une époque éloignée du présent). **Autrefois** est l'opposé de **aujourd'-hui, maintenant.**

Exemple: **Autrefois,** on voyageait à cheval parce que les autos n'existaient pas.

■ **Heure** indique le moment du jour:
Exemples: Quelle heure est-il? — Il est trois **heures** vingt.
　　　　　L'avion part à dix **heures** et demie du soir.

Notez les expressions: être en avance
　　　　　　　　　　　être à l'heure
　　　　　　　　　　　être en retard
　　　　　　　　　　　de bonne heure = tôt

■ **Moment** indique un court espace de temps:
Exemple: Attendez **un moment,** s'il vous plaît.

Notez les expressions: **en ce moment** (maintenant)
　　　　　　　　　　　à ce moment-là (référence au passé ou au futur)

Exemples: **En ce moment,** nous étudions la leçon 31.
　　　　　Hier, le téléphone a sonné. **A ce moment-là** ma mère m'a appelé.
　　　　　J'aurai mon diplôme en juin. **A ce moment-là,** je chercherai une situation.

■ **Temps** est un mot employé dans beaucoup d'expressions:
Exemples: Il est six heures et demie; il est **temps** de dîner.
　　　　　Je n'ai pas le **temps** d'aller au concert cette semaine.
　　　　　Je vais au cinéma **de temps en temps.** (= quelquefois)
　　　　　Il étudie et il écoute la radio **en même temps.**
　　　　　Nous avons habité **longtemps** à San Francisco.

Attention: On dit aussi: Quel temps fait-il?
　　　　　　　　　　　Il fait beau (temps).
　　　　　　　　　　　Il fait mauvais (temps).
　　　　　　　　　　　Le temps est humide.

EXERCICES

1. *Écrivez les phrases suivantes en remplaçant les noms en italiques par les* pronoms *appropriés.*

(a) Le professeur nous rend *des devoirs* tous les jours.   **2.** On donne *du lait aux enfants.*   **3.** Jean me prête *de l'argent* quand il a *de l'argent.*   **4.** Je vous enverrai *des renseignements.*   **5.** Mon père offrira *une robe à ma mère.*   **6.** Ils nous ont donné *des adresses d'hôtels.*   **7.** Les étudiants vous ont demandé *des explications.*   **8.** Son fiancé vient de lui écrire deux *lettres.*   **9.** Pouvez-vous m'envoyer *des journaux?*   **10.** Aimez-vous faire *des cadeaux à vos amis?*

(b) **1.** J'ai prêté *mon livre à Barbara.*   **2.** Elle ne m'a pas rendu *mon livre.*   **3.** Jean a offert *ce disque à sa sœur.*   **4.** Il faut envoyer *ces vieux vêtements à Mme Stone;* elle pourra utiliser *ces vieux vêtements.*   **5.** Jim nous a rendu *ces revues* après avoir lu *ces revues.*   **6.** Vous pouvez me prêter *votre livre.* Je vous rendrai *votre livre.*   **7.** L'hôtesse de l'air va vous apporter *votre repas.*   **8.** Ils vont montrer *leurs photos à leurs parents.*   **9.** J'aime beaucoup ces fleurs; pourquoi vous a-t-on offert *ces fleurs?*   **10.** Je ne peux pas te prêter *mon cahier* maintenant.

2. **(a)** *Mettez à la forme négative.*

1. Dites-moi la réponse.   **2.** Prêtez-moi dix dollars.   **3.** Portez-lui cette lettre.   **4.** Demandez-lui de l'argent.   **5.** Rendez-leur leur dictionnaire.   **6.** Téléphonez-moi demain matin.   **7.** Envoyez-moi des journaux.   **8.** Demandez-lui son avis.   **9.** Offrez-lui des fleurs.   **10.** Donnez-moi du café.

(b) *Écrivez affirmativement et négativement les phrases de l'exercice 2(a) en remplaçant les noms par les* pronoms *appropriés.*

3. *Complétez les phrases avec:* **tout, toute, tous, toutes** *(adjectif ou pronom):*

1. On a joué ＿＿ les pièces de théâtre de Ionesco à Paris.   **2.** ＿＿ les Parisiens curieux les ont vues.   **3.** ＿＿ ne les ont pas aimées.   **4.** Il faut dire que beaucoup de gens n'ont pas ＿＿ compris.   **5.** Presque ＿＿ les acteurs étaient excellents.   **6.** ＿＿ l'hiver, on a présenté de vieux films américains à l'université.   **7.** ＿＿ la ville en a parlé; ＿＿ le monde voulait les voir; je ne les connaissais pas ＿＿ .   **8.** Quand on lit, il faut faire attention à ＿＿ ; et quand on écrit une composition, il faut penser à ＿＿ parce que ＿＿ est compliqué.   **9.** Avez-vous lu ＿＿ la lecture de la leçon 30?   **10.** Il y avait beaucoup de mots nouveaux; je ne les comprenais pas ＿＿ .

4. (a) *Remplacez les mots en italiques par* **chaque, chacun** *ou* **chacune** *et faites les changements nécessaires.*

1. J'avais invité mes amis; *tous* sont venus avec un cadeau. 2. *Tous les* étudiants vont au laboratoire et *tous* font des exercices. 3. *Tous les* Français désirent posséder leur maison. 4. Il y a des fautes dans *toutes les* phrases. 5. C'est vrai, mais *toutes* sont compliquées. 6. *Toutes les* maisons de la ville ont un jardin. *Toutes* ont une piscine. 7. On trouve des coutumes particulières dans *tous les* pays. 8. *Tous* ont leurs propres lois. 9. Quand Jean était en France, il pensait à ses amis; il a envoyé des cartes postales à *tous*. 10. Mes sœurs sont allées au Mexique; elles m'ont parlé de *toutes les* promenades qu'elles ont faites.

(b) *Remplacez les mots* **tous (toutes), chaque,** *par* **aucun(e).** *Faites les changements nécessaires. (Attention:* **aucun(e)** *est une forme négative.)*

1. Chaque étudiant a compris l'explication. 2. Chaque magasin est ouvert le dimanche. 3. Chaque passager fume quand l'avion décolle. 4. Chaque voyageur avait dix valises. 5. Tous les membres de l'équipage étaient en retard. 6. Tous les avions sont partis à l'heure. 7. Tous les Français mangent la salade verte au début du repas. 8. Toutes les classes sont ennuyeuses. 9. Tous les monuments intéressent certains touristes. 10. Tous les amis de Jean sont venus à l'aéroport.

5. *Employez les mots:* **heure, âge, temps, fois, moment,** *selon le sens des phrases.*

1. A quel _____ Shakespeare est-il mort? 2. Le journal de l'université est publié cinq _____ par semaine. 3. Mon frère a dix ans; il n'a pas l'_____ d'aller à l'université. 4. Je n'ai pas répondu à cette lettre parce que je n'avais pas le _____ . 5. Nous avons attendu un _____ avant d'entrer. 6. Dites-moi quelle _____ il est; j'ai peut-être le _____ d'aller à la banque. 7. Combien de _____ par mois allez-vous au cinéma? 8. Pendant combien d'_____ travaillez-vous? 9. Cette semaine, nous sommes allés deux _____ au laboratoire. 10. Beaucoup de gens pensent que nous sommes à l'_____ atomique.

32

Retour de France

C'est l'automne. Le moment de la rentrée des classes est arrivé. Les étudiants rentrent de vacances et les études recommencent: c'est le début d'une autre année scolaire. Jean et Charles ont passé tout l'été en France. Les voilà maintenant à la première réunion° de l'année du Cercle° français de leur université où ils vont parler du voyage qu'ils ont fait, des choses qu'ils ont vues, des impressions qu'ils ont eues.   5

LE PRÉSIDENT DU CERCLE. — Mesdames, mesdemoiselles, messieurs, la séance° est ouverte. Nous sommes tous réunis° cet après-midi pour entendre Jean et Charles qui ont fait un voyage en France et qui vont nous en parler. Je suis certain que vous êtes très impatients de les entendre; je vais donc abréger les formalités et demander à notre secrétaire de nous lire rapidement le procès-verbal° de notre 10 réunion du mois de juin dernier. Puis je passerai° la parole à nos camarades; je n'ai pas besoin de vous les présenter car vous les connaissez déjà.

Le secrétaire du Cercle lit le procès-verbal de la dernière réunion de l'année précédente. Après avoir terminé sa lecture, il demande s'il y a des corrections à faire. Comme il n'y en a pas, le Président déclare le procès-verbal approuvé et accepté. 15

LE PRÉSIDENT. — Et maintenant, j'ai le très grand plaisir de donner la parole° à Jean et à Charles.

JEAN. — Eh bien, voilà. Nous sommes arrivés à Paris le 20 juin à neuf heures du matin, après avoir déjeuné et dîné dans l'avion. Il faisait un temps clair et ensoleillé° qui nous a permis de voir la ville à vol° d'oiseau. En débarquant, j'ai eu peur 20 un instant. Je n'allais peut-être pas reconnaître mes grands-parents que je connaissais seulement d'après quelques photos de famille. Mais non. J'ai aperçu dans la foule,° qui attendait les passagers à la sortie, une dame âgée que j'ai reconnue immédiatement. C'était ma grand-mère. Puis, derrière elle, j'ai vu mon grand-père qui me faisait des signes et qui disait: «Le voilà, c'est lui. Je le reconnais. C'est 25 le fils de Simone.» Le fils de Simone, c'était moi! Alors je leur ai présenté Charles et ensuite nous sommes partis tous les quatre vers Paris, dans un taxi qui nous attendait à la sortie de l'aéroport.

UN MEMBRE. — Et la douane, Jean? Ne nous dis pas qu'il n'y a pas de douaniers° à Paris!   30

Jean. — Si,[1] il y en a comme à toutes les frontières. Mais à Paris, c'est très simple. A la sortie de la salle des bagages, il y a un grand panneau où on lit: « Rien à déclarer ». Nous n'avions rien à déclarer. Nous sommes donc sortis par cette porte et aucun douanier ne nous a posé de questions. Puis, nous sommes montés dans le taxi et nous avons filé vers Paris à toute vitesse. 5

Un Autre Membre. — On conduit° rapidement à Paris?

Jean. — C'est incroyable. Il n'y a pas de comparaison avec l'Amérique. A côté de la circulation française, la circulation américaine est vraiment très lente.° A Paris, tout est beaucoup plus nerveux qu'aux États-Unis. On n'a pas en France comme ici, le culte de la détente.° Cela commence cependant. 10

Un Membre. — Qu'est-ce qu'un *bar américain?*

Jean. — Mais c'est un bar, c'est tout. Je ne le savais pas, mais le bar n'est pas une institution française. Le bar est anglo-américain. On y reste debout et on appelle le garçon, un *barman;* dans un café, on est assis.

Un Membre. — Dis-nous ta première impression de Paris. 15

Jean. — Oh! c'est très difficile. C'était une impression très complexe. D'abord, Paris est beaucoup plus moderne que je ne[2] croyais. Mais en même temps, c'est une ville très ancienne. Paris est un curieux mélange de constructions récentes et de vieux quartiers où on oublie très facilement l'âge moderne et où on plonge dans le passé. Puis, Paris est une ville d'une grande qualité esthétique. La vraie beauté 20 de Paris est extraordinaire. On comprend pourquoi, après quelques semaines, des étrangers° de tous les pays du monde adoptent Paris comme une sorte de seconde ville natale. On l'a très souvent dit, et c'est vrai: on naît Français, mais on devient Parisien . . . . Mais je continue mon récit.° Mes grands-parents nous ont emmenés dans un charmant petit hôtel, rue des Saints-Pères. C'est un hôtel très vieux, mais 25 propre et élégant. Il est tout près du célèbre Saint-Germain-des-Prés[3] dont vous avez entendu° parler. Nous sommes montés dans nos chambres faire un peu de toilette° et nous avons rejoint° ensuite mes grands-parents pour aller déjeuner dans un restaurant du quartier.° Nous avons donc fait notre première promenade à Paris en allant vers le Boulevard Saint-Germain où nous avons découvert les 30 *Deux-Magots,* le *Flore* et la *Brasserie Lipp* dont notre professeur nous parlait quand il nous expliquait l'Existentialisme et les mouvements littéraires français d'après-guerre. Mais je vois que j'ai déjà parlé pendant une demi-heure. Il est temps

---

[1] **si = oui** après une phrase négative.
[2] Ici, **ne,** employé après le comparatif, n'a pas de sens négatif.
[3] **Saint-Germain-des-Prés** est une des plus anciennes églises de Paris. C'est aussi le nom de ce quartier de Paris.

LECTURE

de laisser parler Charles. Il vous parlera de ce premier déjeuner que nous avons pris ensemble à Paris et dont nous avons gardé tous les deux un excellent souvenir.

CHARLES. — Jean a bien fait de me demander de vous parler de ce déjeuner que nous avons pris à Saint-Germain-des-Prés. C'est l'expérience dont je garde° le meilleur souvenir. Nous sommes donc allés dans un petit restaurant près de Saint- 5 Germain-des-Prés. Il y avait une terrasse° où on pouvait déjeuner en regardant les passants.° Chacun avait un genre différent et aucun ne ressemblait aux autres. Il y avait des étudiants qui avaient l'air de jeunes étudiants américains: les garçons portaient la barbe;° les filles portaient des blue-jeans. Puis il y avait des femmes très élégantes qui semblaient sortir directement de chez Dior. On voyait aussi 10 beaucoup de vieilles dames qui promenaient° leur chien et de vieux messieurs qui marchaient en lisant leur journal. C'était un vrai spectacle, presque comme au théâtre. J'étais ravi et je regardais tout avec enthousiasme. Cela a amusé la grand-mère de Jean qui a dit à son mari: « Regarde-le. Il est tout à fait comme toi quand tu reviens à Paris. — Qu'est-ce que tu veux, a-t-il répondu, je suis un 15 vieux provincial et la grande ville m'étonne toujours. »

UN MEMBRE. — Raconte-nous cette aventure dont tu nous as parlé.

CHARLES. — Justement, j'y arrive. Nous étions en train° de déjeuner quand un étudiant est arrivé portant des revues littéraires ou politiques qu'il distribuait de table en table. Bientôt il est arrivé devant nous et il nous a proposé sa littérature. 20 Jean l'a refusée. Alors, il m'a montré une revue et me l'a proposée, à moi. On vend de cette façon° beaucoup de choses aux terrasses des cafés de Paris: des fleurs, des journaux, des tapis orientaux et toutes sortes de petits souvenirs. Il y a même de temps en temps, des chanteurs° et des musiciens. Alors, quand ce garçon m'a présenté sa littérature, j'ai imité Jean et je lui ai dit: « Non, je vous 25 remercie. Cela ne m'intéresse pas pour le moment.° » Imaginez ma surprise quand j'ai vu que le garçon devenait rouge de colère et qu'il me répondait d'un ton brutal: « Non, mais dis donc! Tu ne peux pas parler comme tout le monde? Qu'est-ce que c'est que ce petit accent que tu prends? Le français n'est pas assez bon pour toi? Monsieur prend un air américain; Monsieur fait le snob! La 30 politique ne l'intéresse pas! » Puis il est parti furieux et nous avons tous beaucoup ri de cette aventure.

UN MEMBRE. — Alors, on t'a pris° pour un Français qui voulait passer° pour un Américain?

CHARLES. — Mais oui. C'était ma première expérience de culture internationale et 35 je ne l'ai pas oubliée, je vous assure.

LE PRÉSIDENT. — Merci beaucoup, Charles. J'espère que Jean et toi, vous nous raconterez le reste de votre voyage à une de nos prochaines réunions.

EXERCICES

1. *Répondez aux questions suivantes par des phrases complètes.*

1. Êtes-vous membre d'un club? Si oui, dequel club? **2.** Y a-t-il des clubs à l'université? Quels clubs? **3.** Comment voit-on une ville quand on est en avion? **4.** La douane existe-t-elle à l'intérieur d'un pays? Où existe-t-elle? **5.** Aux États-Unis où y a-t-il des bureaux de douane? **6.** Que fait un douanier? **7.** Qu'est-ce que Saint-Germain-des-Prés? **8.** Y a-t-il un quartier de New York aussi célèbre que Saint-Germain-des-Prés? Quel quartier? **9.** Qu'est-ce qu'une terrasse de café? Y en a-t-il aux États-Unis? Est-ce une coutume américaine? **10.** Est-ce que la politique vous intéresse? Pourquoi?

2. *Faites une phrase avec chaque expression.*

1. autrefois **2.** en ce moment **3.** en même temps **4.** de bonne heure **5.** tout (*pronom*) **6.** faire sa toilette **7.** tous **8.** toute.

3. *Questions sur la lecture. Répondez par des phrases complètes.*

1. A qui Jean et Charles vont-ils parler de leur voyage? Où sont-ils allés? Quand? **2.** Quand est la rentré des classes? **3.** Quand les jeunes gens sont-ils arrivés à Paris? Quel temps faisait-il? **4.** Qui attendait les voyageurs? Où? **5.** Qu'est-ce que Jean a d'abord remarqué en allant vers Paris? **6.** Quelle est la différence entre un bar et un café d'après Jean? **7.** Qu'est-ce que les voyageurs ont fait avant de déjeuner? **8.** Qu'est-ce qu'on vend à la terrasse des cafés de Paris? **9.** Pourquoi le jeune étudiant qui distribuait des revues était-il furieux? **10.** Trouvez-vous cette aventure amusante ou désagréable? Pourquoi?

4. *Composition:*

(a) Vous arrivez dans un endroit que vous ne connaissez pas. Quelles sont vos impressions? Que remarquez-vous?
(b) Vous prenez la parole au Cercle Français de votre université pour raconter une de vos expériences (ou aventures) de voyage.

Exercices Supplémentaires de Grammaire

1. *Écrivez les phrases en remplaçant les noms en italiques par les* pronoms *appropriés.*

1. N'emportez pas *votre imperméable;* vous n'aurez pas besoin de *votre imperméable.* **2.** N'achetez pas *ces bonbons* pour ma mère; elle n'aime pas *ces bonbons.* **3.** Ne prêtez pas *vos livres à vos amis.* Ils ne vous rendent pas *vos livres.*   **4.** Donnez-moi *ces renseignements;* je peux utiliser *ces renseignements.*   **5.** Montrez *vos films à Jack;* il trouvera *vos films* très intéressants.   **6.** Présentez-moi *votre frère* car je ne connais pas *votre frère.*   **7.** Ne demandez pas *d'argent à Anne;* elle n'a jamais *d'argent.*   **8.** Posez *des questions à votre professeur.* Il répondra *à vos questions.*

2. *Remplacez le nom par un* pronom *dans chaque phrase. Écrivez la phrase* affirmativement *et* négativement.

1. Parlez à votre père.   **2.** Buvez du jus d'orange.   **3.** Écoutez ce programme.
4. Lisez la première page du journal.   **5.** Téléphonez à vos amis.   **6.** Invitez Jack et Paul.   **7.** Donnez-moi votre exercice.   **8.** Envoyez-moi des cartes postales.
9. Apportez-nous des gâteaux.   **10.** Prêtez votre livre à Hélène.

3. *Écrivez deux phrases complètes avec* chaque *expression:*

1. tout (*adj.*)   **2.** toutes (*adj.*)   **3.** chaque   **4.** chacun(e)   **5.** aucun(e)

PRONONCIATION

A. *Étudiez le poème suivant et faites attention aux voyelles nasales:*

DEMAIN, DÈS L'AUBE . . .[1]

Demain, dès l'aube,[2] à l'heure où blanchit la campagne,
Je partirai. Vois-tu, je sais que tu m'attends.
J'irai par la forêt, j'irai par la montagne,
Je ne puis demeurer[3] loin de toi plus longtemps.

Je marcherai, les yeux fixés sur mes pensées,
Sans rien voir au dehors, sans entendre aucun bruit,
Seul, inconnu, le dos courbé, les mains croisées,
Triste, et le jour pour moi sera comme la nuit.

Je ne regarderai ni l'or du soir qui tombe,
Ni les voiles[4] au loin descendant vers Harfleur,[5]
Et quand j'arriverai, je mettrai sur ta tombe,
Un bouquet de houx vert et de bruyère en fleur.

Victor Hugo

[1] Le poète, Victor Hugo (1802–1885) pense à sa fille Léopoldine, morte accidentellement.
[2] **l'aube** = le commencement du jour.
[3] **demeurer** = rester
[4] **les voiles** (*f.*) = un grand morceau de toile que le vent gonfle sur un bateau.
[5] **Harfleur** = petite ville au bord de la Seine.

B. *Faites attention à ces sons difficiles. Prononcez après votre professeur:*

huit, nuit, puis, lui, suis, Suisse,
pluie, cuisine, juillet,

nuage, situation,

Suède,

juin.

EXPRESSIONS NOUVELLES

une barbe°
la colère°
une détente°
une élégance
des études (*f.*)
une expérience
des formalités (*f.*)
une foule°
une frontière
une parole
une réunion°
une séance°
une sortie
une terrasse° (de café)

l'après-guerre
un cercle° français
un chanteur°
un étranger°
un mélange
un panneau°
un(e) passant(e)°

un procès-verbal°
un quartier°
un récit°
un retour
un ton
un tour°

ancien(ne)
approuvé(e)
brutal(e)
ensoleillé(e)°
fou / folle°
lent(e)°
littéraire
natal(e)
scolaire

abréger (*1*)°
on conduit (conduire,° *3*)
découvert (découvrir, *3*)
donner la parole°
faire un signe
faire le snob

faire sa toilette°
garder°
laisser
on naît (naître, *3*)°
passer° la parole
plonger (*1*)
présenter une personne
promener (*1*)°
raconter (*1*)°
rejoint (rejoindre, *3*)
réunir (*2*)°
remercier (*1*)°
rire (ri, *3*)

en avance
à toute vitesse°
à vol° d'oiseau
autrefois
d'après
de cette façon°
de . . . en . . .
de tous les côtés
d'une façon générale

Vous savez déjà:

la beauté
la culture
une construction

une institution
la joie

la littérature
la politique
une qualité

un bar
un barman
un(e) camarade
un culte
un diplôme
un enthousiasme
un membre
un mouvement littéraire
un musicien

un(e) provincial(e)
un snob

anglo-américain(e)
charmant(e)
esthétique
oriental(e)
récent(e)

amuser (1)
assurer (1)

distribuer (1)
imiter (1)
intéresser (1)
passer pour°
pénétrer (1)
prendre pour°
proposer (1)

pour le moment°

CINQUIÈME ÉCHELON

33

POINTS DE REPÈRE

1. Je vous regarde et vous me regardez.
  Nous **nous** regardons.

———————

2. Je lave ma voiture.
  Je **me** lave les mains.

———————

3. Arrêtez-vous.
  Ne **vous arrêtez** pas.

———————

4. Je fais une promenade.
  Je **me promène.**

———————

5. Ils se sont vu**s** et ils se sont parlé.

———————

6. Cette expression **s'**emploie souvent.

La Place Vendôme (1708). Au centre, la Colonne de la Grande
Armée érigée par Napoléon Ier. (Paris)

DÉVELOPPEMENT GRAMMATICAL

> **1.** Je vous regarde et vous me regardez.
> Nous **nous** regardons.

Comparez:

Le matin, je rencontre Paul et Paul me rencontre.	Paul et moi, nous **nous** rencontrons.
Je vous dis bonjour et vous me dites bonjour.	Nous **nous** disons bonjour.
Tu regardes Jean et Jean te regarde.	Vous **vous** regardez.
Vous parlez à Marc et Marc vous parle.	Vous **vous** parlez.
Le professeur regarde Jeannette et Jeannette regarde le professeur.	Ils **se** regardent.
Annie téléphone à Paul et Paul téléphone à Annie.	Ils **se** téléphonent.

■ Dans les phrases précédentes, les verbes **regarder, dire, parler, téléphoner** sont employés avec un pronom de la même personne que le sujet. Ces pronoms **nous, vous, se** sont des *pronoms personnels réfléchis*. Les verbes **se regarder, se parler, se dire, se téléphoner** s'appellent des *verbes pronominaux*. Un verbe pronominal est un verbe qui est *conjugué avec un pronom personnel de la même personne que le sujet.*

■ Dans les exemples précédents, les verbes pronominaux indiquent une action *réciproque;* deux personnes font la même action au même moment: elles **se regardent,** elles **se disent bonjour,** elles **se parlent** et elles **se téléphonent** *mutuellement.* Ces verbes sont des *verbes pronominaux réciproques.*

Les verbes pronominaux réciproques sont employés au *pluriel seulement.*

Voici encore des exemples de verbes pronominaux réciproques:

Nous **nous** voyons tous les jours.   (se voir)
Nous **nous** rencontrons tous les matins.   (se rencontrer)

Paul et Annie **s'aiment**.   (s'aimer)
Ils **se** téléphonent tous les soirs.   (se téléphoner)
Ils **se** connaissent depuis longtemps.   (se connaître)
Ils **se** font des cadeaux. ꞡᶦᶠᵗ   (se faire)
Ils **s'écrivent** quand ils ne peuvent pas   (s'écrire)
    se voir.   (se voir)
Ils **se** regardent et ils **se** sourient.   (se regarder)
                                                          (se sourire)
                                                              ꜱₘᵢₗₑ
Ils **s'embrassent**.   (s'embrasser)
Jacques et Hélène **se** détestent. Ils ne   (se détester)
    se parlent pas.   (se parler)

---

2. Je lave ma voiture.
Je **me** lave les mains.

Comparez:

Je lave ma voiture le samedi.	Je **me** lave tous les jours.
Je lève la main pour répondre au professeur.	Je **me** lève pour aller au tableau noir.
Je brosse mes chaussures tous les jours.	Je **me** brosse les cheveux et les dents tous les matins.
Le coiffeur rase un vieux monsieur.	Paul **se** rase tous les jours.
Ma petite sœur habille sa poupée.	Le matin elle **s'habille**.
En voyage, nous couchons à l'hôtel.	Le samedi soir, nous **nous** couchons tard.
Vous regardez votre mère.	Vous **vous** regardez dans le miroir.
Les étudiants posent des questions au professeur.	Les jeunes gens **se** posent des questions au sujet de leur avenir.

■ Les verbes **se laver, se lever, se brosser, se raser, se coucher, s'habiller, se regarder, se poser des questions** sont aussi des verbes pronominaux. Ici, l'action est *faite par le sujet sur lui-même:* ces verbes s'appellent des *verbes pronominaux réfléchis*. Voici la conjugaison des verbes **se lever** et **s'habiller**.

	se lever			s'habiller	
Je	**me**	lève	Je	**m'**	habille.
Vous	**vous**	levez.	Vous	**vous**	habillez.
Tu	**te**	lèves	Tu	**t'**	habilles.
Nous	**nous**	levons.	Nous	**nous**	habillons.
Il	**se**	lève.	Il	**s'**	habille.
Elle	**se**	lève.	Elle	**s'**	habille.
Ils	**se**	lèvent.	Ils	**s'**	habillent.
Elles	**se**	lèvent.	Elles	**s'**	habillent.

Forme négative: Je **ne** me lève **pas** tard.

Nous **ne** nous levons **pas** à minuit.

Ils **ne** se lèvent **pas** tôt.

Mes parents **ne** se couchent **pas** à 8 heures.

Forme interrogative: Est-ce que vous **vous** levez tôt? = **Vous** levez-vous tôt?

Est-ce qu'il **se** couche tard? = **Se** couche-t-il tard?

A quelle heure ces enfants **se** coucheront-ils?

Les verbes pronominaux sont du *1er*, du *2e* ou du *3e groupe*.
Étudiez le passage suivant:

Le matin, je **me réveille** vers six heures et demie. Je ne **me lève** pas immédiatement parce que j'ai encore sommeil. Je **me lève** quelques minutes plus tard car je sais qu'il faut **se lever** pour aller à l'université. Je vais dans la salle de bains pour **me laver**. Je **me brosse** les cheveux et les dents, je **me rase** (il faut **se raser** tous les jours, quel cauchemar!). Puis je **me peigne**, je **me coiffe** et je **m'habille**. Ma sœur ne **se rase** pas, mais elle passe des heures dans la salle de bains à **se maquiller**. Après avoir pris mon petit déjeuner, je sors de la maison et je vais jusqu'à la station d'autobus sans **m'arrêter**. Dans la classe, je **m'assieds** à ma place et j'attends le professeur. A midi, je **me repose** en bavardant avec mes amis. Le soir, je **me déshabille** avant de **me coucher;** je **m'endors** immédiatement parce que je suis très fatigué.

ATTENTION: **s'endormir** conjugué comme **dormir** est le contraire de **se réveiller.**

NOTEZ aussi les exemples suivants:

Je me regarde dans le miroir en **me rasant.** (se regarder, se raser)
Quand nous sommes à la plage, **nous nous baignons.** (se baigner)
Je me demande toujours pourquoi je fais des fautes stupides. (se demander)
Je me dis et **je me répète** qu'il faut faire attention. (se dire, se répéter)
Pendant tout le semestre **on se prépare** à l'examen final. (se préparer)
Quand nous arrivons en retard à un rendez-vous, **nous nous excusons.** (s'excuser)
En jouant au basket-ball, **je me suis fait mal** à la jambe. (se faire mal à)
Henri **se croit** très intelligent. (se croire)
Les enfants **s'habituent** vite à une nouvelle vie. (s'habituer à)
On s'adresse à une agence de voyages pour obtenir des billets. (s'adresser à)
On se renseigne sur le prix des billets et l'heure des départs. (se renseigner)

■ Dans les exemples précédents il y a beaucoup de *verbes pronominaux réfléchis* très souvent employés en français.

Les *pronoms personnels réfléchis* sont:

me (m')	nous
te (t'), vous	vous
se (s')	se (s')

m'
t'   } sont employés devant une voyelle ou **h** muet.
s'

On emploie **se (s')** pour le singulier ou pour le pluriel à la 3e personne.

NOTEZ:
(1) Les *pronoms personnels réfléchis* sont toujours placés à côté du verbe. Ils sont *avant le verbe,* excepté à l'impératif affirmatif.

EXEMPLES: **Vous** levez-vous tard généralement?
Je ne **me** lève pas tard les jours de semaine; mais le dimanche, je ne **me** lève jamais avant 8 heures du matin.
A quelle heure votre petit frère **se** couche-t-il?
Il ne **se** couche jamais très tard.

(2) Le *pronom réfléchi* d'un verbe pronominal *à l'infinitif* est de la même personne que le sujet.

EXEMPLES: **Je** n'aime pas **me lever** tôt le dimanche.

Nous avons le temps de **nous arrêter**.

Elle ne veut pas **se coucher** de bonne heure.

Êtes-**vous** obligé de **vous lever** très tôt?

Il faut **se reposer** quand **on** est fatigué.

---

3. Arrêtez-vous.

Ne **vous arrêtez** pas.

Comparez:

Levez-**vous**.	Ne **vous** levez pas.
Arrêt**ez-vous**.	Ne **vous** arrêtez pas.
Assey**ons-nous**.	Ne **nous** asseyons pas.
Install**ons-nous**-là.	Ne **nous** installons pas ici.
Lav**e-toi** les mains.	Ne **te** lave pas les mains.
Couch**e-toi** de bonne heure.	Ne **te** couche pas tard.

■ Les formes de l'*impératif* sont comme les formes du *présent de l'indicatif* (mais il n'y a pas d's à la 2ᵉ personne du singulier des verbes du *1ᵉʳ groupe*).

Employez un *pronom réfléchi:* ⎰ *avant* le verbe à l'impératif *négatif.*
⎱ *après* le verbe à l'impératif *affirmatif.*

Voici l'*impératif* des verbes **se lever** et **s'asseoir:**

se lever		s'asseoir	
Lève-**toi**.	Ne **te** lève pas.	Assieds-**toi**.	Ne **t'**assieds pas.
Levons-**nous**.	Ne **nous** levons pas.	Asseyons-**nous**.	Ne **nous** asseyons pas.
Levez-**vous**.	Ne **vous** levez pas.	Asseyez-**vous**.	Ne **vous** asseyez pas.

Notez: **te (t')** → **toi** à l'impératif affirmatif 2ᵉ personne du singulier.

GRAMMAIRE

> **4.** Je fais une promenade.
> Je **me promène.**

Comparez:

(1) Je ferai une promenade. Je **me promènerai.** (se promener)
Nous commençons à travailler. Nous **nous mettons à** travailler.
(se mettre à)

Vous partez. Vous **vous en allez.** (s'en aller)
Ils font une erreur. Ils **se trompent.** (se tromper)
Vous employez votre livre. Vous **vous servez de** votre livre.
(se servir de)

Mon nom est Charles. Je **m'appelle** Charles. (s'appeler)
Je suis d'accord avec mes amis. Je **m'entends** avec eux. (s'entendre)
Nous passons des moments Nous **nous amusons** ensemble; nous ne
agréables ensemble. **nous ennuyons** pas. (s'amuser, s'ennuyer)

Je n'étais pas d'accord avec mes Je **me disputais** avec mes parents.
parents et je le disais. (se disputer)
La classe finissait à 10 heures. La classe **se terminait** à 10 heures.

(2) Je finirai rapidement mon Je **me dépêcherai de** finir mon
devoir. devoir. (se dépêcher de)
Robert riait de sa sœur. Robert **se moquait de** sa sœur.
(se moquer de)

Vous n'avez pas confiance en moi. Vous **vous méfiez de** moi. (se méfier de)
J'ai des souvenirs de ce voyage. Je **me souviens de** ce voyage.
(se souvenir de)

■ Les verbes de la série (1) sont vraiment des *verbes pronominaux,* c'est-à-dire:
quand les verbes **promener, mettre, aller, tromper, servir,** etc. sont conjugués
avec un pronom réfléchi, ils ont un *sens spécial.* Ce sont des sortes d'*expressions
idiomatiques.* On les emploie au présent, au futur, à l'imparfait, etc.

■ Les verbes de la série (2) sont aussi des expressions idiomatiques qui existent
seulement à la forme pronominale.

Beaucoup de verbes français sont pronominaux. Par exemple:

> se débarrasser de . . .
> se fiancer (à) ou (avec)
> s'intéresser à . . .
> se marier (à) ou (avec)
> s'occuper de . . .
> se plaindre (de)
> se séparer de . . .
> se soucier (de)
> se suicider

■ Voici la conjugaison du présent des verbes **s'en aller** et **se souvenir:**

s'en aller (conjugué comme **aller**)			**se souvenir** (conjugué comme **venir**)			
Je	**m'en**	**vais.**	Je	**me**	**souviens**	de cette soirée.
Vous	**vous en**	**allez.**	Vous	**vous**	**souvenez**	de ce monsieur.
Tu	**t'en**	**vas.**	Tu	**te**	**souviens**	de cette dame.
Nous	**nous en**	**allons.**	Nous	**nous**	**souvenons**	de notre enfance.
Il	**s'en**	**va.**	Il	**se**	**souvient**	de son aventure.
Elle	**s'en**	**va.**	Elle	**se**	**souvient**	de son aventure.
Ils	**s'en**	**vont.**	Ils	**se**	**souviennent**	de la guerre.
Elles	**s'en**	**vont.**	Elles	**se**	**souviennent**	de la guerre.

NOTEZ: Quand on emploie un *pronom personnel complément* avec un verbe pronominal, ce pronom est placé *après le pronom réfléchi.*

Nous nous intéressons à l'art moderne. Elle se souvient de cette aventure.
Nous nous **y** intéressons. Elle s'**en** souvient.
Je m'habitue à la vie de l'université. Ils s'occupent du dîner.
Je m'**y** habitue. Ils s'**en** occupent.

---

5. Ils se sont vu**s** et ils se sont parlé.

GRAMMAIRE

Étudiez les phrases suivantes:

> Nous **nous sommes levés** de bonne heure.
> Nous **nous sommes lavés.** Nous **nous sommes lavé** les mains.
> Je **me suis reposé(e)** pendant les vacances.
> Ils **se sont installés** dans leur nouvelle maison.
> Vous **vous êtes trompé(e)(s)(es).** Elles **se sont souvenues** de cette histoire.
> Ils **se sont rencontrés,** ils **se sont reconnus** et ils **se sont parlé.**

■ Aux *temps composés,* les *verbes pronominaux* sont toujours *conjugués avec* **être.** Cette règle n'a *pas d'exception.*

Étudiez les phrases suivantes:

> Jeannette s'est regardée dans le miroir et elle s'est lavé les mains.
> Nous nous sommes rencontrés et nous nous sommes dit bonjour.
> Ils se sont vus et ils se sont téléphoné plusieurs fois.
> Elle s'est réveillée et elle s'est demandé où elle était.
> Ils se sont parlé et ils se sont serré la main.

■ Dans ces exemples les verbes pronominaux sont des verbes *réfléchis* ou *réciproques.*
Le *participe passé s'accorde avec l'objet direct* si l'objet direct *précède* le verbe.

Ainsi:

> regardée, rencontrés, vus, réveillée, s'accordent avec le pronom réfléchi qui est complément d'objet direct du verbe; on regarde, on rencontre, on voit, on réveille *une personne.*

Mais:

> **dit, téléphoné, demandé, parlé,** ne s'accordent pas parce que le pronom réfléchi de ces verbes n'est pas le complément d'objet direct. On dit quelque chose, on téléphone, on parle, on demande quelque chose **à** *une personne.*

Et:

> dans les exemples « . . . elle s'est **lavé** les mains . . . ils se sont **serré** la main . . .» **lavé** et **serré** ne s'accordent pas parce que le pronom réfléchi n'est pas l'objet direct. Ici l'objet direct (la main, les mains) est *après* le verbe.

Étudiez les phrases suivantes:

Mes amis s'en sont allés très tard.
Nous nous sommes ennuyés à cette soirée.
Votre sœur s'est trompée: la guerre s'est terminée en 1945 en Europe.
Nous nous sommes souvenus de nos dernières vacances au Mexique.
Je ne me suis jamais disputé(e) avec mes parents.
Cette actrice s'est suicidée.
Le jeune homme était si ridicule que les jeunes filles se sont moquées de lui.
Les étudiants se sont servis de leur livre.
Mes amis se sont plaints de leurs professeurs.
Les Parisiens se sont toujours souciés de la beauté de Paris.
Je ne me suis pas débarrassé(e) de ces vieux vêtements.

■ Le *participe passé* des verbes pronominaux à sens idiomatique *s'accorde avec le sujet.*

---

6. Cette expression **s'emploie** souvent.

Comparez:

On lit ce livre facilement.	Ce livre **se lit** facilement.
On boit le vin blanc frais.	Le vin blanc **se boit** frais.
On prend les apéritifs avant les repas.	Les apéritifs **se prennent** avant les repas.
On accorde souvent le participe passé avec le sujet.	Le participe passé **s'accorde** souvent avec le sujet.
On voit la Tour Eiffel de loin.	La Tour Eiffel **se voit** de loin.
On n'emploie pas ces mots au singulier.	Ces mots ne **s'emploient** pas au singulier.
On comprend sans difficulté les poèmes de Verlaine.	Les poèmes de Verlaine **se comprennent** sans difficulté.

■ On emploie souvent la forme pronominale à la *3ᵉ personne* (singulier et pluriel) pour remplacer la construction avec **on.**

Notez: Le complément d'objet de la phrase avec **on** devient le sujet du verbe pronominal.

EXERCICES

1. *Changez les phrases suivantes en employant un verbe* pronominal réciproque.

1. Je vous parle français et vous me parlez français. **2.** Vous me téléphonerez et je vous téléphonerai pendant le week-end. **3.** Henri me déteste et je déteste Henri. **4.** Jack fera des cadeaux à Lisa et Lisa fera des cadeaux à Jack. **5.** Tu connais très bien Hélène et Hélène te connaît très bien. **6.** Je vous verrai et vous me verrez bientôt. **7.** Le matin, le professeur nous dit bonjour et nous lui disons bonjour. **8.** Pendant les vacances, vous m'écrivez et je vous écris.

2. *Écrivez:* **(a)** *au* présent **(b)** *au* futur.

1. Hélène (se coucher) à onze heures, mais elle ne (s'endormir) pas avant minuit. **2.** Je (se réveiller) à six heures et je (se lever) à six heures et demie. **3.** Suzanne (s'habiller), (se maquiller) et (se coiffer) pour la soirée. **4.** Quand vous (se réveiller) de bonne heure, (se lever)-vous immédiatement? **5.** En arrivant en classe, je (s'asseoir) à ma place. **6.** Quand vous (se voir), (se reconnaître)-vous? **7.** Nous ne (se parler) pas et nous ne (se dire) pas bonjour. **8.** Quand Jean et Charles (se téléphoner), ils (se raconter) des histoires amusantes.

(c) *Changez la phrase en employant le verbe entre parenthèses (voir la construction de ces verbes leçon 29) et le verbe pronominal* à l'infinitif.

1. Mes parents se lèvent de bonne heure. (être obligé) **2.** Vous vous couchez à neuf heures du soir. (détester) **3.** Lucy ne se maquille pas. (avoir le temps) **4.** Je m'adresse à mon professeur pour obtenir ce renseignement. (aller) **5.** Nous nous reposons après notre travail. (aimer) **6.** Vous vous endormez facilement. (avoir l'habitude) **7.** Mon petit frère se baigne quand il fait froid. (refuser) **8.** Je m'habitue vite à une vie confortable. (pouvoir) **9.** On se lève tôt quand on travaille. (il faut) **10.** Paul ne se rase pas deux fois par jour. (avoir besoin)

3. *Donnez l'impératif 1ᵉ et 2ᵉ personnes du pluriel de chaque expression.*

1. se laver les mains **2.** s'asseoir sous un arbre **3.** (ne pas) s'asseoir par terre **4.** se lever vite **5.** (ne pas) se coucher tard

4. *Dites d'une autre manière en employant un* verbe pronominal *sans changer le temps.*

1. Je *fais* souvent *une promenade* à pied au bord de la mer. **2.** Ils *prendront un bain* parce qu'il fera chaud. **3.** Vous *faites* quelquefois *des erreurs* dans vos exercices. **4.** Les autos *stoppent* devant un feu rouge. **5.** Nous sommes rarement d'accord; alors nous *échangeons des mots désagréables.* **6.** Paul et Annie *partiront* en vacances avec leurs amis. **7.** *Son nom était* Sylvia. **8.** La politique *intéresse* ce jeune homme. **9.** Mon amie *n'oubliera pas* cette aventure. **10.** Robert dit qu'il *n'est jamais d'accord* avec ses parents. **11.** Le trimestre *finira* bientôt. **12.** Je *préparerai rapidement* le dîner. **13.** Venez chez nous; vous *passerez des moments agréables.* **14.** Pourquoi *employez-vous* ce dictionnaire? **15.** Je voulais *commencer* à travailler.

5. (a) *Écrivez au passé le texte de la page 302 en commençant par:*

(1) Hier matin, je . . .
(2) Hier matin, nous . . .
(3) Hier matin, ils . . .
Attention: quelques verbes seront à l'imparfait!

(b) *Mettez les phrases suivantes au passé (employez le* passé composé *et l'*imparfait).

1. Elle (se lever) tôt parce qu'elle (avoir) du travail. **2.** Hier soir, Jean et Charles (venir) chez moi. Ils (s'installer) dans un fauteuil et nous (bavarder) jusqu'à minuit. **3.** Je (penser) qu'elle (s'ennuyer), mais elle (dormir). **4.** Les jeunes gens (se disputer) à propos de politique et ils ne (se revoir) pas. **5.** Dimanche dernier, nous (aller) à la plage; mais comme il (faire) froid, nous ne (se baigner) pas. **6.** En jouant au tennis, Jeannette (tomber) et elle (se faire mal) au pied. Elle (aller) chez le médecin parce qu'elle (souffrir) beaucoup. **7.** Pendant l'examen, je ne (se souvenir) pas de cette règle et je (se demander) quelle (être) la réponse correcte. **8.** Quand je (voir) qu'il (être) si tard, je (se dépêcher) de rentrer chez moi. **9.** Ils (se voir) et ils (se reconnaître) immédiatement. **10.** Betty et Jacques (se fiancer) et ils (se marier).

6. *Écrivez les phrases suivantes en employant un* verbe pronominal.

1. On achète les livres dans une librairie. **2.** Chaque année, on bâtit de nouveaux bâtiments sur le campus. **3.** On parle (le) français dans certains pays de l'Afrique. **4.** Avant le 15ᵉ siècle, on écrivait les livres à la main. **5.** Depuis très longtemps, on cultive des fleurs sur la Côte d'Azur. **6.** On vend très bon marché les éditions de poche. **7.** On n'a pas fait Paris en un jour. **8.** On voit l'Arc de Triomphe de la Place de la Concorde.

34

Un Américain à Paris (1)

Une semaine plus tard, Jean et Charles se réunissent à nouveau avec les membres de leur Cercle Français. C'est Jean qui prend la parole. Il va parler de la première semaine qu'il a passée à Paris avec ses grands-parents et Charles.

Pour comprendre Paris, il faut savoir par exemple, qu'à l'origine, Paris était une ville fortifiée, entourée de murs qui la protégeaient contre les invasions ennemies. Ce 5 simple fait distingue Paris des grandes villes américaines. Paris est une ville circulaire. Les grandes villes américaines se sont développées sous forme de « blocks » qui se sont ajoutés les uns aux autres. Paris, au contraire, ne se compose pas de « blocks », mais d'une série de « cercles » qui se sont formés autour d'un centre: l'île° de la Cité sur la Seine. 10

A l'époque romaine,° Paris existait déjà et s'appelait Lutèce. C'est une tribu° gauloise, les *Parisii* qui a donné son nom à la ville. Cette première ville était entourée d'un mur. Depuis ces origines jusqu'à l'âge moderne, d'autres murs se sont bâtis aux XIIIe, XIVe, XVIIe et XVIIIe siècles. De là, la forme circulaire de la ville. Au XIXe siècle, la ville moderne a pris forme. Au milieu du siècle, Napoléon III, avec l'aide 15 du baron Haussmann, a lancé° le mouvement de l'urbanisme° moderne. On a démoli° des quartiers entiers. En 1900, le Métropolitain a commencé à fonctionner° dans la capitale mettant à la disposition des Parisiens, un système de transport public rapide et efficace.° Le « Métro » est encore aujourd'hui le moyen° le plus commode° pour circuler dans Paris. 20

La ville d'aujourd'hui continue à se développer. De nouveaux immeubles se bâtissent. Des autoroutes commencent à relier° Paris et la province comme le Métro a relié autrefois les différents quartiers de la ville. Paris s'oriente maintenant autour de ses aéroports comme autrefois il s'orientait autour° de ses gares° de chemin° de fer. Mais à Paris, l'ancien et le moderne vont toujours ensemble; et ces innovations 25 n'ont pas détruit la réelle beauté de la ville. L'agglomération parisienne a aujourd'hui près de huit millions d'habitants et Paris est un centre de tourisme international qui reste depuis le Moyen Age,° l'un des grands centres intellectuels et artistiques du monde.

Mais, qu'est-ce que Paris pour un étudiant américain qui vient d'arriver et qui 30 essaie de s'orienter au milieu de toutes ses richesses? Une fois passée une première

impression de confusion, c'est d'abord sur la Rive° Droite, l'Avenue des Champs-
Élysées; puis le jardin des Tuileries, le Palais-Royal, le Louvre; c'est, tout à fait au
nord de Paris, Montmartre avec ses boîtes° de nuit, la Place du Tertre et le Sacré-
Cœur; c'est, dans l'île de la Cité, Notre-Dame de Paris, la cathédrale médiévale. Puis
de l'autre côté de la Seine, sur la Rive Gauche, il y a le Quartier Latin où se trouve   5
la Sorbonne. Tous les Américains connaissent Saint-Germain-des-Prés et Montparnasse. Certainement, ce n'est pas tout Paris, mais dans ces quatre quartiers,
l'étudiant et le touriste américains pourront sans difficulté satisfaire° leur curiosité.
Commençons donc par les Champs-Élysées.

    Cette grande avenue était certainement beaucoup plus impressionnante au XIXe   10
siècle qu'aujourd'hui. Une foule s'y promène jour et nuit; c'est intéressant, mais ce
n'est pas très différent de New York ou de Londres. Le long de l'avenue, on voit des
cinémas, des boutiques,° des banques, des agences de voyages et de théâtre, des hôtels,
des cafés, des restaurants. Il y a le Lido avec ses grands spectacles; un Prisunic° où
on peut tout acheter à très bon marché; il y a des *milk-bars* et des galeries où on peut   15
manger un sandwich debout quand on n'a pas le temps d'aller dans un vrai restaurant.
Il y a Fouquet's, restaurant célèbre et très cher où la cuisine est excellente. Il y a
même, pas très loin de la Place de l'Étoile, un *drug-store* américain où, comme en
Amérique, on vend de la glace (on dit même de l'*ice-cream*), des sandwichs, des revues,
des journaux, des livres. Mais c'est en allant plus loin, vers l'Avenue Gabriel où se   20
trouve l'Ambassade des États-Unis, vers la Place de la Concorde et plus loin encore
vers le Jardin des Tuileries et le Louvre, qu'on aperçoit la vraie beauté de cette vaste
perspective unique au monde. De là, l'œil découvre, parfaitement alignés, la grande
allée des Tuileries, l'obélisque de la Concorde, les Champs-Élysées et tout à fait au
bout, l'Arc de Triomphe de l'Étoile. On appelle cette perspective la Voie Triomphale   25
et elle est vraiment extraordinaire.

    Vous savez peut-être que la Rive Gauche s'appelait autrefois l'Université de Paris.
C'est parce que l'ancien Paris se divisait en trois parties: la Ville, la Cité et l'Université.
La Ville, ou la Rive Droite, était comme aujourd'hui le quartier commerçant. La
Cité, où se trouvaient le Palais de Justice, la Sainte-Chapelle et Notre-Dame, était   30
restée jusqu'à Charles V, la résidence des rois° de France. La Rive Gauche était un
autre monde. C'était le centre de la vie intellectuelle et spirituelle de la capitale. Là,
tout était différent, même la langue. Dans la Cité et dans la Ville, on parlait français;
dans ce Quartier Latin, on parlait la langue latine. Au moment de sa fondation,°
vers 1208, l'Université de Paris représentait un mouvement de liberté dirigé contre   35
l'Église officielle. La Sorbonne, d'abord simple collège, a été fondée vers 1254 par
Robert de Sorbon pour loger° les étudiants de théologie pauvres. Refaite par Richelieu
au 17e siècle et renouvelée au 19e siècle, cette école célèbre ne ressemble pas à une
université américaine. Les étudiants français, moins surveillés que les étudiants
américains, y vont suivre leurs cours et passer leurs examens. La vie sociale des   40

étudiants se passe ailleurs,° dans les cafés et les restaurants des environs.° Cette séparation commence à disparaître pourtant. De nouvelles écoles, qui font partie de l'université de Paris, se sont ouvertes à Nanterre et à Vincennes. Là, la vie des étudiants s'organisera de plus en plus selon le système américain. C'est parce que, de plus en plus, la France moderne comme les États-Unis se soucie de l'éducation des masses.   5

Parlons de Montmartre, de Montparnasse et de Saint-Germain-des-Prés. Si je les mentionne dans cet ordre, c'est parce que la renommée de Montmartre date du siècle dernier. Montparnasse est un phénomène de l'après-guerre des années 20 et, la renommée de Saint-Germain-des-Prés est de l'après-guerre des années 40 et 50.

Montmartre est situé au nord de Paris sur une colline qui s'appelle la Butte   10 Montmartre. A la fin du 19e siècle, on y a bâti une église qui s'appelle le Sacré-Cœur. Mais ce n'est pas seulement pour voir le Sacré-Cœur, qu'on va à Montmartre. C'est pour la vue extraordinaire qu'on a de là sur tout Paris. C'est aussi pour se promener sur la petite Place du Tertre et pour se replonger dans l'atmosphère des peintres° et des artistes du début du siècle. Encore aujourd'hui, les peintres y montrent et y   15 vendent leurs tableaux. Comme le Quartier Latin autrefois, Montmartre est une véritable petite ville à l'intérieur de Paris. Les gens de Montmartre parlent — ou parlaient — une autre langue: le « montmartrois ». C'est un argot° que même les Parisiens ne comprennent pas toujours. Il commence à disparaître, mais les chansonniers° s'en servent encore dans leurs chansons où ils portent très loin la satire sociale   20 et politique. Leurs théâtres s'ouvrent tard, à 9 ou 10 heures. C'est donc le moment de se rendre aux *Deux-Anes* ou à la *Lune-Rousse*. Mais attention! Il ne faut pas arriver en retard si on ne veut pas être « mis en boîte ».[1] Mais: SITIVATIRI![2]

Dès le commencement du 19e siècle, une vie de Bohème pittoresque, libre et parfois violente, se menait° à Montmartre. Les peintres et les écrivains s'y réfugiaient° car   25 ils aimaient le non-conformisme de l'atmosphère montmartroise. Maupassant, Emile Zola fréquentaient° le cabaret du *Rat Mort*. Vers 1890, Bonnard et Vuillard occupaient un appartement rue Pigalle. Van Gogh habitait, avec son frère Théo, un appartement rue Lepic. Renoir est mort rue Caulaincourt. Le *Lapin Agile,* qui existe encore, appartenait° en 1860 à un peintre qui s'appelait Gill, et son cabaret, *Le Lapin à Gill.* Verlaine   30 le fréquentait et aussi plus tard, Utrillo, Guillaume Apollinaire et Picasso. Tout le monde connaît le *Moulin Rouge.* En fait,° depuis le commencement du 17e siècle, des moulins° existaient à Montmartre. Il y avait une charmante coutume aujourd'hui disparue: on louait un des petits ânes° qui, pendant la semaine, transportaient le blé° et la farine,° et à dos d'âne,° on montait vers un de ces moulins pour y déjeuner.   35

[1] **mettre en boite** = se moquer de . . . (expression argotique.)
[2] = Si tu y vas, tu y ris. (exemple de la langue montmartroise.)

Le Quartier Saint-Germain-des-Prés:
ses trois célèbres cafés,
et son église médiévale.

Peu à peu les moulins de Montmartre ont disparu, mais le *Moulin Rouge* rappelle°
une époque où on n'y avait pas encore inventé le *French Cancan* que Toulouse-Lautrec
a rendu[3] si célèbre.

Montmartre était un phénomène français; Montparnasse a été un phénomène
international. Après la première guerre mondiale, les artistes et les écrivains° ont   5
abandonné Montmartre pour Montparnasse. C'est cependant la même atmosphère
de joie, de liberté, qu'ils sont venus y chercher. De nouveaux cafés dont les plus célèbres
sont *le Dôme* et *la Coupole* attiraient une nouvelle jeunesse. L'américanisation de Paris
commence. Gertrude Stein, Alice Toklas, Ernest Hemingway, sont les célébrités du
jour. Hemingway écrit dans ses souvenirs de Montparnasse: 10

> « Physiquement Montparnasse n'était pas beaucoup plus qu'une rue grise et triste
> où se trouvait une double rangée de cafés, mais son esprit était plus fort° que la
> patrie ou la religion; c'était le point ultime de la révolte sociale contre la guerre
> . . . On n'a jamais vu une telle assemblée de gens plus ou moins intelligents à la
> recherche du divertissement. Et qui trouvaient le divertissement! Mais ce divertisse-   15
> ment avait un sens. C'était la révolte contre toutes les petitesses et toutes les
> oppressions de ce monde. »[4]

Une génération plus tard, cette tradition de révolte se retrouvera dans la vogue
de Saint-Germain-des-Prés et de l'Existentialisme. Sartre, Simone de Beauvoir, Camus
et parmi les Américains Richard Wright, rendront célèbre ce nouveau vieux quartier.   20
Le Flore et les *Deux Magots* remplaceront *le Dôme* et *la Rotonde*. Pourtant le même
désir de liberté humaine contre l'ordre établi animera cette nouvelle génération.

J'ai commencé par vous parler de la complexité de Paris. Permettez-moi de
terminer en citant° un poète français célèbre, Paul Valéry:

> « Paris répond à la complexité essentielle de la nation française . . . C'est pourquoi   25
> PARIS est bien autre chose qu'une capitale politique et un centre industriel, . . .
> qu'un paradis artificiel et un sanctuaire de la culture. Sa singularité consiste d'abord
> en ceci que toutes ces caractéristiques s'y combinent, ne demeurent pas étrangères
> les unes aux autres. Les hommes éminents des spécialités les plus différentes finissent
> toujours par s'y rencontrer et faire échange° de leurs richesses . . . Tout Français   30
> qui se distingue est voué° à ce camp de concentration. PARIS . . . l'attire et, parfois,
> le consume. » (*Regards sur le monde actuel*)

---

[3] **rendre** (+ adjectif) a un sens spécial: La pluie me **rend mélancolique.**
[4] E. Hemingway: *Hemingway's Paris as told to Morrill Cody by James Charters "The Barman."* Macaulay
Co., 1965. A Tower Book. Page 14.
Références: Jacques Hillairet: *Dictionnaire historique des rues de Paris* (Ed. de Minuit, 1963) *Guide
de Paris—Service de tourisme Michelin.*

LECTURE

EXERCICES

1. *Répondez aux questions suivantes par des phrases complètes.*

1. A quelle heure vous levez-vous tous les jours? **2.** Le dimanche, vous levez-vous plus tard que les autres jours? Pourquoi? **3.** A quelle heure vous couchez-vous le samedi? A quelle heure vous êtes-vous couché hier soir? **4.** A quoi vous intéressez-vous dans la vie? Pourquoi? **5.** Vous êtes-vous facilement habitué à la vie d'étudiant(e) à l'université? Pourquoi? **6.** Êtes-vous quelquefois obligé(e) de vous dépêcher? Quand? **7.** Vous entendez-vous bien avec les gens en général? Vous disputez-vous de temps en temps avec vos amis? A quelle occasion? **8.** De quoi vous servez-vous pour écrire? pour manger? pour boire de l'eau? **9.** Quand pouvez-vous vous reposer? **10.** Où vous installez-vous pour étudier?

2. (a) *Répondez aux questions suivantes par des phrases complètes.*

1. Dans quelle ville habitez-vous? Situez cette ville. **2.** Combien d'habitants y a-t-il dans votre ville? **3.** Qu'est-ce qu'il y a aux environs de votre ville? **4.** Préférez-vous habiter dans un immeuble ou dans une maison particulière? **5.** Dans votre ville, y a-t-il un système de transport public? Si oui, est-il efficace? **6.** Préférez-vous voyager en chemin de fer ou en avion? Pourquoi? **7.** Où un train s'arrête-t-il? Et un avion?

(b) *Faites une phrase avec chaque expression.*

1. se débarrasser de **2.** se souvenir de **3.** se plaindre de **4.** s'habiller **5.** s'occuper de **6.** se raser **7.** s'ennuyer **8.** se moquer de

3. *Questions sur la lecture. Répondez par des phrases complètes.*

1. Quelle est la différence entre les grandes villes américaines et les grandes villes européennes? **2.** Quel est le centre de Paris? Où se trouve-t-il? **3.** Comment s'appelait Paris autrefois? D'où vient le nom Paris? **4.** A quelles époques a-t-on construit les différents murs de Paris? **5.** Qu'est-ce que le « métro »? Depuis quelle année existe-t-il dans Paris? Dans quelles villes américaines y a-t-il un métro? **6.** Qu'est-ce que les Champs-Élysées? Qu'est-ce qu'on y voit? **7.** Comment se divisait l'ancien Paris? Quelle langue se parlait au Quartier Latin? Pourquoi? **8.** Où est Montmartre? Pourquoi les touristes y vont-ils? Quelle église y visite-t-on? Est-ce une église très ancienne? **9.** A quelle époque le quartier de Montparnasse est-il devenu célèbre? Quels écrivains américains l'ont fréquenté? Pourquoi? **10.** A quelle époque vivait Toulouse-Lautrec? Qui était-ce?

4. *Composition:*

(a) Vous avez rencontré une personne sympathique à une réunion ou à une soirée. Racontez cette rencontre en employant beaucoup de verbes pronominaux.

(b) Une de vos journées de vacances. (Écrivez au passé et employez des verbes pronominaux.)

(c) Vous êtes invité(e) dans un cercle d'étudiants étrangers et vous leur parlez d'une grande ville américaine que vous connaissez.

5. *Sujet de discussion.*

La vie à la campagne et la vie en ville. Avantages et désavantages.

Exercices Supplémentaires de Grammaire

1. *Remplacez le verbe en italiques par le verbe entre parenthèses et mettez à l'*infinitif *le verbe pronominal; Attention à l'emploi de la préposition* (voir leçon 29).

EXEMPLE: Vous *vous trompez* (aller). . . . Vous **allez vous tromper.**

1. Jeannette *se lève* (vouloir). **2.** Paul et Richard *s'en vont* (désirer). **3.** Mes parents *se reposent* (avoir besoin). **4.** Je *me couche* tôt (avoir envie). **5.** Est-ce que vous *vous promenez* (avoir l'intention)? **6.** Votre amie *se maquille* (avoir le temps). **7.** Ils ont un livre, mais ils ne *s'en servent* pas (savoir). **8.** Nous *nous disputons* (commencer). **9.** Je *m'en souviens* (espérer). **10.** Mes amis *s'amusaient* (vouloir).

2. *Écrivez le verbe au* passé composé.

1. Je (écrire) plusieurs fois à mon père. **2.** Mes amis et moi, nous (s'écrire) plusieurs fois. **3.** On dit qu'elle (tromper) son mari. **4.** Mon amie Lucy (se tromper) de livre. **5.** La radio des voisins me (ennuyer) hier soir. **6.** Je (s'ennuyer) pendant les vacances. **7.** Nous (entendre) un opéra de Wagner. **8.** Nous (ne pas s'entendre) avec nos amis au sujet de ce voyage. **9.** L'hôtesse de l'air (servir) le dîner aux passagers. **10.** Je (ne pas se servir) d'un dictionnaire pour faire cette composition.

3. *Faites une phrase avec chaque verbe.*

1. promener **2.** se promener **3.** laver **4.** se laver **5.** réveiller **6.** se réveiller **7.** s'endormir **8.** dormir **9.** intéresser **10.** s'intéresser à

4. *Écrivez deux courts paragraphes. (Employez des verbes pronominaux.)*

Qu'est-ce que vous avez fait ce matin avant de quitter la maison? Qu'est-ce que vous avez fait hier soir après être rentré chez vous?

EXPRESSIONS NOUVELLES

une aide
une ancienneté
une boîte de nuit°
une boutique°
une célébrité
la farine
une gare°
une île°
la petitesse
une renommée
une richesse
une rive°
une satire
une tribu°
une vogue
une vue°

un âne°
un argot°
le blé°
un cabaret
un chansonnier°
un chemin de fer°
un échange°
un écrivain°
les environs (*m.*)°
un habitant
un immeuble°
un moulin°
le Moyen-Age°
le nord
un peintre°
un phénomène
un roi°

le sud
un transport

argotique°
carré(e)°
commerçant(e)
commode°
efficace°
ennemi(e)
fort(e)°
gaulois(e)
pittoresque
situé(e)°
voué(e) à°

(s')adresser à
(s')amuser
(s'en) aller
appartenir (3)
(s')appeler
(s')arrêter
(s')asseoir, assis (3)°
attirer°
(se) baigner
(se) brosser
citer°
(se) coiffer
(se) composer de
(se) coucher
dater
(se) débarrasser de
se dépêcher (de)
(se) déshabiller

(se) développer
se disputer
(se) distinguer
(se) diviser
(s')ennuyer
(s')entendre
(s')endormir (3)
(s')exprimer
faire échange de°
faire partie de
fonctionner°
fréquenter°
(s')habiller
(s')habituer à
(s')installer
(s')intéresser à
lancer
(se) laver
(se) lever
loger°
se méfier de
(se) mener°
mettre à la disposition de
(se) mettre à
se moquer de
(s')occuper de
(s')orienter
(se) peigner
(se) plaindre de (3)
protéger
rappeler°
(se) raser
se réfugier°
relier°

(se) renseigner _to inquire_
(se) reposer _to rest_
(se) réunir (2) _reunite_
satisfaire (3)°
(se) séparer _separate_
(se) servir de _use_
se soucier de _care_
se souvenir de _remem_

(se) trouver _locate, position_
vivre vécu (3)° _exist_
à dos d'âne° _ridge_
à nouveau
ailleurs° _elsewhere_
au nord de

autour° de _around_
de l'autre côté de
en fait° _in fact_
fort (_adv._) _strong_
le long de
longuement
peu à peu
sans doute

Vous savez déjà:

une américanisation
une atmosphère
une caractéristique
une complexité
une confusion
la curiosité
une éducation
une époque
la fondation°
une forme
une galerie
une génération
une indication
une innovation
une invasion
la liberté
une limite
une masse

une oppression
une perspective
une remarque
une résidence
une séparation
une série
une spécialité
la théologie

un camp de concentration
un centre
un collège
le conformisme
un ordre
un paradis
un système
le tourisme
l'urbanisme

artificiel(le)
circulaire
continuel(le)
culturel(le)
éminent(e)
essentiel(le)
intellectuel(le)
médiéval(e)
officiel(le)
public/publique
romain, (e)
spirituel(le)

consumer
mentionner
se suicider

précisément

35

POINTS DE REPÈRE

1. **Pendant** leur séjour à Paris, Jean et Charles sont allés au Louvre.
   Depuis leur retour, ils se parlent toujours français.
   Ils sont revenus **il y a** quelques semaines.
   Ils repartiront **dans** quelques mois.

   ———

2. **Pendant que** vous parlez, je vous écoute.
   Depuis qu'il étudie le français, il a envie d'aller en France.

   ———

3. On **doit** avoir un passeport pour aller à l'étranger.
   Jean et Charles **ont dû** travailler avant d'aller en France.

   ———

4. Ma sœur est plus âgée que **moi,** mais je suis plus grand qu'**elle.**

   ———

5. Ma voiture est au garage. Où est **la vôtre?**
   La mienne est devant la maison.

   ———

6. Paris est **la plus** grande ville **de** France.

> **1. Pendant** leur séjour à Paris, Jean et Charles sont allés au Louvre.
> **Depuis** leur retour, ils se parlent toujours français.
> Ils sont revenus **il y a** quelques semaines.
> Ils repartiront **dans** quelques mois.

Comparez:

Pendant combien de temps travaillez-vous chaque soir?	Je travaille **pendant** quatre ou cinq heures.
Pendant combien de temps serez-vous à la bibliothèque cet après-midi?	Je serai à la bibliothèque **pendant** une heure et demie.
Pendant combien de temps avez-vous fréquenté l'école secondaire?	J'ai fréquenté l'école secondaire **pendant** quatre ans.
Pendant combien de temps étiez-vous à l'école tous les jours?	J'étais tous les jours à l'école **pendant** quatre ou cinq heures.

■ On emploie **pendant** pour indiquer une période de temps déterminée dans la durée. **Pendant** = pendant une période de . . . dans le présent, le passé ou le futur. Avec **pendant,** le verbe peut être au *présent,* au *passé composé,* à l'*imparfait* ou au *futur.*

Comparez:

Depuis combien de temps êtes-vous étudiant à l'université?	Je suis étudiant à l'université **depuis** sept mois.
Depuis combien de temps habitez-vous cette ville?	J'habite cette ville **depuis** cinq ans.
Depuis combien de temps étudiez-vous le français?	J'étudie le français **depuis** un semestre.
Depuis quand étudiez-vous le français?	Je l'étudie **depuis** février dernier.
Depuis quand habitez-vous dans votre maison?	Nous y habitons **depuis** le 1er mai dernier.

■ **Depuis** indique une période de temps qui *n'est pas encore terminée* au moment où on parle. Avec **depuis** le verbe est au *présent* ou à l'*imparfait,* en général.

EXEMPLES: Nous **habitons** cette ville **depuis** cinq ans.

Mes parents **habitaient** au Canada **depuis** deux ans quand je suis né.

Je **suis** étudiant dans cette université **depuis** un an.

> J'**étais** étudiant dans cette université **depuis** deux mois quand mon grand-père est mort.
>
> Il **apprend** le français **depuis** deux ans.
>
> Il **apprenait** le français **depuis** six mois quand il est allé en France.

■ On emploie le *présent* pour indiquer une *action qui a commencé dans le passé et qui continue dans le présent*. On emploie l'*imparfait* pour indiquer une action qui a *commencé dans le passé et qui a continué jusqu'à un moment déterminé du passé.*

Comparez:

> Jean est né **il y a** dix-neuf ans.
>
> J'ai commencé à étudier le français **il y a** six mois.
>
> Mon père est venu aux États-Unis **il y a** vingt-cinq ans.

> **Dans** deux ans il sera majeur.
>
> J'aurai mon diplôme de l'université **dans** trois ans.
>
> Mon père ira en Europe pour voir sa famille **dans** six mois.

■ **Il y a** + *expression de temps précise,* indique le moment précis du *passé* où une action s'est produite.

Le *verbe* qui précède est en général au *passé composé.*

Dans + *expression de temps précise,* indique le moment précis du *futur* où une action se produira. Le verbe est naturellement au futur.

NOTEZ: Autrefois, on allait de Paris à New York **en** six semaines.

Maintenant on va de Paris à New York **en** six heures.

Un jour, on ira peut-être de Paris à New York **en** deux heures.

En + *expression de temps* indique le *temps nécessaire* pour faire quelque chose.

---

2. Pendant que vous parlez, je vous écoute.

Depuis qu'il étudie le français, il a envie d'aller en France.

Comparez:

> **Pendant que** vous parlez, je vous écoute.
>
> **Pendant que** mon père regardait la télévision, ma mère lisait le journal.
>
> **Pendant que** vous irez à la banque, je ferai mes exercices de français.
>
> **Depuis que** j'étudie le français, les langues étrangères m'intéressent.
>
> **Depuis que** j'étais au Canada, je faisais du ski chaque hiver.

■ **Pendant** ⎫ sont des *prépositions* suivies d'un *nom* ou d'une *expression de*
Depuis ⎭ *temps.*

Pendant que ⎫ sont des *conjonctions* de subordination suivies d'un *verbe*.
Depuis que ⎭

> **3.** On **doit** avoir un passeport pour aller à l'étranger.
> Jean et Charles **ont dû** travailler avant d'aller en France.

Étudiez les phrases suivantes:

(a) Mon ami m'a prêté de l'argent. Je lui **dois** 20 dollars.
Au restaurant, vous avez payé pour nous. Combien est-ce que nous vous **devons?**

(b) On **doit** faire son travail consciencieusement.
Les étudiants **doivent** faire des exercices tous les jours.
Hier soir, j'**ai dû** travailler jusqu'à une heure du matin.
Quand j'étais enfant, nous habitions à la campagne; nous **devions** marcher pendant une heure pour aller à l'école.
Vous **devrez** travailler beaucoup pour obtenir un A à l'examen.

(c) Mes amis **doivent** venir chez moi vers huit heures.
Ils **devaient** déjà venir la semaine dernière, mais ils étaient trop occupés.

(d) Charles est absent aujourd'hui, il **doit** être malade.
Il a **dû** prendre froid en faisant du ski pendant le week-end.

■ Toutes les formes verbales en caractères gras sont des formes du verbe **devoir.**
Le verbe **devoir** a différents sens et différentes valeurs:

(a) Dans ces phrases, le verbe **devoir** est employé seul et il indique l'idée d'une *dette*. Il s'emploie au *présent,* à l'*imparfait* ou au *futur*.

(b) Ici le verbe **devoir** est une sorte d'auxiliaire (comme **vouloir** et **pouvoir**). Il est suivi d'un verbe à l'infinitif. Il est employé au *présent,* au *passé* ou au *futur de l'indicatif.* Il indique une *obligation* (= je suis obligé de, on est obligé de, j'ai été obligé de, nous étions obligés de, vous serez obligé de, etc.)

(c) Dans la troisième série d'exemples, **devoir** est aussi un auxiliaire: on emploie **devoir** devant un infinitif. Mais il n'indique pas une obligation ou un devoir moral. Il indique l'*intention* ou l'*expectative*. On l'emploie au présent et à l'imparfait.

GRAMMAIRE

EXEMPLES: Mes amis **doivent** venir chez moi vers 8 heures. (Ils ont l'intention de venir chez moi, nous avons projeté cette visite.)

Je **dois** recevoir ce chèque bientôt. (J'attends ce chèque; je sais qu'il va arriver.)

Hier, je **devais** vous téléphoner, mais j'ai oublié.

(d) **Devoir** indique un *fait probable.*

EXEMPLES: Charles **doit** être malade. (Il est probablement malade; je suppose qu'il est malade et qu'il a pris froid en faisant du ski.)

Dans ce cas, **devoir** est employé au *présent* ou au passé de l'indicatif, généralement au *passé composé.*

■ Voici la conjugaison du verbe **devoir:**

	Présent		*Imparfait*		*Futur*	
INDICATIF:	Je	**dois**	Je	**devais**	Je	**devrai**
	Vous	**devez**	Vous	**deviez**	Vous	**devrez**
	Tu	**dois**	Tu	**devais**	Tu	**devras**
	Nous	**devons**	Nous	**devions**	Nous	**devrons**
	Il	**doit**	Il	**devait**	Il	**devra**
	Elle	**doit**	Elle	**devait**	Elle	**devra**
	Ils	**doivent**	Ils	**devaient**	Ils	**devront**
	Elles	**doivent**	Elles	**devaient**	Elles	**devront**

Le participe passé: **dû**
Le passé composé: j'**ai dû**

---

4. Ma soeur est plus âgée que **moi,** mais je suis plus grand qu'**elle.**

Étudiez les phrases suivantes:

(a) Mon frère a commencé à étudier le français avant **moi;** il le parle mieux que **moi,** mais je l'écris plus correctement que **lui.**

Voilà votre composition. Je vais la corriger avec **vous.**

Hier nous sommes allés chez **elle.**

Qui sait la réponse correcte? **Vous** ou **lui?** — **Moi.**

■ Les mots en caractères gras sont des *pronoms personnels accentués.* (Cf. leçon 13)
Les pronoms personnels accentués sont:

moi	nous	
toi	vous	
lui, elle	eux, elles	soi

■ On les emploie:

1. *après* une *préposition:* après **moi,** derrière **eux,** sans **toi,** pour **elle;**
2. dans le *deuxième terme* d'une *comparaison:*

   EXEMPLES: Ils se sont amusés **plus que moi.**
   Il est certain que vous parlez **mieux que lui.**

3. dans une phrase où on emploie le *pronom* sans verbe:
   EXEMPLES:

   Qui vient d'arriver? — **Moi.**   Qui n'a pas compris? — **Lui.**
   J'ai lu *L'Étranger.* — **Moi** aussi.   J'ai lu *L'Étranger.* — **Moi** non.
   Je n'ai pas vu *La Leçon.* — **Moi** non   Je n'ai pas vu *La Leçon.* — **Moi** si.
   plus.

(b) On aime rester chez **soi** quand il pleut.
Chacun pense d'abord à **soi.**

■ Le pronom accentué **soi** se rapporte à un sujet indéfini, comme **on, chacun.**

Étudiez le passage suivant:

(c) J'étais avec Robert quand l'accident est arrivé. C'est **lui** qui a essayé de réparer la voiture. **Moi,** je suis allé au village pour téléphoner à nos parents. Les fermiers, **eux,** nous ont aidés. La mère a été très aimable. C'est **elle** qui nous a offert de passer la nuit à la ferme. Mais **nous,** nous voulions rentrer.

■ Dans ces derniers exemples, les pronoms personnels accentués sont employés pour *insister* sur le sujet ou sur le complément. Dans ce cas, on emploie le plus souvent un double sujet ou un double objet.

Pour insister sur une partie de la phrase, on emploie aussi les expressions: **c'est . . . qui** (pour insister sur le sujet), **c'est . . . que** (pour insister sur le complément).

Exemples: C'est **moi qui** ai téléphoné hier. C'est **à elle que** j'ai parlé.

---

5. Ma voiture est au garage. Où est **la vôtre?**
La mienne est devant la maison.

Comparez:

Mon frère est médecin. Que fait **le vôtre?**	**Le mien** est avocat.
J'ai fait ma composition pour lundi prochain. Avez-vous fait **la vôtre?**	Oui, j'ai fait **la mienne,** mais Robert n'a pas fait **la sienne.**
Mes parents sont encore jeunes. Quel âge ont **les vôtres?**	**Les miens** sont plus âgés que **les vôtres.**
Et les parents de Jacques?	Je crois que **les siens** sont assez jeunes.
J'ai deux mois de vacances; ma sœur n'a que deux semaines de vacances.	**Les miennes** sont plus longues que **les siennes.**
J'ai ma voiture. Charles et Bob ont-ils **la leur?**	Non, **la leur** est au garage.
Nous aurons nos examens la semaine prochaine. Quand aurez-vous **les vôtres?**	Nous aurons **les nôtres** à la fin du mois.

■ Ces pronoms sont des *pronoms possessifs.* Ils remplacent un nom précédé d'un adjectif possessif. Ils sont variables.

Voici les *pronoms possessifs:*

le mien	la mienne	les miens	les miennes
le tien	la tienne	les tiens	les tiennes
le sien	la sienne	les siens	les siennes
le nôtre	la nôtre	les nôtres	
le vôtre	la vôtre	les vôtres	
le leur	la leur	les leurs	

Notez: Il y a une *contraction de l'article* et des prépositions **à** et **de.**

Exemples: J'ai parlé à mon père. Avez-vous parlé **au** vôtre?
Je fais attention à mes livres comme vous faites attention **aux** vôtres.

Je n'ai pas besoin de mon cahier. Avez-vous besoin **du** vôtre? Paul a-t-il besoin **du** sien?

Je ne suis pas content de mes notes. Êtes-vous content **des** vôtres? Barbara est-elle contente **des** siennes?

Remarquez cette *autre* manière d'indiquer *la possession:* **être à** . . .

whose **A qui** est ce manteau?	Il **est à** Marianne; il **est à** elle.
A qui est cette veste?	Elle **est à** Jacques; elle **est à** lui.
A qui sont ces papiers?	Ils **sont à** moi.
A qui sont les disques?	Ils **sont à** nos amis; ils **sont à** eux.
Ces livres **sont-ils à** Jeannette?	Oui, ils **sont à** elle.

Ce livre **est à moi** = C'est mon livre. = C'est **le mien.**
Ce manteau **est à elle** = C'est son manteau. = C'est **le sien.**
Cet argent **est à eux** = C'est leur argent. = C'est **le leur.**
Ces disques **sont à nous** = Ce sont nos disques. = Ce sont **les nôtres.**
Ces clés **sont à vous** = Ce sont vos clés. = Ce sont **les vôtres.**

---

6. Paris est **la plus** grande ville **de** France.

Comparez:

Le bâtiment de l'administration est beau et original.	Le bâtiment de l'administration est **le plus** beau bâtiment **de** l'université et c'est le bâtiment **le plus** original.
Ma chambre est agréable.	Ma chambre est la pièce **la plus** agréable **de** la maison, mais c'est **la moins** grande pièce.
La Tour Eiffel et le Palais de Chaillot sont des monuments de Paris.	Ce ne sont pas les monuments **les plus** modernes **de** Paris.
Le restaurant Grégoire est bon.	C'est **le meilleur** restaurant **de** la ville.
Les comédies des Marx Brothers sont excellentes.	Ce sont les comédies **les plus** amusantes **du** monde.

■ Le *superlatif* de *supériorité* et d'*infériorité* est indiqué par:

le plus, la plus, les plus + adjectif
le moins, la moins, les moins + adjectif

L'adjectif est normalement avant ou après le nom comme dans la forme simple. (Cf. leçon 7, page 53.)

EXEMPLES: Ce sont les gens **les plus riches de** la ville. Ils habitent **la plus belle** maison **de** la ville.

Voilà **le plus grand** hôtel **de** Paris. C'est aussi l'hôtel **le plus cher de** Paris.

■ L'adjectif est variable. Le complément du superlatif est introduit par **de**.

EXERCICES

1. **(a)** *Complétez les phrases par* **depuis** *ou* **pendant** *selon le sens.*

1. Hier soir, j'ai regardé la télévision _____ une heure. 2. Mon père reçoit ce journal _____ l'été dernier. 3. Ma sœur va à l'école élémentaire _____ trois ans. 4. Chaque soir, elle étudie _____ une heure. 5. _____ des siècles, les avions n'ont pas existé. 6. _____ quelques années, on va de Paris à New York en cinq heures. 7. Nous sommes dans cette classe _____ quelques semaines. 8. J'ai appris le passé composé _____ le premier semestre de français. 9. Je parle français dans la classe de français _____ la première leçon de français. 10. _____ quelques années, les hommes essaient de découvrir des planètes habitées.

(b) *Donnez la phrase opposée (attention au temps du verbe).*

EXEMPLE: Il est parti il y a une semaine.
Il **partira dans** une semaine.

1. J'ai fini mon travail il y a une demi-heure. 2. Jean et Charles partiront dans une semaine. 3. Mes amis viendront me voir dans quelques jours. 4. Mes parents sont allés au Mexique il y a un mois. 5. Nous aurons un examen dans deux semaines. 6. Ils seront obligés de vendre leur voiture dans peu de temps. 7. Rendra-t-il les devoirs dans une semaine? 8. Des écrivains étrangers ont vécu à Paris il y a quarante ans. 9. Paris sera-t-il célèbre dans un siècle? 10. Jean a fait une conférence au cercle français il y a quelques jours.

(c) *Répondez aux questions suivantes en employant* **depuis** *ou* **pendant**.

1. Depuis quand les États-Unis sont-ils indépendants? 2. Pendant combien de temps êtes-vous dans votre classe de français tous les jours? 3. Depuis combien de temps avez-vous la permission de sortir le soir? 4. Depuis quand étudiez-vous le français? 5. Depuis combien de temps êtes-vous étudiant(e) dans votre université? 6. Pendant combien de temps êtes-vous allé(e) à l'école élémentaire?

7. Depuis combien de temps le Président Kennedy est-il mort? **8.** Depuis combien de temps l'Alaska est-il un état américain? **9.** Depuis quand habitez-vous votre maison? **10.** Pendant combien de temps étudierez-vous avant d'obtenir votre diplôme de l'université?

2. *Joignez les deux parties de la phrase en employant selon le cas:* **pendant que** *ou* **depuis que.**

1. Il y a des guerres / il y a des hommes. **2.** Nous irons au marché / vous préparerez la table. **3.** Paul connaît cette jeune fille / il lui téléphone tous les soirs. **4.** Son père a une Cadillac / Bob est insupportable. **5.** Nous ne bavardons pas / le professeur explique le vocabulaire. **6.** Je travaille pour l'examen / pourquoi m'invitez-vous à aller à la plage? **7.** Je m'intéresse aux animaux / j'ai un chien et un chat. **8.** Avez-vous cette auto / vos parents habitent à la campagne? **9.** J'allais voir mes amis / ils étaient à la montagne pour l'été. **10.** Hélène fait des économies pour son voyage / elle gagne de l'argent.

3. **(a)** *Remplacez les formes en italiques par la forme correspondante du verbe* **devoir.** (*Faites les changements nécessaires.*)

1. *J'ai à* écrire une composition pour ma classe d'anglais. **2.** Les étudiants *sont obligés de* parler français dans la classe de français. **3.** Mon ami ne m'a pas téléphoné car il *avait probablement* beaucoup de travail. **4.** On *est obligé d'*avoir de bonnes notes pour entrer à l'université. **5.** Quand j'avais 8 ans, *j'étais obligé de* prendre l'autobus pour aller à l'école. **6.** Mes parents sont partis en avion, mais ils *avaient l'intention de* voyager en train. **7.** Hier, nous *avons été obligés de* travailler tard. **8.** Ce matin Barbara était absente; elle *était probablement* malade. **9.** Si vous voulez obtenir un A, vous *serez obligé de* travailler plus sérieusement. **10.** Mes amis et moi, nous *avions l'intention d'*organiser une soirée.

(b) *Employez une forme correcte du verbe* **devoir.**

1. Mon ami me _____ 50 dollars. **2.** Nous _____ faire un pique-nique bientôt. **3.** Je ne trouve pas mes lunettes; je _____ les oublier à la banque ce matin. **4.** Hier, je _____ faire des courses, mais je n'ai pas eu le temps. **5.** Ils _____ passer leurs vacances avec nous. **6.** Ma mère _____ me téléphoner pendant que j'étais absent. **7.** Cette auto _____ coûter très cher. **8.** Ils _____ partir dimanche dernier, mais ils sont partis hier. **9.** Nous étions en retard; nous _____ prendre un taxi. **10.** Ils marchaient depuis des heures. Ils _____ être très fatigués.

4. *Employez le* pronom accentué *correcte pour le sens de la phrase.*

1. Mes amis m'accompagneront; ils viendront avec _____ jusqu'à San Francisco. **2.** Nous ne savons pas si nous serons chez _____ ce soir. **3.** Votre frère ne parle pas aussi bien français que ____. **4.** Lisa n'est pas d'accord avec sa mère; elle se dispute avec ____. **5.** Je connais ces vieilles dames; allez-vous quelquefois chez ____? **6.** Ces gens ne sont pas sympathiques; je n'irai jamais chez ____. **7.** Mozart a écrit beaucoup de symphonies, mais Haydn en a composé plus que ____. **8.** Mes parents sont assez âgés, cependant les parents de Jean sont plus âgés que ____. **9.** Dick n'aime pas son père; il ne s'entend pas avec ____. **10.** Ce sont tes voisins; ils habitent à côté de ____.

5. *Remplacez les mots en italiques par des* pronoms possessifs.

1. Mes cheveux sont bruns; *les cheveux de Jeannette* sont blonds. **2.** Son stylo est noir; *notre stylo* est bleu. **3.** Votre voiture est neuve; *ma voiture* est vieille. **4.** J'ai corrigé mon devoir; avez-vous corrigé *votre devoir?* **5.** Ce sont vos bagages. Où sont *mes bagages?* **6.** Mon pays d'origine est le Canada. Quel est *votre pays d'origine?* **7.** Mes parents sont nés en Norvège. Où sont nés *vos parents?* **8.** J'ai besoin de mes cahiers; Jeannette n'a pas besoin *de ses cahiers.* **9.** Je vais téléphoner à mon père. Allez-vous téléphoner *à votre père?* Marc a déjà téléphoné *à son père.* **10.** Je n'ai pas de valises; mes amis vont me prêter *leurs valises,* parce que mon père a perdu *ses valises.*

6. *Répondez aux questions suivantes en employant un* superlatif *dans une phrase complète.*

1. Quelle est la plus grande ville de votre état? **2.** Quel est le meilleur acteur du monde, à votre avis? Et la meilleure actrice? **3.** Quelles sont les plus hautes montagnes de la terre? **4.** Quel est le plus petit état des États-Unis? Et le plus grand? **5.** Quelle est la nation la plus peuplée du monde? **6.** Quelle est la planète la plus proche de la terre? **7.** Quelle est la personne la plus âgée de votre famille? **8.** Cette année, quels sont les deux hommes les plus célèbres du monde? **9.** Quelle est la plus longue rue de votre ville? **10.** Quel(le) est le (la) meilleur(e) étudiant(e) de la classe de français?

Jean-Baptiste Poquelin, dit Molière (1622–1673).
Portrait de Mignard.

Jacques Charon et Robert Hirsch dans le
Bourgeois gentilhomme mis en scène par
J.L. Barrault (Comédie française 1973).

36

Un Américain à Paris (2)

Jean et Charles se réunissent un soir avec quelques amis pour parler des distractions° de Paris. Leur réunion a lieu chez Patty et Phil qui ont passé deux ans à Paris il y a quelques années et qui connaissent bien la capitale.

PATTY. — Alors! Ce voyage s'est bien passé? Vous vous êtes vraiment bien amusés à Paris? 5

CHARLES. — Oh, oui! Je voudrais y retourner.

HÉLÈNE. — C'était la première fois que tu visitais Paris?

CHARLES. — Oui, c'était la première fois. Mais on s'habitue vite à la vie parisienne, je t'assure. Toi, Patty, tu le sais. Tu connais Paris mieux que nous.

PATTY. — Oui, peut-être. Enfin, j'ai vécu à Paris pendant deux ans. Pendant que Phil 10 travaillait à l'Unesco, moi, je suivais des cours à l'Alliance Française. Ensuite pour gagner un peu d'argent, j'ai travaillé comme mannequin° dans une maison° de couture pendant quelques mois.

PHIL. — Mais laisse parler Jean et Charles. J'ai bien envie de les entendre parler de leurs expériences et de voir si elles ressemblent aux nôtres. Alors, qu'avez-vous 15 fait tous les deux?

JEAN. — Eh bien! Nous avons d'abord suivi des cours d'été à Tours. Mais nous avons aussi passé quinze jours à Paris et nous ne nous sommes pas ennuyés. Avec les musées, les théâtres, les cinémas, puis les restaurants, les cafés, les boîtes de nuit, il y a vraiment beaucoup à faire. C'est surtout le théâtre que j'ai trouvé intéressant. 20

HÉLÈNE. — Quelles pièces de théâtre avez-vous vues?

CHARLES. — Eh bien! Nous sommes allés à la Comédie-Française. Nous avons vu *Le Bourgeois Gentilhomme* de Molière et *Phèdre* de Racine.

HÉLÈNE. — Moi, j'ai vu seulement le film du *Bourgeois Gentilhomme* que la Comédie-Française a tourné°. 25

CHARLES. — Je ne connaissais pas la pièce. La représentation de la Comédie-Française a donc été une véritable révélation pour moi. Quelle perfection de jeu et quelle technique extraordinaire!

PATTY. — Justement, je trouve que les acteurs de la Comédie-Française ont trop de technique, trop de métier. Je préfère les théâtres d'avant-garde. 30

La Victoire de Samothrace. Musée du Louvre. (Paris)

JEAN. — Moi aussi, j'ai beaucoup aimé les théâtres d'avant-garde. Nous avons vu *La Leçon* et *La Cantatrice Chauve* de Ionesco au théâtre de la Huchette. Ces pièces se donnaient depuis treize ans et elles se donnent encore, tous les soirs dans une petite salle de cinquante places.

PHIL. — Nous aussi, nous les avons vues. Ce sont les pièces les plus drôles° du monde. 5 Que j'ai ri!

PATTY. — Oui, Phil était fou° de ce genre de théâtre. Il a vu ces pièces au moins° trois fois. On les jouait depuis cinq ans déjà quand nous les avons vues.

PHIL. — Êtes-vous allés au Théâtre de France?

CHARLES. — Non, nous devions y aller et nous n'avons pas eu le temps. Mais Jean 10 m'a emmené voir une pièce de Sartre, *Huis-Clos.* Elle m'a beaucoup plu.° Après l'avoir étudiée en classe, je n'ai pas eu de difficulté à la comprendre.

HÉLÈNE. — Je n'aime pas Sartre. Il est trop pessimiste.

JEAN. — Comment? Pessimiste? C'est l'homme le plus optimiste du monde!

HÉLÈNE. — Comment peux-tu dire une chose pareille?° La nausée, l'angoisse,° 15 l'engagement social, « l'enfer,° c'est les autres », « l'homme est une passion inutile »; c'est une philosophie très pessimiste!

JEAN. — Ah! Ah! Tu ne comprends rien, Hélène. Écoute, je vais t'expliquer.

PATTY. — Assez, assez! Ça suffit! Ce soir, nous allons parler de choses amusantes. Tu nous feras une conférence une autre fois, Jean, mais pas ce soir. Comment 20 passiez-vous vos après-midi, Charles?

CHARLES. — Oh! Nous nous promenions. Puis nous allions dans les musées. Nous visitions les galeries et les expositions. Nous sommes allés au Musée National d'Art Moderne, au Musée Rodin, au Louvre où nous avons contemplé pieusement° la Joconde et la Victoire de Samothrace. 25

Le Palais du Louvre, commencé en 1204 et terminé sous Napoléon III. Il abrite l'un des plus riches musées du monde. (Paris)

Sculpture de Maillol (1861–1944) dans les jardins du Louvre. (Paris)

PATTY. — Et la Vénus de Milo? Ne me dis pas que tu n'as pas vu la Vénus de Milo.

CHARLES. — Si, si, je l'ai vue. Elle est sensationnelle!

PATTY. — On en voit trop de reproductions. Moi, je trouve la Vénus de Milo insupportable.

PHIL. — Eh bien! Je ne suis pas d'accord. Je la trouve très belle.   5

JEAN. — Nous avons visité aussi une exposition° surréaliste que j'ai trouvée extraordinaire.

HÉLÈNE. — Où était-ce?

JEAN. — Dans une petite galerie qui s'appelle la Galerie Daniel Cordier, rue de Miromesnil. Il y avait toutes sortes de choses: des peintures, des photographies, 10 des sculptures. Puis quelque chose que je n'oublierai jamais: la voix enregistrée d'une femme qui poussait des soupirs° interrompus par de longs silences.

PATTY. — Curieuse idée! Mais qu'est-ce que vous faisiez le soir? Vous avez fait autre chose que visiter les musées et les théâtres?

CHARLES. — Le soir, nous nous promenions aux Champs-Élysées ou nous allions à 15 Saint-Germain-des-Prés, à Montparnasse ou à Montmartre. Nous sommes allés dans des cabarets et des music-halls et naturellement aux Folies-Bergère pour voir « le spectacle unique au monde ». Un soir, nous avons pris un verre° au bar du Lido. Il faut dire que nos compatriotes ont apporté quelque chose à la vie nocturne de Paris. Il y a partout des strip-tease. Il y a même un music-hall qui s'appelle, en tout simplicité, *Le Sexy*, et *Le Capricorne* annonce « le strip-tease 5 permanent le plus sexy de Paris ».

PATTY. — Je vois que vous n'avez pas perdu votre temps.

PHIL. — Et les restaurants? Dis-moi, êtes-vous allés à *La Tour d'Argent, chez Maxim's* et à *la Méditerranée?*

CHARLES. — Oh non! C'était beaucoup trop cher pour nous. Mais les grands-parents 10 de Jean nous ont emmenés au Palais-Royal dîner un soir *Au Grand Véfour.*

PATTY. — Je le connais bien. C'est charmant. Il a conservé tout à fait son atmosphère de restaurant du 18e siècle.

PHIL. — Vous savez qu'au 18e siècle, il y avait au Palais-Royal, un « Café mécanique », qui préfigurait nos restaurants automatiques d'aujourd'hui?   15

PATTY. — Dans le même genre, il y a aussi dans la rue de l'Ancienne-Comédie, *Le Procope* qui date du 17e siècle. C'est maintenant un restaurant très modeste, mais on y respire quand même l'odeur du passé.

PHIL. — Puisque tu parles d'odeurs, tu sais que *Le Procope* était l'un des premiers restaurants à vendre du café qu'on appelait à cette époque-là « l'arôme nouveau ». 20 *Le Procope* est très intéressant. Diderot et d'Alembert y ont parlé de l'Encyclopédie pour la première fois. Les écrivains romantiques° l'ont fréquenté, puis les Symbolistes. Il a même été un restaurant pour végétariens° à un certain moment.

HÉLÈNE. — Avez-vous vu beaucoup de films?

CHARLES. — Pas beaucoup, mais nous sommes allés un après-midi à la Cinémathèque 25 du Palais de Chaillot où nous avons vu « Le Cabinet du Docteur Caligari ». Cela m'a beaucoup intéressé.

HÉLÈNE. — On s'intéresse beaucoup au cinéma à Paris, n'est-ce pas?

JEAN. — Oui, on y prend° le cinéma au sérieux.° Il y a des ciné-clubs où on peut voir des films expérimentaux ou des films anciens. Mais il y a bien entendu, dans 30 des dizaines de cinémas, les nouveaux films de la semaine, les films en exclusivité,° puis des films sélectionnés, les films interdits° aux « moins de 13 ans », aux « moins de 16 ans », aux « moins de 18 ans ». Les films étrangers sont présentés en version originale et quelquefois doublés.°

PATTY. — En effet, on présente beaucoup de films à Paris. Phil les a comptés une fois. 35 Combien y en avait-il? Tu te souviens?

PHIL. — Je ne m'en souviens plus exactement. Plus de deux cent cinquante.

CHARLES. — Et on adore les films américains, surtout les westerns.

PATTY. — Il y avait même un cinéma qui s'appelait « le Far West ».

JEAN. — Oui, les noms des cinémas sont curieux. On voit bien que le cinéma est 40 international. Il y a le Rex, le Cluny-Palace, et je ne sais pas combien d'autres palaces, le Mercury, le Pacific.

PHIL. — Vous n'avez pas eu le temps de voir des sports à Paris ou d'en faire? Moi, j'allais voir régulièrement des matchs de football ou de boxe. Et le catch m'amusait beaucoup. Parfois même, je faisais du bowling. 5

JEAN. — Nous sommes allés un jour en fin d'après-midi à la piscine Deligny pour nous baigner. Il faisait très chaud et il y avait un monde fou.

PHIL. — Vous savez que cet établissement est très ancien . . . .

JEAN. — Non? il a l'air très moderne!

PHIL. — Les bains Deligny datent du 18ᵉ siècle; on les a refaits en . . . 1842 avec 10 les planches employées pour la cérémonie du retour des cendres de Napoléon aux Invalides.

PATTY. — Dites-moi, avez-vous vu une présentation de collection à Paris?

JEAN. — Collection? Collection de quoi?

PATTY. — Vous entendez? Il me demande de quoi? Mais une collection de mode, mon 15 cher, de mode. Quand on va à Paris, on *doit* aller voir une collection.

CHARLES. — Ah! Je comprends! Tu as été mannequin. Eh bien, non! Nous regrettons de te décevoir,° n'est-ce pas, Jean? Mais nous ne sommes pas allés chez les grands couturiers. Tu sais, nos parents s'intéressaient à la mode, mais notre monde est 20 différent du leur.

PATTY. — Oui, je le sais. Aujourd'hui, c'est autre chose. C'est « l'unisexe », la libération de la femme. Bientôt, nous porterons tous des uniformes! Dommage, car il n'y a rien de plus beau qu'une belle robe!

Vocabulaire et Expressions Utiles

Un auteur dramatique écrit des pièces de théâtre (un drame, une comédie, une 25 tragédie). Quelques auteurs écrivent des scénarios (*m.*) pour le cinéma. Les person- nages° (*m.*) d'une pièce de théâtre sont le plus souvent imaginaires excepté si la pièce (ou le film) est historique ou documentaire. Dans un film (ou une pièce) des événe- ments arrivent; quelque chose se passe.° Il s'agit° de La Guerre Civile des États-Unis par exemple ou d'un problème social, ou psychologique. Quelquefois, l'auteur rend 30 les personnages ridicules: la pièce est comique. Les pièces de théâtre traditionnelles ont un sujet. Avant de présenter la pièce au public, le metteur° en scène dirige les acteurs pendant les répétitions; puis les acteurs jouent la pièce sur la scène, dans un (ou des) décor°(s), avec des costumes. Les films sont projetés° sur un écran.° Mainte- nant les films sont sonores et parlants. Un film étranger est présenté en version 35 originale avec des sous-titres ou il est doublé.

EXERCICES

1. *Répondez aux questions suivantes.*

    1. Connaissez-vous des pièces de théâtre classiques en anglais ou en français? Si oui, quelles pièces? Où les avez-vous vues (*ou* lues *ou* étudiées)? **2.** Qu'est-ce qu'un mannequin fait? **3.** Qu'est-ce qu'un metteur en scène? **4.** Avez-vous vu récemment un film ou une pièce de théâtre qui vous a plu (ou déplu)? Pourquoi? **5.** Préférez-vous voir un film étranger en version originale ou en version doublée? Pourquoi? **6.** A quel art vous intéressez-vous? **7.** Dans votre ville, y a-t-il un musée ou une galerie d'art? Y êtes-vous déjà allé(e)? Qu'est-ce qu'on y voit? **8.** Y a-t-il des œuvres d'art (peinture ou sculpture) que vous aimez particulièrement? Quelles œuvres? **9.** Une présentation de mode vous intéresse-t-elle? Pourquoi? **10.** Vos parents vous prennent-ils toujours au sérieux?

2. *Faites une phrase complète avec chacune des expressions suivantes.*

    1. il s'agit de **2.** être fou de **3.** suivre un cours **4.** au moins **5.** plaire **6.** se passer **7.** une conférence **8.** prendre au sérieux

3. *Questions sur la lecture. Répondez par des phrases complètes.*

    1. Quelles étaient les occupations de Phil et de Patty pendant qu'ils étaient à Paris? **2.** Quelles pièces de théâtre Jean et Charles ont-ils vues à la Comédie-Française? De qui sont ces pièces? A quelle époque ces auteurs ont-ils vécu? **3.** Patty aime-t-elle la Comédie-Française? Pourquoi? **4.** Quelle sorte de pièces Ionesco (l'auteur de *La Leçon*) écrit-il? **5.** Quelle pièce de Sartre Jean et Charles ont-ils vue? Pourquoi Charles n'a t-il pas eu de mal à la comprendre? **6.** Qu'est-ce que la « Joconde »? Qui a fait ce tableau? A quelle époque?

4. *Composition:*

    (a) Racontez un film ou une pièce de théâtre que vous avez vu(e) récemment.

    (b) Votre première journée d'étudiant à l'université. Qu'avez-vous fait ou vu? Qu'aviez-vous vu, fait, pensé ou imaginé avant?

    (c) Vous êtes journaliste et vous écrivez un article (en français) pour le journal de votre université. Le titre de cet article est: « Les distractions de Paris ».

5. *Sujets de discussion:*

    1. Que pensez-vous de la censure cinématographique?

    2. L'influence de la télévision sur les enfants. Est-elle bonne ou mauvaise à votre avis?

    3. Croyez-vous que la télévision est une menace pour le cinéma ou pour le théâtre?

Exercices Supplémentaires de Grammaire

1. (a) *Complétez les phrases en employant:* **pendant (que), depuis (que), il y a, dans, en.**

Marc et Denise se connaissent _____ plusieurs mois. Ils se sont rencontrés _____ un an et ils sont devenus amis _____ quelques minutes. _____ ce jour-là, ils se voient très souvent. _____ il connaît Denise, Marc ne regarde plus les autres jeunes filles. _____ ils sont ensemble, les jeunes gens parlent de leurs études et de leurs projets. Ils iront en France _____ leurs vacances. Ils partiront _____ quelques semaines et ils resteront en Europe _____ deux mois. Ils suivront un cours de vacances _____ six semaines et _____ les deux autres semaines, ils voyageront en France et en Belgique. _____ deux mois, ils feront certainement de grands progrès en français.

(b) *Composez des phrases avec les expressions suivantes (indiquant le temps).*

1. *une phrase avec* **pendant que;** *une phrase avec* **depuis que.**
2. *deux phrases avec* **pendant;** *deux phrases avec* **depuis;** *deux phrases avec* **il y a;** *deux phrases avec* **dans,** *deux phrases avec* **en.**

2. *Employez le verbe* **devoir** *au temps exigé par le sens de la phrase.*

Samedi dernier, mes parents et moi, nous _____ aller voir des amis qui habitent à 50 milles d'ici. Nous _____ partir tôt, mais le matin, je _____ finir une longue composition et nous sommes partis à midi. Avant de prendre l'autoroute, nous _____ aller à la station-service. L'unique employé _____ s'occuper de toute une file de voitures; nous _____ attendre notre tour pendant un quart d'heure. C'est toujours quand on est pressé qu'on _____ attendre. L'employé nous a dit: « Vous me _____ 80 dollars ». Il _____ être distrait ou fatigué car nous lui _____ huit dollars seulement. Sur l'autoroute, nous _____ nous arrêter longtemps à cause d'un accident.

3. *Changez les phrases de manière à employer un* pronom possessif.

1. Ne prenez pas votre voiture; Bob prendra sa voiture. **2.** Voulez-vous me prêter votre crayon, j'ai perdu mon crayon. **3.** Tous les avions étaient en retard, mais notre avion était à l'heure. **4.** Leurs bagages sont arrivés; mais où sont tes bagages? **5.** Je m'entends avec mes parents. Vous entendez-vous avec vos parents? **6.** Jack se plaint de ses professeurs; moi, je ne me plains pas de mes professeurs. **7.** Nous nous servons de notre livre; Marc ne se sert pas de son livre. **8.** Je me souviens de mes vacances au Mexique. Se souviennent-ils de leurs vacances?

EXPRESSIONS NOUVELLES

une angoisse°
les cendres (f.)°
une conférence
une distraction°
une exposition°
une maison de couture°
une nausée
une odeur
une passion
une reprise°

un arôme
un auteur dramatique
un ciné-club
un écran°
l'enfer (m)°
un engagement

un métier
un metteur° en scène
un personnage°
un soupir°
un sous-titre

ancien(ne)
doublé(e)°
drôle°
interdit(e)°
sonore
véritable

il s'agit de° (3)
contempler
décevoir° (déçu) (3)
être fou de°

gagner
(se) passer°
plaire (plu) (3)
pousser° un soupir
préfigurer
prendre au sérieux°
prendre un verre°
projeter°
il (me, vous, nous,
    lui, leur) semble
tenir° à
tourner un film

à la mode°
au moins°
en exclusivité°
pieusement°

Vous savez déjà:

l'avant-garde (f.)
une galerie
une perfection
une présentation
la simplicité
une version originale

un(e) compatriote
un couturier
un décor
un établissement
un mannequin
un match

un point de vue
le public
un végétarien(ne)°
un scénario

académique
automatique
banal(e)°
comique
expérimental
historique
imaginaire

nocturne
optimiste
permanent(e)
pessimiste
psychologique
romantique
selectionné(e)
sensationnel(le)
superbe
surréaliste
symboliste
regretter

37

POINTS DE REPÈRE

1. Il faut que nous **réfléchissions** avant de répondre.
   Il faut que je **rende** ces livres à la bibliothèque.

   ———————

2. Il faut que mon frère **obtienne** son diplôme cette année.
   Il faut que **j'aille** à la poste.

   ———————

3. Le professeur veut que nous **finissions** les phrases.
   Il est possible que vous **ayez** raison.
   J'ai peur que vous ne **compreniez** pas ma question.

   ———————

4. Je suis sûr que Paul **a** une Cadillac.
   Je doute que Paul **ait** une Cadillac.

   ———————

5. Je désire **obtenir** mon diplôme.
   Mon père désire que **j'obtienne** mon diplôme.

   ———————

6. Je regrette que vous ne **puissiez** pas venir **samedi prochain**.

DÉVELOPPEMENT GRAMMATICAL

1. Il faut que nous **réfléchissions** avant de répondre.
Il faut que je **rende** ces livres à la bibliothèque.

Comparez:

Il **fait** mauvais.

Nous **avions** un examen final dans notre classe de français.

Vous **pouvez** finir votre composition ce soir.

Je **ferai** des économies pour aller en Europe.

Votre mère **est** malade.

Je voudrais qu'il **fasse** beau.

Il est possible que nous **ayons** un examen la semaine prochaine.

Je doute que vous **puissiez** finir votre composition ce soir.

Il faut que je **fasse** des économies pour aller en Europe.

Je suis désolé que votre mère **soit** malade.

■ Dans la première colonne, il y a des propositions indépendantes dont le verbe est au présent, au futur ou au passé de l'*indicatif*. Ces phrases expriment *un simple fait* ou un état que tout le monde peut constater.

Dans la deuxième colonne, au contraire, les verbes en caractères gras sont dans des *propositions subordonnées* introduites par la conjonction **que** et ils dépendent d'un verbe principal: *je voudrais, il est possible, je doute, il faut, je suis désolé.* Les verbes des propositions subordonnées sont au *présent du subjonctif:* **fasse, ayons, puissiez, soit.**

■ L'*indicatif* est un *mode*. Le *subjonctif* est un autre *mode*, c'est-à-dire une manière de présenter une action ou un état. (*Cf.* fin du 5e échelon. Grammaire générale.)

Le *présent du subjonctif* est un temps employé couramment dans la conversation et dans la correspondance.*

Étudiez les exemples suivants:

A quelle heure faut-il que vous **arriviez** à l'université?

Pour quelle date faut-il que vous **finissiez** votre rapport d'histoire?

Il faut que j'**arrive** à l'université à huit heures du matin.

Il faut que je le **finisse** pour la fin du mois.

*L'*imparfait* et le *plus-que-parfait* du subjonctif sont souvent employés dans les textes littéraires.

Quand faut-il que vous **rendiez** votre composition de français au professeur?

Il faut que je lui **rende** cette composition demain.

Faut-il que vous **lisiez** ces livres pour votre examen d'histoire?

Oui, il faut que je **lise** tous ces livres.

■ Dans ces exemples, il y a des verbes du *1ᵉʳ groupe* (arriver), du *2ᵉ groupe* (finir) et du *3ᵉ groupe* (rendre, lire).

Voici la conjugaison du *subjonctif présent* des verbes **arriver, finir, rendre:**

arriver		finir		rendre	
que j'	arrive	que je	finisse	que je	rende
que vous	arriv**iez**	que vous	finiss**iez**	que vous	rend**iez**
que tu	arriv**es**	que tu	finiss**es**	que tu	rend**es**
que nous	arriv**ions**	que nous	finiss**ions**	que nous	rend**ions**
qu'il	arrive	qu'il	finisse	qu'il	rende
qu'elle	arrive	qu'elle	finisse	qu'elle	rende
qu'ils	arriv**ent**	qu'ils	finiss**ent**	qu'ils	rend**ent**
qu'elles	arriv**ent**	qu'elles	finiss**ent**	qu'elles	rend**ent**

■ Au *subjonctif présent,* tous les verbes (excepté **avoir** et **être**) ont *les mêmes terminaisons.*

	Singulier	Pluriel
1)	**e***	**ions**
2)	**iez, es***	**iez**
3)	**e***	**ent***

■ Le radical est le *radical* de la *troisième personne du pluriel du présent de l'indicatif.*

choisir	ils **choisissent**	Il faut que je **choisisse.**
réfléchir	ils **réfléchissent**	Il faut que je **réfléchisse.**
réussir	ils **réussissent**	Il faut que je **réussisse.**
lire	ils **lisent**	Il faut que je **lise.**
écrire	ils **écrivent**	Il faut que j' **écrive.**
partir	ils **partent**	Il faut que je **parte.**
sortir	ils **sortent**	Il faut que je **sorte.**

*Ces terminaisons écrites ne se prononcent pas.

> **2.** Il faut que mon frère **obtienne** son diplôme cette année.
> Il faut que j'**aille** à la poste.

Étudiez les phrases suivantes:

Faut-il que vous **preniez** l'autobus? — Oui, il faut que je le **prenne** pour aller chez moi.

Faut-il que je **fasse** des exercices oraux? — Oui, il faut que vous en **fassiez.**

Pourquoi faut-il que nous **sachions** le subjonctif? — Il faut que vous le **sachiez** parce que le subjonctif est employé en français parlé.

■ (1) Les verbes du troisième groupe qui *changent de radical* au présent de l'*indicatif* (prendre, boire, voir, vouloir, recevoir, etc.) *changent aussi de radical au présent du subjonctif,* à la 1re et à la 2e personne du pluriel.

Voilà la conjugaison du *subjonctif présent* des verbes **prendre** et **voir:**

prendre		voir	
que je	**prenn**e	que je	**voi**e
que vous	**pren**iez	que vous	**voy**iez
que tu	**prenn**es	que tu	**voi**es
que nous	**pren**ions	que nous	**voy**ions
qu'il	**prenn**e	qu'il	**voi**e
qu'elle	**prenn**e	qu'elle	**voi**e
qu'ils	**prenn**ent	qu'ils	**voi**ent
qu'elles	**prenn**ent	qu'elles	**voi**ent

Voilà encore quelques verbes usuels dont le radical change au *subjonctif présent* comme à l'*indicatif:*

	INDICATIF	SUBJONCTIF
recevoir	ils **reçoiv**ent	que je **reçoiv**e
	nous **recev**ons	que nous **recev**ions
		qu'ils **reçoiv**ent

boire	ils **boiv**ent	que je **boiv**e
	nous **buv**ons	que nous **buv**ions
		qu'ils **boiv**ent
venir	ils **vienn**ent	que je **vienn**e
	nous **ven**ons	que nous **ven**ions
		qu'ils **vienn**ent
obtenir	ils **obtienn**ent	que j'**obtienn**e
	nous **obten**ons	que nous **obten**ions
		qu'ils **obtienn**ent

■ (2) Un petit nombre de verbes ont un *radical spécial* au subjonctif présent.

(a) Ils se conjuguent *sans changement de radical* au subjonctif présent:

faire	que je **fasse**	que nous **fassions**	qu'ils **fassent**
pouvoir	que je **puisse**	que nous **puissions**	qu'ils **puissent**
savoir	que je **sache**	que nous **sachions**	qu'ils **sachent**

et

falloir	(il faut) qu'il **faille**
pleuvoir	(il pleut) qu'il **pleuve**

(b) Ils se conjuguent *en changeant de radical* au subjonctif présent:

aller	que j'**aille**	que nous **allions**	qu'ils **aillent**
vouloir	que je **veuille**	que nous **voulions**	qu'ils **veuillent**

■ (3) Voici la conjugaison au *subjonctif présent* des verbes **être** et **avoir**:

être		avoir	
que je	**sois**	que j'	**aie**
que vous	**soyez**	que vous	**ayez**
que tu	**sois**	que tu	**aies**
que nous	**soyons**	que nous	**ayons**
qu'il	**soit**	qu'il	**ait**
qu'elle	**soit**	qu'elle	**ait**
qu'ils	**soient**	qu'ils	**aient**
qu'elles	**soient**	qu'elles	**aient**

3. Le professeur veut que nous **finissions** les phrases.

Il est possible que vous **ayez** raison.

J'ai peur que vous ne **compreniez** pas ma question.

Comparez:

(a) Vous ne faites pas attention.

Mon ami ne vient pas me voir.

Nous parlons français, nous répondons et nous posons des questions en français.

Je veux que vous **fassiez** attention.

Je voudrais que mon ami **vienne** me voir.

Le professeur exige que nous **parlions** français, que nous **répondions** et que nous **posions** des questions en français.

■ On emploie le *subjonctif après un verbe principal* (ou une expression) qui exprime *une volonté*, c'est-à-dire après les verbes:

vouloir		exiger		défendre	
désirer	que . . .	ordonner	que . . .	accepter	que . . .
souhaiter		permettre		s'attendre à to expect	

(b) Je vais à la banque.

Vous lisez des romans de Gide.

Nous arrivons toujours à l'heure.

Cette étudiante est malade et elle ne peut pas venir.

Il faut que j'**aille** à la banque.

Il est nécessaire que vous **lisiez** des romans de Gide.

Je doute que nous **arrivions** à l'heure aujourd'hui.

Il se peut (= il est possible) que* cette étudiante **soit** malade et qu'elle* ne **puisse** pas venir.

■ On emploie le *subjonctif après un verbe principal* (ou une expression) qui exprime *une nécessité, une possibilité, un doute*, c'est-à-dire après des verbes ou des expressions comme:

*Attention: répétez la conjonction **que** devant chaque verbe qui dépend du verbe principal.

Il faut					
Il est nécessaire		Il est important			
Il est possible		Il est indispensable			
Il est impossible	que . . .	Il n'est pas certain		que . . .	
Il est douteux		(sûr)			
Il est rare		Je doute			
Il est utile		Je ne suis pas sûr			
Il est inutile		(certain)			

Remarques sur le verbe **falloir:**

(1) Ne dites pas: «Il me faut aller à la poste».
Dites: **«Il faut que j'aille à la poste».**

(2) Dites cependant avec une expression de temps:
Il me faut dix minutes pour aller à l'université.
Combien de temps **vous faut-il** (lui faut-il) pour faire cet exercice?

(3) Dites encore avec un nom:
Il me faut ce livre. = J'ai besoin de ce livre.
Il nous faut une autre voiture. = Nous avons besoin d'une autre voiture.

(c) Vous avez un A à votre examen.

Je suis heureux que vous **ayez** un A à votre examen.

Chez moi, nous ne regardons pas la télévision pendant les repas.

Mon père déteste que nous **regardions** la télévision pendant les repas.

Jeannette ne comprend pas votre question.

Je suis surpris qu'elle ne **comprenne** pas ma question.

Nous invitons nos amis pendant le weekend.

Ma mère préfère que nous **invitions** nos amis pendant le week-end.

Je n'ai pas assez d'argent pour aller en Europe.

Il est (c'est) dommage que je n'**aie** pas assez d'argent pour aller en Europe.

Il fait froid.

J'ai peur qu'il **fasse** froid ce soir.

Je ne veux pas sortir demain soir.

Je regrette que vous ne **vouliez** pas sortir demain soir.

Je me reposerai pendant quelques jours.

Il vaut mieux que vous vous **reposiez** pendant quelques jours.

■ On emploie le *subjonctif après un verbe principal* (ou une expression) qui exprime un *sentiment personnel,* une *émotion* (peur, surprise, regret, goût, préférence, joie, tristesse, etc.) c'est-à-dire après des verbes ou des expressions comme:

avoir peur		être enchanté
être surpris		être heureux
être étonné		être désolé
s'étonner		être furieux
aimer		se réjouir
aimer mieux	que . . .	regretter	que . . .
préférer		Il est étonnant
détester		Il est regrettable
être content		Il vaut mieux
être mécontent		Il est préférable
être ravi		Il est dommage

---

4. Je suis sûr que Paul **a** une Cadillac.
Je doute que Paul **ait** une Cadillac.

Comparez:

Je crois que cet étudiant **est** intelligent.	Je doute que cet étudiant **soit** intelligent.
Je dis que les examens **sont** difficiles à l'université.	J'ai peur que les examens **soient** difficiles à l'université.
Il est vrai que nous **apprenons** le subjonctif.	Il est indispensable que nous **apprenions** le subjonctif.
Il est probable que nous **réussirons** à l'examen final.	Il est possible que nous **réussissions** à l'examen final.
Le professeur est sûr que nous **répondrons** correctement.	Le professeur n'est pas sûr que nous **répondions** correctement.
Il est certain que nous **sommes** vivants maintenant.	Il est douteux que nous **soyons** vivants dans cent ans.

■ Dans la 1re colonne, les verbes des propositions subordonnées sont à l'*indicatif* parce qu'ils dépendent d'un verbe principal qui indique *une constatation, une certitude* (croire, penser, espérer, affirmer, dire, savoir, voir, être sûr [certain], il est vrai, évident, probable, etc.).

Dans la 2ᵉ colonne, les verbes des propositions subordonnées sont au *subjonctif* parce qu'ils dépendent d'un verbe principal qui indique *un doute, une nécessité, une émotion.*

Notez: (a) N'employez *pas le subjonctif* après les verbes: **croire, espérer, penser** à la forme affirmative.

> Exemples: Je crois que votre père **a** raison.
> Nous pensons que nos amis **viendront** ce soir.
> J'espère que Paul vous **a téléphoné.**

Après **croire, penser,** négatifs ou interrogatifs, le subjonctif est possible pour indiquer le doute:
> Exemples: Croyez-vous vraiment que vos amis **sachent** la vérité?
> Je ne crois pas que vous **connaissiez** cette histoire.
> Pensez-vous vraiment que Paul **veuille** y aller?

(b) On emploie le *subjonctif* après: **il est possible.**
On *n'emploie pas le subjonctif* après: **il est probable.**

> Exemples: Il est possible que j'**aille** chez vous ce soir.
> Il est probable que j'**irai** chez vous ce soir.
> Il est possible que nous **ayons** un examen la semaine prochaine.
> Il est probable que nous **aurons** un examen la semaine prochaine.

---

5. Je désire **obtenir** mon diplôme.
Mon père désire que j'**obtienne** mon diplôme.

Comparez:

(a) Je veux **devenir** architecte.   Mon père veut que je **devienne** architecte.

Je préfère **savoir** la vérité.   Mes parents préfèrent que je **sache** la vérité.

Je suis content d'**aller** à cette soirée.   Je suis content que vous **alliez** à cette soirée.

Il a peur d'**arriver** en retard à l'aéroport.   Il a peur que nous **arrivions** en retard à l'aéroport.

(b) Je crois **avoir** une bonne note à l'examen.

Je crois que vous **avez** une bonne note à l'examen.

J'espère **rencontrer** vos amis.

J'espère que nous **rencontrerons** vos amis

Elle est sûre d'**avoir** raison.

Elle est sûre que vous **avez** raison. (avez eu, aviez, aurez)

■ Dans la 1re colonne, chaque phrase contient *deux verbes* qui *ont le même sujet.* Le premier verbe est conjugué; le deuxième verbe est à l'*infinitif.*

NOTEZ: Certains verbes (ou expressions verbales) sont suivis d'une *préposition* devant l'infinitif (Voir leçon 29, pp. 264–265)

Dans la 2e colonne chaque phrase contient deux verbes qui n'ont pas le même sujet: chaque phrase *a son propre sujet.* Quand les deux verbes ont un *sujet différent,* on emploie le *deuxième verbe à l'indicatif* ou *au subjonctif.*

Voilà quelques phrases contenant deux verbes qui ont *le même sujet:*

J'aime mieux		Je suis étonné de
Je désire		Je suis content de
Je déteste		Je suis désolé de
Je préfère	**rester** ici.	Je suis ravi de
Je souhaite		Je suis heureux de
Je veux		Je suis satisfait de
		Je suis fier de

rester ici.

J'ai besoin de		J'espère
J'ai envie de		Je pense
J'ai hâte de	**rester** ici.	Je sais
J'ai honte de		Je crois
J'ai peur de		Je suis sûr de

reconnaître mes amis.

Mais quand les deux verbes ont un *sujet différent:*

J'aime (mieux)		Je suis étonné
Je désire		Je suis content
Je déteste		Je suis désolé
Je souhaite	que vous **restiez** ici.	Je suis ravi
Je veux		Je suis heureux
Je préfère		Je suis satisfait
		Je suis fier

que vous **restiez** ici.

J'ai besoin		J'espère	
J'ai envie		Je pense	
J'ai hâte	que vous **restiez** ici.	Je sais	
J'ai honte		Je crois	
J'ai peur		Je suis sûr	que vous **recon-**
		J'affirme	**naissez (avez**
		Je vois	**reconnu,**
		Je dis	**reconnaîtrez)**
		Je déclare	vos amis.
		Il est vrai	
		Il est certain (sûr)	
		Il est évident	

■ Les expressions impersonnelles suivies d'un infinitif ont un sens très général, très impersonnel.

Il faut		Il est (im)possible	
Il vaut mieux	**rester** ici.	Il est préférable	
Il est (c'est) dommage* de **rester** ici.		Il est regrettable	de **rester** ici.
Il est étonnant		Il est (in)utile	
Il est important	de **rester** ici.	Il est urgent	
Il est indispensable			

■ Les expressions impersonnelles employées avec un verbe conjugué (qui a son propre sujet) ont un sens plus précis, plus particulier que lorsqu'elles sont employées avec l'infinitif.

Il faut		Il est naturel	
Il vaut mieux		Il est préférable	
Il est (c'est) dommage	que vous	Il est rare	que vous
Il est important	**restiez** ici.	Il est regrettable	**restiez** ici.
Il est indispensable		Il est (in)utile	
Il est (im)possible		Il est urgent	

*On emploie souvent **c'est dommage** (« dommage » est un nom) à la place de « il est dommage ».

> **6.** Je regrette que vous ne **puissiez** pas venir **samedi prochain.**

Étudiez les phrases suivantes:

> Je suis content que vous **veniez** chez moi **demain.**
> Il est possible que nous **ayons** un examen **la semaine prochaine.**
> Mon ami regrette que je ne **puisse** pas le voir **dimanche prochain.**
> Je suis désolé que vous **soyez** obligé de travailler **l'été prochain.**

■ Le *subjonctif présent* est souvent employé pour indiquer une *action future*. L'idée du futur est indiquée par une expression de temps ou par le sens de la phrase.

EXERCICES

1. *Changez les phrases suivantes en employant* **il faut** *avec le* subjonctif présent.

1. Vous téléphonez à la compagnie aérienne. **2.** Mon père part tous les matins à sept heures. **3.** J'écris votre adresse sur mon carnet d'adresses. **4.** Paul lit cette lettre. **5.** Nous sortons ce soir. **6.** Vous vous reposez pendant quelques jours. **7.** Judy finit ses études de chimie. **8.** Nous nous réunissons le samedi après-midi. **9.** Tu lui dis de venir te voir. **10.** Cet enfant dort dix heures. **11.** Vous lui expliquez ses fautes. **12.** Anne se sert de son auto. **13.** Nous lui en donnons un. **14.** Je m'entends avec eux. **15.** Vous vous débarrassez de vos vieux vêtements.

2. *Changez les phrases en employant* **il faut** *avec le* subjonctif présent.

1. On doit savoir la date exacte. **2.** Jack doit prendre l'avion pour Londres. **3.** Je dois aller à la librairie. **4.** Tu dois obtenir ton passeport. **5.** Hélène doit être patiente. **6.** Nous devons être à l'heure. **7.** Vous devez le voir et lui parler. **8.** Je dois apprendre cette leçon et lire ce texte. **9.** Paul doit manger et boire avant de partir. **10.** Bob doit-il voir le professeur? **11.** Vos amis doivent-ils faire ce voyage? **12.** Devez-vous vendre votre voiture?

3. (a) *Joignez les éléments suivants pour faire des phrases complètes. Faites les changements nécessaires.*

1. Nous lui posons des questions / le professeur exige **2.** Chaque étudiant lui rend son devoir à la fin de la classe / il souhaite **3.** On dort en classe / il ne permet pas   **4.** Le trimestre est plus long / je voudrais   **5.** Nous avons le temps de finir le programme / je doute   **6.** Je peux comprendre toutes les règles / il est nécessaire   **7.** Les étudiants savent tout le vocabulaire / je ne suis pas sûr **8.** Tu ne veux pas faire de camping / il est regrettable   **9.** Tu veux passer toutes les vacances à étudier / nous sommes surpris   **10.** Tu ne sais pas que la détente est nécessaire / il est dommage   **11.** Tu n'es pas en forme (= en bonne santé) à la rentrée des classes / j'ai peur   **12.** Tu ne viens pas avec nous / je suis désolé

(b) *Écrivez un paragraphe en employant beaucoup de verbes au* subjonctif.

Quand je suis à la maison, il faut que _____ et que _____.

Mes parents veulent que _____ et que _____.

Mon père n'accepte pas que _____.

Ma mère permet que _____ et que _____.

Je suis content que _____, mais je suis furieux que _____.

4. *Écrivez le verbe à la forme appropriée* (indicatif *ou* subjonctif).

(a) **1.** Je voudrais que nous (partir) de bonne heure et que nous (faire) un pique-nique.   **2.** Le professeur exige que nous (corriger) nos fautes.   **3.** Il ne permet pas que nous (arriver) en retard.   **4.** Voulez-vous que mon frère vous (accompagner) à l'aéroport?   **5.** Il désire que nous (être) prêts à six heures.   **6.** Son professeur veut qu'elle (apprendre) le vocabulaire qu'elle ne (savoir) pas.   **7.** Ma mère veut que je (savoir) faire la cuisine. Elle dit que c'(être) très utile.   **8.** Mon père souhaite que je (devenir) avocat.   **9.** Ses parents acceptent qu'elle (aller) à l'étranger et qu'elle (faire) ses études de médecine.   **10.** Mes amis disent que je (être) toujours en retard; ils souhaitent que je (être) à l'heure.

(b) **1.** Nous sommes bien contents que vous (pouvoir) faire ce voyage.   **2.** Mon frère a peur que je ne (comprendre) pas ce problème et que je n'en (voir) pas la solution.   **3.** J'espère que vous (être) satisfait de vos examens.   **4.** Je préfère que vous (venir) tout de suite chez moi et que nous (aller) ensuite au restaurant.   **5.** Ils veulent que nous leur (téléphoner) parce qu'ils savent que notre voiture (être) au garage.   **6.** Je regrette que nous ne (avoir) pas le temps de vous accompagner.   **7.** J'aime mieux que nous (faire) ces visites maintenant.   **8.** Êtes-vous content que votre père (venir) vous voir?   **9.** Je m'étonne que vos amis ne (vouloir) pas aller à la conférence.   **10.** Nous pensons que les hommes (avoir) de bonnes raisons d'avoir peur de la bombe atomique.

5. *Joignez les éléments suivants pour faire une phrase avec l'*infinitif *ou avec le* subjonctif.

1. Mes amis viendront en vacances chez moi / je suis heureux   2. On va à l'aéroport pour prendre l'avion / il faut   3. Jean et Charles s'en vont en France sans passeport / il est impossible   4. Je m'endormirai pendant la conférence / il se peut   5. Les passagers débarquent de l'avion / ils ont hâte   6. Mes parents ne me prennent pas au sérieux / je déteste   7. Je suis obligé de partir en juin / je regrette   8. Nous avons des vacances plus souvent / je voudrais   9. Nous comprenons le subjonctif / le professeur n'est pas sûr   10. Je ne fais pas mon lit / ma mère n'aime pas   11. Elle habite dans une maison d'étudiantes / elle est contente   12. Nous avons de mauvaises notes / nous sommes furieux

6. *Joignez les éléments suivants et faites les changements nécessaires pour obtenir une phrase complète et correcte.*

1. Je vous verrai demain / il est nécessaire   2. Nous pourrons partir dimanche prochain / je suis surpris   3. Tu ne sauras jamais la vérité / il vaut mieux   4. Jim fera des progrès à la fin du trimestre / le professeur n'est pas sûr   5. On aura bientôt le droit de vote à 15 ans / je m'étonne   6. Le président abolira certaines taxes / les gens sont contents   7. Le comité se réunira la semaine prochaine / je voudrais   8. Nous parlerons du programme des futures réunions / il est indispensable

38

Visages franco-américains

Ce soir encore, Jean et Charles rencontrent Patty, Phil et Hélène pour parler de leurs expériences en France. Mais ce soir, il y a un nouvel invité, Jacques Maurel qui est aux États-Unis depuis quelques semaines. Il s'est joint à eux pour passer la soirée. On vient de finir de dîner.

PATTY. — Sois gentil d'apporter le café, Phil! Voulez-vous que nous passions au salon? 5
    Je crois que nous y serons mieux pour bavarder.

CHARLES. — Toutes mes félicitations, Patty. Ton dîner était superbe. Je n'ai jamais
    mieux mangé.

PATTY. — Merci, Charles, tu es gentil. Enfin . . . j'ai fait de mon mieux.° J'avais peur
    que le rôti soit trop cuit. 10

JEAN. — Mais non! Ton rôti était à point; les légumes étaient délicieux, la salade de
    Phil était excellente, une vraie salade française, bien assaisonnée°; bref, c'était
    parfait.

PHIL. — Hé! les garçons! Vous ne dites rien de ce «diplomate»? Sensationnel, non?
    Patty a eu la recette° de ce gâteau en France. 15

PATTY. — Voyons, Phil! Alors, toi aussi, tu me fais des compliments?

PHIL. — Il faut bien que je t'en fasse . . . quand tu les mérites . . . de temps en temps!

PATTY. — (avec ironie) Merci, mon chéri! Tu es trop bon!

JACQUES. — Ça, c'est bien américain. En France, on ne remercie pas la personne qui
    vous fait des compliments. 20

HÉLÈNE. — Mais qu'est-ce qu'il faut qu'on réponde si on ne dit pas « merci »?

PATTY. — On ne répond rien, ma chère. Ou alors, on dit quelque chose comme: « Oh!
    non, pas du tout, voyons! » Je n'ai jamais pu prendre cette habitude. Alors je
    continue à dire « merci ». Mais il y a beaucoup d'autres petites coutumes° qui
    sont bizarres. Par exemple, en France, les hommes ne poussent pas la chaise dans 25
    les genoux d'une femme quand elle se met à table! Quel soulagement° pour une
    Américaine.

HÉLÈNE. — Mais non. Je ne suis pas d'accord. Il me semble que c'est un geste courtois
    et agréable.

PATTY. — C'est barbare! On ne sait jamais si le monsieur est vraiment là. C'est ridicule! 30

JEAN. — Moi, j'ai vraiment attrapé° en France cette habitude qu'ont les Français de serrer° la main à tout le monde chaque fois qu'on se rencontre ou qu'on se quitte.

JACQUES. — (*en riant*) Vous dites «attraper»° comme pour une maladie!°

JEAN. — Oh non! Je trouve que c'est une habitude assez sympathique. C'est devenu pour moi un vrai réflexe conditionné. Toute ma famille en riait quand je suis 5 revenu.

JACQUES. — Vous me faites peur.° Mes amis américains sont certainement très étonnés que je distribue généreusement des poignées° de main à droite et à gauche. C'est donc très mal considéré en Amérique?

HÉLÈNE. — Mais non, Jacques. Patty et Jean exagèrent toujours. Tu n'étonnes per- 10 sonne. Tout le monde sait que tu es français et que c'est pour toi un geste tout à fait naturel.

JACQUES. — Merci, mademoiselle. Vous êtes très aimable de me défendre et je vous en suis très reconnaissant.°

PATTY. — Cette fois-ci, voilà un «merci» bien français, et un vouvoiement° qui ne 15 l'est pas moins. Voyons, Hélène, il ne faut pas tutoyer quelqu'un que tu connais seulement depuis une heure. C'est de très mauvais goût.°

HÉLÈNE. — Je ne comprends pas. «Tu» est beaucoup plus gentil que «vous» et nous sommes amis. Alors, pourquoi faut-il que je lui dise «vous»?

PHIL. — J'étais comme toi, Hélène. Quand nous sommes arrivés en France, je voulais 20 tutoyer tout le monde parce que je voulais bien faire . . . et je me trompais. Patty a raison, n'est-ce pas, Jacques?

JACQUES. — C'est vrai; il est certain que chez nous, le tutoiement° est réservé aux amis intimes,° à la famille, aux camarades. C'est peut-être ridicule, mais c'est comme ça. 25

PATTY. — Oh! Pour les choses ridicules, aucun pays n'en a le monopole. Vous savez, n'est-ce pas, Jacques, qu'en Amérique, il faut garder les mains sous la table pendant les repas?

JACQUES. — Vraiment? En France, c'est le contraire. On apprend très jeune qu'il faut mettre les mains *sur* la table; c'est aussi arbitraire. 30

PATTY. — Lorsque nous étions en France, j'avais un mal fou à savoir et à retenir° le nom des gens. Comme on dit «monsieur» ou «madame» à tout le monde, on ne sait jamais exactement le nom des gens à qui on parle.

JACQUES. — (*en riant*) C'est une de nos coutumes° que je trouve pratique! En France, on n'a pas besoin de se souvenir des noms. Aux États-Unis, au contraire, il faut 35 qu'on se souvienne du nom de tous les gens qu'on rencontre et je trouve cela très difficile.

HÉLÈNE. — Et il ne faut jamais dire «oui» ou «non», ou «bonjour», ou «au revoir» sans ajouter «monsieur» ou «madame» en français, n'est-ce pas?

JACQUES. — Oui, chaque pays a ses coutumes et tout est étrange à l'étranger. 40

PATTY. — Mais vous, Jacques? Comment trouvez-vous l'Amérique? Vous n'êtes pas ici depuis très longtemps. Est-ce que tout vous semble étrange?

JACQUES. — Je vous assure que non. Je suis comme tous les jeunes Français de ma génération. J'ai été élevé° dans le « mythe » américain. Depuis mon enfance j'avais un culte pour Mickey Mouse que nous appelions Mickey tout court, pour les 5 films américains, pour les comédies musicales . . . puis plus tard pour les romans de Faulkner, de Dos Passos, d'Hemingway. Puis, bien entendu, il y avait le jazz américain. Encore maintenant, je préfère un bon film américain aux films français. Ma génération a grandi, surtout à Paris, au milieu de touristes américains et de *gadgets,* qui semblaient venir d'un pays lointain° et fabuleux. 10

JEAN. — Comme c'est curieux! Moi, j'ai été élevé dans le mythe français.

CHARLES. — Oui, mais ta mère est française.

JEAN. — C'est vrai. Mais je suis sûr qu'il y a un mythe de la France qui correspond au mythe de l'Amérique. La France, pays de l'art et de la culture, des peintres impressionnistes, des surréalistes. Et Paris, capitale du monde entier. 15

JACQUES. — Je vous comprends. C'est comme pour nous, New York. Pour les Français et pour les Européens en général, l'Amérique est une sorte de légende.

HÉLÈNE. — Qu'est ce qui vous a frappé le plus en Amérique?

JACQUES. — Oh! tout! Mais s'il faut choisir, je crois que c'est la grandeur des États-Unis et du continent américain. Pour nous, c'est immense. Je n'oublierai jamais 20 les plaines du *Mid-West* que j'ai traversées en train. Puis il y a un côté sympathique, gentil, de l'Amérique que les Français aiment beaucoup. Les gens qu'on rencontre dans les rues et dans les magasins sont le plus souvent souriants,° accueillants.° On s'occupe de vous. Mais pour nous, c'est un continent qui n'est pas à la mesure de l'homme. 25

PATTY. — Alors, cela veut dire que vous n'aimez pas tout, n'est-ce pas, Jacques?

JACQUES. — Je ne sais pas encore. Je ne voudrais pas critiquer un pays que je connais très peu. Il importe que je connaisse mieux les États-Unis pour vous répondre.

PATTY. — Je vais vous dire, moi, ce que vous n'aimerez pas. Vous n'aimerez pas le « lonely crowd » américain. 30

HÉLÈNE. — Qu'est-ce que le « lonely crowd »?

PATTY. — Mais tu sais bien. C'est le titre du célèbre livre de Riesmann sur les foules américaines. Il prétend que la vie moderne sépare les gens. Qu'en pensez-vous Jacques?

JACQUES. — Je connais bien le livre de Riesmann et je suis tout à fait d'accord. 35 D'ailleurs, les écrivains français parlent depuis longtemps de la solitude de la foule américaine. Sartre a écrit de belles pages sur New York et celles de Céline dans *Voyage au bout de la Nuit* sont inoubliables.°

JEAN. — J'ai lu cela. Je me souviens même de ce qu'il a écrit. « New York est une ville debout. Les villes européennes sont des villes couchées. » Et c'est vrai. On 40 a souvent dit que les rues de New York sont des *canyons.*

PHIL. — Vous connaissez sans doute l'essai de Sartre intitulé « Villes d'Amérique » où il répond à Céline. Si je ne me trompe pas, c'est dans *Situations III.* Patty, nous avons ce bouquin° quelque part.° Où est-il?

PATTY. — Le voilà. (*Elle cherche le passage*) J'ai trouvé. C'est à la page 101.   5

> Quelles sont les impressions d'un Européen lorsqu'il débarque dans une cité américaine?. . . On ne lui parlait que de gratte-ciel,° on lui présentait New York, Chicago, comme des « villes debout ». Or, son premier sentiment,° au contraire, est que la hauteur° moyenne d'une ville des États-Unis est très sensiblement inférieure à celle d'une ville française. L'immense majorité des maisons n'a pas   10 plus de deux étages. Même dans les très grandes villes, l'immeuble à cinq étages est l'exception.

CHARLES. — Sartre a écrit ces pages vers 1945, je crois. Les villes américaines ont beaucoup changé depuis cette époque.

JEAN. — Oh! pas tellement. Je crois que Sartre a raison. Il parle des villes américaines   15 en général. Céline parle seulement de New York.

HÉLÈNE. — Mais Sartre n'aime pas l'Amérique.

PATTY. — Ah! vraiment? Alors, écoutez la suite:

> Pourtant on se met rapidement à aimer les villes d'Amérique. Sans doute, elles se ressemblent toutes. Et c'est une déception,° lorsque vous arrivez à Wichita,   20 à Saint-Louis, à Albuquerque, à Memphis, de constater que, derrière ces noms magnifiques et prometteurs,° se cache la même cité standard . . . avec les mêmes feux° rouges et verts qui règlent la circulation et le même air provincial. Mais on apprend peu à peu à les distinguer: Chicago, noble et sinistre, couleur du sang° qui ruisselle° de ses abattoirs° . . . ne ressemble aucunement° à San   25 Francisco, ville aérée,° marine,° salée,° construite en amphithéâtre.

Et puis, écoutez la fin:

> . . . Mais ces villes légères . . . montrent l'autre face des États-Unis: leur liberté. Chacun est libre, ici, non de critiquer ou de réformer les mœurs,° mais de les fuir,° de s'en aller dans le désert ou dans une autre ville. Les villes sont ouvertes,   30 ouvertes sur le monde, ouvertes sur l'avenir°. . .

PHIL. — Et dites-moi, connaissez-vous le vieux livre de Jean Giraudoux, *Amica America?* En général, les Européens parlent tous de la jeunesse de l'Amérique; seul Giraudoux a parlé de l'ancienneté de l'Amérique. « L'Amérique est mon vieux continent », disait-il.   35

JACQUES. — Et il ne se trompait pas. A côté de l'Amérique jeune, il y a aussi une très vieille Amérique. C'est l'Amérique du 18ᵉ siècle, de la Déclaration de l'Indépendance américaine et du *Bill of Rights*. Après tout, sur le plan des idées, l'Amérique et la France ont beaucoup en commun.

PATTY. — C'est vrai. Moi, je pense que vous comprenez très bien l'Amérique pour un jeune Français qui la visite pour la première fois.

JACQUES. — C'est un grand compliment, madame. Merci! (*Tout le monde rit*)   5

HÉLÈNE. — Vous voyez bien! Il a dit merci!

PATTY. — Il s'américanise, c'est tout. Le pauvre!

EXERCICES

1. **(a)** *Répondez aux questions par des phrases complètes.*

  1. Qu'est-ce qu'un *gratte-ciel?* Y en a-t-il dans la ville que vous habitez? **2.** Quand se sert-on d'une *recette* (de cuisine)? Connaissez-vous des recettes (de cuisine)? Lesquelles? **3.** Donnez des synonymes de: *des compliments, les mœurs.* (*Employez chaque expression dans une phrase.*) **4.** Qu'est-ce qu'une *plaine?* Y a-t-il des plaines dans l'état où vous habitez? Où? **5.** Avez-vous eu *des déceptions* dans votre vie à l'université? Quand? Pourquoi?

  (b) *Complétez les phrases en employant des mots du vocabulaire de la leçon 38.*

  1. Dans les rues de la ville, les autos s'arrêtent devant les ＿＿＿. **2.** En France, quand on rencontre une personne, on lui donne une ＿＿＿. **3.** Cet étudiant fait le maximum d'efforts, il ＿＿＿. **4.** Les étudiants ne parlent pas de leurs livres mais de leurs ＿＿＿. **5.** Une personne qui aime vivre seule aime ＿＿＿. **6.** Les membres d'une famille française se disent *tu;* ils ＿＿＿. **7.** L'Amérique n'est pas un pays, c'est un ＿＿＿. **8.** Tous les gens qui sont nés presque à la même époque forment une ＿＿＿.

2. *Faites une phrase complète avec chaque expression.*

  1. élever un enfant **2.** quelque part **3.** risquer de **4.** faire de son mieux **5.** inoubliable **6.** se joindre à **7.** l'avenir **8.** une déception

3. *Questions sur la lecture. Répondez aux questions par des phrases complètes.*

  1. Pourquoi Patty est-elle surprise quand Phil lui fait des compliments? **2.** Qu'est-ce qu'on dit à une personne qui vous fait des compliments aux États-Unis? Et en France? **3.** Pourquoi la famille de Jean riait-elle quand il est revenu de France? **4.** Qui peut-on tutoyer en français? Est-ce qu'on tutoie une personne qu'on connaît depuis peu de temps? **5.** Quelle coutume américaine Jacques trouve-t-il difficile? Pourquoi? **6.** Qu'est-ce que l'Amérique représente pour les Français de la génération de Jacques? **7.** Quelle est la première chose qui a frappé Jacques en Amérique? **8.** Quels écrivains français ont parlé de New York dans leurs œuvres? **9.** Qu'est-ce que Sartre dit des maisons des villes américaines en général? **10.** Pourquoi est-ce que tout le monde rit?

4. *Composition:*

(a) Jacques écrit à un de ses amis français et il lui raconte son arrivée aux États-Unis; il lui parle de ses premières impressions d'Amérique.

(b) Vous êtes allé(e) dans un autre pays ou vous avez visité une ville très différente de la ville où vous habitez. Quelles étaient vos impressions? Qu'avez-vous observé et pensé?

(c) Les distractions de votre ville.

LE PONT MIRABEAU[1]

Sous le pont Mirabeau coule la Seine
    Et nos amours
Faut-il qu'il m'en souvienne
La joie venait toujours après la peine[2]
    Vienne la nuit sonne l'heure[3]
    Les jours s'en vont je demeure[4]

Les mains dans les mains restons face à face
    Tandis que sous
Le pont de nos bras passe
Des éternels regards l'onde[5] si lasse
    Vienne la nuit sonne l'heure
    Les jours s'en vont je demeure

L'amour s'en va comme cette eau courante
    L'amour s'en va
Comme la vie est lente
Et comme l'Espérance est violente
    Vienne la nuit sonne l'heure
    Les jours s'en vont je demeure

                    Guillaume Apollinaire[6] (1880–1918)
                    Alcools

---

[1] un des ponts de Paris; [2] la tristesse, la douleur morale; [3] les deux verbes sont au subjonctif et indiquent un désir, un souhait; [4] demeurer = rester; [5] mot poétique pour l'eau; [6] grand poète français du début de ce siècle.

Exercices Supplémentaires de Grammaire

1. *Donnez le* subjonctif présent *des formes suivantes en plaçant au commencement de la phrase les expressions:* **il est possible, il se peut** *ou* **il faut.**

1. Il va en ville. **2.** Nous pouvons danser. **3.** Ils font des courses. **4.** Vous écrivez à l'agence de voyages. **5.** Il veut sortir. **6.** Je viens vous voir. **7.** Nous nous dépêchons. **8.** Elle se met à travailler. **9.** Il faut attendre. **10.** Elle a de l'argent. **11.** Je sors de la classe. **12.** Vous êtes en retard. **13.** Je m'en vais. **14.** Il s'endort. **15.** Elle réfléchit à ce problème.

2. *Écrivez le verbe à la forme correcte* (*l'*indicatif *ou le* subjonctif).

1. Il faut que vous (choisir) un modèle. **2.** Il est dommage qu'elle ne (être) pas très attentive car je suis sûr qu'elle (pouvoir) réussir. **3.** Il faut que les étudiants (faire) attention parce qu'ils (avoir) l'occasion d'améliorer leurs connaissances. **4.** Il est vrai que votre professeur (avoir) raison et qu'il est préférable que vous (savoir) le subjonctif. **5.** Il est absolument nécessaire que vous (apprendre) le français par le français. **6.** Il est douteux que vous (pouvoir) lire ce livre très vite, mais je suis certain que vous (être) capable de le comprendre. **7.** Je crois que vous (faire) beaucoup de progrès et que vous (pouvoir) très bien suivre une conversation courante. **8.** Il est probable que votre chien vous (comprendre), mais je doute qu'il vous (répondre) un jour.

3. *Avec les éléments suivants, faites:* (a) *une phrase avec un* subjonctif *ou un* indicatif (b) *une phrase avec un* infinitif.

EXEMPLE: Sa mère ne veut pas / Suzanne sort le soir.
(a) Sa mère ne veut pas que Suzanne **sorte** le soir.
(b) Sa mère ne veut pas **sortir** le soir.

1. Mon père aime / nous faisons les courses le samedi. **2.** Je suis content / vous allez mieux. **3.** Nous sommes désolés / vous êtes obligé(e) de partir. **4.** Votre mère désire / vous savez la vérité. **5.** Il est possible / ce jeune homme réussit dans la vie. **6.** Nous savons / vous dansez très bien. **7.** Ses parents veulent / elle fera ce voyage. **8.** Il vaut mieux / nous attendons ici. **9.** Il faudra / vous vous lèverez tôt. **10.** Ils regrettent / vous vous en allez.

4. *Finissez les phrases avec l'*indicatif *ou le* subjonctif.

1. Je déteste que _____ **2.** Nous savons que _____ **3.** Il est évident que _____ **4.** Je ne crois pas que _____ **5.** Pensez-vous que _____ **6.** Elle exige que _____ **7.** Il se peut que _____ **8.** Nous affirmons que _____ **9.** Mes amis disent que _____ **10.** J'espère que _____

EXPRESSIONS NOUVELLES

une coutume°
une déception°
une grandeur
une hauteur°
une maladie°
les mœurs (f.)
une poignée de main°
une recette° (de cuisine)

un abattoir°
l'avenir (m.)°
un bouquin°
un coup
un feu° rouge (vert)
le genou°
un geste
le goût°
un gratte-ciel°
un réflexe conditionné
un rôti
le sang°
un soulagement°

un sourire°
un tutoiement°
un vouvoiement°

accueillant(e)°
aéré(e)°
assaisonné(e)°
courtois(e)°
étrange
inoubliable°
lointain(e)°
marin(e)°
prometteur(se)°
propre
reconnaissant(e)°
salé(e)°
souriant(e)°

attraper°
avancer
élever° (un enfant)
être bien° (mieux)
exiger°

faire de son mieux°
faire peur°
fuir (3)°
impliquer
intituler
(se) joindre à (3)
pousser
prétendre (3)
retenir (3)°
risquer de°
ruisseler°
(se) serrer la main°
(se) tutoyer°
il vaut mieux (valoir)°

à la rigueur°
à la mesure de
aucunement°
généreusement
quelque part°
sur le plan de
tellement

Vous savez déjà:

une cité
une comédie musicale
une génération
une légende
une plaine
la solitude

un amphithéâtre
un canyon
un compliment

un continent
un monopole
un mythe
un sentiment°

arbitraire
embarrassé(e)
fabuleux(se)
intime°

légendaire
noble
normal(e)

correspondre (3)
critiquer
défendre (3)
mériter
réformer
en commun

39

POINTS DE REPÈRE

1. Je suis étonné que Paul **ait accepté** ce poste.
   Il est possible que je me **sois trompé**(e).

   ———

2. Quel journal est le plus intéressant?
   Je trouve **celui-ci** plus intéressant que **celui-là**.

   ———

3. J'aime les pièces de Sartre. *Huis-Clos* est **celle que** je préfère.
   J'ai vu mes amis et **ceux de** ma sœur.

   ———

4. C'est une jolie maison, mais **ce** n'est pas un château.

   ———

5. Dites-moi **ce qui** vous fait plaisir.
   Dites-moi **ce que** vous avez vu à Paris.

   ———

6. **Cela** m'intéresse beaucoup.

DÉVELOPPEMENT GRAMMATICAL

> **1.** Je suis étonné que Paul **ait accepté** ce poste.
> Il est possible que je me **sois trompé**(e).

Comparez:

Passubjonctif

Vous avez invité Annie à votre soirée.

Je suis content que vous **ayez invité** Annie à votre soirée.

J'ai mal dormi la nuit dernière.

Il est dommage que j'**aie** mal **dormi** la nuit dernière.

Nous ne sommes pas allés à ce concert.

Je regrette que nous **ne soyons pas allés** à ce concert.

Ma sœur est partie seule pour l'Europe.

Je suis désolé que ma sœur **soit partie** seule pour l'Europe.

Jean et Charles se sont ennuyés à la dernière soirée chez Barbara.

Il est possible que Jean et Charles **se soient ennuyés** à la dernière soirée chez Barbara.

Je me suis bien amusé(e) pendant les grandes vacances.

Mes parents sont contents que je me **sois bien amusé(e)** pendant les grandes vacances.

■ Les verbes en caractères gras sont des verbes au *passé du subjonctif.*
Le passé du subjonctif est un *temps composé* qu'on emploie dans la conversation ou dans la correspondance.

*Passé du subjonctif = auxiliaire (**avoir** ou **être**) au subjonctif présent + participe passé du verbe.*

Les verbes qui se conjuguent avec **être** aux temps composés de l'indicatif, se conjuguent aussi avec **être** aux temps composés du subjonctif.

Voilà par exemple le *passé du subjonctif* des verbes **faire** et **aller:**

faire			aller		
que j'	aie	fait	que je	sois	allé(e)
que vous	ayez	fait	que vous	soyez	allé(e)(s)(es)
que tu	aies	fait	que tu	sois	allé(e)
que nous	ayons	fait	que nous	soyons	allés(es)
qu'il	ait	fait	qu'il	soit	allé
qu'elle	ait	fait	qu'elle	soit	allée
qu'ils	aient	fait	qu'ils	soient	allés
qu'elles	aient	fait	qu'elles	soient	allées

NOTEZ: Les verbes *pronominaux* sont conjugués aussi avec **être** au passé du subjonctif.

> EXEMPLES: Je suis content que **vous vous soyez bien amusé(e).**
> Le professeur était furieux que **nous nous soyons servis** de ce dictionnaire.
> Je regrette qu'il **ne se soit pas souvenu** de mon adresse.
> Il est possible que je **me sois trompé(e)** de date.

L'*accord du participe passé* est *le même qu'à l'indicatif.* (Cf. leçon 25)

■ Le *passé du subjonctif* indique qu'une action a été faite à un moment du passé, c'est-à-dire dans le passé par rapport au moment où on parle.

> EXEMPLES: Je suis heureux (*maintenant*) que vous **ayez réussi** à votre examen (*la semaine dernière*).
> Nous sommes étonnés que nos amis n'**aient** pas **téléphoné** hier soir.
> Je doute qu'elle **soit venue** pendant notre absence.

Le *passé du subjonctif* indique aussi qu'une action est complètement finie à un certain moment.

> EXEMPLES: Il faut que j'**aie fini** cette composition ce soir.
> Son père veut qu'elle **soit rentrée** à minuit.

Remarquez la *différence* entre l'emploi de l'*indicatif passé* et du *subjonctif passé:*

Je suis certain que **nous nous som-mes rencontrés.**

Je doute que **nous nous soyons rencontrés.**

Il est probable que **je me suis trompé(e).**

Il est possible que **je me sois trompé(e).**

Le professeur pense que cet étudiant **a réussi.**

Le professeur est content que cet étudiant **ait réussi.**

(Cf. leçon 37. Emploi de l'indicatif ou du subjonctif.)

---

2. Quel journal est le plus intéressant?

Je trouve **celui-ci** plus intéressant que **celui-là.**

Étudiez les phrases suivantes:

Regardez ces deux livres. **Celui-ci** est écrit en français; **celui-là** est écrit en espagnol.

Voici deux statues. **Celle-ci** date de l'antiquité; **celle-là** est moderne.

Il y a dix étudiants dans cette classe; **ceux-ci** travaillent dur; **ceux-là** ne font rien.

Voici plusieurs revues françaises; **celles-ci** sont littéraires; **celles-là** sont scientifiques.

■ Les mots en caractères gras dans les phrases précédentes sont des *pronoms démonstratifs.*

Voici la liste complète des pronoms démonstratifs:

	Masculin	*Féminin*	*Neutre*
Singulier	celui celui-ci celui-là	celle celle-ci celle-là	ce ceci cela (= ça)
Pluriel	ceux ceux-ci ceux-là	celles celles-ci celles-là	

Étudiez les phrases suivantes:

> Voici deux tableaux de Picasso. Quel tableau préférez-vous? **Celui-ci** ou **celui-là?**
> (La personne qui parle fait un geste pour montrer alternativement les deux
> tableaux.)

> Jeannette et Barbara sont mes amies. **Celle-ci** est brune (= Barbara, la plus
> proche, la dernière nommée). **Celle-là** est blonde (= Jeannette).

> Il y a des disques sur la table. **Ceux-ci** sont à mon frère. **Ceux-là** sont à moi.

■ Les *pronoms démonstratifs* remplacent: un *adjectif démonstratif* + un *nom déjà
exprimé.*

■ Les *pronoms composés* (**celui-ci, celui-là, celle-ci, celle-là,** etc.) s'emploient pour
les *personnes* et pour les *choses.* Ils permettent de distinguer et d'opposer ces
personnes ou ces choses. (Souvent le geste accompagne la parole.) **Celui-ci,
celle-ci,** etc., indique une personne ou un objet qui est plus proche; **celui-là,
celle-là,** etc., indique une personne ou un objet qui est plus éloigné.

NOTEZ: **Celui-ci, celle-ci,** etc., remplace un nom déjà exprimé et permet
d'éviter une répétition.
EXEMPLE: Le professeur a interrogé Jeannette. **Celle-ci** n'a pas su répondre.

---

3. J'aime les pièces de Sartre. *Huis-Clos* est **celle que** je préfère.
J'ai vu mes amis et **ceux de** ma sœur.

Étudiez les phrases suivantes:

(a) Aimez-vous les œuvres des peintres modernes?

Oui, j'aime **celles que** je peux comprendre. Mais **celles qui** sont trop abstraites ne me plaisent pas.

A quel peintre pensez-vous?

Je pense à Picasso. C'est un grand peintre. C'est **celui qu'**on comprend le plus facilement aujourd'hui.

C'est **celui dont** on parle le plus; mais c'est probablement **celui qui** est le moins révolutionnaire.

(b) Je lis les romans de Gide.   Je lis aussi **ceux de** Camus.

La poésie de Victor Hugo est romantique.   **Celle de** Verlaine est symboliste.

J'aime les comédies de Musset.   J'aime aussi **celles de** Molière.

■ Les *pronoms démonstratifs simples:* **celui, celle, ceux, celles,** s'emploient pour les personnes et pour les choses, mais ils *ne s'emploient pas seuls.*

Ils sont suivis par:
- *un pronom relatif* (**qui, que, dont . . .**) + une *proposition.*
- **de** + un *nom de personne* ou *de chose.*

---

4. C'est une jolie maison, mais **ce** n'est pas un château.

Étudiez les phrases suivantes:

C'est la maison de mes parents. C'est une jolie maison blanche, mais **ce** n'est pas un château.

C'est mon frère Michel et **c'**est ma sœur Sylvie. **Ce** ne sont pas mes cousins. **Ce** ne sont pas Monsieur et Madame Harris.

Prenez ce journal. C'est le mien. C'est le plus intéressant, mais **ce** n'est pas le plus récent.

Voici des disques de jazz. **Ce** sont les meilleurs à mon avis.

Ce + verbe **être** s'emploie seul devant:
- *un nom* accompagné d'un article, d'un adjectif possessif ou démonstratif, ou d'un adjectif qualificatif
- *un nom propre*
- *un pronom*
- *un superlatif*

REMARQUES:

(1) Ne confondex pas: **C'est** et | **il est** / **elle est**   **Ce sont** et | **ils sont** / **elles sont**

EXEMPLES: **C'est** mon père. **Il est** grand, **il est** anglais.

C'est une classe de psychologie. **Elle est** difficile.

Ce sont des étudiantes allemandes. **Elles sont** intelligentes.

Ce sont des livres de sociologie. **Ils sont** intéressants.

Notez la forme négative:

Exemples: C'est une carte de la France. **Ce n'est pas** une carte de l'Europe.

Ce sont des provinces isolées. **Ce ne sont pas** des provinces connues.

(2) Employez: **il est** + (*adjectif*) + **de** + (*infinitif*) pour présenter une idée.

Exemples: **Il est** agréable **de** voyager en bateau.

Il est impossible **de** nager dans certaines rivières.

Il est fatigant **de** travailler au soleil.

Il est normal **de** faire attention à sa santé.

(3) Faites *l'accord du verbe et du sujet* dans des constructions comme:

C'est **moi** qui vous **ai téléphoné.**

C'est **vous** qui **avez écrit** la meilleure composition.

C'est **nous** qui **sommes arrivés** les premiers.

---

5. Dites-moi **ce qui** vous fait plaisir.

Dites-moi **ce que** vous avez vu à Paris.

Étudiez les phrases suivantes:

Achetez **ce qui** vous plaît. Dites-moi **ce qui** vous intéresse.

Prenez **ce que** vous voulez. J'ai dit **ce que** je savais.

Donnez-lui **ce dont** il a besoin. Je vais vous dire **ce dont** j'ai peur.

■ **Ce** + *un pronom relatif* (**qui, que, dont**) a le sens de: $\begin{cases} \text{la chose qui} \\ \text{la chose que} \\ \text{la chose dont} \end{cases}$

Il a une valeur tout à fait indéfinie.

■ **Ce qui** et **ce que** remplacent les formes interrogatives **qu'est-ce qui** et **qu'est-ce que** (= **que**) dans une proposition subordonnée.

Qu'est-ce qui vous intéresse? Je vous demande **ce qui** vous intéresse.

Qu'est-ce qui vous ennuie? Je sais **ce qui** vous ennuie.

Qu'est-ce que vous voulez? Dites-moi **ce que** vous voulez.

Que savez-vous? Je lui dirai **ce que** je sais.

Étudiez les phrases suivantes:

(a) Je n'ai pas de nouvelles de mes parents: **cela** m'inquiète. (Dans la langue parlée, on dit: **Ça** m'inquiète.)
Nous nous sommes trompés de date, mais **cela (ça)** n'a pas d'importance.
Vous avez dit que le professeur était malade. — Non, je n'ai pas dit **cela (ça)**.
Je peux vous dire seulement **ceci:** vous avez tort.

■ **Ceci, cela (ça)** s'emploient pour remplacer une phrase ou une idée.
Cela indique une idée déjà mentionnée.
Ceci indique une idée qu'on va présenter.

(b) A Paris, nous irons dans les meilleurs restaurants; **ce sera** très agréable.
Mon frère n'a pas pu nous accompagner au théâtre; **c'est** dommage.

■ Avec le verbe **être,** on emploie généralement **ce** (au lieu de **cela),** + un adjectif pour remplacer toute une idée.

EXERCICES

1. (a) *Donnez le* passé du subjonctif *des formes suivantes.* (*Employez devant chaque forme:* **il est possible, il se peut** *ou* **il est dommage.**)

1. Nous sommes arrivés à sept heures. **2.** Elle ne se souvient pas de votre adresse. **3.** Il ne vous a pas pris au sérieux. **4.** Nous avons vendu notre voiture. **5.** J'oublie cette histoire. **6.** Vos amis restent à la campagne. **7.** Le professeur nous a expliqué ces mots. **8.** Vous les finissez pour vendredi prochain. **9.** Ils nous les envoient avant la fin du mois. **10.** Nous nous sommes rencontrés il y a un an. **11.** Vous faites de votre mieux. **12.** Vous perdez votre temps en passant par cette rue. **13.** Je me trompe de numéro de téléphone. **14.** Elle ne se sert pas de son livre. **15.** On se moque de vous.

(b) *Complétez les phrases suivantes en employant le verbe entre parenthèses au* passé du subjonctif *ou au* passé composé de l'indicatif, *selon le cas.*

1. Il faut que je (lire) ce livre avant la fin de la semaine. **2.** Il est possible que votre amie (faire) une erreur; mais il est probable qu'elle ne (se tromper) pas. **3.** Je ne suis pas certain que vous (avoir raison), mais je suis sûr que votre ami (avoir tort). **4.** J'espère que mon père me (envoyer) de l'argent; cependant je doute qu'il me (envoyer) 1.000 dollars! **5.** Je suis étonné que mon frère (accepter) cette situation à l'étranger; je crois qu'il ne (pouvoir) pas la refuser. **6.** Il se peut que les étudiants (comprendre) les règles et qu'ils (se souvenir) du vocabulaire le jour de l'examen: je sais qu'ils (prendre) leur travail au sérieux. **7.** Il est naturel que votre père (être) surpris de votre décision; mais je suis certain qu'il la (approuver). **8.** Il est possible que nos amis (partir) en auto; mais il est probable qu'ils (partir) en avion. **9.** J'espère que vous (aller) au laboratoire la semaine dernière, mais je ne suis pas sûr que vous y (aller) tous les jours. **10.** Le professeur croit que cette étudiante (faire) ses études en France; pourtant il doute qu'elle (obtenir) un diplôme français.

2. *Employez un* pronom démonstratif *de manière à éviter les répétitions.*

1. Je n'aime pas beaucoup ce tableau-ci, mais ce tableau-là me plaît. **2.** Cet hôtel-ci est plus luxueux, mais cet hôtel-là donne sur la mer. **3.** Cette clé-ci est la clé de mon auto, mais ces clés-là ouvrent les portes de la maison. **4.** Ces bâtiments-là sont vieux, mais ces bâtiments-ci sont trop modernes. **5.** Ces rues-là sont animées; il n'y a pas de circulation dans cette rue-ci. **6.** Les deux grands philosophes français du 17e siècle sont Pascal et Descartes; Descartes est le philosophe de la raison. **7.** Au 20e siècle, Proust a écrit une grande œuvre; au commencement de cette œuvre, il rappelle les souvenirs de son enfance. **8.** Le professeur a posé la même question à deux étudiantes; ces étudiantes n'ont pas su répondre.

3. *Changez les phrases suivantes de manière à éviter les répétitions en employant un* pronom démonstratif.

1. Vos classes de ce semestre sont-elles plus intéressantes que vos classes du semestre dernier? **2.** J'ai trouvé mon manteau, mais je n'ai pas vu le manteau de ma sœur. **3.** Voici ma maison et la maison de Richard. **4.** Donnez-moi vos devoirs et les devoirs de vos amis. **5.** Mon examen est sur votre bureau; l'examen de Robert est dans votre serviette. **6.** Parmi toutes les étudiantes de la classe, quelle est l'étudiante qui parle le mieux? **7.** Voici des reproductions de tableaux modernes; dites-moi les tableaux que vous préférez? **8.** Je n'aime pas beaucoup les tableaux de Matisse, mais les tableaux de Picasso me plaisent. **9.** Je vous montrerai mes livres de critique littéraire; vous prendrez le livre dont vous avez besoin. **10.** Les idées de Descartes sont différentes des idées de Pascal.

4. *Employez* **ce, (c'), il, elle, ils, elles,** *suivant la phrase.*

1. __C'__ est une femme très sympathique. **2.** __C'__ est Mme Rostof. **3.** __Elle__ est russe. **4.** __C'__ est une amie de ma mère. **5.** __Elle__ est secrétaire à l'université. **6.** __C'__ est une excellente secrétaire. **7.** __Ce__ sont mes cousins. **8.** __Ce__ sont étudiants. **9.** __Ce__ sont des jeunes gens instruits. **10.** __Ils__ sont intelligents. **11.** __Ce__ sont mes meilleurs amis. **12.** __Il__ est nécessaire d'avoir de bons amis.

5. *Complétez les phrases par les expressions:* **ce qui, ce que** *ou* **ce dont.**

1. Je voudrais savoir _____ vous plaît. **2.** Dites-moi _____ vous aimez faire dans la vie. **3.** On ne sait pas _____ intéresse Paul. **4.** Montrez-moi _____ vous avez acheté. **5.** Nos amis nous diront _____ les amuse et _____ ils ont envie. **6.** Racontez-moi _____ votre ami vous a dit. **7.** Anne se demande _____ déplaît à ses parents. **8.** Je vais vous prêter _____ vous avez besoin. **9.** Elle a choisi _____ était le plus cher. **10.** Il faut savoir _____ est utile et _____ vous voulez faire.

6. (a) *Répondez à chaque question en employant* **ce (c')** *ou* **ça (cela).**

EXEMPLE: Vaut-il mieux voyager en avion pour un long voyage?
Oui, **ça** vaut mieux.

1. Est-il important d'aller au laboratoire? **2.** Vaut-il mieux être heureux que riche? **3.** Est-il possible actuellement d'aller sur Mars? **4.** Est-il dommage de ne pas profiter de ses vacances? **5.** Avoir une belle voiture a-t-il beaucoup d'importance pour vous? **6.** Est-il agréable de payer des taxes? **7.** Les problèmes et la vie économiques vous intéressent-ils? **8.** Est-il utile d'apprendre des langues étrangères? **9.** Dîner dans un grand restaurant vous plaît-il? **10.** Écouter des conversations sans intérêt vous ennuie-t-il?

(b) *Complétez les phrases en employant* **ce (c'), ça** *ou* **il.**

1. _____ n'est pas amusant de marcher sous la pluie. **2.** Je n'aime pas voir des gens qui se disputent: _____ me dérange. **3.** Votre frère a un grand talent de peintre: _____ est évident. **4.** Certaines personnes n'aiment pas assister à un match de boxe: _____ leur déplaît. **5.** Je n'aime pas arriver en retard à un rendez-vous: je pense que _____ est impoli. **6.** _____ est indispensable de bien faire son travail. **7.** Les étudiants détestent passer des examens: _____ les rend nerveux. **8.** Paul écoutait notre conversation avec intérêt: _____ l'amusait. **9.** Peu de gens parlent plusieurs langues car _____ est difficile. **10.** En tous cas, _____ est difficile de les parler toutes parfaitement.

GRAMMAIRE

40

Lire, relire et comprendre

La lecture suivante est une interview imaginaire où nous essayons de répondre à beaucoup de questions que les étudiants de première année posent à leurs professeurs. Il se peut que vous y trouviez certaines de vos propres questions.

Un Étudiant. — Combien de temps me faudra-t-il pour apprendre le français?

Le Professeur. — Dans une certaine mesure, vous savez déjà le français. En quelques mois, il est possible à un adulte de connaître une langue étrangère assez bien pour parler avec les gens du pays et pour pouvoir se débrouiller.

Un Étudiant. — Que veut dire « se débrouiller »? 5

Le Professeur. — « Se débrouiller » veut dire « se tirer d'affaire ».

L'Étudiant. — Mais que veut dire « se tirer d'affaire »?

Le Professeur. — Vous vous débrouillez, vous vous tirez d'affaire, quand d'une manière ou d'une autre, vous sortez d'une situation difficile par vos propres moyens. 10

Un Autre Étudiant. — Je ne comprends pas. Que veut dire « se débrouiller » en anglais?

Le Professeur. — Vous savez bien que je refuse toujours de traduire les nouvelles expressions en anglais. Il est indispensable que vous réfléchissiez à l'expression et aux exemples que je vous donne et que vous essayiez d'en deviner° le sens. 15 C'est par ce travail personnel que vous apprendrez le français.

Un Étudiant. — Mais il semble que nous perdions beaucoup de temps ainsi.

Le Professeur. — Quelquefois on gagne du temps en le perdant. Il est possible qu'il soit plus facile de traduire en effet; mais chaque fois que vous traduisez, vous perdez une occasion de réfléchir et de penser en français. Les gens pensent très 20 souvent que parler une langue étrangère, c'est traduire rapidement d'une langue à l'autre. Ce n'est pas vrai. On sait une seconde langue lorsqu'on la parle spontanément et tout à fait sans passer par sa propre langue. Quand vous traduisez, vous créez un obstacle entre la nouvelle langue et vous-même.

Un Étudiant. — Je ne comprends pas ce que vous voulez dire. 25

Le Professeur. — Je m'explique. Une langue n'est pas seulement un phénomène du monde extérieur. C'est aussi un phénomène intérieur mental qui appartient à notre subjectivité. Une langue est une création humaine et même très personnelle. On l'a souvent dit: le langage caractérise l'homme.

Un Étudiant. — Vous voulez dire que les animaux ne parlent pas? Je parle à mon chien et il me comprend.

Le Professeur. — Oui, mais il ne vous répond pas. 5

L'Étudiant. — Si. Il aboie° pour me saluer. Il montre sa joie de me voir.

Le Professeur. — Mais il ne vous parle pas. Il ne vous a jamais dit « bonjour » ou « au revoir ».

Un Étudiant. — C'est vrai. Mais les perroquets° parlent.

Le Professeur. — Oh, c'est tout à fait différent. C'est purement mécanique. Les 10 perroquets parlent, mais ils ne répondent pas. Ils peuvent imiter le langage humain, mais ils ne peuvent pas l'inventer. Si je dis « bonjour » à mon perroquet, il me dira toujours les mêmes mots, ceux qu'il a appris par cœur;° il n'inventera jamais une nouvelle réponse. Il ne parlera pas spontanément.

Un Étudiant. — Mais moi, je ne parle pas spontanément. J'hésite. Je cherche mes 15 mots. Comment voulez-vous que je parle spontanément si mes connaissances du français sont trop limitées?

Le Professeur. — Notez que vous parlez déja spontanément *par moments*. Il y a déjà certaines choses que vous pouvez dire presque sans réfléchir. Mais vous voulez aller trop vite. 20

Un Étudiant. — Alors, parler spontanément, c'est parler sans réfléchir?

Le Professeur. — Non. C'est parler et réfléchir simultanément. Voilà la vraie spontanéité. Quand vous parlez anglais, il n'est pas nécessaire que vous ayez formé vos phrases mentalement avant de les prononcer. Vous les formez en même temps que vous parlez. Très souvent, vous découvrez votre pensée en l'exprimant. Il 25 faut que vous appreniez à faire la même chose en français.

L'Étudiant. — Mais comment?

Le Professeur. — Mais vous le faites déjà: par la pratique,° par l'exercice, par la conversation. On apprend à parler en parlant. C'est pourquoi vous avez un professeur. 30

L'Étudiant. — Il faut donc que nous vous imitions?

Le Professeur. — Oui, il faut que vous m'imitiez, mais il faut aussi que vous inventiez vous-mêmes votre propre expression. Ce qui est important, ce n'est pas d'imiter, mais d'inventer. Pensez à votre perroquet: il imite, mais il n'invente pas.

Un Étudiant. — Est-ce que les enfants n'apprennent pas les langues plus facilement 35 et mieux que les grandes personnes?

Le Professeur. — Ça, c'est un grand problème. D'abord, les enfants n'apprennent pas les langues facilement comme on le dit trop souvent. Les enfants n'apprennent pas seulement leur langue; ils apprennent à parler. Ils inventent le langage. Et ce processus est souvent très difficile pour l'enfant. Un enfant qui change de pays 40

Deux écrivains francais d'origine étrangère: Samuel Beckett, né
en Irlande en 1906; Eugène Ionesco, né en Roumanie en 1912.

et de langue est souvent pendant une période de temps traumatisé par cette
expérience. Il se peut même qu'il refuse de parler et qu'il tombe dans un mutisme°
total. Mais c'est un fait: quand un enfant commence à parler une nouvelle langue,
il la parle presque toujours parfaitement, c'est-à-dire sans accent et tout à fait
correctement. Chez l'adulte, le processus est plus rapide, moins traumatisant, 5
c'est-à-dire moins intime et plus rationnel.

Un Étudiant. — Est-ce que nous saurons le français un jour aussi bien que les
Français?

Le Professeur. — Oui et non. C'est-à-dire mieux et moins bien. Il est vrai qu'on
n'a qu'une seule langue maternelle comme on n'a qu'un seul père ou qu'une seule 10
mère. Mais dans certaines circonstances, on peut connaître une seconde langue
mieux que la première langue. Tout le monde sait, par exemple, que Joseph
Conrad n'était pas anglais. Samuel Beckett, qui est irlandais, écrit en français.
Mais en général, c'est notre première langue qui reste dominante puisque c'est
par elle que nous avons découvert le langage. 15

Un Étudiant. — Il y a trop de choses que je ne sais pas dire en français. Mon problème
est un problème de vocabulaire.

Le Professeur. — Je ne suis pas d'accord. Votre problème n'est pas d'*abord* un
problème de vocabulaire. Dans la conversation normale, on se sert de quelques
centaines de mots. Racine a écrit ses tragédies avec un vocabulaire de 1.200 à 20

1.400 mots et les linguistes disent que le français fondamental exige un vocabulaire de 1.300 à 1.500 mots. Au fond, la grammaire et la syntaxe sont plus importantes que le vocabulaire. Il faut que vous vous mettiez dans la langue et que la langue française entre en vous. Alors, vous commencerez vraiment à parler français.

UN ÉTUDIANT. — Mais pourquoi faut-il que j'apprenne le français? 5

LE PROFESSEUR. — Je ne sais pas. Pourquoi l'étudiez-vous?

UN ÉTUDIANT. — C'est à vous de répondre, monsieur. Vous évitez° la question.

LE PROFESSEUR. — Eh bien, je vais répondre. Il y a à la fois° toutes sortes de raisons pour étudier le français et aucune. Mais c'est la même chose pour toutes les études. N'oubliez pas que vous étudiez le français dans un certain contexte culturel parce 10 que vous êtes des étudiants d'université. Les meilleures raisons pour étudier le français sont certainement des raisons culturelles et historiques. La langue française comme d'autres langues, a joué un très grand rôle dans l'histoire culturelle de l'Occident et c'est pourquoi nous l'étudions.

UN ÉTUDIANT. — Vous parlez de culture française; quand est-ce que nous pourrons 15 commencer à lire des textes littéraires en français?

LE PROFESSEUR. — En deuxième année, nous commencerons à lire des textes littéraires. Mais d'abord, il faut que vous complétiez vos connaissances des structures de base de la langue. Avant de commencer à lire des textes littéraires, il faut aussi apprendre le passé simple. Ce n'est pas un temps difficile et on l'emploie beaucoup 20 en littérature.

UN ÉTUDIANT. — Est-ce que la langue littéraire est très différente de la langue de tous les jours en français?

LE PROFESSEUR. — Assez différente. C'est surtout une langue beaucoup plus complexe, faite de phrases plus longues et qui se composent de beaucoup de propositions 25 subordonnées. Dans la conversation courante, nous nous servons de phrases plus courtes et d'expressions plus conventionnelles. Mais la langue littéraire est beaucoup plus élaborée. Paul Valéry a très bien exprimé cette différence par une formule extraordinaire: « La Poésie, disait-il, est un langage dans un langage ».

UN ÉTUDIANT. — Comment faut-il que nous lisions un texte littéraire? Le problème 30 du vocabulaire est vraiment très décourageant.

LE PROFESSEUR. — Moins décourageant que vous ne l'imaginez. D'abord, les textes classiques du 17e et du 18e siècles ne sont pas très difficiles du point de vue du vocabulaire. Les textes de la Renaissance, du 19e et du 20e siècles au contraire présentent de nombreux problèmes de vocabulaire. 35

UN ÉTUDIANT. — Et les textes du Moyen Age?

LE PROFESSEUR. — Ils sont écrits en ancien français. La langue moderne ne permet pas plus de les lire que l'anglais moderne ne permet de lire Chaucer ou les auteurs qui le précèdent. Mais souvenez-vous qu'un texte littéraire est un contexte et très souvent, c'est par le contexte qu'on découvre le sens des mots. 40

Un Étudiant. — Qu'est-ce qu'un « contexte »?

Le Professeur. — Un contexte, c'est un texte avec tous les éléments qui l'accompagnent: idées, images, attitudes de l'écrivain, période historique, etc. . . . Parfois un mot qui n'est pas clair en soi° devient clair quand on le place dans son contexte. Or, ce contexte change d'auteur en auteur. Le contexte de Gide n'est 5 pas le contexte de Montaigne. Le contexte de Camus n'est pas le contexte de Proust. Par exemple, si je dis: « madeleine », à quoi pensez-vous?

Un Étudiant. — A l'église de la Madeleine, à Paris.

Un Autre Étudiant. — A la Bible.

Un Autre Étudiant. — A une femme. 10

Un Autre Étudiant. — A ma sœur. Elle s'appelle Madeleine.

Le Professeur. — Vous voyez. Le sens de ce mot change selon le contexte où vous le placez. Mais personne n'a répondu: « Je pense à Proust ».

Les Étudiants. — ? ? ?

Un Étudiant. — Quel rapport y a-t-il entre Proust et « madeleine »? 15

Le Professeur. — Un des passages-clés de l'œuvre de Proust s'appelle « la scène de la madeleine ». Il s'agit d'un gâteau et c'est en mangeant un de ces gâteaux avec

Marcel Proust (1871–1922)

du thé que Proust a commencé à découvrir le secret de son passé. C'est un autre contexte, une autre association pour le mot « madeleine ».

Un Étudiant. — Mais pour lire un texte littéraire, il faut absolument traduire.

Le Professeur. — Absolument pas. En traduisant, vous allez éviter le problème de la lecture. 5

Un Étudiant. — Mais alors, comment allons-nous faire?

Le Professeur. — N'oubliez pas que vous avez déjà lu un certain nombre de textes sans les traduire. Dans quelques semaines, nous allons commencer à lire des textes plus difficiles. D'abord, je vous présenterai le nouveau texte en classe dans son contexte. Je vous expliquerai les nouvelles expressions. Et je vous parlerai du 10 contenu du texte. Donc, au moment de le lire, vous verrez qu'il vous est déjà un peu familier. Ensuite, il faut que vous vous serviez de votre lexique en français qui est fait spécialement pour cet exercice de lecture et qui contient les expressions difficiles.

Un Étudiant. — Pouvons-nous nous servir d'un dictionnaire français-anglais pour 15 gagner du temps?

Le Professeur. — Vous voulez dire pour *perdre* du temps. Non. Il faut que vous appreniez à lire en français. L'anglais, vous le savez déjà. Un autre conseil: Quand vous commencerez à lire un nouveau texte en français, lisez-le à haute voix.° Ce sera pour vous un double exercice: de prononciation et de lecture individuelle. 20

Un Étudiant. — Mais cela va prendre beaucoup de temps! Nous lirons trop lentement.

Le Professeur. — Oh, mon Dieu! Mais pourquoi vouloir aller si vite? Justement, je veux que vous lisiez *lentement*. Les jeunes Américains lisent en général trop rapidement. Ils confondent *comprendre* et *apprendre*. Ils confondent aussi la lecture des textes scientifiques et des textes littéraires. On lit un texte scientifique pour 25 les informations qu'il contient. Un texte littéraire est, au contraire, une sorte de voix humaine qu'on apprécie pour sa beauté et pour les idées qu'elle exprime.° Il faut que vous preniez le temps de l'entendre. Il faut qu'elle pénètre en vous.

Un Étudiant. — Comment peut-on savoir qu'on a compris un texte littéraire?

Le Professeur. — Nous comprenons un texte littéraire par un acte individuel que 30 nous appelons « intuition ». Quand nous saisissons° intuitivement le sens d'un texte, nous sentons° que « nous avons compris ».

Un Étudiant. — Et si nous nous trompons?

Le Professeur. — Je vous corrigerai.

Un Étudiant. — Et si vous vous trompez? 35

Le Professeur. — Dans ce cas-là, vous me corrigerez. Il est possible que vos intuitions soient meilleures que les miennes et qu'en lisant, vous ayez mieux compris que moi.

L'Étudiant. — Alors, il n'y a pas de critères objectifs en littérature?

Le Professeur. — Oui et non. Nous ne pouvons pas *savoir* en littérature comme nous 40

pouvons *savoir* en sciences. Il faut interpréter davantage. Mais certaines interprétations sont justifiées; d'autres ne le sont pas.

Un Étudiant. — Alors, comment est-il possible d'être sûr?

Le Professeur. — Par le texte. Il supporte° certaines interprétations; il est impossible
de lui en donner d'autres. 5

Un Étudiant. — On ne peut donc jamais être sûr?

Le Professeur. — Je suis obligé de répondre encore une fois oui et non. Par sa
subjectivité, la littérature s'adresse à nous personnellement; mais par son objectivité, elle nous permet de rendre notre subjectivité universelle. Proust a très bien
exprimé ce double aspect de la littérature dans cette scène de la « madeleine » 10
dont je vous parlais il y a un moment: « Grave incertitude, toutes les fois que
l'esprit se sent dépassé par lui-même, quand lui, le chercheur, est le pays obscur
où il doit chercher . . . »

Un Étudiant. — Je ne sais pas si je vais aimer l'étude de la littérature. J'aime les
choses plus positives. 15

Le Professeur. — Un peu de patience. Vous verrez bien.

Un Étudiant. — Eh bien! moi, je pense que nous verrons très mal.

Le Professeur. — Quoi? Déjà un jeu° de mots? Mais dites-moi, est-ce que vous ne
vous moquez pas de moi? Comment faut-il que je comprenne votre phrase?

L'étudiant.　Par le contexte, monsieur, par le contexte! 20

EXERCICES

1. *Répondez aux questions par des phrases complètes.*

   1. Quelle est votre langue maternelle?　**2.** Quelles langues étrangères avez-vous
étudiées?　**3.** Où et à quel âge avez-vous commencé à les étudier?　**4.** A votre
avis, quel est le principal problème quand on apprend une langue étrangère?
5. Pensez-vous qu'il soit plus facile d'apprendre une langue étrangère quand on
est très jeune? Pourquoi? Avez-vous eu cette expérience?　**6.** Dites-vous déjà
certaines choses sans réfléchir en français? Quoi, par exemple? Dans quelles
circonstances?　**7.** Est-ce que vous traduisez quand vous parlez français ou quand
vous écrivez en français?　**8.** A votre avis, est-ce que la mémoire est très inportante
quand on apprend une langue? Pourquoi?　**9.** Pensez-vous qu'il faut employer
la méthode de la traduction quand on apprend une langue? Pourquoi?　**10.** Pour
vous, le problème le plus important est-il un problème de vocabulaire ou un
problème de syntaxe?

2. *Faites une phrase complète avec chaque expression.*

    1. à haute voix **2.** se débrouiller **3.** par cœur **4.** à la fois **5.** vouloir dire
    6. deviner **7.** en même temps que **8.** traduire

3. *Questions sur la lecture. Répondez par des phrases complètes.*

    1. Pourquoi le professeur refuse-t-il de traduire en anglais le verbe « se débrouiller »? **2.** A son avis, qu'est-ce qu'il faut que les étudiants fassent?
3. Quelle différence y a-t-il entre le langage de certains animaux et le langage humain? **4.** Comment apprend-on à parler d'après le professeur? **5.** Quelle est la différence entre la langue littéraire et la langue de tous les jours? **6.** Qui est Paul Valéry? **7.** Qui est Chaucer? **8.** Pourquoi ne faut-il pas se servir d'un dictionnaire bilingue? **9.** Pourquoi la langue moderne ne permet-elle pas de lire les textes du Moyen-Age? **10.** Pourquoi lit-on un texte scientifique? **11.** Pourquoi le professeur dit-il: « Je veux que vous lisiez lentement »? **12.** Quel jeu de mots les étudiants font-ils?

4. *Composition:*

    (a) Vos difficultés quand vous avez commencé à apprendre le français.
    (b) Pourquoi étudiez-vous le français?

Sujets de discussion:

    (a) Comment apprenez-vous les langues étrangères que vous étudiez? Quelle est à votre avis la meilleure méthode pour apprendre une langue étrangère? Parlez de votre (vos) expérience(s) personnelle(s).
    (b) Faut-il étudier une (des) langue(s) étrangère(s) à l'école élémentaire? au lycée? à l'université? Pourquoi?
    (c) Un langage universel? Est-ce possible? Est-ce souhaitable?

Exercices Supplémentaires de Grammaire

1. *Donnez le* passé du subjonctif *des formes suivantes.* (*Changez seulement le présent du subjonctif.*)

    1. Il faut que nous arrivions avant 8 heures. **2.** Je voudrais qu'il réussisse à son examen. **3.** Il est possible que nos amis partent sans leurs enfants. **4.** Je ne crois pas que vous finissiez ce travail ce soir. **5.** Nous ne sommes pas sûrs que vous fassiez de votre mieux. **6.** Le professeur n'est pas content que nous traduisions ces expressions. **7.** Il est furieux que nous nous servions d'un dictionnaire.

8. Je doute qu'il comprenne nos difficultés. **9.** Je voudrais qu'il soit plus indulgent. **10.** Je suis heureux qu'il nous parle de la géographie de la France.

2. *Faites des phrases complètes avec chaque expression.*

1. celle qui **2.** celui dont **3.** ce que **4.** ceux de **5.** celles que **6.** celui de **7.** ceux qui **8.** ce qui

3. *Employez un* pronom démonstratif *pour compléter les phrases. (Attention: il faut parfois ajouter un* pronom relatif)

1. Quel film allons-nous voir? _____ ou _____? **2.** J'ai lu les romans de Sartre et _____ de Camus. **3.** De toutes les villes que vous avez visitées, quelles sont _____ que vous avez préférées? **4.** Dites-moi _____ vous avez vu et _____ vous a plu. **5.** Mon frère a appris plusieurs langues; _____ est utile et _____ sera de plus en plus nécessaire. **6.** Je n'ai jamais assez d'argent pour acheter _____ j'ai envie. **7.** Sur le menu, elle a choisi _____ était le moins cher. **8.** Je comprends vos explications; je n'ai pas compris _____ du professeur. **9.** Je ne peux pas raconter toute l'histoire; je dirai seulement _____ je me souviens. **10.** Votre serviette et _____ de Marie sont dans ma voiture.

EXPRESSIONS NOUVELLES

une centaine de
une connaissance
une langue maternelle
une occasion
la pratique°

un critère
un jeu° de mots
le mutisme°
un perroquet°

décourageant(e)

aboyer°
contenir (3)
créer
se débrouiller
deviner°
éviter°
exprimer°
(s')informer
saisir (2)°
saluer°

sentir (3)°
supporter°
traduire° (3)
vouloir° dire (3)

à haute voix°
à la fois°
en même temps que
en soi°
il en est de même
intuitivement
par cœur°
spontanément

Vous savez déjà:

une association
une circonstance
une création
une image
une information
une interprétation
une intuition
la spontanéité
une structure
la subjectivité
la syntaxe

un acte
un aspect
un contexte

un linguiste
un obstacle
un phénomène

conventionnel(le)
culturel(le)
élaboré(e)
essentiel(le)
fondamental(e)
indispensable
individuel(le)
justifié(e)
limité(e)
littéraire
objectif(ve)

positif(ve)
rationnel(le)
scientifique
traumatisant(e)
traumatisé(e)
urgent(e)

caractériser
imiter
interpréter
inventer
pénétrer

mentalement

GRAMMAIRE GÉNÉRALE

Le Mode

Étudiez les passages suivants:

(1) « . . . Incompréhensible que Dieu soit, et incompréhensible qu'il ne soit pas;
que l'âme soit avec le corps, que nous n'ayons point d'âme; que le monde
soit créé, qu'il ne le soit pas, etc.; que le péché originel soit, et qu'il ne soit
pas. »

Pascal, *Pensées,* 230

(2) « . . . j'ai tant vu de choses extraordinaires qu'il n'y a plus rien d'extraordinaire. — Croyez-vous, dit Candide, que les hommes se soient toujours mutuellement massacrés comme ils font aujourd'hui? qu'ils aient toujours été
menteurs, fourbes, perfides, ingrats, brigands, faibles, volages, lâches, envieux,
gourmands, ivrognes, avares, ambitieux, sanguinaires, calomniateurs, dé-
bauchés, fanatiques, hypocrites et sots? — Croyez-vous, dit Martin, que les
éperviers aient toujours mangé des pigeons quand ils en ont trouvé? — Oui,
sans doute, dit Candide. — Eh bien! dit Martin, si les éperviers ont toujours
eu le même caractère, pourquoi voulez-vous que les hommes aient changé
le leur? »

Voltaire, *Candide*

Dans les exemples précédents, certains verbes sont au *subjonctif.* Qu'est-ce
que le subjonctif?

Le subjonctif est un MODE. Qu'est-ce qu'un mode? Le mot mode veut dire
manière. Le mode d'un verbe indique par conséquent la manière dont l'action
est faite. Il y a 5 modes principaux en français:

l'indicatif
le subjonctif
l'impératif
l'infinitif
le conditionnel

Parlons d'abord de *l'indicatif.* L'indicatif *indique,* c'est-à-dire que l'indicatif
(dans tous ses temps) est le mode des déclarations, de la réalité concrète, des
faits. Si je dis: **« Il fait beau; il ne pleut pas »; « je vous vois, mais je ne vous**

entends pas »; « **le livre est sur la table** », j'emploie le mode de la certitude. En général, nos affirmations sont inconscientes car nous ne doutons pas de la réalité d'une chose que nous voyons ou que nous pouvons toucher. Mais la réalité n'est pas toujours aussi claire.

Examinez les phrases suivantes:

Il faut **que je vous voie** demain.
Il est possible **qu'il fasse beau** demain.
Je doute **que vous restiez** jusqu'à la fin si vous allez voir ce mauvais film.
Mon père veut **que j'aille** en France.
Je suis heureux **que vous ayez accepté** mon invitation.

Dans ces phrases, le verbe des propositions subordonnées est au *subjonctif*. Pourquoi? C'est parce que, dans la proposition principale, il y a une expression qui modifie l'action du verbe de la proposition subordonnée. Si je dis: « Nous nous verrons demain », j'énonce un simple fait. Mais si je dis: « **Il faut que je vous voie** demain », j'ajoute une idée de *nécessité* exprimée par **Il faut que.**

Si je dis: « Il fera beau demain », c'est une simple affirmation. Je ne doute pas de la vérité de mon assertion. Mais si je dis: « **Il est possible qu'il fasse** beau demain », j'introduis une idée de possibilité.

Si je dis: « Vous ne resterez pas jusqu'à la fin si vous allez voir ce mauvais film », c'est encore une affirmation. Je suis sûr que vous ne resterez pas. Mais si je dis: « **Je doute que vous restiez** jusqu'à la fin si vous allez voir ce mauvais film », j'introduis dans mon affirmation un élément de *doute*. Ce doute m'oblige à *changer de mode verbal* dans la proposition subordonnée.

Si je dis: « J'irai en France l'été prochain », j'exprime une certitude. Même si je n'y vais pas, je suis sûr d'y aller au moment où je parle. Je suis dans le domaine des faits. Mais si je dis: « **Mon père veut que j'aille** en France », j'introduis un élément de *volonté*. Ma propre volonté n'est plus suffisante. Elle est subordonnée à la volonté de mon père.

Si je dis: « Vous avez accepté mon invitation », « j'en suis très heureux », j'affirme encore une fois. Il y a deux faits de la même valeur: Vous avez accepté mon invitation . . . je suis heureux.
Mais si je dis: « **Je suis heureux que vous ayez accepté** mon invitation », l'un des faits (que vous ayez accepté) est subordonné à l'autre (Je suis heureux). Il y a subordination par rapport à un état d'*émotion* ou à un *sentiment*.

Il devient clair que:

(1) le *subjonctif* est un *mode de subordination* et s'emploie dans des propositions subordonnées.

(2) le subjonctif dépend de certaines *conditions* préalables: conditions de *nécessité,* de *possibilité,* de *doute,* de *volonté,* de *sentiment.*

(3) le subjonctif exprime une certaine *attitude* devant la réalité: attitude de *doute,* d'*hésitation,* d'*incertitude,* d'*émotivité,* d'*infériorité,* de *dépendance.*

Voilà pourquoi, **on n'emploie pas le subjonctif** après certaines expressions comme:

> Il est certain que . . .
> Il est sûr que . . .
> Il est probable que . . .
> Il est évident que . . .
> Il est vrai que . . .

Mais après ces mêmes expressions au négatif ou à l'interrogatif, on peut employer le subjonctif car leur certitude est annulée par la négation ou par l'interrogation.

EXEMPLES: Il n'est pas certain qu'il **vienne** demain.
Il n'est pas très probable que je **puisse** aller en Europe l'été prochain.
Il n'est pas vrai que tous les gens **soient** capables de faire les mêmes choses.
Est-il certain qu'il **vienne** demain?
Est-il vrai que tous les gens **soient** capables de faire les mêmes choses?

Reprenons maintenant les textes de Pascal et de Voltaire qui se trouvent au début de ce chapitre.

(1) Pourquoi tout ce passage est-il au subjonctif? C'est parce que Pascal parle de questions où la certitude absolue et rationnelle est impossible. L'existence de Dieu, les rapports du corps et de l'âme, la création du monde, le péché originel, sont des questions si vastes qu'elles dépassent la compréhension humaine. Pascal pense et dit que ces questions sont « incompréhensibles ». On voit sans difficulté que des attitudes très différentes sont exprimées par les phrases:

> Il est certain que Dieu est.
> Il est incompréhensible que Dieu soit.

L'incompréhension humaine met l'intelligence humaine dans une position de grande infériorité. Cela justifie l'emploi du subjonctif.

(2) Le naïf Candide pose une question dont la réponse est douteuse. Il est hésitant, il est dans une attitude d'incertitude et c'est pourquoi Voltaire emploie ici le subjonctif.

On voit que le subjonctif joue un rôle très important en français. Cependant c'est un mode dont l'importance a diminué depuis l'époque latine. Il est possible qu'il disparaisse un jour. Déjà les auteurs contemporains l'emploient moins que les auteurs classiques. Mais s'il disparaît, il ne sera plus possible d'exprimer certaines nuances en français.

Un dernier exemple de *mode:* en musique, il y a deux modes: le *mode majeur* et le *mode mineur.* L'utilisation de ces modes en musique nous fournit un excellent exemple de ce que nous avons appelé une *différence d'attitude.* Sans pousser l'analogie trop loin, on peut comparer le mode majeur en musique à l'indicatif en grammaire et le mode mineur au subjonctif.

Remarquons encore que le mot « subjonctif » est composé de deux éléments: un préfixe *sub* qui indique une idée de subordination et le radical « jonctif » (de *jonction,* l'élément qui est *joint*) c'est-à-dire l'élément qui est *relié* à autre chose. Autrement dit, le subjonctif ne s'emploie pas généralement seul, mais dans une proposition subordonnée quand il y a une condition préalable de nécessité, de possibilité, de doute, de volonté, de sentiment.

Ces principes sont des éléments de base. On peut rencontrer des exceptions.

* * *

L'impératif est le *mode du commandement.* Il y a une différence de ton, de manière entre:

et
> Vous faites votre travail.
> **Faites** votre travail!

et
> Vous vous en allez.
> **Allez-vous-en!**

Il est peut-être plus difficile de comprendre que l'*infinitif* est un *mode.* L'infinitif est la forme du verbe la plus proche du substantif. L'infinitif est le même à toutes les personnes, mais il a deux temps: le présent et le passé.

parler (*présent*)   **partir** (*présent*)
avoir parlé (*passé*)   **être parti** (*passé*)

L'infinitif peut même être considéré comme un substantif:

EXEMPLES: le parler français; le souvenir; le savoir-faire;
le savoir; le pouvoir; l'être; un être

L'infinitif est donc un *mode* à moitié verbal, à moitié substantif.

C'est le verbe dans un sens *absolu, infini,* un *infinitif.*

Le conditionnel est, naturellement le *mode* qu'on emploie dans des phrases *conditionnelles,* c'est-à-dire dans les phrases qui dépendent d'une condition, présente ou passée qui n'a pas été ou qui n'est pas réalisée. (Voir le 6ᵉ Échelon)

Le conditionnel a aussi d'autres significations: il indique une atténuation de la pensée. C'est pourquoi on l'emploie avec certains verbes (**vouloir, pouvoir**) quand on veut être très poli.

Parfois le conditionnel n'est plus un mode; il devient *un temps* et il est employé pour exprimer le futur après un verbe principal qui est au passé.

EXEMPLE: Il viendra à huit heures.

Il a **dit** qu'il **viendrait** à huit heures.

SIXIÈME ÉCHELON

41

POINTS DE REPÈRE

1. Nous **avons dormi** longtemps
   parce que nous **étions** fatigués.

   ———————

2. Hier soir, j'ai fini la composition
   que j'**avais commencée** avant-hier.
   Mes amis qui **étaient arrivés** en juin
   sont repartis en septembre.

   ———————

3. Que pensez-vous de ce film?
   Je vous dirai mon opinion quand je l'**aurai vu.**

   ———————

4. **Dès que** nous serons arrivés à Paris,
   nous parlerons français.
   J'étudie **pendant que** mon amie regarde la télévision.

   ———————

5. L'avion dans **lequel** j'ai voyagé
   a fait escale à Chicago.

   ———————

6. Ils sont allés **au** Brésil et **en** Argentine.

André Gide (1869–1951).

DÉVELOPPEMENT GRAMMATICAL

---

1. Nous **avons dormi** longtemps
parce que nous **étions** fatigués.

Étudiez les phrases suivantes:

(1) L'été dernier, Jean et Charles **sont allés** en France.

(2) L'été dernier, Jean et Charles **ont suivi** un cours de vacances à Tours.

(3) L'été dernier, pendant qu'ils **étaient** à Tours, Jean et Charles **allaient** régulièrement à Paris tous les week-ends.

■ Pour exprimer *le passé*, il y a en français deux temps de base:

Le passé composé
L'imparfait

Dans les exemples précédents, il y a la même expression de temps: **l'été dernier,** au commencement de chaque phrase. Les phrases 1 et 2 sont au passé composé, la phrase 3 est à l'imparfait. Pourquoi?

La différence entre ces deux temps (« *tenses* ») n'est pas une différence de temps (« *time* »). C'est une *différence d'attitude.* C'est une différence plutôt subjective qu'objective. Je peux voir le passé de deux manières différentes, parce que dans tout phénomène temporel, il y a deux idées: une idée de *moment* et une idée de *durée.* Dans les deux premières phrases, je vois le passé comme un *moment* (limité dans le temps): l'été dernier. Dans la troisième phrase, je vois le passé comme une *durée* (dont les limites ne sont pas précises): l'été dernier. Ce n'est pas le passé qui a changé. C'est mon attitude. Objectivement, les deux attitudes sont vraies: **l'été dernier** peut être considéré comme une durée ou comme un moment.

C'est pourquoi il y a en français: **un, an, un jour, un matin, un soir** et **une année, une journée, une matinée, une soirée.** (Cf. leçon 27)

Un an, un jour indiquent une période de temps qui est considérée comme *un moment.*

Une année, une journée indiquent une période de temps qui est considérée comme *une durée.*

On dit:
$\left\{\begin{array}{l}\text{un \textbf{an}, trois \textbf{ans}, cent \textbf{ans};} \\ \text{\textbf{l'année} dernière / prochaine,} \\ \text{quelques \textbf{années}, plusieurs \textbf{années.}}\end{array}\right.$

La longueur de l'année, de la journée ou de l'été ne varie pas en fait; mais *mon attitude change.* (Voir Grammaire générale, fin du 6ème échelon.)

Examinons maintenant une autre distinction: Vous savez déjà que le *passé composé* est le temps de l'*action;* l'*imparfait* est le temps de *la description* (Cf. leçon 21).

Voici la description d'une maison au *présent:*

> Tous les étés, j'habite dans le Midi de la France une petite maison qui est située à l'entrée d'un village. Elle est blanche et elle est couverte d'un toit de tuiles rouges comme toutes les maisons de cette région. Derrière la maison, il y a un jardin plein d'arbres fruitiers. Pendant la journée, on n'entend que les bruits de la campagne: les oiseaux qui chantent, les insectes qui bourdonnent et de temps en temps la voix d'un homme qui travaille dans les champs. La nuit, les oiseaux, les insectes et même les hommes deviennent silencieux. Alors, une autre musique commence; la musique mélancolique de la brise dans les arbres et quelquefois le chant d'un rossignol.

Quand je décris quelque chose, j'indique *un état* de choses. Dans la description précédente, il n'y a pas d'action. Il n'y a que la *qualité* de la maison que je veux décrire. Il y a des impressions visuelles ou auditives. L'idée de *temps-moment* disparaît et fait place à une idée de *temps-durée.* Très normalement, le verbe que j'emploie le plus souvent est le verbe **être.** Les autres verbes (habiter, entendre, chanter, travailler) sont *assimilés à l'atmosphère générale* et expriment aussi une idée de durée. Si je mets cette description au passé, j'emploie normalement l'*imparfait.*

> Tous les étés, j'**habitais** dans le Midi de la France une petite maison qui **était** située à l'entrée d'un village. Elle **était** blanche et elle **était** couverte de tuiles rouges comme toutes les maisons de cette région. Derrière la maison, il y **avait** un jardin plein d'arbres fruitiers. Pendant la journée, on n'**entendait** que les bruits de la campagne: les oiseaux qui **chantaient,** les insectes qui **bourdonnaient** et de temps en temps la voix d'un homme qui **travaillait** dans les champs. La nuit, les oiseaux, les insectes, et même les hommes **devenaient** silencieux. Alors, une autre musique **commençait;** la musique mélancolique de la brise dans les arbres et quelquefois le chant d'un rossignol.

Ces principes (*moment / durée, action / description*) ont des corollaires:

(1) Je **travaillais** quand vous **êtes arrivé.**
    Ma mère **préparait** le dîner quand je **suis rentré.**
    Nous **regardions** la télévision quand le téléphone **a sonné.**

■ *L'imparfait* exprime une action qui continue dans le passé et qui est interrompue par une autre action. L'action qui continue n'est pas considérée comme une vraie action. L'idée de *durée* est plus importante que l'idée de *moment*. On emploie l'*imparfait*.

■ L'action qui interrompt exprime une *idée de moment*. On emploie le *passé composé*.

(2) L'année dernière nous **allions** tous les dimanches au cinéma.
    Il **faisait** toujours ses devoirs avant le dîner.
    Je **prenais** l'autobus tous les matins.

■ *L'imparfait* exprime une action habituelle dans le passé. Dans ce cas l'idée d'action (*moment*) disparaît et fait place à une idée de description (*durée*). Une action habituelle devient un *état*.

(3) Nous **pensions** la même chose, Richard et moi.
    Je **croyais** que Patty était encore étudiante.
    Bob ne **voulait** pas aller au cinéma.

■ Les verbes qui expriment un *état mental* (au passé) sont normalement à l'*imparfait*. Ces verbes: **vouloir, pouvoir, avoir envie de, avoir besoin de, aimer, détester, penser, désirer, espérer, croire,** etc. expriment une idée de *durée*. (pp. 185–189)

(4) Ma grand-mère **était** belle.
    Paul **avait** vingt ans.
    Il **fallait** travailler tous les soirs.
    Elles **s'appelait** Éva.

■ Le *sens naturel* de certains verbes nous oblige le plus souvent à les employer à l'*imparfait:* (pp. 185–189)

Être exprime normalement une idée de *durée* et non pas de moment. C'est un cas très clair. C'est le verbe de la description par excellence.

Avoir comme **être** exprime normalement une *durée*. Il en est de même pour **falloir** et **s'appeler.**

(5) Ma grand-mère **a été** belle.   (Elle n'est plus belle maintenant. Elle a changé: idée de *moment*.)

     Paul **a eu** vingt ans hier.   (Il n'a plus 19 ans. Il a changé, il a maintenant 20 ans: idée de *moment*.)

     Il **a fallu** travailler.   (Quelque chose a changé. Par exemple: je ne travaillais pas; j'ai eu de mauvaises notes. Alors, il a fallu commencer à travailler *à un certain moment*.)

     Elle **s'appelait** Éva.   (Le sens naturel du verbe résiste à toute modification. Elle s'appelait Éva et elle a continué à s'appeler Éva.)

■ Quand on change le sens naturel d'un verbe (si c'est possible), on donne au verbe *une signification spéciale*.

> **2.** Hier soir, j'ai fini la composition
> que **j'avais commencée** avant-hier.
> Mes amis qui **étaient arrivés** à Paris en juin
> sont repartis en septembre.

Étudiez les phrases suivantes:

Hier, j'*ai fini* la composition d'anglais que j'**avais commencée** avant-hier.

Pendant le week-end, nous *avons étudié* les mots que le professeur nous **avait expliqués** vendredi dernier.

L'année dernière, mes parents *ont voyagé* au Mexique; mais l'année précédente, ils **avaient voyagé** au Canada.

Jean et Charles *sont allés* en Europe l'été dernier. Ils n'y **étaient** jamais **allés** avant.

Ils *ont apporté* à leurs parents les cadeaux qu'ils **avaient achetés** avant de quitter la France.

A l'université, j'*ai choisi* ma profession future. Je n'y **avais** jamais **pensé** avant.

Lundi matin je n'*étais* pas fatigué(e) parce que je m'**étais reposé(e)** dimanche.

Quand je *suis entré*, Jean *parlait* du voyage qu'il **avait fait.**

Il *décrivait* les choses qu'il **avait vues** à Paris, et il *montrait* les photos qu'il **avait prises**. Il *disait* où il **était allé** pendant son séjour en France.

■ Les verbes en caractères gras sont au *plus-que-parfait*. Le *plus-que-parfait* exprime une action «plus passée» que le passé ordinaire, une action *antérieure* à une autre action passée. Le plus-que-parfait est donc un *temps relatif*. Il exprime une action passée *relativement* à une autre action exprimée au *passé composé* ou à l'*imparfait*.

Voilà la conjugaison de **faire** et de **aller** au *plus-que-parfait*:

J'	**avais**	**fait** un voyage.	J'	**étais**	**allé(e)**	au Mexique.
Vous	**aviez**	**fait** un voyage.	Vous	**étiez**	**allé(e)(s)(es)**	au Mexique.
Tu	**avais**	**fait** un voyage.	Tu	**étais**	**allé(e)**	au Mexique.
Nous	**avions**	**fait** un voyage.	Nous	**étions**	**allés(es)**	au Mexique.
Il	**avait**	**fait** un voyage.	Il	**était**	**allé**	au Mexique.
Elle	**avait**	**fait** un voyage.	Elle	**était**	**allée**	au Mexique.
Ils	**avaient**	**fait** un voyage.	Ils	**étaient**	**allés**	au Mexique.
Elles	**avaient**	**fait** un voyage.	Elles	**étaient**	**allées**	au Mexique.

■ Le *plus-que-parfait* = *imparfait* de l'auxiliaire (**être** ou **avoir**) + *participe passé* du verbe.

NOTEZ: Les verbes *pronominaux* sont toujours conjugués avec **être** aux *temps composés* (passé composé, plus-que-parfait, etc.) (Cf. leçon 33).

---

3. Que pensez-vous de ce film?
Je vous dirai mon opinion quand je l'**aurai vu.**

Comparez:

Quand me prêterez-vous ce livre?

Je vous le prêterai quand je l'**aurai lu.**

Finirez-vous votre composition ce soir?

Oui, je la finirai lorsque j'**aurai terminé** le reste de mon travail.

Quand vos amis partiront-ils pour le Mexique?

Ils partiront dès qu'ils **auront passé** leurs examens.

Reviendront-ils à la fin de l'été?

Certainement; et quand ils **seront revenus,** ils continueront leurs études.

Quand vous mettrez-vous à travailler? Je me mettrai à travailler aussitôt que je **me serai reposé(e).**

A quelle heure rentrerez-vous ce soir? Je crois que je **rentrerai** vers six heures; mais je **serai** certainement **rentré(e)** à sept heures; aussitôt que je **serai rentré(e),** je vous téléphonerai.

■ Les verbes en caractères gras sont au *futur antérieur.*

Le *futur antérieur* indique qu'une *action future* est *antérieure* à une autre action future. Comme le plus-que-parfait, le futur antérieur est un temps *relatif.* Il exprime dans le futur une action future *relativement* à une autre action future. Le futur antérieur indique aussi qu'une action sera faite *avant* un certain moment du futur.

■ Voilà la conjugaison de **lire** et de **revenir** au *futur antérieur:*

j'	aurai	lu	je	serai	revenu(e)
vous	aurez	lu	vous	serez	revenu(e)(s)(es)
tu	auras	lu	tu	seras	revenu(e)
nous	aurons	lu	nous	serons	revenus(es)
il	aura	lu	il	sera	revenu
elle	aura	lu	elle	sera	revenue
ils	auront	lu	ils	seront	revenus
elles	auront	lu	elles	seront	revenues

■ Le *futur antérieur = futur* de l'auxiliaire (**avoir** ou **être**) + *participe passé* du verbe. Les verbes pronominaux se conjuguent avec **être** au futur antérieur.

> **4. Dès que** nous serons arrivés à Paris,
> nous parlerons français.
> J'étudie **pendant que** mon amie regarde la télévision.

Étudiez les phrases suivantes:

Pendant qu'ils étaient à Paris, Phil et Patty allaient souvent au théâtre.

Lorsqu'on donnait une nouvelle pièce, ils allaient la voir et ils la discutaient avec leurs amis.

Depuis qu'ils sont de retour aux États-Unis, Patty n'est plus mannequin.

Chaque fois qu'ils vont au théâtre, Patty porte une robe très élégante.

Dès qu'ils auront économisé assez d'argent, ils feront un voyage en Europe.

Aussitôt qu'ils seront arrivés à Paris, ils iront revoir les quartiers qu'ils aimaient.

Quand ils reviendront aux États-Unis, ils parleront de leur voyage à leurs amis.

■ Toutes les expressions en caractères gras sont des *conjonctions de subordination,* qui expriment une *idée de temps.*

Quand = lorsque

EXEMPLES: J'aime aller à la plage **quand** il **fait** chaud.

L'année dernière, j'allais à la plage **quand** il **faisait** chaud.

Je dormais **lorsque** le téléphone **a sonné.**

J'irai en Europe **quand** j'**aurai** assez d'argent.

A l'école primaire, **lorsque** nous **avions oublié** de faire nos devoirs, nous étions obligés de les faire après la classe.

Quand vous **aurez écrit** votre composition, je la corrigerai.

Pendant que indique que deux actions sont simultanées.

EXEMPLES: Mon camarade de chambre écoute la radio **pendant que** j'**étudie.**

Pendant que le professeur **parlait,** je prenais des notes.

Pendant que le professeur **parlait,** quelqu'un est entré.

Pendant que vous **finirez** votre travail, je regarderai la télévision. (Cf. leçon 35)

Chaque fois que indique la répétition, l'habitude.

EXEMPLES: **Chaque fois que** nous **faisons** cette faute, le professeur est furieux.

Ma grand-mère me donnait des bonbons **chaque fois que** j'**allais** chez elle.

Chaque fois que vous **ferez** cette faute, je vous corrigerai.

Depuis que

EXEMPLES: **Depuis que** je **suis** étudiant à l'université, j'habite dans une maison d'étudiants.

Il y a deux ans, nous habitions à Vancouver. **Depuis que** nous y **habitions,** nous faisions du camping chaque week-end. (Cf. leçon 35.)

Dès que; aussitôt que; après que indiquent l'antériorité d'une action.

Exemples: **Dès que** vous **avez fini** votre examen, vous le donnez au professeur.

Aussitôt que le professeur **avait commencé** à parler, tout le monde l'écoutait.

Dès que j'**étais** à la maison, j'appelais mon chien.

Aussitôt que vous **aurez écrit** cette lettre, nous irons faire des courses.

Dès que nous **aurons passé** les examens, je partirai pour San Francisco.

Dès que et **aussitôt que** indiquent que l'action principale est faite *immédiatement* après l'action subordonnée.

Notez: 1. Après les expressions de temps: **quand, lorsque, dès que, aussitôt que, après que,** employez le *futur* (simple ou antérieur) si la phrase exprime l'idée du futur.

Exemples: **Quand** je **serai** à Paris, j'irai voir vos amis Thibert.

Dès que je **serai arrivé,** je vous écrirai.

Lorsque j'**aurai** le temps, je me promènerai avenue des Champs-Élysées.

Aussitôt que j'**aurai vu** vos amis, je vous donnerai de leurs nouvelles.

Après que nous **nous serons débarrassés** de notre voiture, nous en achèterons une autre.

2. Pour indiquer l'*antériorité* ou la *postériorité* d'une action relativement à une autre action, on peut employer **après avoir (être)** (+ participe passé du verbe), ou **avant de** (+ l'infinitif) si les deux actions sont faites par le *même sujet*. (Cf. leçon 25 #2.)

---

5. L'avion dans **lequel** j'ai voyagé a fait escale à Chicago.

Étudiez les phrases suivantes:

Le Louvre est maintenant un musée dans **lequel** les touristes admirent des tableaux célèbres.

Au milieu de la Place de l'Étoile, il y a l'Arc de Triomphe sous **lequel** on voit la Tombe du Soldat Inconnu.

Paris est une ville autour de **laquelle** il y a beaucoup de forêts.

Les Tuileries et le Luxembourg sont deux jardins publics dans **lesquels** les enfants parisiens vont jouer.

La Loire est un fleuve au bord **duquel** il y a de nombreux châteaux historiques.

Notre-Dame de Paris a deux tours du haut **desquelles** on a une belle vue sur Paris.

Dans quelques mois, je passerai l'examen **auquel** je me prépare depuis deux ans.

La physique est une science à **laquelle** on s'intéresse de plus en plus.

Tous les cours **auxquels** j'assiste ne sont pas intéressants.

■ Les mots en caractères gras sont des *pronoms relatifs composés* (Cf. Leçon 29: pronoms relatifs simples).

Voici les *pronoms relatifs composés:*

	lequel	laquelle	lesquels	lesquelles
contracté avec **de:**	duquel		desquels	desquelles
contracté avec **à:**	auquel		auxquels	auxquelles

■ Ces pronoms sont variables; ils s'*accordent* en genre et en nombre *avec leur antécédent* (c'est-à-dire avec le mot qu'ils remplacent dans la proposition subordonnée).

ATTENTION: (1) Employez toujours ces pronoms après une préposition pour remplacer un *nom de chose.*

(2) Il est possible d'employer aussi ces pronoms pour les personnes. Cependant il est préférable d'employer **qui** après une préposition pour remplacer un nom de personne.

EXEMPLES: Les gens **avec lesquels** j'ai voyagé sont mes cousins.

Jean et Paul **avec qui** j'ai voyagé sont mes cousins.

---

6. Ils sont allés **au** Brésil et **en** Argentine.

Étudiez les phrases suivantes:

Mes parents sont allés **en** France, **en** Belgique, **en** Hollande, **au** Danemark, **en** Suède, **en** Norvège et **en** Finlande.

Jean a passé ses vacances **au** Canada, puis **au** Mexique.

L'année prochaine, il ira **au** Japon et **en** Birmanie.

Il revient **de** Colombie et **du** Brésil.

■ Employez **en** devant un nom de pays *féminin*. Les noms de pays terminés par un **e** sont des noms féminins. (Une exception: **le** Mexique.)

la France	**en** France
la Pologne	**en** Pologne
l'Autriche	**en** Autriche
la Grèce	**en** Grèce
la Turquie	**en** Turquie (Cf. leçon 9)

Employez **de** devant ces noms: (Elle vient) **de** France, **de** Pologne, etc.

■ Employez **au (aux)** devant un nom de pays *masculin,* commençant par une *consonne:*

le Mexique	**au** Mexique
le Liban	**au** Liban
le Pakistan	**au** Pakistan
le Vénézuela	**au** Vénézuela
le Maroc	**au** Maroc

On dit aussi:
les États-Unis	**aux** États-Unis
les Antilles	**aux** Antilles
les Iles Hawaii	**aux** Iles Hawaii (Cf. leçon 9)

Employez **du** ou **des** devant ces noms: (Il arrive) **du** Liban, **des** États-Unis, etc.

■ Employez **en** devant un nom de pays *masculin* commençant par une *voyelle:*

l'Iran	**en** Iran
l'Israël	**en** Israël
l'Uruguay	**en** Uruguay
l'Afghanistan	**en** Afghanistan

Employez **d'** devant ces noms: (Il revient) **d'**Iran, **d'**Israël, etc.

■ Pour les états de la fédération américaine, on emploie les mêmes règles:

la Californie	**en** Californie
la Floride	**en** Floride
la Virginie	**en** Virginie
et le Texas	**au** Texas
le Nouveau-Mexique	**au** Nouveau-Mexique

Quand un état de la fédération américaine n'a pas de genre déterminé, on dit: **dans l'état de . . .**

EXEMPLES: Mes parents habitent **dans l'état de** New York.

J'ai voyagé **dans l'état de** Washington.

EXERCICES

1. *Écrivez au passé* (passé composé *et* imparfait). *Attention à la place des pronoms et des adverbes.*

(a) Jean et Marie (se rencontrer) à une soirée. Avant, ils ne (se connaître) pas, mais ce soir-là quand ils (se voir), ils (se trouver) sympathiques et ils (se parler). Ensuite, ils (se revoir) et ils (se téléphoner). Pendant que Jean (faire) ses études dans une autre ville, ils (s'écrire). Ils ne (se disputer) jamais; ils (s'entendre) toujours très bien jusqu'au jour où Jean (rencontrer) Annie.

(b) La semaine dernière, je (se promener) en ville quand je (rencontrer) Joyce. Elle (avoir) l'air triste et je lui (demander) si elle (avoir) des ennuis. Elle me (répondre) qu'elle ne (pouvoir) pas trouver de travail et que sa situation (être) désespérée. Je (essayer) de l'encourager et je lui (promettre) de la recommander à mon oncle qui est le directeur d'une importante compagnie. Puis je lui (proposer) de prendre un verre avec moi. Elle (accepter) immédiatement. Nous (aller) donc dans un petit restaurant où on (installer) une terrasse avec des tables et des chaises dans la rue. Nous (bavarder), nous (évoquer) de vieux souvenirs et nous (s'amuser) à regarder les gens qui (aller) et (venir). Quand nous (se séparer), mon amie (sembler) un peu plus joyeuse. En me quittant, elle me (remercier) beaucoup.

2. *Mettez au* plus-que-parfait. *Attention à la place des pronoms et des adverbes.*

(a) **1.** J'ai bien dormi. **2.** Nous l'apprenons. **3.** J'en achète beaucoup. **4.** Nous le verrons. **5.** Lui avez-vous parlé? **6.** Je leur dis bonjour. **7.** Elle les fait. **8.** Le lisez-vous? **9.** Nous ne réussirons pas. **10.** Elle n'y pense jamais.

(b) **1.** Il y est allé. **2.** Vous ne rentrerez pas tard. **3.** Elles partent en avion. **4.** Ils se trompent. **5.** Je viens vous voir. **6.** Elle ne s'ennuie pas pendant la conférence. **7.** Nous nous amusions bien. **8.** Ils se plaignent de leurs notes. **9.** Se sont-ils disputés avant leur départ? **10.** Elles ne se parlaient pas pendant la classe.

3. (a) *Mettez au* futur antérieur.

(a) **1.** Je finis de travailler. **2.** Vous verrez Charles. **3.** Les étudiants lisent un roman. **4.** J'écris à ma mère. **5.** Ils achèteront une auto. **6.** Nous passerons les examens. **7.** Elle fera une promenade. **8.** Ils jouent au tennis. **9.** Nous suivons ce cours de littérature. **10.** Vous assistez à toutes les classes. **11.** Elle obtient son diplôme. **12.** Nous apprenons ce poème.

(b) 1. Elle vient ici. **2.** Elle se lève. **3.** Nous nous reconnaissons. **4.** Ils se voient souvent. **5.** Elles se débarrassent de leurs vieux cahiers. **6.** Vous partirez pour Paris. **7.** Elle s'endort. **8.** Je me couche vers minuit. **9.** Nous nous habillons. **10.** Ils se rasent.

3. (b) *Complétez les phrases en employant un* futur *ou un* futur antérieur *selon le sens de chaque phrase.*

1. Quand je (corriger) mes fautes, je (relire) ma composition. **2.** Nous (être) bien contents lorsque nous (finir) les examens. **3.** Dès que l'avion (survoler) Paris, il (atterrir) à Orly. **4.** Aussitôt que l'avion (s'arrêter), les passagers (débarquer). **5.** Après que le douanier (voir) les bagages, les voyageurs (pouvoir) quitter l'aéroport. **6.** La classe (commencer) aussitôt que le professeur (arriver). **7.** Je (acheter) une nouvelle voiture quand je (économiser) assez d'argent. **8.** (Partir)-vous pour le Mexique aussitôt que vous (obtenir) votre diplôme? **9.** Marc (se marier) avec Anne aussitôt qu'il (finir) ses études de médecine. **10.** Nous (entrer) dans la salle de théâtre quand nous (prendre) nos billets.

4. *Complétez chaque phrase en employant une des conjonctions:* **pendant que, chaque fois que, depuis que, dès que (aussitôt que), après que** *selon le sens.*

1. Il s'intéresse à la politique ____ son père est sénateur. **2.** Je vous écoute ____ vous parlez. **3.** Mon frère est malade ____ il voyage en bateau. **4.** Je lirai le journal ____ vous finirez votre travail. **5.** Mon amie va mieux ____ elle habite en Californie. **6.** Je suis furieux contre moi ____ je fais cette faute ridicule. **7.** ____ elle aura obtenu son diplôme, Lisa se mettra à travailler. **8.** Nous serons en vacances ____ nous aurons passé les examens. **9.** Je voyais assez rarement mes amis ____ ils travaillaient dans une autre ville. **10.** Les étudiants discuteront ce roman ____ ils l'auront lu.

5. (a) *Joignez les phrases par un pronom relatif composé. Attention à la construction. (Faites les changements nécessaires.)*

1. On a construit un nouveau bâtiment / au centre de ce bâtiment, il y a un jardin. **2.** C'est une classe intéressante / pendant cette classe, je prends beaucoup de notes. **3.** La fenêtre donne sur la rue / je suis assis devant cette fenêtre. **4.** La conférence lui a beaucoup plu / il a assisté à la conférence. **5.** Je vous parlerai de ce projet / je pense à ce projet depuis longtemps. **6.** C'est une vie complètement nouvelle / je me suis habitué à cette vie. **7.** Je suis un cours de philosophie / après ce cours, je suis toujours très fatigué. **8.** Le grand magasin est ouvert le dimanche / nous habitons près de ce magasin. **9.** La mer était très bleue / on voyait de petits bateaux sur la mer. **10.** Le cours de vacances a duré six semaines / pendant ces six semaines, Jean et Charles ont beaucoup travaillé.

(b) *Employez la forme correcte du* pronom relatif composé.

1. Dans la ville, il y a des maisons devant _____ on voit de beaux jardins. **2.** La compagnie pour _____ je travaille est très importante. **3.** L'histoire est un sujet _____ je m'intéresse. **4.** Ils ont visité des villes dans _____ il y a des quartiers misérables. **5.** Les livres d'art sont des livres _____ il faut faire attention. **6.** Le Moyen Age est une époque pendant _____ on a construit des cathédrales. **7.** Les Tuileries sont un jardin au milieu _____ il y a un petit arc de triomphe. **8.** Charles aimait toutes les classes _____ il assistait pendant l'École d'été. **9.** L'avion à bord _____ ils ont voyagé s'appelait Château de Versailles. **10.** Ils ont vu la Place de la Concorde au milieu de _____ se trouve l'Obélisque.

6. *Employez* **en, au (aux)** (*selon le genre*) *devant les noms de pays suivants.*

1. Acapulco est _____ Mexique. **2.** Téhéran est _____ Iran. **3.** Mon frère est allé _____ Turquie, _____ Grèce et _____ Liban. **4.** Nous voyagerons _____ Amérique du Sud, _____ Pérou et _____ Argentine. **5.** Ma mère a habité _____ Danemark et _____ Suède. **6.** Je n'aimerais pas habiter _____ Sibérie (*f.*) ou _____ Alaska (*m.*), mais j'aimerais beaucoup vivre _____ Maroc. **7.** _____ Floride (*f.*) et _____ Californie (*f.*), on cultive des oranges. **8.** On parle français _____ France, _____ Suisse, _____ Belgique et _____ Canada.

42

Situation physique et géographique de la France

La France occupe une place centrale en Europe occidentale à la fois par sa position culturelle et par sa position physique et géographique.

Si vous regardez une carte d'Europe, vous verrez que la France est limitée au nord-ouest par la Manche, le Pas-de-Calais et la Mer du Nord. A l'ouest, elle est limitée par l'Océan Atlantique. Au sud, elle touche à[1] l'Espagne. Plus loin, vers l'est 5 et jusqu'à Monaco et la frontière italienne, elle rejoint la Méditerranée. A l'est, elle est contiguë° à trois autres nations européennes: l'Italie, la Suisse, et l'Allemagne. Au nord-est, elle est limitée par le Luxembourg et la Belgique. La France se trouve donc au centre même[2] des grandes civilisations européennes, situation qui explique en partie son rôle historique dans le développement général de la civilisation occidentale. En 10 France se rencontrent la culture méditerranéenne et la culture germanique. En effet, la Loire, fleuve° qui divise la France en deux parties, est une sorte de ligne de démarcation irrégulière qui sépare le nord du sud du pays. Au sud de la Loire, la France est vraiment un pays latin. Mais au nord de la Loire, c'est un pays latinisé. Il y a des raisons historiques et culturelles qui expliquent cette division. Elle vient 15 du temps des anciens Romains, colonisateurs de la Gaule, et des Francs, peuple° germanique qui a donné son nom à la France. Cette division entre le nord et le sud reste, de façon générale, encore valable° aujourd'hui et explique par exemple, la différence entre la cuisine du sud et la cuisine du nord; au nord, c'est la cuisine au beurre; au sud, c'est, comme en Italie, la cuisine à l'huile. Elle explique aussi une 20 différence entre la manière de parler dans le nord et dans le sud. Dans le Midi,[3] le français prend une légère résonance italienne. C'est le souvenir d'une ancienne différence de langue: langue d'*oc* dans le sud, langue d'*oïl* dans le nord.

A cet égard, il est intéressant de remarquer que la vieille province romaine dans le Midi s'appelle la Provence (de *provincia*). Dans le sud-ouest, il y a une autre vieille 25

---

[1] **toucher à** notez l'emploi de la préposition.
[2] **au centre même:** absolument au centre.
[3] **Le Midi:** le sud de la France.

province qui s'appelle le Languedoc (de *langue d'oc*). Cette différence entre le nord et le sud n'est donc pas artificielle. Elle correspond à une réalité du pays.

Pour situer physiquement et géographiquement un pays, il faut étudier ses grandes chaînes de montagnes et ses massifs. En Amérique, par exemple, il est difficile de comprendre notre continent sans connaître les Montagnes Rocheuses. En France, les 5 plus hautes montagnes sont les Alpes et les Pyrénées.

Les Alpes et les Pyrénées sont des montagnes de plus de 2.000[4] mètres d'altitude. Les Alpes séparent la France de l'Italie et de la Suisse; les Pyrénées constituent une véritable barrière naturelle entre la France et l'Espagne. Il y a aussi un groupe de vieilles montagnes au milieu du pays entre la frontière de l'est et la côte de l'ouest 10 qu'on appelle le Massif Central. Un peu au nord et à l'ouest des Alpes françaises, il y a les montagnes du Jura au nord desquelles se trouvent les Vosges. On voit donc que, physiquement, de l'ouest à l'est, la France est d'abord une grande plaine fertile de 200 mètres d'altitude maximum. Il y a en Bretagne, en Normandie, dans le Maine et dans le Poitou, quelques collines ou petites montagnes; mais dans l'ensemble, cette 15 grande plaine va du nord au sud sans interruption. C'est cette plaine qui est divisée par la Loire. Les deux divisions s'appellent le Bassin Parisien et le Bassin d'Aquitaine. Les principaux fleuves français sont: la Seine, la Loire, la Garonne, le Rhône et, fleuve plutôt européen que français, le Rhin.

La Seine est un fleuve célèbre; tout le monde connaît la chanson qui porte son 20 nom. C'est un grand fleuve navigable qui prend sa source non loin de la ville de Dijon en Bourgogne, traverse° la France en allant vers le nord-ouest et, enfin, se jette° dans la Manche. La Seine au bord de laquelle Paris s'est construit, divise la ville en Rive Gauche et en Rive Droite.

La Loire, célèbre par ses châteaux que les rois de France ont habités, est le fleuve 25 le plus long et le plus irrégulier de France. Elle prend sa source dans le Massif Central; après un cours de 1.020 kilomètres, elle se jette dans l'Atlantique. La Garonne prend sa source en Espagne dans les Pyrénées et se jette aussi dans l'Atlantique. Au printemps, la Garonne est un véritable torrent considéré comme dangereux.

Le Rhône prend sa source en Suisse, entre en France et après avoir traversé le 30 Lac Léman, reçoit la Saône à Lyon; il coule° du nord au sud entre le Massif Central et les Alpes et se jette enfin dans la Méditerranée. C'est aussi un fleuve dangereux et difficilement navigable.

Le Rhin est le grand fleuve de l'Europe occidentale. Son cours est de 1.320 kilomètres. Sur 181 kilomètres, il constitue l'une des frontières de la France. Il prend 35 sa source en Suisse, traverse le lac de Constance, tourne vers le nord-ouest, traverse

---

[4] **2.000 mètres** c'est-à-dire plus de 6.000 pieds. Le Mont Blanc a une altitude de 4.800 mètres (15.000 pieds environ).

la plaine d'Alsace, entre à Cologne et se divise en deux bras pour traverser la Hollande. Il se jette dans la Mer du Nord.

Le climat français est tempéré. Dans l'ensemble, il fait humide et assez doux° à l'ouest. Dans le sud-ouest, les hivers ne sont pas rigoureux, mais les étés sont chauds et orageux.° Le climat parisien est humide en hiver, assez chaud en été. Il neige 5 rarement dans la région parisienne. A l'est, le climat est plus rigoureux. Il neige en hiver; les étés sont chauds et secs. Le climat méditerranéen est particulièrement agréable et rappelle le climat de la Californie du Sud aux États-Unis. Il fait chaud en été, d'une chaleur sèche. Les hivers sont doux;° il pleut souvent. Mais quand le mistral° souffle,° il peut y faire très froid. Quand on le compare au climat de 10 l'Amérique du Nord, le climat français paraît très modéré, beaucoup moins excessif. La France ne connaît jamais les grandes rigueurs° de New York, de la Nouvelle-Angleterre ou du Mid-West. Elle n'a pas les mêmes grandes chaleurs en été et, en hiver, elle n'a pas les mêmes grands froids.

Il n'y a pas de race française, tout le monde le sait, mais il y a une nation française 15 qui s'est lentement constituée au cours des siècles, sur ce territoire qui avait été la Gaule et qu'on appelait autrefois le royaume° de France. Ce royaume était divisé en provinces qui se sont rattachées les unes après les autres au trône de France. De là est née l'unité nationale française. Les anciennes provinces avaient un certain nombre de caractéristiques: lois, coutumes, monnaie, costumes; elles avaient aussi une certaine 20 unité géographique. Mais au moment de la Révolution de 1789, le gouvernement révolutionnaire a décidé de diviser la France en départements, simples unités admi-nistratives. Chaque département a un chef-lieu, sorte de capitale provinciale. Ainsi Lyon, très vieille ville, célèbre par ses fabriques de tissus, est le chef-lieu du départe-ment du Rhône; Marseille, seconde ville de France et grand port sur la Méditerranée, 25 est le chef-lieu du département des Bouches-du-Rhône; le Havre, autre grand port de commerce sur la Manche est le chef-lieu du département de la Seine-Maritime.

La division de la France en provinces n'est plus officielle; on continue cependant à parler de la Normandie, de la Bretagne, de la Bourgogne ou de la Champagne. On attribue même certains traits° de caractère aux habitants de ces provinces. On 30 prétend que les Normands sont avares,° ou du moins très économes,° que les Bretons sont rêveurs,° que les Provençaux sont exubérants et que les gens du Midi, en général et de Marseille en particulier°, exagèrent toujours! Ces traditions sont amusantes, mais ne reflètent pas toujours la réalité.

La France moderne est un pays de grande production agricole° et industrielle. 35 La plus forte proportion des terres labourables° se trouvent dans le nord. On y cultive principalement le blé et la betterave.° En Bourgogne, en Champagne, comme dans le sud de la France et dans d'autres régions, se trouvent les vignobles° qui produisent° les célèbres vins français. Les plus grandes mines de charbon° françaises sont dans

les départements du Nord, du Pas-de-Calais et en Lorraine. On trouve du pétrole°
dans le Bassin parisien, en Alsace et en Aquitaine; les gisements° sont pourtant d'un
rendement° modeste si on les compare à ceux du Moyen-Orient, de l'Amérique du
Nord ou de l'Amérique latine.

Il est facile de voyager en France en train, en avion, en autocar ou en voiture. 5
Le moyen le plus commode et le plus employé est certainement le chemin de fer.
Les lignes principales et secondaires traversent le pays en un réseau° complexe dont
Paris est le centre. On utilise les « cars »[5] aussi, surtout pour les transports entre les
villes. Bien entendu, l'avion est le moyen de transport le plus rapide et de nombreuses
lignes aériennes relient les principales villes françaises et européennes. Avant de 10
terminer, ce bref aperçu° de la France physique et géographique il faut mentionner
une industrie française très importante à la fois pour la France et pour nous: le
tourisme. A peu° près un million d'Américains visitent l'Europe tous les ans. Sur ce
nombre 800.000 environ vont en France. C'est un peu moins que le nombre de Belges
et d'Allemands qui visitent la France, mais sensiblement plus que le nombre d'Anglais, 15
d'Espagnols ou d'Italiens. On a toujours dit que les Français voyagent peu; pourtant,
cette situation avait commencé à changer dès la fin de la 2e guerre. Depuis quelques
années, le nombre de touristes français qui vont à l'étranger augmente sans cesse.
Où vont-ils de préférence? En Espagne, en Italie, en Belgique, en Suisse, en Allemagne,
c'est-à-dire dans les pays limitrophes de la France. Mais les Français vont aussi en 20
Angleterre, aux Pays-Bas, en Yougoslavie, au Portugal, en Grèce et même aux États-
Unis. Depuis une quinzaine d'années le nombre de Français qui viennent aux États-
Unis a augmenté de plus de 37%.

EXERCICES

1. *Répondez aux questions par des phrases complètes.*

1. Quels pays ont une frontière commune avec les États-Unis? **2.** Quels états
américains entourent votre état? Situez-les. **3.** Quels océans limitent les États-
Unis? Situez-les. **4.** Quel est le plus grand état américain? Et le plus petit?
5. Donnez quelques caractéristiques(3) de l'état que vous habitez. **6.** Dans quels
états y a-t-il du pétrole? **7.** Quels sont les deux plus grands fleuves de l'Amérique
du Nord? **8.** Que fait-on avec du blé? avec de la betterave? **9.** Comment
s'appelle la chaîne de montagnes la plus importante de l'Amérique du Nord?
10. Quels sont les ports importants des États-Unis?

---

[5] **un car** = un autocar. Les autobus circulent **dans** les villes. Les autocars circulent **entre** les villes.

2. *Employez dans des phrases complètes chacune des expressions suivantes.*

1. cultiver   **2.** à peu près   **3.** industriel(le)   **4.** prétendre   **5.** de plus en plus
6. une mine de charbon   **7.** un peuple   **8.** augmenter

3. *Questions sur la lecture. Répondez aux questions par des phrases complètes.*

1. Quels sont les pays qui ont une frontière commune avec la France? Situez-les.
2. Quel peuple a donné son nom à la France? D'où venait ce peuple?   **3.** Quel peuple a colonisé la France autrefois? Dans quelle partie de la France ce peuple s'est-il établi?   **4.** Quels peuples ont colonisé l'Amérique du nord? Quand? (Indiquez le siècle ou les siècles.)   **5.** Dans quelles parties de l'Amérique du Nord ces peuples s'étaient-ils établis?   **6.** Dans votre état, y a-t-il des souvenirs de cette colonisation? Quels souvenirs?   **7.** Où sont les Montagnes Rocheuses?   **8.** Où sont les Alpes et les Pyrénées en France?   **9.** Quels sont les grands fleuves français?   **10.** Qu'est-ce qui rend la région de la Loire célèbre?   **11.** A quel climat, le climat de la région méditerranéenne ressemble-t-il?   **12.** Qu'est-ce qu'un « département » français? A quelle époque la France a-t-elle été divisée en départements? Comment était-elle divisée avant?   **13.** Citez deux ports de commerce importants en France. Où se trouvent-ils?   **14.** Qu'est-ce qu'on cultive dans le nord de la France? Et dans le sud?   **15.** Comment peut-on voyager en France?

4. *Composition:*
   (a) L'état où vous habitez. Parlez de sa situation physique et géographique.
   (b) Votre ville. Parlez de sa situation, de ses ressources au point de vue économique, culturel, artistique et touristique.

5. *Sujets de discussion:*

   (a) Où préférez-vous passer vos vacances? à la mer, à la campagne, à la montagne? Pourquoi?
   (b) Qu'est-ce que « les vacances » pour vous? Comment préférez-vous utiliser ce temps? Pourquoi?

Exercices Supplémentaires de Grammaire

1. *Complétez les phrases suivantes en employant le temps du passé approprié.*

1. Ce matin, je (lire) l'article de journal que vous me (recommander). Je ne le (trouver) pas remarquable.   **2.** Dimanche dernier, quand je (se réveiller), je (voir) que le jardin (être) couvert de neige: il (neiger) toute la nuit. Mon frère et ma petite sœur (être) ravis. Nous (sortir) dans le jardin et nous (commencer) par faire des boules de neige. Enfin, nous (faire) un bonhomme de neige. 3. Vendredi dernier, nous (finir) d'étudier la leçon 40. Nous (commencer) à l'étudier au début de la semaine. Le professeur nous (expliquer) les mots difficiles le premier jour. 4. Avant de quitter Paris, Jean et Charles (visiter) les vieux quartiers de la capitale. On leur (parler) de certains monuments; ils les (trouver) très beaux et ils (s'intéresser) à leur architecture. 5. Quand ils (aller) au Louvre, ils (voir) des tableaux et des statues célèbres. Ils en (entendre parler) souvent, mais ils ne (admirer) jamais les œuvres originales avant de venir à Paris.

2. *Joignez les éléments suivants de manière à employer une conjonction de subordination* (**dès que, après que, quand, aussitôt que**) *dans une phrase au futur.* (*Attention à l'ordre des actions.*)

1. Je finis d'écrire cette lettre / nous allons à la poste. **2.** Le professeur explique cette leçon, / les étudiants font des exercices. **3.** Vous lisez ce livre / me le prêtez-vous? **4.** Les autos s'arrêtent / les gens traversent la rue. **5.** Les passagers peuvent fumer / l'avion décolle. **6.** Tu vas mieux / tu te reposes. **7.** Vous vous baignez / nous arrivons sur la plage. **8.** On ferme les portes du théâtre / le spectacle commence.

3. *Complétez ce texte avec les expressions:* **pendant (que), depuis (que), dans, en, il y a.**

1. Je suis allé(e) en Europe avec mes parents _____ deux ans et _____ mon retour, je pense sans cesse à ce voyage; j'espère bien retourner là-bas _____ peu de temps. **2.** _____ le trajet en avion, je ne me suis pas ennuyé(e) car _____ les autres passagers dormaient, j'ai bavardé avec ma voisine. **3.** _____ nous parlions, le temps a passé vite; nous avons survolé l'Amérique et traversé l'Atlantique _____ onze heures. **4.** _____ j'ai visité l'Europe, je rêve de renouveler cette expérience. **5.** Comme je n'ai pas d'argent, je travaille _____ mes amis sont en vacances et _____ je travaille, je fais des économies. **6.** _____ quelques mois, je pourrai à mon tour voyager _____ mes amis travailleront.

4. *Faites une phrase avec chaque expression.*

1. chaque fois que **2.** aussitôt que **3.** lorsque **4.** depuis que **5.** pendant que **6.** après que **7.** dès que **8.** depuis **9.** en (+ complément de temps) **10.** dans (+ complément de temps) **11.** il y a (+ complément de temps)

EXPRESSIONS NOUVELLES

une barrière
la betterave°
une chaîne de montagnes
une ligne de démarcation
une mine de charbon
la rigueur°

un aperçu°
un bassin
le charbon°
un colonisateur
l'est (à l'est)
un fleuve°
les Francs
un gisement°
un massif
le mistral°
un peuple°

un port de commerce
un rendement°
un réseau°
un royaume
le sud (au sud)
un territoire
un trait de caractère°
un trône
un vignoble°

aérien(ne)
agricole
avare°
contigu(ë)°
doux / douce°
économe°
labourable°

limitrophe
orageux° / orageuse
rêveur / rêveuse
rigoureux / rigoureuse
valable°

(se) constituer
couler°
se jeter°
prendre sa source
prétendre (3)
produire° (3)
souffler°

à peu° près
de plus en plus
en fait
en particulier°

Vous savez déjà:

une altitude
une caractéristique
une industrie
une position
une production
une proportion
une province
une race
la région
une révolution
la source
une unité

un département

le nord (au nord)
l'ouest (à l'ouest)
le pétrole°
les Romains
un torrent

artificiel(le)
central(e)
excessif(ve)
fertile
géographique
germanique
industriel(le)

local(e)
méditerranéen(ne)
modéré(e)
modeste
navigable
officiel(le)
révolutionnaire
situé(e)

augmenter
cultiver
occuper
situer
traverser°

43

POINTS DE REPÈRE

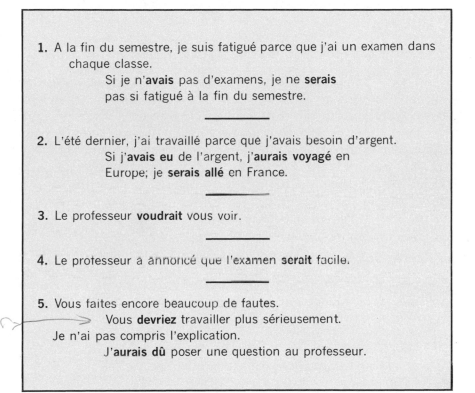

1. A la fin du semestre, je suis fatigué parce que j'ai un examen dans chaque classe.

Si je n'**avais** pas d'examens, je ne **serais** pas si fatigué à la fin du semestre.

---

2. L'été dernier, j'ai travaillé parce que j'avais besoin d'argent.

Si j'**avais eu** de l'argent, j'**aurais voyagé** en Europe; je **serais allé** en France.

---

3. Le professeur **voudrait** vous voir.

---

4. Le professeur a annoncé que l'examen **serait** facile.

---

5. Vous faites encore beaucoup de fautes.

Vous **devriez** travailler plus sérieusement.

Je n'ai pas compris l'explication.

J'**aurais dû** poser une question au professeur.

DÉVELOPPEMENT GRAMMATICAL

> **1.** A la fin du semestre, je suis fatigué parce que j'ai un examen dans chaque classe.
>
> Si je n'**avais** pas d'examens, je ne **serais**
> pas si fatigué à la fin du semestre.

Étudiez le texte suivant:

Si j'étais riche, je n'**irais** pas me bâtir une ville en campagne,[1] et mettre au fond d'une province les Tuileries[2] devant mon appartement. Sur le penchant de quelque agréable colline bien ombragée, j'**aurais** une petite maison rustique, une maison blanche avec des contrevents verts; et quoiqu'[3] une couverture de chaume soit en toute saison la meilleure, je **préférerais** . . . la tuile, parce qu'elle a l'air plus propre et plus gaie que le chaume, qu'[4] on ne couvre pas autrement les maisons dans mon pays et que[4] cela me **rappellerait** un peu l'heureux temps de ma jeunesse. J'**aurais** pour cour une basse-cour, et pour écurie une étable avec des vaches. . . . J'**aurais** un potager pour jardin, et pour parc un joli verger. . . .

Jean-Jacques Rousseau (Émile)

■ Dans ce texte, les verbes en caractères gras sont au *conditionnel*. Le conditionnel est un *mode*, une manière d'exprimer une idée ou un fait. Le conditionnel a *deux temps:*

un temps *simple:*   le conditionnel *présent.*

un temps *composé:*   le conditionnel *passé.*

Je n'**irais** pas, j'**aurais**, **rappellerait**, je **préférerais** sont les verbes: **aller, avoir, rappeler, préférer** au *conditionnel présent.*

---

[1] **en campagne** en français moderne = à la campagne.

[2] **Les Tuileries**: palais royal, situé à Paris, près du Louvre, et détruit en 1871. Une partie du jardin des Tuileries actuel occupe son emplacement.

[3] **Quoique** (+ subjonctif) = en dépit du fait que . . . (Cf. leçon 45)

[4] **et que** . . . la conjonction **que** répète et remplace une autre conjonction déjà exprimée. Ici **que** remplace **parce que** . . .

Voici le *conditionnel présent* des verbes **aller** et **avoir**:

	aller		**avoir**
j'	irais	j'	aurais
vous	iriez	vous	auriez
tu	irais	tu	aurais
nous	irions	nous	aurions
il	irait	il	aurait
elle	irait	elle	aurait
ils	iraient	ils	auraient
elles	iraient	elles	auraient

■ On voit que le conditionnel des verbes est formé au présent avec:

le *radical* du *futur simple* + les *terminaisons* de l'*imparfait*.

Ainsi:

(1) **parler**	je parlerais,	nous parlerions,	ils parleraient*
donner	je donnerais,	nous donnerions,	ils donneraient
(2) **finir**	je finirais,	nous finirions,	ils finiraient
réussir	je réussirais,	nous réussirions,	ils réussiraient
(3) **vendre**	je vendrais,	nous vendrions,	ils vendraient
lire	je lirais,	nous lirions,	ils liraient
partir	je partirais,	nous partirions,	ils partiraient

Verbes irréguliers (au futur et au conditionnel):

aller	j'**ir**ais,	nous **ir**ions,	ils **ir**aient
envoyer	j'**enverr**ais,	nous **enverr**ions,	ils **enverr**aient
faire	je **fer**ais,	nous **fer**ions,	ils **fer**aient
pouvoir	je **pourr**ais,	nous **pourr**ions,	ils **pourr**aient
recevoir	je **recevr**ais,	nous **recevr**ions,	ils **recevr**aient
savoir	je **saur**ais,	nous **saur**ions,	ils **saur**aient
venir	je **viendr**ais,	nous **viendr**ions,	ils **viendr**aient
voir	je **verr**ais,	nous **verr**ions,	ils **verr**aient

*Attention à la prononciation de certains verbes au conditionel présent; le radical du conditionel présent se prononce comme le radical du futur. (Voir leçon 27)

vouloir	je **voudr**ais,	nous **voudr**ions,	ils **voudr**aient
avoir	j'**aur**ais,	nous **aur**ions,	ils **aur**aient
être	je **ser**ais,	nous **ser**ions,	ils **ser**aient
falloir		il **faudr**ait	
valoir		il **vaudr**ait (mieux)	

Reprenons maintenant le texte de J.-J. Rousseau. L'auteur *n'est pas riche*. Il décrit *la maison qu'il aurait s'il était riche*. La possession de cette maison *dépend* donc *d'une certaine condition qui n'est pas réalisée dans le présent,* qui est *un fait supposé.*

Le conditionnel est le mode de l'action soumise à une condition qui n'est pas réalisée dans le présent ou dans le passé.

La *condition* elle-même *n'est pas exprimée au conditionnel,* mais *à l'imparfait* de l'indicatif.

■ Avec **si** + verbe *à l'imparfait,* le verbe principal est au *conditionnel présent.*

EXEMPLES: Si nous *étions* encore enfants, nous **irions** à l'école élémentaire.

Si j'*étais* professeur de français, je **donnerais** des A à tous les étudiants de la classe.

Si nous *étions* au XXIe siècle, nous **ferions** probablement des voyages sur la lune.

Beaucoup de gens **seraient** plus heureux si l'injustice *disparaissait* du monde.

Nous **pourrions** organiser une soirée si les examens *étaient* terminés.

Que **feriez**-vous si vous *saviez* exactement le jour de votre mort?

NOTEZ: La proposition principale est parfois placée en tête de la phrase. Il n'y a *jamais de conditionnel (ou de futur)* après **si** exprimant *une condition.*

---

2. L'été dernier, j'ai travaillé parce que j'avais besoin d'argent.
Si j'**avais eu** de l'argent, j'**aurais voyagé** en
Europe; je **serais allé** en France.

Comparez:

Cet étudiant n'a pas réussi à son dernier examen.

S'il avait travaillé plus sérieusement, il **aurait eu** une meilleure note.

Dimanche dernier, il a plu toute la journée.

Je ne savais pas que vous étiez malade.

Mes parents étaient américains; je suis né aux États-Unis et l'anglais est ma langue maternelle.

S'il n'avait pas plu, nous **aurions fait** un pique-nique à la campagne.

Je vous **aurais téléphoné** et je **serais allé** vous voir si j'avais su cela.

Si mes parents avaient été français, je **serais** probablement **né** en France et j'**aurais appris** le français pendant mon enfance.

■ Les verbes en caractères gras de la deuxième colonne sont des formes du *conditionnel* *passé* des verbes: **avoir, faire, téléphoner, aller, naître, apprendre.**

■ Le *conditionnel passé* est formé avec:
l'*auxiliaire* (**avoir** ou **être**) au *conditionnel présent* + le *participe passé* du verbe.

Voici le *conditionnel passé* des verbes **faire** et **aller:**

	faire			aller	
j'	aurais	fait	je	serais	allé(c)
vous	auriez	fait	vous	seriez	allé(e, s, es)
tu	aurais	fait	tu	serais	allé(e)
nous	aurions	fait	nous	serions	allés(es)
il	aurait	fait	il	serait	allé
elle	aurait	fait	elle	serait	allée
ils	auraient	fait	ils	seraient	allés
elles	auraient	fait	elles	seraient	allées

■ Les verbes *pronominaux* se conjuguent évidemment avec **être.**

EXEMPLES: Nous **nous serions** amusés si nous y étions allés avec nos amis.
Ils **se seraient** ennuyés s'ils avaient assisté à la conférence.

La forme *interrogative* et la forme *négative* ont la même construction que pour les autres temps composés:

EXEMPLES: **Seriez**-vous **allé** au cinéma? — Non, je **n**'y serais **pas** allé.
Vos parents **auraient-ils accepté** cette invitation? — Non, ils **ne** l'auraient **pas** acceptée.

■ Le *conditionnel passé* indique une action soumise à une *condition* qui n'a *pas été réalisée* dans le *passé*. La *condition* elle-même n'est pas exprimée au conditionnel, mais dans ce cas au *plus-que-parfait de l'indicatif*.

■ Avec **si** + verbe au *plus-que-parfait*, le verbe principal est au *conditionnel passé*.

EXEMPLES: Si je n'*avais* pas *travaillé* l'été dernier, je n'**aurais** pas **pu** aller à l'université cette année.

Si le père de Jean n'*était* pas *allé* en France, il n'**aurait** pas **épousé** une Française.

Les étudiants **se seraient souvenus** de cette règle s'ils *avaient* mieux *étudié*.

NOTEZ: La proposition principale est parfois placée en tête de la phrase.

En résumé, voici comment s'organisent en général les temps dans les phrases de condition:

Si nous *avons* le temps, nous **irons** au théâtre ce soir.

Si nous *avions* le temps, nous **irions** au théâtre plus souvent.

(mais nous n'y allons pas parce que nous sommes trop occupés.)

Si nous *avions eu* le temps, nous **serions allés** au théâtre pendant le week-end dernier.

(mais nous n'y sommes pas allés parce que nous étions trop occupés.)

Si vous *allez* voir ce film, vous vous **amuserez** bien.

Si vous *alliez* voir ce film, vous vous **amuseriez** bien.

Si vous *étiez allé* voir ce film, vous vous **seriez** bien **amusé.**

c'est-à-dire:

LA CONDITION	LE RÉSULTAT
si + présent	futur
si + imparfait	conditionnel présent
si + plus-que-parfait	conditionnel passé

3. Le professeur **voudrait** vous voir.

Étudiez les phrases suivantes:

> Je **voudrais** vous parler.
> **Pourriez-**vous venir me voir demain?
> Nous **aimerions** mieux aller au théâtre.
> J'**aurais voulu** partir plus tôt.
> Ils **auraient préféré** rester chez eux.

Dans ces cas, le conditionnel n'exprime pas une action soumise à une condition. Il indique un *désir*, un *souhait* ou il est employé simplement par *politesse*, pour atténuer la brutalité d'un ordre ou d'une déclaration. « Je veux; je voulais; pouvez-vous; nous aimons mieux; ils préféraient » sont plus énergiques que les mêmes formes au conditionnel.

---

4. Le professeur a annoncé que l'examen **serait** facile.

Comparez:

Je sais que Jean **partira** dans deux jours.	Je savais que Jean **partirait** deux jours plus tard.
Nous espérons que nos amis **seront** à l'heure.	Nous espérions que nos amis **seraient** à l'heure.
Le professeur dit qu'il y **aura** un examen et qu'il **sera** assez difficile. Il ajoute qu'il **faudra** savoir les verbes parfaitement.	Le professeur a dit qu'il y **aurait** un examen et qu'il **serait** assez difficile. Il a ajouté qu'il **faudrait** savoir les verbes parfaitement.
Les étudiants demandent s'ils **pourront** choisir les sujets de composition et si le professeur **répondra** à leurs questions pendant l'examen.	Les étudiants ont demandé s'ils **pourraient** choisir les sujets de composition et si le professeur **répondrait** à leurs questions pendant l'examen.

■ En comparant les deux séries d'exemples, on voit que les verbes en caractères gras sont dans des *propositions subordonnées*. (Très souvent, ces propositions subordonnées expriment le discours indirect. Cf. leçon 27, #3.)

Dans la première colonne, ces verbes sont au *futur*. Ils dépendent des verbes principaux: « Je **sais**, nous **espérons**, le professeur **dit**, les étudiants **demandent** . . . » qui sont au *présent de l'indicatif*.

Dans la deuxième colonne, ces verbes sont au *conditionnel présent*. Ils dépendent des verbes principaux: «Je **savais**, nous **espérions**, le professeur **a dit**, les étudiants **ont demandé . . .**» qui sont au *passé de l'indicatif* (passé composé ou imparfait).

■ Le conditionnel est employé dans une proposition subordonnée pour exprimer *le futur par rapport à un certain moment du passé*. Quand le verbe principal est au *passé*, le *futur est remplacé par le conditionnel*.

Voici quelques exemples supplémentaires:

Charles **dit** qu'il **fera** sa composition après le dîner.

Les étudiants **se demandent** s'ils **auront** assez de temps pour finir l'examen.

Robert ne **sait** pas s'il **comprendra** les gens quand il **sera** en France.

Robert **croit** que ses parents **l'accompagneront** jusqu'en France.

Charles **a dit** qu'il **ferait** sa composition après le dîner.

Les étudiants **se demandaient** s'ils **auraient** assez de temps pour finir l'examen.

Robert ne **savait** pas s'il **comprendrait** les gens quand il **serait** en France.

Robert **croyait** que ses parents **l'accompagneraient** jusqu'en France.

NOTEZ: Il y a une différence entre **si** qui indique une condition et **si** qui indique une question indirecte (= si oui ou non).

Après **si,** conjonction de *condition,* on n'emploie *pas le futur;* on n'emploie *pas le conditionnel:*

EXEMPLES: **Si** j'**ai** assez d'argent, j'irai en Europe.
Si j'**avais** assez d'argent, j'irais en Europe.
Si les étudiants n'**avaient** pas d'examens, ils seraient plus heureux.

Après **si** indiquant une *question indirecte, il est possible* d'employer le futur ou le conditionnel. Dans ce cas, **si** n'est jamais au commencement de la phrase.

EXEMPLES: Je me demande **si** mes amis m'**attendront** à l'aéroport.
Je me demandais **si** mes amis m'**attendraient** à l'aéroport.

GRAMMAIRE

> **5.** Vous faites encore beaucoup de fautes.
> Vous **devriez** travailler plus sérieusement.
> Je n'ai pas compris l'explication.
> J'**aurais dû** poser une question au professeur.

Étudiez les phrases suivantes:

> Vous avez mal aux yeux? Vous **devriez** aller chez le médecin.
> Cet étudiant arrive en retard tous les jours. Il **devrait** partir plus tôt.
> Annie est très fatiguée. Elle **devrait** se reposer.
> Nous n'avons pas vu nos amis depuis longtemps. Nous **devrions** leur téléphoner.
> Quand les étudiants ne comprennent pas une explication, ils **devraient** poser une
> question à leur professeur.

■ Le verbe **devoir** *au conditionnel présent* indique une suggestion, un conseil,
quelque chose qui serait préférable, ou quelquefois un regret.

Voilà le *conditionnel présent* du verbe **devoir:**

Je	**devrais**	téléphoner à mes amis.
Vous	**devriez**	aller chez le dentiste.
Tu	**devrais**	te reposer.
Nous	**devrions**	acheter une nouvelle voiture.
Il	**devrait**	faire attention.
Elle	**devrait**	faire attention.
Ils	**devraient**	travailler plus sérieusement.
Elles	**devraient**	travailler plus sérieusement.

voir ce verbe devoir à la page 325

Étudiez les phrases suivantes:

> Hier, j'ai fait des fautes stupides dans l'examen. **J'aurais dû** faire attention.

> Il y a eu un accident parce que la voiture allait trop vite. Le conducteur **aurait
> dû** rouler plus lentement.

> Vous avez été absent pendant deux jours la semaine dernière. Vous **auriez dû**
> étudier chez vous.

Le professeur était en retard ce matin. Les étudiants sont partis sans l'attendre. Ils **auraient dû** l'attendre et être plus patients.

Nous sommes arrivés trop tard à l'aéroport pour dire au revoir à nos amis. Nous **aurions dû** quitter la maison plus tôt.

■ Le *conditionnel passé* du verbe **devoir** est: **j'aurais dû, vous auriez dû,** etc. Comme **devoir** au conditionnel présent, **devoir** au *conditionnel passé* indique une suggestion, un conseil, un regret au sujet de quelque chose qu'on aurait dû faire dans le passé, qu'*il aurait été préférable de faire dans le passé.*

EXERCICES

1. (a) *Donnez le conditionnel présent des verbes suivants.*
1. Je le sais. **2.** Nous la voyons. **3.** Elle en fait. **4.** Il peut partir. **5.** Il y en a. **6.** Nous en achetons. **7.** J'en suis surpris. **8.** Il nous faut un interprète. **9.** Je viens plus tôt. **10.** Ils n'y restent pas. **11.** Nous partons en train. **12.** Je veux la finir. **13.** Vous vous ennuyez. **14.** Elle s'en souvient. **15.** Ils ne se servent pas de leur livre. **16.** Pouvez-vous venir? **17.** Il vaut mieux rester ici. **18.** Vous ne vous trompez pas.

(b) *Mettez le verbe entre parenthèses au temps et au mode appropriés suivant le sens de la phrase.*
1. Si les enfants (savoir) ce que nous (savoir), ils ne (vouloir) pas grandir. **2.** Si elle (faire) du sport, elle (être) en meilleure santé. **3.** Si vous (avoir) besoin d'argent, vous (chercher) du travail, n'est-ce pas? **4.** Oui, et si je n'en (trouver) pas, je (mettre) une annonce dans le journal. **5.** Beaucoup d'étudiants (avoir) de meilleures notes s'ils ne (faire) pas de fautes stupides. **6.** Si tous les peuples (parler) la même langue, beaucoup de problèmes (être) résolus. **7.** Je (aller) plus souvent au concert si les professeurs ne nous (donner) pas tant de devoirs. **8.** Si les chiens (pouvoir) parler, nous (dire)-ils ce qu'ils pensent des hommes? **9.** Et s'ils nous (dire) leur opinion, est-ce que nous (être) toujours contents de nous? **10.** Si nous ne (avoir) pas assez d'argent, nous (essayer) d'en gagner.

2. (a) *Mettez au* conditionnel passé *l'exercice 1a.*

(b) *Complétez les phrases en employant la forme correcte du verbe.*
1. Ce matin, si vous (se lever) plus tôt, vous (arriver) à l'heure en classe. **2.** Si mes amis me (annoncer) leur arrivée, je (aller) les attendre à l'aéroport. **3.** Si Christophe Colomb ne (découvrir) pas l'Amérique, les Européens ne la (coloniser)

pas. **4.** Dimanche dernier, nous (aller) chez Jean et Hélène s'ils ne (venir) pas chez nous. **5.** Je ne (visiter) jamais le Japon si mon père ne (obtenir) pas ce poste à Tokio en 1970. **6.** Les étudiants ne (se tromper) pas si le professeur (expliquer) plus clairement ces règles. **7.** Si leurs parents ne (divorcer) pas, ces enfants (être) plus heureux. **8.** Les arbres (donner) de meilleurs fruits s'il ne (pleuvoir pas) tant l'hiver dernier. **9.** Si Linda (connaître) mieux cet homme au moment de son mariage, elle ne le (épouser) pas. **10.** L'été dernier, si je (se souvenir) de votre adresse, je vous (écrire).

(c) *Finissez les phrases suivantes.*

1. Si j'avais eu le temps pendant le week-end dernier ＿＿. **2.** Mes parents auraient été très fâchés si ＿＿. **3.** Si nous avions des vacances maintenant ＿＿. **4.** Si quelqu'un m'invitait à faire le tour du monde ＿＿. **5.** Feriez-vous des études à l'université si ＿＿? **6.** Nous pourrions sortir ce soir si ＿＿. **7.** Si vous partiez pour l'étranger ＿＿. **8.** Je serais très heureux si ＿＿. **9.** Si vous aviez quitté l'université plus tôt ＿＿. **10.** Il faudrait que je gagne ma vie si ＿＿.

3. *Dites d'une manière moins brutale (ou plus poliment).*

1. Je veux vous poser une question. **2.** Pouvez-vous me prêter cent dollars? **3.** Nous aimons mieux dîner au restaurant. **4.** Quand cet étudiant peut-il vous voir? **5.** Mon père veut acheter une voiture de sport. **6.** Je préfère voyager avec mes amis. **7.** Marc et Lisa veulent vous connaître. **8.** Nous pouvons peut-être l'inviter à notre soirée. **9.** Ils aimaient mieux sortir seuls. **10.** Elle voulait continuer ses études.

4. (a) *Changez les phrases suivantes en mettant le verbe principal au* passé.

1. Je suis sûr que Jean obtiendra son diplôme. **2.** Ses parents pensent qu'il deviendra avocat. **3.** J'espère que vous viendrez me voir. **4.** Mon père ne croit pas que je réussirai. **5.** Ses amis savent qu'il ira à l'étranger. **6.** Le professeur dit que nous parlerons très bien à la fin du semestre. **7.** Je crois que les étudiants sauront répondre aux questions de l'examen. **8.** On nous dit que l'examen ne sera pas difficile. **9.** Il est certain qu'il y aura des phrases au subjonctif. **10.** Nous espérons que chacun pourra finir à l'heure.

(b) *Répondez aux questions par des propositions subordonnées. (Faites les changements nécessaires.)*

EXEMPLE: « Irez-vous au cinéma pendant le week-end? »
— Qu'est-ce que Jacques vous a demandé?
— Il **m'a** demandé **si** j'ir**ais** au cinéma pendant le week-end.

1. « Serez-vous encore occupé ce soir? Resterez-vous chez vous? »
   — Qu'est-ce que votre ami vous a demandé?

2. « Jeannette et moi, nous allons étudier ensemble pour préparer notre examen. Nous travaillerons très tard et nous ferons du bon travail. »
   — Qu'est-ce que vous lui avez répondu?

3. « Je passerai mes vacances au bord de la mer avec mes amis. Nous nous amuserons beaucoup et nous visiterons les endroits intéressants ».
   — Qu'est-ce que vous avez dit au professeur?

4. « Est-ce que vous vous souviendrez du vocabulaire? Pourrez-vous répondre aux questions? »
   — Qu'est-ce que le professeur voulait savoir?

5. *Changez la forme de la phrase de manière à employer* **devoir** *au* conditionnel *présent ou passé.*

   EXEMPLE: Il aurait été préférable qu'Anne aille chez le médecin.
           Anne **aurait dû aller** chez le médecin.

   1. Il vaudrait mieux vous reposer. 2. Il faudrait qu'Hélène fasse attention à sa santé. 3. Il serait préférable que votre mère parte en avion. 4. Il aurait fallu que cet étudiant fasse des efforts. 5. Il est regrettable que tu ne me téléphones pas plus souvent. 6. Il vaudrait mieux qu'on abolisse les examens. 7. Il faudrait que nous les invitions à notre soirée. 8. Il serait souhaitable que toutes les nations vivent en paix. 9. Il aurait été préférable qu'on n'emploie pas la bombe atomique. 10. Il aurait fallu que nous annoncions notre arrivée à nos amis.

44

Situation culturelle de la France

Y a-t-il aujourd'hui des raisons objectives pour étudier la langue et la civilisation françaises? Il faut d'abord constater qu'il y a beaucoup d'autres langues plus en usage dans le monde que le français. Si nous en croyons les statistiques, en tout premier lieu viendrait le chinois. Ensuite, ce serait l'anglais, le russe, puis l'hindi et l'espagnol. L'allemand, le japonais et le bengali[1] viendraient après. Enfin le français et l'arabe 5 suivraient toutes ces autres langues. Pourquoi donc étudierions-nous cette dixième langue du monde plutôt que le chinois ou le russe?

La réponse est très simple. Après notre langue maternelle, nous étudions les langues étrangères pour des raisons de culture plutôt que pour des raisons d'utilité générale. Bien entendu, nous pourrions avoir des raisons spéciales d'ordre utilitaire° 10 pour apprendre telle° ou telle langue. Un consul, un voyageur, un homme d'affaires (on dit aussi *businessman* en français) qui partirait pour les Philippines pourrait avoir besoin d'apprendre le tagal[2] et cette expérience enrichirait sa culture. Cependant le mot *culture* n'a pas toujours la même signification. La culture est d'abord une affaire d'étude personnelle et cette étude (ou ces études) se fait en fonction de notre monde 15 intellectuel. Or, notre monde matériel et intellectuel est européen, judéo-chrétien, gréco-latin et occidental. Il y a sans doute d'autres mondes, mais voilà le nôtre. Analyser la philosophie de Platon ou d'Aristote, lire l'Ancien ou le Nouveau Testament, étudier la chute de l'Empire Romain ou la généalogie des rois de France, décider d'apprendre le français plutôt que le chinois, c'est reconnaître qu'on appartient à 20 une certaine culture. Bref, nous nous identifions par nos études avec ce monde occidental qui est un héritage° historique. Quelles raisons de culture y a-t-il donc pour étudier le français?

La France est une vieille civilisation dont les origines remontent aux temps préhistoriques. Certes° rien ne survit° de ces premiers temps sauf quelques traces: 25 les grottes de Lascaux, par exemple. La France, qui s'appelait autrefois la Gaule, entre dans l'histoire par les mémoires de Jules César, *De bello Gallico,* où l'auteur raconte sa conquête de la Gaule entre 58 et 50 avant J.-C. Il serait un peu exagéré de dire

[1] **le bengali:** langue parlée au Bengale, région située au nord de l'Inde.
[2] **le tagal:** langue parlée aux îles Philippines.

que les Gaulois de l'époque de César sont les ancêtres de tous les Français. Nous connaissons un peu leurs institutions et leurs mœurs, mais leur langue et leur civilisation ont disparu. Cependant une chose reste: la romanisation de la Gaule qui, par les conquêtes romaines, est devenue partie intégrante de l'Empire Romain. Pendant ces premiers siècles, l'histoire humaine de ce futur territoire « français » est une histoire 5 d'assimilation culturelle et raciale. Les Gaulois, relativement sans culture à côté des Romains évolués et civilisés, ont été intégrés° à la culture romaine, christianisés lorsque Rome est devenue chrétienne, enfin totalement romanisés. Entre 58 avant J.-C. et l'année 476, date officielle de la chute de l'Empire Romain d'Occident,[3] les Gaulois se transforment en Gallo-Romains. Autrement° dit, il y a sur le futur territoire 10 français, pendant une période qui dure environ cinq siècles, une lutte° féroce de forces sociales et culturelles. Si on parle aujourd'hui une langue qui s'appelle « le français », c'est parce que, peu à peu, on a cessé de parler gaulois au-delà des Alpes et qu'on a commencé à parler latin.

Pourtant le latin de la période gallo-romaine était encore loin du français. Pour 15 que le latin devienne du français, il a fallu une seconde convulsion sociale. Il a fallu que des Germains se mettent à parler latin. Nous pensons trop facilement aujourd'hui que la France est un pays latin. En fait la France est aussi en partie un pays d'origine germanique.

En 257, en 275 et encore en 406 les Francs qui ont donné leur nom à la France, 20 envahissent la Gaule, en prennent possession et s'y installent. Il serait impossible de

[3] **l'Empire Romain d'Occident:** partie de l'Empire romain dont la capitale était Ravenne.

Menhirs préhistoriques. Carnac (Bretagne)

Peintures préhistoriques. Grottes de Lascaux à Montignac
(Dordogne)

donner ici une image juste et fidèle° du développement de la civilisation humaine
sur ce territoire de France. Disons seulement que, lentement l'axe du monde occidental
se déplacera. Petit à petit, Paris remplacera Rome et deviendra au 13e siècle le centre
d'un nouveau monde, européen et occidental.

Par deux fois, dans le courant de l'histoire européenne, la France a détenu°   5
l'hégémonie° mondiale. La première fois, au 13e siècle, lorsque la France et surtout
la ville de Paris, ont été considérées comme le véritable centre du monde médiéval;

La Provence Romaine: Le Pont du
Gard. (aqueduc de Mîmes).
Le Théâtre Antique d'Arles
construit par les Romains au 1ᵉʳ
siècle avant J.-C.

la deuxième fois, sous le règne de Louis XIV et jusqu'à la Révolution française de 1789, lorsque la culture et la civilisation françaises sont devenues un modèle pour les autres nations européennes. Un Italien du 13e siècle, Brunetto Latini, professeur de Dante, nous apporte un témoignage° précieux à ce sujet. Pour écrire son *Trésor,* véritable encyclopédie médiévale, il se sert de la langue française car, déclare-t-il: 5

« Et se aucuns demandoit por quoi cist livres est escriz en roman, selonc le langage des François, puisque nos somes Ytaliens, je dirioe que ce est por i.i. raisons: l'une, car nos somes en France et l'autre porce que la parleure est plus delitable et plus commune à toutes gens. »

Brunet Latin, *Li Tresors,* Livre 1 10

c'est-à-dire:

« Et si quelqu'un demande pourquoi ce livre est écrit en langue romane et en français, puisque nous sommes Italiens, je dirai que c'est pour deux raisons: l'une que nous sommes en France; et l'autre que le parler y est plus délectable et que beaucoup de gens l'utilisent. » 15

Voilà un premier hommage rendu à l'universalité de la langue française. A une époque où les idées s'exprimaient plus normalement en latin qu'en langue vulgaire, il est remarquable qu'un savant° et un érudit° ait pu dédaigner° aussi bien sa propre langue, l'italien, que la langue internationale de l'époque, le latin, pour écrire en français. Dès la fin du Moyen Age, cependant, cette situation change et pendant deux 20 siècles et demi, le centre du monde intellectuel et culturel occidental sera non pas en France, mais en Italie ou en Espagne.

L'époque française par excellence est sans conteste l'âge de Louis XIV. Assumant le pouvoir° royal en 1661, Louis XIV inaugure une période d'absolutisme français en politique, de classicisme en littérature et de prestige universel pour le royaume 25 de France. C'est à partir de 1661 qu'un véritable monde français s'affirme et bientôt s'impose à tous les esprits. *Grosso modo,* ce monde de la domination française se maintiendra jusqu'à la Révolution de 1789. A ce moment-là, depuis longtemps miné° par les insuffisances d'un système économique qui ne répondait plus aux exigences de la vie moderne, le monde de la grandeur française s'écroule.° Un instant, Napoléon 30 croira faire revivre cette grandeur; mais Waterloo[4] mettra le point final à l'hégémonie française. Un autre pays, l'Angleterre, plus moderne, plus démocratique et surtout plus efficacement industrialisé, prend alors la relève; et derrière l'Angleterre, une autre nation, les États-Unis d'Amérique, commence à s'affirmer.

---

[4] Près de cette ville qui se trouve en Belgique, Napoléon 1er a perdu une dernière bataille contre les Anglais et les Prussiens (1815). La victoire des armées anglaise et prussienne marque la fin du 1er Empire et la chute de Napoléon.

Déjà Voltaire, en 1726, admire la supériorité des Anglais dans le domaine du commerce et de la vie concrète. Dans la dixième de ses *Lettres Anglaises,* il écrit:

> Le Commerce, qui a enrichi les Citoyens en Angleterre, a contribué à les rendre libres, et cette liberté a étendu le Commerce à son tour; de là s'est formée la grandeur de l'État . . . *under regime of monarch* 5
>
> . . . Je ne sais . . . lequel est le plus utile à un État, ou un Seigneur° bien poudré qui sait précisément à quelle heure le roi se lève, à quelle heure il se couche, . . . ou un Négociant° qui enrichit son Pays, donne de son cabinet° des ordres à Surate et au Caire, et contribue au bonheur° du monde.

Les *Lettres Anglaises* de Voltaire sont effectivement une critique de la situation 10 politique et sociale française au 18e siècle. Cependant, elles sont aussi l'expression de la nouvelle universalité française. Le dix-huitième siècle est « l'âge des lumières ». C'est pendant cette période que la mentalité moderne, scientifique et sociale prend forme. Dans ses *Lettres Anglaises,* Voltaire parle du système philosophique de Locke, base de toute la pensée empirique moderne, même de nos jours.° Il parle aussi de 15 la religion anglicane, des Quakers, des Presbytériens, du gouvernement anglais, du système parlementaire britannique, de Bacon, de Newton, de Pope, de la vaccination contre la variole,° déjà pratiquée en Angleterre, mais considérée comme dangereuse en France et même condamnée par le Parlement de Paris[5] en 1763. Les *Lettres Anglaises* cependant, sont importantes pour la littérature et pour la culture françaises, car si, 20 d'une part,° elles célèbrent la supériorité anglaise, d'autre part,° elles donnent à la France, un chef d'œuvre° de littérature et de critique. Mais voici ce qui est curieux: le monde moderne se construit en réalité ailleurs qu'en France; il se construit surtout en Angleterre et en Amérique. Pourtant, c'est en France qu'il *s'exprime.* L'hégémonie politique française, déjà dépassée par l'histoire, tourne à l'hégémonie intellectuelle 25 et littéraire. La langue française deviendra la langue internationale par excellence, jouant le rôle autrefois joué par le latin, rôle qu'elle conservera jusqu'à la création, en 1919, de la SOCIÉTÉ DES NATIONS (S.D.N.) où elle partagera avec l'anglais, la gloire d'être reconnue comme langue internationale. Une génération plus tard, avec la fondation de l'ORGANISATION DES NATIONS UNIES (O.N.U.), les langues officielles seront: 30 l'anglais, le français, le chinois, le russe et l'espagnol. Mais au 18e siècle, la langue universelle par excellence, la langue de la diplomatie et de la culture, c'est le français, employé pour la première fois comme langue internationale officielle à la Paix° de Rastadt[6] en 1714. L'universalité de la langue française est si bien reconnue par le

[5] A cette époque, le **Parlement** de Paris était le premier corps de justice du royaume de France, et non une assemblée législative.

[6] **La Paix de Rastadt** a terminé la dernière des guerres de Louis XIV: la guerre de Succession d'Espagne (1700–1713) entre la France d'une part, l'Autriche, l'Angleterre et la Hollande d'autre part. La cause de cette guerre était l'avènement du petit-fils de Louis XIV au trône d'Espagne.

monde du 18ᵉ siècle qu'à la fin du siècle, en 1782, l'Académie de Berlin propose comme sujet de concours, « *Qu'est-ce qùi fait la langue française la langue universelle de l'Europe? Par où mérite-t-elle cette prérogative? Peut-on présumer qu'elle la conserve?* » C'est Antoine Rivarol qui remporte la victoire et qui reçoit le prix. Au début de son essai: *Discours sur l'universalité de la langue française,* il salue ce « monde français » si typique   5 de l'époque qu'il mérite d'être comparé au « monde romain » d'autrefois. Voici ce que Rivarol écrit:

> Le temps semble être venu de dire le *monde français,* comme autrefois le *monde romain;* et la philosophie, lasse° de voir les hommes toujours divisés par les intérêts divers de la politique, se réjouit° maintenant de les voir, d'un bout de la terre à l'autre,   10 se former en république, sous la domination d'une même langue. Spectacle digne d'elle, que cet uniforme et paisible empire des lettres qui s'étend sur la variété des peuples, et qui, plus durable et plus fort que l'empire des armes, s'accroît également des fruits de la paix et des ravages de la guerre.

Aujourd'hui, on devrait sans doute parler d'un monde américain, d'un monde   15 russe, d'un monde africain, d'un monde européen. En réalité, le monde américain appartient à ce dernier; il en est la manifestation la plus récente, de même que° le monde russe. Mais au 18ᵉ siècle, le « monde européen » est surtout français de ton, de culture, d'idées. Voici comment un historien français, Paul Hazard, a caractérisé cette domination culturelle française dans son livre: *La Crise de la Conscience européenne:*   20

> Dans la salle d'études de ce château qui veut imiter Versailles, appliqué à diriger l'éducation du jeune seigneur, vous trouverez un précepteur° français. Les habits, les robes, les perruques° sont à la française. A qui demanderait-on des leçons de danse, sinon au maître des élégances, au *French dancing master* qui dispute la place aux Italiens? Descendez jusqu'aux cuisines, vous y trouverez chefs et   25 (cuisiniers) qui accommodent° les plats à la française, sommeliers qui débouchent° des flacons° de vins français.

. . . .

> Non seulement à l'italien, à l'espagnol, mais au latin qui formait un des liens° de la communauté européene, le français se substitue. « Tout le monde veut savoir parler français; on regarde cela comme une preuve° de bonne éducation; . . . il   30 y a telle ville où pour une école latine, on en peut bien compter dix ou douze de françaises; on traduit partout des ouvrages des Anciens et les savants commencent à craindre° que le Latin ne soit chassé de son ancienne possession. »

. . . .

> Le Latin sent la scolastique, la théologie; il a comme une odeur de passé; il cesse peu à peu d'appartenir à la vie. Excellent instrument d'éducation, il ne   35

suffit plus quand on sort des classes. Le français apparaît comme une nouvelle jeunesse de la civilisation: il modernise les qualités latines. Il est clair; il est solide; il est sûr: il est vivant.

. . . .

Les Français sont *à la mode.* Ce gallicisme° s'implante° en Italie à la fin du 17e siècle en même temps qu'on expose° aux vitrines des magasins des poupées 5 vêtues à la mode de Paris, à la dernière du jour. Les Anglais ne l'emploient pas moins; les dames arrangent° leurs cheveux *as the mode is;* les libraires recommandent *The à la mode secretary;* Thomas Brown dans *The Stage-Beaux tossed in a Blanket,* raille° *l'Hypocrisie à la mode;* Farquhar dans *The Constant Couple* oppose « *The à la mode Londres* » à « *The à la mode France* ». Steele met au théâtre « *The* 10 *Funeral, or Grief à la mode* » et Addison nous donne dans le prologue qu'il écrit pour cette comédie le secret de cet engouement:°

> Our author . . .
> Two ladies errant has exposed to view:
> The first a damsel, travelled in romance;
> The other more refined: she comes from France . . . 15

Or peu de temps après que la France a établi cet empire, une rivale apparaît; et cette rivale, chose inouïe,° est une puissance° du nord.

La rivale à laquelle Paul Hazard fait allusion est, nous l'avons vu, l'Angleterre. Au 18e siècle, le monde français est à son apogée. S'agira-t-il dorénavant° d'un 20 déclin°? Oui et non. La puissance° politique d'un pays n'est pas toujours le seul signe de son influence culturelle. Le rayonnement° culturel de la France dépasse de loin sa réalité physique, géographique et démographique. Ce phénomène s'explique en partie par le passé de la France; il s'explique aussi par une activité intellectuelle et artistique qui continue et qui fait de la France un des centres de la culture moderne. 25

EXERCICES

1. *Répondez aux questions par des phrases complètes.*

1. A votre avis, quels sont les chefs-d'œuvre de la littérature anglaise (ou américaine)? 2. Aimeriez-vous être diplomate? Pourquoi? 3. Connaissez-vous un (des) gallicisme(s)? Le(s) quel(s)? 4. Est-ce que les perruques sont à la mode de nos jours? 5. Qu'est-ce qui contribue à la pollution atmosphérique? 6. Qui a remporté la victoire à la fin de la guerre de l'Indépendance? 7. Quels adjectifs

peuvent qualifier le système de gouvernement des États-Unis? (Cherchez ces adjectifs dans la liste d'expressions de cette leçon) **8.** Quelle armée a envahi beaucoup de pays de l'Europe occidentale en 1940? **9.** Que craignez-vous quand vous passez un examen? **10.** Qui a fait la conquête du Nouveau Monde?

2. *Employez chacune les expressions suivantes dans une phrase complète.*

1. partout **2.** d'une part . . . d'autre part . . . **3.** se réjouir de **4.** une lutte **5.** le bonheur **6.** un homme d'affaires **7.** survivre **8.** la paix **9.** un savant **10.** de nos jours.

3. *Questions sur la lecture. Répondez par des phrases complètes.*

(a) 1. Quelle est la langue qui se parle le plus dans le monde d'après les statistiques? **2.** A quel rang le français vient-il? Où parle-t-on espagnol? allemand? français? **3.** Qui sont Platon et Aristote? A quelle époque vivaient-ils? **4.** Pourquoi peut-on dire que le monde américain est « européen et judéo-chrétien »? **5.** Quels sont les peuples qui ont contribué à former la France? **6.** A quelles époques la France a-t-elle détenu l'hégémonie mondiale? **7.** Quelles nations étaient le centre du monde occidental aux 14e et 15e siècles? **8.** En quelle langue s'exprimaient les érudits et les savants au Moyen Age? **9.** Quel siècle appelle-t-on « le siècle de Louis XIV »? Quelle sorte de politique ce roi a-t-il instituée? **10.** Quel événement historique marque la fin de l'hégémonie française?

(b) 1. Quelle bataille a mis fin à l'empire de Napoléon 1er? Contre qui se battait-il? Quand? **2.** Pourquoi les *Lettres Anglaises* de Voltaire sont-elles importantes pour la France? **3.** A quels points de vue l'influence de la France est-elle dominante au 18e siècle? **4.** Quand a-t-on créé la Société des Nations? Après quel événement historique? **5.** Quelles langues peut-on parler à l'O.N.U.? **6.** Qui a célébré l'universalité de la langue française? Quand? **7.** Qu'est-ce qui caractérise le « monde européen » du 18e siècle? **8.** De quoi Paul Hazard parle-t-il quand il parle de Versailles? Où est cette ville? Qu'est-ce qu'on y voit? **9.** Pourquoi est-ce qu'on abandonne le latin pour le français au 18e siècle? **10.** Comment le goût pour le français se manifeste-t-il? Quelles modes françaises copie-t-on?

4. *Compositions:*

(a) Si une fée vous permettait de faire trois souhaits, qu'est-ce que vous souhaiteriez? Pourquoi?

(b) Si vous pouviez acheter une maison, comment la choisiriez-vous? Pourquoi? Imaginez votre vie dans cette maison. (*Employez des verbes au conditionnel.*)

(c) Comment se sont formés les États-Unis? Donnez les principaux faits historiques. (*Employez évidemment les temps du passé.*)

Exercices Supplémentaires de Grammaire

1. *Répondez par quelques phrases.*

(a) Que feriez-vous si vous étiez une jeune fille (au lieu d'être un jeune homme) ou un jeune homme (au lieu d'être une jeune fille)?

(b) Qu'est-ce que vous auriez fait si vous étiez né prince ou roi? — si vous aviez vécu au temps de la Guerre d'Indépendance ou au temps de la Guerre Civile?

(c) Que feriez-vous si vous étiez le président de l'Université? — si on vous donnait 10.000 dollars? — si vous ne saviez pas lire? — si votre père vous offrait une Cadillac (ou un avion)? — si vous étiez le professeur de français?

2. *Mettez le verbe entre parenthèses au temps et au mode appropriés selon le sens de la phrase.*

1. L'été dernier, mes parents (partir) pour l'Europe si ma mère ne (tomber) pas malade en juin. **2.** Hier, je (pouvoir) vous rapporter ce livre de la bibliothèque si vous me (dire) que vous en (avoir) besoin. **3.** Au dernier examen de sociologie, je (obtenir) une mauvaise note parce que je ne (avoir) pas le temps de travailler. Si je (avoir) plus de temps, je (répondre) aux questions plus correctement. **4.** Si les Francs ne (occuper) pas la Gaule, la France (s'appeler) autrement. **5.** Nous (arriver) à l'heure si nous (prendre) un taxi pour aller au théâtre. **6.** Si mes amis ne (venir) pas chez moi pour mon dernier anniversaire, je (aller) chez eux. **7.** Si mes grands-parents ne (émigrer) pas aux États-Unis, je (naître) en Europe. **8.** Si je (habiter) Paris, je (parler) bien français.

3. *Employez la forme correcte du verbe* **devoir** *selon le sens de la phrase.* (Cf. leçons 35 et 43)

1. Le trimestre touche à sa fin; les étudiants _____ bientôt être en vacances. **2.** Quand on _____ de l'argent à quelqu'un, on _____ beaucoup travailler pour payer ses dettes. **3.** Si vous avez l'intention de faire le tour du monde, vous _____ faire beaucoup d'économies avant de partir. **4.** Tu as l'air fatigué; tu _____ te coucher tard hier soir. **5.** L'été dernier, je _____ accompagner mes amis à San Francisco, mais à la dernière minute, je _____ renoncer à ce voyage. **6.** Les Américains _____ payer leurs taxes avant le 15 avril. **7.** Vous n'aviez pas entendu la question? Vous _____ demander au professeur de la répéter. **8.** Si vous travaillez 20 heures par semaine dans un bureau, vous ne _____ pas avoir beaucoup de loisirs; l'université _____ trouver une solution à ce problème.

EXPRESSIONS NOUVELLES

une chute
une communauté
une conquête
une exposition
la jeunesse
une lutte°
la paix°
une perruque°
une preuve°
une puissance°
la variole°

l'Ancien (le Nouveau)
   Testament
un axe
le bonheur°
un cabinet°
un chef d'œuvre°
un déclin°
un discours
un engouement°
un flacon°
un homme d'affaires

un lien°
un négociant°
le pouvoir°
un précepteur°
un rayonnement°
un savant°
un seigneur°
un témoignage°
un ton
un traite°

évolué(e)
fidèle°
gallo-romain(e)
inouï(e)°
juste
las(se)°
minime
tel(le)°

accommoder°
chasser
conserver
craindre (3)°

déboucher°
dédaigner°
détenir (3)°
s'écrouler°
envahir (2)
maintenir (3)
miner°
prendre forme
      la relève
      possession
se réjouir de° (2)
remporter une victoire
revivre (3)

autrement° dit
certes°
de même que°
de nos jours°
dorénavant°
d'une part / d'autre part°
efficacement
grosso modo
partout

Vous savez déjà:

une assimilation
une convulsion
une critique
une domination

une encyclopédie
une force
une généalogie
une hégémonie°

une idéologie
la scolastique
une statistique
l'universalité (f.)

l'utilité (*f.*)
la vaccination
une victoire
l'absolutisme (*m.*)
un ancêtre
l'arabe (*m.*)
le bengali
le classicisme
un consul
un diplomate
un empire
un érudit°
un gallicisme°
un héritage°
l'hindi
un historien
un hommage
un humaniste
un instrument
un modèle

le prestige

un prologue
un(e) rival(e)
un secret
anglican(ne)
chrétien(ne)
christianisé(e)
délectable
démocratique
démographique
empirique
gréco-latin(e)
industrialisé(e)
judéo-chrétien(ne)
matériel(le)
parlementaire
préhistorique
racial(e)
royal(e)
suprême
universel(le)

utilitaire

assumer
s'affirmer
arranger
condamner
contribuer à
disputer
exposer
s'identifier
s'implanter
s'imposer
inaugurer
intégrer
justifier
présumer
se substituer
survivre

par excellence

45

POINTS DE REPÈRE

1. Je suis venu **pour que** vous ne **soyez** pas seul.
   Je vous donnerai des renseignements **avant que** vous ne **partiez.**
   Elle est sortie **sans que** j'aie le temps de lui parler.

   ———

2. Cet article **est écrit** par un journaliste connu.
   Les expressions nouvelles **ont été expliquées** par le professeur.

   ———

3. Paul **n'aime ni** les sports **ni** le cinéma.
   Il **n'aime que** ses études.

   ———

4. J'ai lu un roman de Camus.
   Lequel avez-vous lu?

   ———

5. **Qu'est-ce qui** s'est passé en France en 1789?
   Qu'est-ce que Voltaire a écrit?

> **1.** Je suis venu **pour que** vous ne **soyez** pas seul.
>
> Je vous donnerai des renseignements **avant que** vous ne **partiez**.
>
> Elle est sortie **sans que** j'**aie** le temps de lui parler.

Étudiez les phrases suivantes:

Je vais vous donner quelques adresses **avant que** vous ne **partiez** pour Paris la semaine prochaine.

Combien de temps resterez-vous à Paris? — J'y resterai **jusqu'à ce que** je **sois fatigué** de voyager et **(jusqu'à ce) que** j'**aie** envie de rentrer.

Je vous accompagnerai à l'aéroport. **Pour que** vous n'**attendiez** pas seul, je resterai avec vous **jusqu'à ce que** votre avion **parte**.

Vous ne semblez pas comprendre le subjonctif. Je vais vous l'expliquer très soigneusement **afin que** vous le **compreniez** une fois pour toutes.

J'ai bien envie de voir ce nouveau film. Allons au cinéma ce soir, **à moins que** vous ne **préfériez** faire autre chose.

Bien sûr, allons-y! **Pourvu que** vous me **rameniez** chez moi, car je n'ai pas de voiture. — Je vous ramènerai volontiers. J'allais vous le proposer **sans que** vous me le **demandiez**.

Vous êtes très aimable. **Quoique** nous **soyons** amis, j'hésitais à vous le demander; j'habite si loin du cinéma.

Cela ne fait rien. **Bien que** ce cinéma **soit** très loin, j'ai très envie de voir ce film.

■ *Après certaines conjonctions* de subordination, on emploie le *subjonctif.* Voici la liste des principales conjonctions de subordination qui sont suivies du subjonctif.

Avant que, jusqu'à ce que indiquent une *idée de temps.*
EXEMPLES: Ma mère m'a téléphoné **avant que** vous n'**arriviez**.
J'attendrai ici **jusqu'à ce que** votre classe soit finie.

Pour que, afin que indiquent une *idée de but.*
EXEMPLES: Paul est venu chez moi **pour que** je lui prête un livre.
Je le lui ai prêté **afin qu'**il puisse faire son devoir.

A moins que, pourvu que indiquent une *idée de condition.*
EXEMPLES: J'irai à ce concert **à moins qu'**il n'y ait plus de places.
J'irai à ce concert **pourvu qu'**il y ait encore des places.

GRAMMAIRE

Sans que indique une *idée de restriction.*

EXEMPLE: Il a pris cette décision **sans qu'**on sache pourquoi.

Bien que, quoique indiquent une *idée de concession ou de contraste.*

EXEMPLES: J'irai en Europe l'été prochain **bien que** je n'aie pas beaucoup d'argent.

Ils n'ont pas réussi à l'examen **quoiqu'**ils aient beaucoup travaillé pendant le semestre.

NOTEZ: (1) Toutes les conjonctions de subordination ne sont pas suivies par le subjonctif.

EXEMPLES: Je vous demande une explication **quand** je ne **comprends** pas.

Je vous ai téléphoné **parce que** je **voulais** vous parler.

Je lirai le journal **pendant que** vous **finirez** votre travail.

(2) Dans les cas suivants employez un *infinitif avec une préposition* (à la place du subjonctif) quand *les deux verbes ont le même sujet:*

EXEMPLES: Je finirai ma composition **avant de me coucher.**

Je travaillerai beaucoup **pour avoir** de bonnes notes.

Ma mère m'a téléphoné **afin de savoir** l'heure de mon arrivée.

Il est parti **sans dire** au revoir.

ATTENTION: Dans la langue très soignée et dans la langue littéraire, on trouve **ne** devant le verbe après **avant que** et **à moins que.** Ce mot **ne** n'a pas de sens négatif: ... avant que vous **ne** partiez, ... à moins que vous **ne** préfériez. ...

---

2. Cet article **est écrit** par un journaliste connu.

Les expressions nouvelles **ont été expliquées** par le professeur.

Comparez:

Les étudiants de français **organisent** cette soirée.	Cette soirée **est organisée** par les étudiants de français.
Un acteur célèbre **fera** une conférence.	Une conférence **sera faite** par un acteur célèbre.
Jean **a préparé** les programmes de la conférence.	Les programmes de la conférence **ont été préparés** par Jean.

La secrétaire **avait envoyé** les lettres d'invitation.

Les lettres d'invitation **avaient été envoyées** par la secrétaire.

Je doute que le professeur **serve** le dîner.

Je doute que le dîner **soit servi** par le professeur.

■ Les verbes de la première colonne sont à la *forme active:* le *sujet* de chaque verbe *fait l'action* exprimée par ce verbe. Le verbe est au *présent,* au *passé,* au *futur de l'indicatif,* ou au *présent du subjonctif.*

Les verbes de la deuxième colonne sont à la *forme passive:* le *sujet* de chaque verbe *ne fait pas l'action* exprimée par le verbe. L'action est faite par *l'agent.*

■ Un verbe à la forme passive est composé du verbe **être** + le *participe passé* du verbe.

Remarquez:

(1) Tous les temps d'un verbe à la forme passive sont des temps composés avec le verbe **être.**

(2) Le temps et le mode du verbe **être** indiquent le temps et le mode du verbe à la forme passive:

La lettre **est**	traduite par Paul.	(*présent*)
La lettre **était**	traduite par Paul.	(*imparfait*)
La lettre **sera**	traduite par Paul.	(*futur*)
La lettre **a été**	traduite par Paul.	(*passé composé*)
La lettre **avait été**	traduite par Paul.	(*plus-que-parfait de l'indicatif*)
Il faut que la lettre **soit**	traduite par Paul.	(*présent du subjonctif*)

(3) Le *participe passé* du verbe à la forme passive *s'accorde* avec *le sujet.*
EXEMPLES: Les devoirs ont été corrigés par le professeur.
               Les étudiants seront félicités par leurs parents.
               Les lettres avaient été traduites par la secrétaire.

Étudiez le diagramme suivant:

Le professeur	explique	le texte de la lecture.
↓	↓	↓
sujet	*verbe à la forme active*	*complément d'objet direct*
Le texte de la lecture	est expliqué	par le professeur.
↓	↓	↓
sujet	*verbe à la forme passive*	*agent*

■ L'objet direct du verbe à la forme active devient le sujet du verbe à la forme passive.

Par conséquent, *seuls* les verbes qui peuvent avoir un complément d'objet direct, c'est-à-dire *les verbes transitifs directs,* peuvent s'employer à la forme passive. (Cf. Grammaire Générale, pp. 219–220)

Le complément d'agent est introduit le plus souvent par la préposition **par.** Lorsque le sujet du verbe actif est **on,** on ne mentionne pas l'agent du verbe passif.

EXEMPLES: On a signé le traité de Versailles en 1919.
Le traité de Versailles a été signé en 1919.
On a construit Notre-Dame de Paris aux 12ᵉ et 13ᵉ siècles.
Notre-Dame de Paris a été construite aux 12ᵉ et 13ᵉ siècles.

---

3. Paul **n'**aime **ni** les sports **ni** le cinéma.
Il **n'**aime **que** ses études.

Comparez:

Apprenez-vous l'allemand et le russe?	Je **n'**apprends **ni** l'allemand **ni** le russe.
Jean va-t-il en Espagne et en Italie?	Il **ne** va **ni** en Espagne **ni** en Italie.
Les bébés boivent-ils du thé et du café?	Ils **ne** boivent **ni** thé **ni** café.

Jean et Charles connaissaient la France.

Ni Jean **ni** Charles **ne** connaissaient la France.

Leurs parents et leurs amis sont partis avec eux.

Ni leurs parents **ni** leurs amis **ne** sont partis avec eux.

■ **Ne . . . ni . . . ni . . .** est une forme négative qu'on emploie quand le verbe a deux ou plusieurs *compléments*.

Ni . . . ni . . . ne . . . est une forme négative qu'on emploie quand le verbe a deux ou plusieurs *sujets*.

ATTENTION: Quand un *article partitif* accompagne un nom, on n'emploie pas cet article avec la négation **ne . . . ni . . . ni** dans la phrase négative.

EXEMPLES: Il a **de** l'ambition et **du** courage.

Il **n'a ni** ambition **ni** courage.

Étudiez les phrases suivantes:

Je n'apprends ni l'allemand ni le russe; je **n'apprends que** le français.

Il ne va ni en Espagne ni en Italie; il **ne** va **qu'**en France.

Les bébés ne boivent ni thé ni café; ils **ne** boivent **que** du lait.

■ **Ne . . . que** est un adverbe qui indique une restriction. Cette expression a le sens de « seulement ».

---

4. J'ai lu un roman de Camus.
Lequel avez-vous lu?

Étudiez les phrases suivantes:

Nous avons étudié un poème de Ronsard.

Lequel avez-vous étudié?
(Quel poème avez-vous étudié?)

Ils ont vu une pièce de Racine.

Laquelle ont-ils vue?
(Quelle pièce ont-ils vue?)

Je ne comprends pas tous les mots.

Lesquels ne comprenez-vous pas?
(Quels mots ne comprenez-vous pas?)

Nous recevons plusieurs revues françaises.

Lesquelles recevez-vous?
(Quelles revues recevez-vous?)

GRAMMAIRE

Mon père est abonné à un journal littéraire.	**Auquel** est-il abonné? (A quel journal est-il abonné?)
J'ai posé une question à une étudiante.	**A laquelle** avez-vous posé une question? (A quelle étudiante avez-vous posé une question?
Nous avons parlé de plusieurs comédies de Molière.	**Desquelles** avez-vous parlé? (De quelles comédies avez-vous parlé?)

■ **Lequel**
Laquelle
Lesquels } sont des *pronoms interrogatifs* variables.
Lesquelles

Ils s'emploient pour remplacer: **quel (quelle, quels, quelles)** + *un nom de personne* ou *un nom de chose* qui a déjà été mentionné.
Ces pronoms sont parfois précédés d'un préposition.

Avec **à** et **de,** ils se contractent { au masculin singulier: **auquel; duquel**
au masculin pluriel: **auxquels; desquels**
au féminin pluriel: **auxquelles; desquelles**

Ces pronoms sont aussi employés avec un complément.

EXEMPLES: **A laquelle de ces étudiantes** avez-vous posé une question?
Avec lequel de ces professeurs a-t-il travaillé?
Lequel de ces châteaux avez-vous visité?
Dans lesquelles de ces boutiques êtes-vous entré?

---

5. Qu'est-ce qui s'est passé en France en 1789?
Qu'est-ce que Voltaire a écrit?

Étudiez les phrases suivantes:

Qui a écrit cette phrase célèbre?
Qui est-ce qui a écrit cette phrase célèbre? } **Pascal** l'a écrite.

Qu'est-ce qui est venu après le Moyen-Age? | **La Renaissance** est venue après le Moyen-Age.

Qui attendez-vous?
Qui **est-ce que** vous attendez? ⎫ J'attends **mon ami.**

Qu'attendez-vous?
Qu'est-ce que vous attendez? ⎫ J'attends **l'autobus.**

Avec **qui** avez-vous voyagé? J'ai voyagé **avec mes parents.**

Par **quoi** la Révolution a-t-elle été provoquée? Elle a été provoquée **par une crise économique.**

■ Voici les *pronoms interrogatifs* qu'on emploie quand la question porte sur le *sujet,* le complément d'*objet direct,* ou le *complément introduit par* une préposition.

	PERSONNES	CHOSES (idée, action)
Sujet	{ **qui** **qui est-ce qui**	**qu'est-ce qui**
Objet direct	{ **qui** **qui est-ce que**	{ **que (qu')** **qu'est-ce que**
Après une préposition	**qui**	**quoi**

NOTEZ:

(1) Il y a une différence de construction selon qu'on emploie la forme simple **(qui, que)** ou la forme composée **(qui est-ce que, qu'est-ce que).**

Avec la forme *composée, il n'y a pas d'inversion du sujet.*

EXEMPLES: **Qui** cherchez-*vous?* **Que** voulez-*vous?*
Qui est-ce que *vous* cherchez?
Qu'est-ce que *vous* voulez?

(2) **Qui,** pronom interrogatif sujet employé pour les personnes, est en général suivi d'un verbe à la troisième personne du *singulier.*

EXEMPLES: Qui vous **a écrit?** — Mes amis m'ont écrit.
Qui **est arrivé** en retard? — Jean et Paul sont arrivés en retard.

GRAMMAIRE

EXERCICES

1. **(a)** *Faites des phrases complètes avec les éléments suivants en employant une des conjonctions étudiées. Faites les changements nécessaires.*

EXEMPLE: Je viens vous voir / vous m'aidez à finir mon devoir.
Je viens vous voir **pour que** vous m'**aidiez** à finir mon devoir.

1. Je fais la cuisine / ma mère peut se reposer. 2. Nous ferons une promenade / il ne fait pas beau. 3. Marc restera à la montagne / sa santé sera meilleure. 4. On fait des progrès / on est patient et persévérant. 5. Je vous prêterai de l'argent / vous n'en avez pas besoin. 6. Paul prépare le dîner / sa femme revient de son bureau. 7. Le professeur lit le texte lentement / vous le comprenez. 8. Les enfants aiment beaucoup leur père / il est très sévère. 9. On nous explique les mots difficiles / nous lisons la lecture. 10. Tout le monde trouve ce jeune homme sympathique / il est timide et laid.

(b) *Écrivez le verbe au mode et au temps appropriés.*

1. Reposez-vous ici jusqu'à ce que je (revenir). 2. J'appellerai un taxi pour que vous ne (arriver) pas en retard à l'aéroport. 3. Mon frère viendra nous voir aussitôt que ses examens (être) finis. 4. Votre père vous (envoyer) un chèque afin que vous ne (manquer) pas d'argent. 5. Nous ne dînons jamais avant que mon père ne (revenir). 6. Vous lui annoncerez cette nouvelle quand vous le (voir). 7. Mon père lisait le journal pendant que mon frère (écouter) des disques. 8. Le professeur parle distinctement afin que tout le monde le (comprendre). 9. Voici de l'argent pour que vous (pouvoir) prendre votre billet d'avion. 10. Suzanne sort souvent le soir bien qu'elle (avoir) beaucoup de travail et qu'elle (être) très fatiguée.

(c) *Écrivez une phrase avec chaque expression.*

1. pour 2. pour que 3. avant 4. avant de 5. avant que 6. afin de 7. afin que 8. bien que 9. jusqu'à ce que 10. sans

2. *Écrivez à la forme passive.*

1. Le professeur corrige tous nos exercices. 2. Dans un avion, les hôtesses de l'air servent les repas. 3. Le roi Louis XIV protégeait les artistes et les écrivains. 4. Les Romains ont envahi la Gaule. 5. Jules César a raconté la conquête de la Gaule. 6. On a découvert le Nouveau Monde à la fin du 15e siècle 7. Au 17e siècle, la France dominait l'Europe. 8. Quand les Espagnols ont-ils colonisé la Californie? 9. On bâtit des gratte-ciel dans toutes les grandes villes. 10. Dorénavant, on fera de grands efforts pour diminuer la pollution.

(b) *Écrivez à la* forme active.

1. Beaucoup de phrases sont écrites par les étudiants sur le tableau noir. **2.** A l'examen oral, les étudiants étaient interrogés par le professeur. **3.** La vaccination contre la variole avait été condamnée par le Parlement de Paris. **4.** Au 16e siècle, le latin sera remplacé par le français dans le domaine administratif. **5.** La Tour Eiffel a été construite à la fin du 19e siècle. **6.** Beaucoup de comédies de Molière ont été représentées à Versailles devant le roi. **7.** L'anglais et le français ont été reconnus comme langues internationales par la S.D.N. en 1919. **8.** Rien d'extraordinaire n'a été découvert sur la lune. **9.** Les gens célèbres sont souvent photographiés. **10.** Une conférence de presse sera donnée par le Président.

3. (a) *Écrivez à la forme négative.*

1. Mon frère boit de la bière et du vin. **2.** On voit des fleurs et des plantes dans un laboratoire de chimie. **3.** Nous sommes allés au Danemark et en Norvège. **4.** Anne a écrit à son père et à sa mère. **5.** Charles aime la boxe et le football. **6.** Descartes et Pascal ont vécu au 17e siècle. **7.** L'Angleterre et l'Espagne dominaient l'Europe sous le règne de Louis XIV. **8.** L'Allemagne et le Japon ont remporté la victoire à la fin de la deuxième guerre mondiale.

(b) *Remplacez* **seulement** *par l'expression* **ne . . . que.**

1. Cet étudiant a écrit seulement une composition. **2.** Nous parlons seulement français dans la classe. **3.** Il y avait seulement trois personnes à la conférence. **4.** Nous sommes allés seulement à San Francisco. **5.** Mes parents m'ont téléphoné seulement deux fois. **6.** Je vous ai prêté seulement trois dollars.

4. *Remplacez les mots en italiques par un* pronom interrogatif.

1. Jean et Charles ont suivi des cours. *Quels cours* ont-ils suivis? **2.** J'ai parlé à mes professeurs. A *quels professeurs* avez-vous parlé? **3.** Nous avons relu les lectures avant l'examen. *Quelles lectures* avez-vous relues? **4.** Charles a obtenu une bonne note. *Quelle note* a-t-il obtenue? **5.** On a parlé de plusieurs films. *De quels films* avez-vous parlé? **6.** Je m'intéresse aux écrivains modernes. *A quel écrivain* vous intéressez-vous particulièrement? **7.** Ils ont visité quelques châteaux. *Quels châteaux* ont-ils visités? **8.** Je me souviens d'une certaine chose. *De quelle chose* vous souvenez-vous? **9.** J'ai posé une question à mes étudiants. *A quels étudiants* avez-vous posé une question? **10.** Je me suis servi d'un dictionnaire. *De quel dictionnaire* vous êtes-vous servi?

5. *Cherchez la question.* (*Les mots en italiques constituent la réponse*).

1. J'ai travaillé chez *M. Brown.* **2.** Nous avons invité *Henri.* **3.** *Mes amis* sont revenus d'Amérique du Sud. **4.** *L'histoire ancienne* l'intéresse. **5.** Mon ami a téléphoné à *Jeannette.* **6.** *Mon frère* m'a offert ces disques. **7.** Nous avons fait *une promenade en auto.* **8.** On a conseillé à *Barbara* de partir. **9.** Je veux boire *une tasse de café.* **10.** Nous avons rencontré *les Stone* à la plage. **11.** Il s'est servi de *son couteau* pour réparer sa montre. **12.** Je m'intéresse aux *coutumes anciennes.*

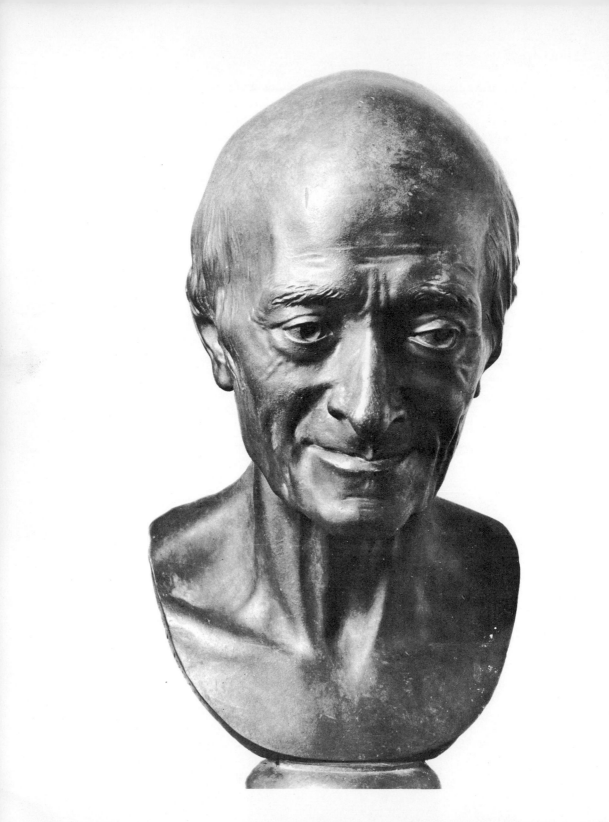

Buste de Voltaire (1694–1778) par Houdon

46

Initiation à la littérature française

I

Il est impossible de dire quand on a commencé à parler français sur le territoire de la future nation française. Tout ce que nous savons, c'est que petit à petit° le latin s'est détérioré et que, sur l'ancien territoire romain, de nouvelles langues romanes[1] (le français, l'italien, le provençal, l'espagnol, le portugais, le romanche, le roumain) se sont développées. Ce changement a eu lieu très probablement au 6e siècle. De toute 5 façon, on parlait français dès le 9e siècle car les *Serments de Strasbourg* de 842 en attestent.° Les *Serments de Strasbourg* ne sont qu'un document politique et non pas une œuvre littéraire. Mais il faut se rendre° compte que, pendant tout le Moyen Age, la langue latine, et non pas les langues nationales, était considérée, officiellement, comme la seule langue digne d'exprimer la pensée et la culture. Les nations euro- 10 péennes elles-mêmes n'existaient pas telles que nous les connaissons. Elles se sont constituées lentement après la chute de l'Empire Romain dont le Saint Empire Romain Germanique perpétuait le souvenir sur le plan social et politique; sur le plan religieux, le souvenir de l'ordre romain était perpétué par l'Église Catholique qu'on appelait justement l'Église Romaine. «Rome» ne signifiait plus Jules César ou 15 Auguste, mais Léon III ou Jules II. La Rome des Empereurs était devenue la Rome des Papes.

L'ère médiévale s'étend sur une période d'à peu près 1.000 ans du 6e siècle jusqu'à 1453, date de la prise° de Constantinople par les Turcs, qu'il est de tradition de considérer comme la fin du Moyen Age. 20

Pendant très longtemps et jusqu'au 19e siècle, on a presque tout ignoré de la littérature médiévale. Pourtant, depuis le 19e siècle, des érudits et des hommes de lettres ressuscitent° cette ancienne littérature. L'étude des textes nous permet aujourd'hui de connaître le monde médiéval beaucoup mieux que par le passé.° C'est un monde remarquable à sa façon et bien que nous en soyons éloignés par des siècles, 25 nous sommes obligés de constater que nos institutions modernes, nos idées, notre

---

[1] **romanes** (roman): les langues **romanes** sont dérivées du latin. On parle aussi d'architecture **romane**, première manifestation de l'architecture médiévale. En anglais, on parle de *"Romance languages"* et de *"Romanesque architecture"*.

monde chrétien, nos inventions lui doivent beaucoup. Pour un esprit moderne, ce sont surtout les Cathédrales qui symbolisent toute cette époque. Les cathédrales, chefs-d'œuvre de l'architecture de tous les temps, représentent sur le plan technique un triomphe de construction que même les Romains ne connaissaient pas. L'arc brisé des ogives crée de merveilleuses perspectives et d'étonnants jeux d'harmonie visuelle; les vitraux,° dont l'art est perdu de nos jours, projettent leurs couleurs chaleureuses° et vives° sur les vieux murs de pierre. Il nous est difficile de comprendre le dédain d'un Gibbon pour ces « monuments à la superstition ».

    La littérature médiévale est trop riche et trop variée pour qu'on puisse en donner ici une idée complète. Nous allons donc nous limiter à trois aspects caractéristiques de cette littérature: les chansons de geste, les romans courtois, et le théâtre.

5

10

Manuscrit des
Serments de Strasbourg (842)

L'Empereur Charlemagne (742–814)

Jeanne d'Arc (1412–1431)

Les Chansons de Geste sont de longs romans en vers qui racontent les exploits de Charlemagne et d'autres héros du Moyen Age. On les appelle des épopées. *La Chanson de Roland* est la plus célèbre parmi ces chansons de geste.

La Chanson de Roland raconte les aventures de Charlemagne et de ses douze preux,° plus particulièrement un épisode de l'expédition de Charlemagne en Espagne, où ses 5 armées subissent° une défaite en franchissant° les Pyrénées. Le héros de l'histoire est Roland, neveu de Charlemagne. Restant à l'arrière-garde° des troupes fran- çaises, Roland et son ami Olivier sont entourés par 100.000 Sarrasins (Arabes) après avoir été livrés° par le traître° Ganelon. La catastrophe aurait pu être évitée si Roland avait consenti à sonner de son cor° pour que Charlemagne revienne. Mais il refuse 10 par orgueil. Cependant, voyant que son armée va être perdue, il prend son « oliphant »[2] et en sonne longtemps. Cet effort lui coûtera la vie.

Les romans courtois sont d'une autre inspiration. Au lieu de ne raconter que des faits° d'armes, ils racontent des histoires psychologiques et sentimentales. Comme l'indique le mot « courtois », avec les romans courtois, la grande tradition du roman 15 de l'amour idéal commence. Il ne s'agit ni de l'empereur Charles ni de ses compagnons mais du roi Arthur, de la reine Geneviève, du chevalier Lancelot; ou bien du roi

---

[2] **un oliphant** (olifant): sorte d'instrument de musique à vent, qui ressemble à un cor.

Les remparts de la Cité de Carcassonne. (13e siècle)

Marc, de Tristan et d'Iseut. Alors que la *Chanson de Roland* reste anonyme, la littérature courtoise sort de l'anonymat et révèle déjà le nom d'un grand maître du genre: CHRÉTIEN DE TROYES, le Proust, a-t-on dit, du 12e siècle. Ces romans peuvent nous paraître naïfs aujourd'hui; ils sont pourtant remarquables parce qu'ils expriment une nouvelle sensibilité. Cette nouvelle sensibilité qui caractérise dorénavant les rapports 5 entre les sexes, s'exprime à travers des aventures fantastiques d'amour, de magie, de bonnes et de mauvaises fées.° Les mœurs s'adoucissent° et se disciplinent. Cette recherche de raffinement et de civilisation, du moins dans les hautes classes de la société, est bien loin de la brutalité des premières époques.

Le théâtre médiéval est sorti de l'Église. La messe,° on l'a très souvent dit, est 10 déjà une sorte de drame: un sacrifice et une tragédie. Quittant l'intérieur de l'Église pour se jouer sur les parvis,° les histoires de la Bible, le drame liturgique de Noël et de Pâques prennent vie et forme. Bientôt un véritable théâtre naîtra de ces tenta- tives,° un théâtre de *mystères* et de *miracles,* et parfois de comédie satirique dont le *Jeu d'Adam* (12e siècle) est un brillant exemple. Écrit par un clerc anonyme, il raconte 15 l'histoire de la chute d'Adam et d'Ève, le meurtre° d'Abel par Caïn et annonce l'avènement du Christ. La scène de la tentation d'Ève par le serpent est encore bien savoureuse,° même pour un esprit moderne. Avec le temps, ces spectacles du Moyen Age deviendront de plus en plus irrévérencieux et l'ordre établi représenté par l'Église s'en alarmera.° En 1548, un arrêt, du Parlement de Paris, interdit les « mystères 20 sacrés». C'est la fin d'un genre littéraire et bientôt de toute une époque.

François Rabelais (1494?–1553):
La Plaisante et Joyeuse Histoire
du Grand Géant Gargantua.

Avant de parler de la Renaissance, disons un mot du plus grand poète médiéval français, FRANÇOIS VILLON. Tous les thèmes du Moyen Age finissant se trouvent réunis dans ses recueils° de poèmes (*Le Petit Testament* et le *Grand Testament*). Émouvante, belle d'une beauté qu'on dirait aujourd'hui d'avant-garde, la poésie de Villon chante la tragédie de l'existence humaine. Comme un leitmotiv, revient sans cesse son obsession 5 de la mort, qui fait de sa poésie une véritable « danse macabre ». On pense aux rondes de squelettes° que la sculpture de l'époque aimait représenter. Le lyrisme de cette poésie nous touche et évoque parfois celui, plus violent, d'un Jean Genet, à notre époque.

La Renaissance passe d'Italie en France au début du 16e siècle. Le siècle de 10 Rabelais[3] et de Montaigne[4], de Ronsard[5] et de la Pléiade est un siècle « humaniste » plutôt que théologique; il annonce le commencement des temps modernes.

[3] **Rabelais** (1494?–1553) médecin, écrivain, humaniste.
[4] **Montaigne** (1533–1592) écrivain et moraliste.
[5] **Ronsard** (1524–1585) poète et chef d'une école littéraire fondée par sept écrivains: *La Pléiade*.

Voilà comment RABELAIS dans son livre sur les aventures de *Gargantua* et de *Pantagruel* définit sa propre époque; c'est Gargantua qui écrit à son fils Pantagruel:

Maintenant toutes disciplines sont restituées, les langues enseignées: la grecque, sans laquelle il est impossible de se dire savant, avec l'hébraïque et la latine. . . . le monde entier est plein de gens savants, de doctes professeurs, de grandes bibliothèques et je suis bien d'avis que ni au temps de Platon, ni au temps de Cicéron, il n'y <u>eut</u> jamais, comme aujourd'hui autant de facilités pour l'étude. 5

Cette étude dont parle Rabelais est l'étude humaniste de l'homme, de sa morale° et de ses convictions. Inévitablement° l'étude de l'homme en général va devenir l'étude de l'homme individuel. MICHEL DE MONTAIGNE en a fait l'œuvre de toute sa vie. Il 10 dit dans la préface de ses *Essais:* « Je suis moi-même la matière de mon livre ».

La Renaissance s'est détournée du Moyen Age, méprisant° ses vieilleries et inventant, dans la tradition de l'antiquité gréco-romaine, de nouveaux genres littéraires: des épopées à l'antique, des odes, bientôt des tragédies; et enfin un nouveau genre importé d'Italie et destiné à faire fortune: le sonnet. Bref, cette littérature qui 15 se dessine au moment de la Renaissance contient en puissance° les éléments du futur classicisme français. Une véritable République des Lettres (le terme est de l'époque) s'établit et devient une force sociale capable d'agir° sur l'opinion publique et de faire opposition aux traditions de l'Église et de la Sorbonne. Sur le plan technique, deux innovations font naître le livre moderne: l'invention de l'imprimerie° à caractères 20 mobiles par Gutenberg vers 1440 et la découverte de l'art de la gravure.°

On ne peut parler de la Renaissance sans mentionner la peinture italienne qui, jusqu'aux Impressionnistes français du 19e siècle, représentera la grande tradition de la peinture européenne. La peinture italienne, grâce aux théories de Léonard de Vinci, de Raphaël, de Michel-Ange et d'autres, était basée sur une notion de ressemblance: 25 l'objet peint devait ressembler au modèle.

Cette tradition de parfaite ressemblance deviendra le critère universel de la bonne peinture en France comme ailleurs. Si on la compare à l'école italienne et à l'école flamande, l'école française du 16e siècle paraît modeste. Seul François Clouet, justement fils d'un peintre flamand, s'impose par ses portraits. Pourtant, dans le domaine 30 des arts visuels, la tradition médiévale continue à produire des chefs d'œuvre de tapisserie° et de miniatures.

L'architecture est un des grands arts de la Renaissance française. A Paris, le Louvre en est un brillant exemple, et les châteaux de la vallée de la Loire, berceau° de la Renaissance en France, ne sont pas moins remarquables que les cathédrales 35 gothiques. Chambord, Amboise, Blois, et d'autres rivalisent, bien que dans un tout

Le Château de Chambord. Construit par François Ier au 16e siècle. (Vallée de la Loire)

autre esprit, avec Chartres, Reims, Notre-Dame de Paris. Fontainebleau, petite ville
de l'Ile-de-France,[6] proche de Paris, devient le centre d'une activité artistique qui
porte le nom d'École de Fontainebleau. Conçu° dans le style italien, selon le goût
du jour, le château de Fontainebleau, que le roi François Ier préférait à ses autres
résidences, exprime une nouvelle conception de la vie. De larges fenêtres s'ouvrant   5
sur des jardins élégants et sur un beau lac, aèrent et éclairent° la demeure° royale.
Les peintres Il Rosso et le Primatice, s'inspirant de la mythologie grecque et romaine,
couvrent de fresques les galeries du château. Le corps humain, caché et drapé dans
les vieilles cathédrales, se dénude; un nouvel érotisme, une nouvelle liberté de mœurs
proclament leurs droits que la littérature de l'époque reflète.   10

[6] **L'Ile-de-France:** la province qui entoure Paris.

Avant de quitter la Renaissance, rappelons que le Nouveau Monde et l'Amérique en ont été les découvertes.

Le dix-septième siècle est le grand siècle français par excellence, le siècle de Louis XIV. C'est aussi, du point de vue des idées et de la culture, le siècle de Corneille, de Molière, de Racine; le siècle de Descartes et de Pascal.   5

Louis XIV assume le pouvoir royal à la mort de Mazarin, le 8 mars 1661. Cette date est l'une des plus importantes de l'histoire de France pour les arts et les lettres. Le régime° qui commence avec Louis XIV est un régime absolutiste, dictatorial et, il faut bien le dire, totalitaire. Tout le monde connaît le mot célèbre, apocryphe° sans doute, du nouveau roi: « L'État, c'est moi ». Que Louis XIV ait prononcé ces 10 mots ou non, peu° importe; ils expriment bien l'attitude du souverain qui, à ses propres yeux comme aux yeux de ses contemporains, était roi « de droit divin ».

Sous Louis XIV, la littérature française se développe et se perfectionne. La période du classicisme français commence. Le roi protège les arts et encourage les écrivains en leur donnant des pensions qui leur permettent de vivre; pourtant une 15 censure rigoureuse existait et la liberté de l'expression, telle que nous la connaissons, était encore très loin d'être admise.

Trois écrivains, presque à eux seuls, semblent résumer par leur réputation, l'essence de cette période classique en France: PIERRE CORNEILLE (1606–1684), MOLIÈRE (1622–1673) et JEAN RACINE (1639–1699). Tous les trois sont des écrivains de théâtre 20 et font du théâtre, le genre littéraire dominant du 17e siècle à l'égal° du théâtre élisabéthain en Angleterre. Corneille et Racine sont surtout des auteurs de tragédies; grâce à la réputation et au succès de leurs œuvres, la tragédie en cinq actes restera jusqu'au 19e siècle, le genre littéraire par excellence en France. Molière faisait des comédies dont l'humour n'a rien perdu de son éclat° même de nos jours; elles déclen- 25 chaient° dans les salles de spectacle du 17e siècle, une nouvelle sorte de rire qu'un contemporain de Molière appelait, en sortant d'une représentation du *Misanthrope*, « le rire dans l'âme ». L'humour de Molière est beaucoup moins brutal, moins féroce, plus civilisé et plus intellectuel que celui de ses prédécesseurs. Le grand maître de l'humour français avant Molière avait été Rabelais. Mais là où l'humour de Rabelais 30 reste souvent gros° et violent, l'humour de Molière se fait plus fin, ambigu et parfois même tragique. « Rire est le propre° de l'homme », avait dit Rabelais. Le mot aurait pu être de Molière qui encore aujourd'hui nous fait rire aussi spontanément qu'il faisait rire les gens de son époque. *Le Malade Imaginaire, Le Misanthrope, Le Bourgeois Gentilhomme* sont aussi parfaitement comiques de nos jours qu'au 17e siècle.   35

Deux savants° du 17e siècle méritent de retenir un instant notre attention. Il s'agit de DESCARTES et de PASCAL, importants pour le développement de la science et même pour un mouvement aussi révolutionnaire que l'Existentialisme. En 1637, Descartes publie le *Discours de la Méthode* dans lequel il jette les bases de la méthode scientifique moderne. Descartes, philosophe de la raison humaine, s'oppose à Pascal, philosophe du cœur et défenseur de la foi° religieuse contre la raison. Tout le monde connaît l'aphorisme célèbre de celui-ci: « Le cœur a ses raisons que la raison ne connaît pas ». Il exprime dans les *Pensées* une conception de l'homme qui est plus proche du mysti- 5 cisme que du rationalisme cartésien.°

En architecture et en peinture, le 17ᵉ siècle français est beaucoup moins re- marquable qu'en littérature. Le Château de Versailles reste, bien entendu, le monu- ment absolu de l'architecture officielle de Louis XIV. Sa magnificence réelle semble plutôt faite pour nous inspirer des sentiments de respect devant le Roi Soleil que 10 des sentiments de joie et de plaisir purement esthétiques. Voici d'ailleurs ce que dit à ce sujet, un historien français contemporain:

> Si Louis XIV est intervenu personnellement dans l'orientation des lettres et des arts, c'est d'abord qu'il [inspire] aux écrivains et aux artistes le goût de la puissance et la recherche du prestige. Par une loi qui semble une constante° des 15 dictatures et que l'on retrouve dans une histoire toute récente, le nouveau régime favorise un art où le faste° déployé, où la richesse étalée inspiraient au spectateur le respect de la force, un art dont la colonnade du Louvre est le juste symbole.

Avant de quitter le 17ᵉ siècle, arrêtons-nous un instant pour réfléchir au sens d'un terme très souvent employé dans toute étude littéraire ou artistique, le terme *classique*. 20 L'emploi de ce terme est souvent une source de confusion. Tâchons donc d'en saisir° le sens.

Strictement employé, le terme *classique* désigne la période de la littérature française qui commence vers 1660 et qui va jusqu'à la mort de Louis XIV en 1715. Sont donc « classiques », les dernières œuvres de Corneille, les grandes œuvres de Racine, de la 25 Fontaine; mais il faut comprendre cependant, que le mot « classique » s'emploie souvent dans un autre sens: un sens critique qui implique un jugement de valeur.

Etymologiquement parlant, le terme « classique » (latin: *classicus*) s'applique à tout ce qui n'est pas vulgaire (latin: *proletarius*). Il y a à la base du mot *classique,* une idée de classe sociale, d'excellence et de supériorité. La littérature française classique est 30 donc tout simplement la littérature qui est considérée comme la meilleure, la plus digne d'admiration et d'imitation. Il se trouve que par un hasard de l'histoire, la période la plus admirée en littérature française, se situe entre les années 1660 et 1700 ou 1715, années qui correspondent au règne de Louis XIV. Pourtant le classicisme n'est pas lié à la chronologie par une nécessité quelconque; il est lié à notre jugement 35 personnel des œuvres et des talents. La période élisabéthaine est la période classique en Angleterre; la Renaissance est la période classique en Italie et en Espagne; en Allemagne, c'est le 18ᵉ siècle et la période romantique.

Ces distinctions nous permettent de comprendre pourquoi nous appelons « classiques » les grandes œuvres de l'antiquité gréco-romaine ainsi que les langues grecque et latine. Encore une fois, il s'agit d'un phénomène de valeur. Une longue tradition d'admiration des civilisations antiques qui a commencé avec la Renaissance, a fait que, traditionnellement, les hommes ont admiré par-dessus tout la Grèce et Rome. 5 Le grec et le latin sont donc des langues classiques, c'est-à-dire dignes à priori de notre admiration. Avec le temps, ce jugement de valeur est devenu un jugement de fait et nous disons aujourd'hui, sans aucune attitude particulière d'admiration, « langues classiques » comme nous disons « langues romanes » ou « langues germaniques ». 10

Ces considérations seront utiles lorsque nous parlerons du Romantisme qui, dès le début du 19ᵉ siècle, s'oppose au Classicisme.

Le dix-huitième siècle en France est un siècle de critique sociale et intellectuelle, de science, et de philosophie. Les grands écrivains de l'époque s'appellent Montesquieu (1689–1755), Voltaire (1694–1778), et Rousseau (1712–1778). La grande 15 œuvre du 18ᵉ siècle, œuvre de Diderot (1713–1784) et de d'Alembert (1717–1783) s'appelle *l'Encyclopédie*. Qu'est-ce que *l'Encyclopédie?*

L'histoire de *l'Encyclopédie* se confond avec presque toute l'histoire des lettres françaises de cette époque. En 1727, on avait publié à Londres une encyclopédie qui s'appelait *Cyclopedia or Universal Dictionary of the Arts and Sciences* d'Ephraïm Chambers. 20 Voyant dans cette entreprise la possibilité d'un succès de librairie en France, un éditeur français, Le Breton, propose à Diderot de traduire l'ouvrage anglais. Diderot accepte et l'entreprise reçoit le privilège du Roi en 1746. En 1751, les deux premiers tomes° paraissent° et obtiennent un grand succès. Il ne s'agit plus d'une simple traduction, mais d'une œuvre originale qui va bientôt soulever beaucoup de controverses. En 25 dépit des attaques de l'Église et de nombreuses difficultés, les auteurs réussissent à publier les 5 tomes suivants jusqu'à ce que le Pape condamne l'ouvrage en 1758. Les dix derniers tomes paraissent enfin en 1765; en 1772, on publie les derniers volumes° de planches. Pourquoi *l'Encyclopédie* a-t-elle été considérée comme dangereuse pour la société et pour la religion? 30

En réalité, *l'Encyclopédie,* matérialiste et d'esprit subversif, était un instrument de critique qui allait préparer la Révolution française. Dirigée contre l'ordre établi et s'inspirant d'une idée de libre examen° dans tous les domaines de l'activité humaine, l'Encyclopédie minait l'autorité absolue et travaillait à la libération de tous les hommes. Notre propre tradition de liberté d'expression doit beaucoup au travail des 35 Encyclopédistes. Feignant d'être naïfs, s'en tenant° aux faits, cachant leurs idées les plus révolutionnaires sous des titres inoffensifs, les Encyclopédistes défendaient la liberté humaine, la tolérance et prêchaient une philosophie de justice universelle. Ils avaient compris que l'objectivité intellectuelle peut devenir une arme efficace contre

LECTURE

Une planche de l'Encyclopédie. (1751–1772)

Fig. 2.

Fig. 3.

Fig. 4.

Fig. 5.

Fig. 6.

Denis Diderot (1713–1784) et les Encyclopédistes.

une société de privilégiés et d'oppresseurs. S'agissait-il de définir le terme « *Réfugiés* », Diderot écrivait:

> C'est ainsi que l'on nomme les protestants français que la Révocation de l'Édit de Nantes[7] a forcés de sortir de France. . . . Louis XIV en persécutant les Protestants, a privé son royaume de près d'un million d'hommes industrieux qu'il a 5 sacrifiés aux vues° intéressées et ambitieuses de quelques mauvais citoyens qui sont les ennemis de toute liberté de penser, parce qu'ils ne peuvent régner qu'à l'ombre de l'ignorance.

S'agissait-il de définir « *la paix* », Diderot écrivait: « La guerre est un fruit de la dépravation des hommes; c'est une maladie convulsive et violente du corps politique 10 . . . Si la raison gouvernait les hommes, . . . on ne les verrait point se livrer inconsidérément aux fureurs de la guerre. » Pour définir « *législateur* », il écrivait:

> L'éducation des enfants sera pour le *législateur,* un moyen efficace pour attacher les peuples à la patrie. . . . En Suède, le roi n'est pas le maître de l'éducation de son fils; il n'y a pas longtemps qu'à l'assemblée des États de ce 15

---

[7] **L'Édit de Nantes,** rendu en 1598, garantissait aux protestants un certain nombre de libertés et de droits. La Révocation de l'Édit de Nantes (1685) amena l'émigration de nombreux protestants.

royaume, un sénateur dit au gouverneur de l'héritier° de la couronne: Apprenez-lui que ce n'est pas pour servir aux caprices[8] d'une douzaine de souverains que les peuples de l'Europe sont faits.

Enfin, s'agissait-il de discuter l'autorité politique, Diderot écrivait bien dangereusement, comme ses ennemis se hâtaient de le constater: « Aucun homme n'a reçu 5 de la nature le droit de commander aux autres. La liberté est un présent du ciel, et chaque individu de la même espèce a le droit d'en jouir° aussitôt qu'il jouit de la raison. »

On pourrait continuer indéfiniment, mais il est facile de comprendre par ces exemples le climat intellectuel de la France du 18e siècle. Que ce soient les Encyclo- 10 pédistes, que ce soit Montesquieu qui, dans *l'Esprit des Lois,* essaie de dégager l'essence de lois positives, que ce soit Voltaire, qui dans *Candide,* raille la société de son temps et son optimisme officiel, ou Rousseau, l'auteur du *Contrat Social,* un même souci° de libération anime les meilleurs écrivains de cette époque. Leurs œuvres contenaient le germe de toute une révolution sociale. Cette révolution n'a éclaté qu'en 1789, mais 15 elle avait été préparée, inconsciemment parfois, par des auteurs qui comprenaient que la littérature peut être un instrument d'action sociale. Jean-Paul Sartre dans *Qu'est-ce que la littérature?* résume ce travail littéraire du 18e siècle de la façon suivante:

. . . il nous faut prouver aujourd'hui ce qui allait° de soi au 18e siècle. Un ouvrage de l'esprit était alors un acte doublement, puisqu'il produisait des idées 20 qui devaient être à l'origine de bouleversements° sociaux et puisqu'il mettait en danger son auteur. Et cet acte, quel que soit le livre considéré[9], se définit toujours de la même manière: *il est libérateur.* Au temps des Encyclopédistes, (il s'agit) . . . de contribuer par sa plume à la libération politique de l'homme° tout court. L'appel que l'écrivain adresse à son public bourgeois, c'est, qu'il le veuille ou 25 non[10], une incitation à la révolte; celui qu'il lance dans le même temps à la classe dirigeante, c'est une invite° à la lucidité, à l'examen critique de soi-même, à l'abandon de ses privilèges. La condition de Rousseau ressemble beaucoup à celle de Richard Wright écrivant à la fois pour les Noirs éclairés° et pour les Blancs: devant la noblesse,° il *témoigne* et dans le même temps, il invite ses frères roturiers° 30 à prendre conscience d'eux-mêmes. Ses écrits et ceux de Diderot, de Condorcet, ce n'est pas seulement la prise de la Bastille qu'ils ont préparée de longue date, c'est aussi la nuit du 4 août.[11]

---

[8] **servir aux caprices:** être employé pour satisfaire les caprices de . . .

[9] **quel que soit le livre considéré:** pour tout livre, pour n'importe quel livre.

[10] **qu'il le veuille ou non:** s'il le veut ou non.

[11] **le 4 août 1789:** L'Assemblée Nationale abolit les privilèges féodaux et proclame la Déclaration des Droits de l'Homme.

EXERCICES

1. *Complétez les phrases suivantes en employant un des mots proposés.*

des vitraux	un poète
la Révolution	un portrait
les romans courtois	absolutiste
le rationalisme	l'imprimerie
une épopée	humaniste
la Renaissance	petit à petit
une langue romane	dictatorial

1. Le latin s'est transformé ____ en plusieurs langues romanes. **2.** *La Chanson de Roland* est la plus célèbre ____ médiévale. **3.** Les fenêtres colorées des cathédrales sont ____. **4.** François Villon est ____ français du 15ᵉ siècle. **5.** Au Moyen Age, ____ racontent des histoires sentimentales. **6.** Une langue dérivée du latin est ____. **7.** ____ a suivi le Moyen Age. **8.** Gutenberg a inventé ____. **9.** François Clouet a peint beaucoup de ____. **10.** Le 16ᵉ siècle est une époque ____. **12.** Le régime politique institué par Louis XIV était ____ et ____. **13.** Par leurs œuvres, les écrivains du 18ᵉ siècle ont préparé ____.

2. *Questions sur la lecture. Répondez par des phrases complètes.*

1. Qu'est-ce que le Moyen Age? **2.** Quelles œuvres littéraires a-t-on écrites en France au Moyen Age? **3.** Qu'est-ce qui reste du Moyen Age au point de vue artistique? **4.** Quelle est la différence entre les épopées du Moyen Age et les romans courtois? **5.** Pourquoi a-t-on interdit les représentations des « mystères sacrés » en 1548? **6.** Quel est le siècle de la Renaissance en France? Quels sont ses auteurs les plus célèbres? **7.** Dans quelle tradition se placent les auteurs de la Renaissance française? Quels monuments français datent de cette époque? **8.** Quel était le critère universel de la bonne peinture avant l'époque moderne? **9.** Comment appelle-t-on le 17ᵉ siècle? Pourquoi? **10.** Quels sont les grands auteurs français classiques? Qu'est-ce qu'ils ont écrit? **11.** Comment appelle-t-on le 18ᵉ siècle? Pourquoi? **12.** Quel événement historique a eu lieu à la fin de ce siècle? Par quoi cet événement avait-il été préparé? **13.** Quels auteurs du 18ᵉ siècle sont très célèbres? Indiquez une œuvre de chacun d'eux.

3. *Composition:*

(a) Racontez un épisode de l'histoire des États-Unis, ou l'histoire de votre état. (Employez le passé composé.)

(b) Vous avez visité un lieu historique. Racontez votre visite.

Exercices Supplémentaires de Grammaire

1. *Écrivez le verbe au mode et au temps appropriés.*

1. Nous attendrons votre ami pourvu qu'il nous (dire) quand il (venir) nous voir. **2.** Nous irons à l'église à pied à moins qu'il ne (pleuvoir) et qu'il ne (faire) trop froid. **3.** Nous faisons les exercices après que le professeur (expliquer) la grammaire. **4.** Jeannette a toujours l'air contente bien qu'elle (avoir) beaucoup de difficultés avec sa famille. **5.** Les étudiants restent dans la classe jusqu'à ce que le professeur (partir). **6.** Nous avons dîné avant qu'il ne (aller) à l'aéroport. **7.** Mes amis préfèrent que je (envoyer) les livres par avion. **8.** Nous nous coucherons tôt afin que je (pouvoir) me lever tôt. **9.** Je partirai sans que mes parents (savoir) la date de mon retour. **10.** Interrogez-la avant qu'elle ne (s'en aller). **11.** Paul vient me voir pour que nous (parler) de ses projets. **12.** Vos parents sont-ils contents que vous (faire) ce beau voyage? **13.** Le professeur veut que nous (finir) d'étudier ce chapitre.

2. *Changez les phrases 7 à 13 du premier exercice en imaginant que le 2ᵉ verbe de chaque phrase a le même sujet que le premier.*

3. **(a)** *Voici les réponses à des questions. Formulez les questions en employant des* pronoms interrogatifs.

1. C'est moi qui suis arrivé le premier. **2.** Je préfère ceux qui ne crient pas trop. **3.** Ce que vous dites m'amuse. **4.** Cette serviette est à Barbara. **5.** Il parle toujours de sa fiancée. **6.** Nous nous servons d'un stylo pour écrire. **7.** Jean et Charles lui ont fait des compliments. **8.** En France, on se serre la main quand on se rencontre. **9.** Il était étonné de la grandeur des États-Unis. **10.** Il s'intéresse à la politique internationale.

(b) *Cherchez la question. (Les mots en italiques constituent la réponse.)*

1. *Des érudits* ont étudié la littérature médiévale. **2.** *Les cathédrales* symbolisent l'esprit du Moyen-Age. **3.** Les Chansons de Geste racontent *des faits d'armes.* **4.** Dans les romans courtois, il s'agit *d'histoires sentimentales.* **5.** Villon était obsédé *par l'idée de la mort.* **6.** Gargantua a écrit une lettre célèbre *à son fils.* **7.** *Louis XIV* est devenu roi à la mort de Louis XIII. **8.** *Les comédies de Molière* étaient représentées devant le roi. **9.** L'histoire des lettres se confond *avec l'histoire de l'Encyclopédie* au 18ᵉ siècle. **10.** Au 18ᵉ siècle, la littérature a été *un instrument d'action sociale.*

SENSATION

Par les soirs bleus d'été j'irai dans les sentiers,[1]
Picoté[2] par les blés, fouler[3] l'herbe menue:[4]
Rêveur, j'en sentirai la fraîcheur à mes pieds,
Je laisserai le vent baigner ma tête nue!

Je ne parlerai pas, je ne penserai rien.
Mais l'amour infini me montera dans l'âme;
Et j'irai loin, bien loin, comme un bohémien,[5]
Par la nature, — heureux comme avec une femme.

Arthur Rimbaud[6]
Premiers Vers

---

[1] **un sentier:** un petit chemin dans la campagne; [2] **picoté:** piqué légèrement; [3] **fouler:** marcher sur . . . ; [4] **menue:** fine; [5] **un bohémien:** un homme qui n'a pas de résidence fixe, symbole de liberté totale; [6] **A. Rimbaud** (1854–91) a écrit toute son œuvre entre quinze et dix-neuf ans.

LECTURE

47

POINTS DE REPÈRE

1. Charles et Jean **sont partis** pour l'Europe en juin et ils en **sont revenus** en septembre.

   Chateaubriand **partit** pour l'Amérique en avril 1791 et il en **revint** en décembre.

   ———

2. Les comédies de Molière **font rire** les spectateurs modernes.

   Les rois de France **ont fait bâtir** de beaux châteaux.

   ———

3. Nous **savons** que votre mère **est** malade.

   Nous **savions** que votre mère **était** malade.

   ———

4. Il voulait savoir **ce que** j'avais fait et si nous irions à la conférence.

   Je lui ai dit **de ne pas** partir.

DÉVELOPPEMENT GRAMMATICAL

> **1.** Charles et Jean **sont partis** pour l'Europe en juin et ils en **sont revenus** en septembre.
>
> Chateaubriand **partit** pour l'Amérique en avril 1791 et il en **revint** en décembre.

Étudiez le texte suivant:

Lorsque j'**arrivai** à Philadelphie, le général Washington n'y était pas; je **fus** obligé de l'attendre une huitaine de jours . . . Une petite maison, ressemblant aux maisons voisines, était le palais du président des États-Unis: point de gardes, pas même de valets. Je **frappai;** une jeune servante **ouvrit.** Je lui **demandai** si le général était chez lui; elle me **répondit** qu'il y était. Je **répliquai** que j'avais une lettre à lui remettre. La servante me **demanda** mon nom, difficile à prononcer en anglais et qu'elle ne **put** retenir. Elle me **dit** alors doucement: « *Walk in, sir.* Entrez, monsieur », et elle **marcha** devant moi dans un de ces étroits corridors qui servent de vestibule aux maisons anglaises: elle m'**introduisit** dans un parloir où elle me **pria** d'attendre le général. . . . Au bout de quelques minutes, le général **entra** . . . Je lui **présentai** ma lettre en silence; il l'**ouvrit, courut** à la signature qu'il **lut** tout haut avec exclamation. Nous nous **assîmes.** Je lui **expliquai** tant bien que mal le motif de mon voyage. Il me **répondit** par monosyllabes anglais et français, et m'écoutait avec une sorte d'étonnement; je m'en **aperçus** et je lui **dis** avec un peu de vivacité: « Mais il est moins difficile de découvrir le passage du nord-ouest que de créer un peuple comme vous l'avez fait. —*Well, well, young man!* Bien, bien, jeune homme », **s'écria-**t-il en me tendant la main. Il **m'invita** à dîner pour le jour suivant, et nous nous **quittâmes.**

Chateaubriand.
Voyage en Amérique

■ Voilà comment Chateaubriand (1768–1848) raconte son entrevue avec le général Washington dans son *Voyage en Amérique*. Il raconte au passé un souvenir de sa jeunesse (cette rencontre a eu lieu en 1791) et il emploie l'imparfait et le *passé simple*. Tous les verbes en caractères gras dans le texte sont au passé simple. Le passé simple est le temps de la *narration historique.* Ce temps n'est pas employé dans la conversation. C'est un *temps littéraire.* On emploie encore aujourd'hui le passé simple, dans une œuvre littéraire. Simone de Beauvoir, par exemple, en parlant de son roman *Le Sang des Autres* raconte, comment, en 1945, l'épithète « existentialiste » s'est attachée à ses œuvres comme aux œuvres de Sartre.

Roman sur la Résistance, il **fut** aussi catalogué roman existentialiste. Ce nom désormais, était automatiquement accolé aux œuvres de Sartre et aux miennes. . . . Nous **protestâmes** en vain. Nous **finîmes** par reprendre à notre compte l'épithète dont tout le monde usait pour nous désigner.

Ce **fut** donc une « offensive existentialiste » que, sans l'avoir concerté, nous **déclenchâmes** en ce début d'automne. Dans les semaines qui **suivirent** la publication de mon roman, les deux premiers volumes des *Chemins de la Liberté* **parurent,** et les premiers numéros des *Temps Modernes.* Sartre **donna** une conférence — « *L'existentialisme est-il un humanisme?* » — et j'en **fis** une au Club « Maintenant » sur le roman et la métaphysique. *Les Bouches inutiles* **furent** jouées. Le tumulte que nous **soulevâmes** nous surprit . . . Je **fus** projetée dans la lumière publique. Mon bagage était léger, mais on **associa** mon nom à celui de Sartre que, brutalement la célébrité **saisit** . . . Au Flore, on nous regardait, on chuchotait.

Simone de Beauvoir
La Force des Choses

■ Vous avez sans doute remarqué que le *passé simple* comme le *passé composé,* est un temps de *narration* qui exprime l'action pure. La seule différence entre ces deux temps est une *différence de distance.* Comme la littérature implique une certaine notion de distance, le passé simple y est naturellement à sa place. Mais dans la conversation de tous les jours, dans la correspondance, on emploie le *passé composé.*

De nos jours, le *passé composé remplace* de plus en plus le *passé simple,* même dans la littérature.

■ Voici le *passé simple* des verbes **parler** et **finir**:

	parler		finir
je	parl**ai**	je	fin**is**
vous	parl**âtes**	vous	fin**îtes**
tu	parl**as**	tu	fin**is**
nous	parl**âmes**	nous	fin**îmes**
il	parl**a**	il	fin**it**
elle	parl**a**	elle	fin**it**
ils	parl**èrent**	ils	fin**irent**
elles	parl**èrent**	elles	fin**irent**

Le passé simple des verbes des *1ᵉʳ et 2ᵉ groupes* est formé de la même manière, c'est-à-dire: on ajoute ces terminaisons au radical de l'infinitif.

Ainsi, voici la *3ᵉ personne du singulier et du pluriel* de quelques verbes de ces groupes:

il dîn**a**	il réfléch**it**
ils din**èrent**	ils réfléch**irent**
il écout**a**	il chois**it**
ils écout**èrent**	ils chois**irent**
il travaill**a**	il réuss**it**
ils travaill**èrent**	ils réuss**irent**
il voyag**ea**	il roug**it**
ils voyag**èrent**	ils roug**irent**

NOTEZ: Le verbe **aller** a un passé simple comme les verbes en **-er**:

J'all**ai**, vous all**âtes**, nous all**âmes**, il all**a**, ils all**èrent**.

Les verbes en **-ger** (nager, protéger, voyager, etc.) prennent un **e** devant **a**:

Je voyag**eai**, nous voyag**eâmes**.

Les verbes en **-cer** (commencer, lancer) ont un **ç** devant **a**:

Je commen**çai**, il commen**ça**.

Voici le *passé simple* des verbes du *3ᵉ groupe:*

	rendre		**recevoir**
je	rendis	je	reçus
vous	rendîtes	vous	reçûtes
tu	rendis	tu	reçus
nous	rendîmes	nous	reçûmes
il	rendit	il	reçut
elle	rendit	elle	reçut
ils	rendirent	ils	reçurent
elles	rendirent	elles	reçurent

■ Les verbes du *3ᵉ groupe* (irréguliers) ont un passé simple en **-is,** ou en **-us.**

Voici le passé simple des verbes le plus communément employés:

Infinitif	*Passé Simple*	*Infinitif*	*Passé Simple*
attendre	j'attendis	boire	je bus
descendre	je descendis	connaître	je connus
dire	je dis	croire	je crus
entendre	j'entendis	falloir	il fallut
faire	je fis	lire	je lus
mettre	je mis	pouvoir	je pus
partir	je partis	savoir	je sus
perdre	je perdis	vivre	je vécus
prendre	je pris		
répondre	je répondis	avoir	j'eus[ʒy]
sortir	je sortis	être	je fus
vendre	je vendis		
voir	je vis		

Notez: les formes particulières du *passé simple* des verbes:

venir (et de ses composés) $\begin{cases} \text{Je vins, ils vinrent} \\ \text{Il devint, ils devinrent} \end{cases}$

tenir (et de ses composés) $\begin{cases} \text{Je tins, ils tinrent} \\ \text{Il obtint, ils obtinrent} \end{cases}$

> **2.** Les comédies de Molière **font rire** les spectateurs modernes.
> Les rois de France **ont fait bâtir** de beaux châteaux.

Comparez:

(a) Le mécanicien **répare** ma voiture.

Je **fais réparer** ma voiture par le mécanicien.

Les étudiants **ont corrigé** les fautes.

Le professeur **a fait corriger** les fautes par les étudiants.

(b) Les spectateurs **entreront** dans la salle de spectacle.

On **fera entrer** les spectateurs dans la salle de spectacle.

Les gens **ont** beaucoup **ri.**

La pièce **a** beaucoup **fait rire** les gens.

■ On trouve fréquemment en français le verbe **faire** (conjugué à tous les temps) + un autre *verbe à l'infinitif.* L'action indiquée par l'infinitif n'est pas faite par le sujet du verbe **faire.** Le sujet du verbe **faire** provoque cette action, il est *la cause* de cette action. C'est pourquoi **faire** ainsi employé est appelé *faire causatif.*

Par exemple les sujets: **je, le professeur, on, la pièce** sont la cause des actions: **réparer, corriger, entrer, rire.**

■ Dans une phrase qui contient *faire causatif, l'infinitif* peut avoir un *sens passif* (phrases (a)): ma voiture **est réparée,** les fautes **ont été corrigées;** ou un *sens actif* (phrases (b)): les spectateurs **entreront,** les gens **ont ri.**

Notez: 1. **Faire** + *infinitif* forme une expression. Il n'est pas possible de séparer les deux mots par un pronom ou par un nom.

Exemples: On fera entrer **les spectateurs.**
- On **les** fera entrer.
- On ne **les** fera pas entrer.

La pièce a fait rire **les gens.**
- La pièce **les** a fait rire.
- La pièce ne **les** a pas fait rire.

2. Le *participe passé* de **faire** *causatif* reste *invariable.*

GRAMMAIRE

3. Nous **savons** que votre mère **est** malade.
Nous **savions** que votre mère **était** malade.

Comparez:

Jean **croit** que Charles **est** chez lui.
Je **sais** que Betty **a** envie d'une
voiture.

$\longrightarrow$

Jean **croyait** que Charles **était** chez lui.
Je **savais** que Betty **avait** envie d'une
voiture.

Je **pense** que vous vous **êtes trompé**
d'adresse.
Paul **dit** qu'il **a oublié** l'heure du rendez-vous.

$\rightarrow$

Je **pensais** que vous vous **étiez**
trompé d'adresse.
Paul **a dit** qu'il **avait oublié** l'heure
du rendez-vous.

Nous **espérons** qu'ils **viendront** nous
voir pendant le week-end.
Je **suis** sûr que nous ne **pourrons** pas
aller au Mexique.

$\rightarrow$

Nous **espérions** qu'ils **viendraient**
nous voir pendant le week-end.
J'**étais** sûr que nous ne **pourrions**
pas aller au Mexique.

Je **sais** que Bob ne **voulait** pas partir
en bateau.
Je **pense** que vous **aviez** raison.

$\leftrightarrow$

Je **savais** que Bob ne **voulait** pas
partir en bateau.
Je **pensais** que vous **aviez** raison.

◼ Dans la première colonne, les verbes subordonnés dépendent d'un *verbe princi-*
pal au présent: on emploie le *temps de l'indicatif* qui est *nécessaire pour le sens* de
la phrase, dans la proposition subordonnée.

Dans la deuxième colonne, les verbes subordonnés dépendent d'un *verbe*
principal au passé: les *temps des verbes changent* dans la proposition subordonnée.

Cette question de la CONCORDANCE DES TEMPS avec un verbe principal *au passé*
est très importante. Il faut la respecter quand on parle et plus encore quand
on écrit.

4. Il voulait savoir **ce que** j'**avais fait** et **si** nous **irions** à la conférence.
Je lui ai dit **de ne pas** partir.

Étudiez les phrases suivantes:

(*a*) Le professeur me dit: « Ouvrez votre livre, lisez la lecture, mais ne traduisez pas. »

(*b*) Le professeur me dit aussi: « Votre composition est assez bonne, mais vous n'avez pas bien employé les temps du passé. » Il ajoute: « Je vais vous montrer vos fautes et vous les corrigerez. »

(*c*) Le professeur me demande: « Qu'est-ce que vous n'avez pas bien compris? Faut-il que je recommence mes explications? Pourquoi faites-vous toujours cette erreur? »

Dans ces trois groupes de phrases, on répète les paroles exactes de la personne qui parle: les phrases sont au *discours direct*. (Notez le signe de ponctuation qui indique le discours direct: «   » et qu'on appelle des *guillemets*.)

Dans la phrase (*a*), on répète des *ordres*.

Dans le groupe de phrases (*b*), on répète des *déclarations,* des faits.

Dans le groupe de phrases (*c*), on répète des *questions*. (Cf. leçon 27.)

GRAMMMAIRE

Étudiez les phrases suivantes:

(*a*) Le professeur me dit **d'ouvrir mon** livre, **de lire** la lecture, mais **de ne pas traduire.**

(*b*) Le professeur me dit aussi **que ma** composition est assez bonne, mais **que je** n'**ai** pas bien employé les temps du passé. Il ajoute **qu'il va me** montrer **mes** fautes et **que je** les **corrigerai.**

(*c*) Le professeur me demande **ce que je** n'**ai** pas bien compris. Il me demande aussi **s'**il faut qu'**il recommence ses** explications **et** pourquoi **je fais** toujours cette erreur.

■ Dans les phrases précédentes on rapporte ou *on raconte* à une autre personne *ce que quelqu'un dit ou demande.* Les phrases qui étaient au discours direct sont maintenant au *discours indirect.*

Remarquez les changements:

— Les phrases du discours indirect ne sont plus indépendantes: elles sont subordonnées et elles dépendent d'un verbe principal.

— Il y a des changements dans les pronoms, les possessifs et les personnes.

— La ponctuation est différente.

■ Pour transcrire *un ordre* au discours indirect au *présent* ou au *passé,* employez:

> *un verbe principal* + **de** + *un infinitif*

Le verbe principal est généralement:

> dire
> demander
> recommander
> répéter
> écrire
> téléphoner
> conseiller
> ordonner, etc.

A la forme négative, **ne pas** est *devant* l'infinitif.

■ Pour transcrire *une déclaration* au discours indirect au *présent,* employez:

> *un verbe principal* + **que** + *un verbe conjugué* à un temps de l'*indicatif*

Le verbe principal est généralement:

> affirmer
> annoncer
> dire
> déclarer
> ajouter
> répondre
> répliquer, etc.

■ Pour transcrire *une question* au discours indirect au *présent,* employez:

> *un verbe principal* + *un mot interrogatif* + *un verbe conjugué* à un temps de l'*indicatif*

Le verbe principal est généralement:

> demander
> se demander
> vouloir savoir, etc.

ATTENTION: Le mot interrogatif est:

Si (= si oui ou non): la question porte sur l'*action* ou sur l'*état.*

Qui: la question porte sur le *sujet* ou l'*objet* représentant des *personnes.*

Ce qui: la question porte sur le *sujet* représentant une *chose* ou une *idée.*

Ce que: la question porte sur l'*objet* représentant une *chose* ou une *idée.*

Pourquoi, comment, combien, quand, lequel, quel . . . etc. sont d'autres mots interrogatifs.

■ Le discours indirect *au passé* suit les règles de la concordance des temps. Au *discours indirect* et au *passé* voici les groupes de phrases que nous avons étudiées:

(a) Le professeur m'**a dit** d'ouvrir mon livre, de lire la lecture, mais de ne pas traduire.

(b) Le professeur m'**a dit** que ma composition **était** assez bonne, mais que je n'**avais** pas bien **employé** les temps du passé. Il m'**a dit** aussi qu'il **allait** me montrer mes fautes et que je les **corrigerais.**

(c) Le professeur m'**a demandé** ce que je n'**avais** pas bien **compris.** Il m'**a demandé** aussi s'il **fallait** qu'il recommence ses explications et pourquoi je **faisais** toujours cette erreur.

■ Dans la transcription d'un texte au discours indirect, il y a donc:

un problème de *construction* (ordre des mots).

un problème de *coordination* ou de *subordination* (emploi d'une préposition, d'un adverbe ou d'une conjonction).

un problème d'*emploi des temps* selon que le verbe principal est au présent ou au passé.

Voici un dialogue au *discours direct,* puis au *discours indirect au passé* qui illustre les règles précédentes:

DISCOURS DIRECT:

Robert: « Betty n'est pas venue en classe aujourd'hui. Était-elle ici hier? Viendra-t-elle demain au concert avec nous? Qu'est-ce qui se passe? Qu'est-ce qu'elle a? Qui l'a vue? Où est-elle? »

Phil: « Je ne l'ai pas vue samedi parce qu'elle était chez ses parents. Il est possible qu'elle soit malade. Je vais passer chez elle prendre de ses nouvelles. »

Robert: « C'est inutile. Ne va pas chez elle, mais téléphone-lui. »

DISCOURS INDIRECT AU PASSÉ:

Robert **a dit** à Phil *que* Betty n'**était** pas **venue** en classe *ce jour-là.* Il *lui* **a demandé** *si* elle était *là la veille* et *si* elle **viendrait** au concert avec *eux le lendemain.* *Il* **voulait savoir** *ce qui* **se passait,** *ce que* Betty **avait,** *qui* l'**avait vue** et où elle **était.**

Phil **a répondu** qu'*il* n'**avait** pas **vu** Betty *le samedi* parce qu'elle était chez ses parents. *Il* **a ajouté** qu'*il* **était** possible qu'elle soit malade *et qu'il* **allait** passer chez elle prendre de ses nouvelles.

Robert **a répliqué** *que* c'**était** inutile. *Il* **a dit** à Phil *de ne pas* **aller** chez Betty, mais *de lui* **téléphoner.**

Notez les changements dans les *expressions de temps:*

aujourd'hui ⟶ ce jour-là
hier ⟶ la veille
demain ⟶ le lendemain
maintenant ⟶ à ce moment-là

EXERCICES

1. (a) *Mettez les phrases suivantes au* passé composé.

1. Elle obtint son diplôme en juin. **2.** Ils acceptèrent notre invitation. **3.** Je fis mes bagages le jour même. **4.** Ils devinrent bons amis. **5.** Elle lut la lettre sans dire un mot. **6.** Ses amis l'emmenèrent à la campagne. **7.** Nous apprîmes sa mort quelques mois plus tard. **8.** Nous fûmes très étonnés. **9.** Sa mère voulut assister à la cérémonie. **10.** On leur permit de quitter la classe. **11.** Pourquoi vécurent-ils si longtemps à Londres? **12.** Il fut malade pendant deux mois. **13.** Elle sortit en pleurant. **14.** Ils ne se parlèrent pas de toute la soirée. **15.** Je lui offris de l'accompagner à l'aéroport.

(b) *Écrivez le texte de Chateaubriand (page 000) en employant le* passé composé: « Lorsque je **suis arrivé . . .**»

2. *Changez la phrase en employant* **faire** *causatif. Le sujet sera le mot proposé.*

EXEMPLE: L'enfant a dîné à six heures. (je)
J'ai fait dîner l'enfant à six heures.

1. Les étudiants ont écrit les exemples au tableau noir. (le professeur) **2.** Le petit Patrick est tombé en jouant. (Anne) **3.** Le professeur traduira la lettre. (nous) **4.** Son père paie ses dettes. (Marc) **5.** Beaucoup d'Américains ont pleuré. (Le film "Love Story") **6.** On jouait des pièces à Versailles. (le roi Louis XIV) **7.** Son voisin réparera le réfrigérateur. (mon amie) **8.** On a mis Voltaire en prison. (un grand seigneur) **9.** Paul a lu cette lettre. (je) **10.** Mes amis vont rire. (cette histoire)

3. *Mettez les phrases suivantes au discours indirect en commençant chaque phrase par:* **Je vous demande, Je voudrais savoir** *ou* **Je ne sais pas . . .**

1. Avez-vous compris la dernière lecture du livre? **2.** Qu'est-ce qui vous plaît dans la vie? **3.** Qu'est-ce que vous avez vu pendant votre voyage? **4.** Qu'est-ce que nous allons lui donner pour son anniversaire? **5.** Vos amis sont-ils venus vous voir? **6.** Pourquoi êtes-vous parti(e) si vite? **7.** Qu'est-ce qui a eu lieu en 1492? **8.** Qu'est-ce que votre ami a pensé du film? **9.** Qu'est-ce que vous ferez pendant les vacances? **10.** Qu'est-ce qui vous intéresse en général? **11.** Vous souviendrez-vous de toutes les règles à l'examen? **12.** Quand vous êtes-vous inscrit à l'université? **13.** Continuerez-vous vos études ici? **14.** Qu'est-ce qui a surpris Jean à son arrivée à Paris? **15.** Voulez-vous que j'y aille avec vous?

4. *Mettez les phrases de l'exercice précédent au* passé (*et au style indirect*) *en commençant chaque phrase par:* **Je me suis demandé** *ou* **Je ne savais pas . . .**

Victor Hugo (1802–1885)

Le Moulin d'Alphonse Daudet
à Fontvieille. (Provence)

André Breton (1905–1966), par Picasso.

48

Initiation à la Littérature Française

II

Le dix-neuvième siècle français fut dominé par deux grands mouvements littéraires: Le Romantisme et le Réalisme. A la fin du siècle, le Symbolisme annonce une nouvelle conception de l'art et de la littérature modernes.

Dans le domaine artistique, l'Impressionnisme, dès 1875, renouvela pour la première fois depuis les maîtres italiens de la Renaissance, tout l'art de la peinture. Ces 5 mouvements, si différents en eux-mêmes, seront pourtant reliés les uns aux autres par bien des affinités.° Essayons de les définir.

Au début du siècle, le Romantisme se présenta comme un véritable mouvement de révolte et même de révolution en art, « un quatre-vingt-neuf littéraire »,[1] disait-on. Dès l'abord, le Romantisme s'opposa au Classicisme et se distingua par rapport à 10 lui. Les grands maîtres du romantisme français sont LAMARTINE (1790–1869), MUSSET (1810–1857), VIGNY (1797–1863), et VICTOR HUGO (1802–1885). Ce dernier, considéré comme le chef de l'école romantique, triompha de l'école classique avec son drame *Hernani* en 1830. Cette première représentation d'*Hernani* racontée par Théophile Gautier, fait penser à certaines manifestations surréalistes où le scandale semble être 15 le sens même d'une révolte contre le passé et contre l'ordre établi. «Épater° le bourgeois» disait Gautier. Par° là, il visait° une certaine classe sociale et à travers cette classe, des critères esthétiques qui semblaient démodés pour la génération de 1830. Le Romantisme était en effet une révolte de l'individu contre la société; de l'artiste contre le capitaliste. Il se réclamait° pour cela, d'une tradition européenne 20 et médiévale (romane, d'où romantisme) contre la tradition gréco-latine et classique. Le Romantisme, il faut le dire, fut un mouvement allemand et anglais avant d'être un mouvement littéraire français. Johann Goethe fournit le prototype d'un nouveau héros, *Werther* qui devint en France, le *René* de Chateaubriand, l'*Olympio* de Victor Hugo. Le héros romantique était tout l'opposé de ce que les classiques français avaient 25 admiré. Le héros romantique était sentimental, mélancolique, subjectif; attiré par le

---

[1] **un quatre-vingt-neuf littéraire:** allusion à la date de 1789 qui marque le commencement de la révolution politique et sociale en France.

suicide, la folie, il était souvent la victime de son imagination; il confondait facilement le réel et l'imaginaire. Mais en même temps, c'était un grand aristocrate, une nouvelle sorte d'aristocrate: un artiste. Son aristocratie n'était une aristocratie ni de naissance ni d'argent, mais une aristocratie de talent, de génie, de sensibilité. L'artiste était un être rare, damné, qui n'était jamais à sa place dans ce monde matérialiste et sordide. 5 Non-conformiste, pathologique, génial, il était condamné à être aliéné parmi les hommes parce que son idéalisme et sa ferveur s'opposaient au matérialisme et au cynisme de ses contemporains. Mais surtout, c'était un égocentrique, un homme obsédé par son propre moi,° qu'il étalait° avec une sorte d'exhibitionnisme méthodique dans ses poèmes où, bien sûr, il s'agissait le plus souvent d'amour. C'est justement le tra- 10 ducteur du *Faust* de Goethe, Gérard de Nerval, qui donne la plus parfaite expression de la solitude et du désarroi° romantiques dans son sonnet intitulé *El Desdichado:*

> Je suis le ténébreux, — le veuf, — l'inconsolé,

et la première strophe se termine par deux vers d'une grande beauté:

> Ma seule *étoile* est morte, et mon luth constellé   15
> Porte le *soleil noir* de la *Mélancolie.*

On a longtemps opposé Romantisme et Réalisme. Il n'est pas difficile aujourd'hui, de comprendre que, par la théorie de *l'art pour l'art,* le Réalisme est le développement et le prolongement du Romantisme en littérature. Les maîtres du Réalisme en France sont d'abord BALZAC,[2] qui se rattache° encore à l'école romantique, FLAUBERT[3] et 20 à la fin du siècle, EMILE ZOLA[4] dont le Naturalisme est le développement ultime° du Réalisme.

Comme l'indique le terme *réalisme* lui-même, l'école réaliste, par une méthode d'observation et de description objectives, s'attacha° à la peinture rigoureuse du réel. Le chef-d'œuvre de cette école est *Madame Bovary* de Gustave Flaubert publié en 1857. 25 Ce roman raconte l'histoire d'une bourgeoise° de province; pour vaincre° l'ennui de son existence à côté d'un mari stupide et crédule, elle se livre° à une série d'aventures sentimentales qui précipitent° sa propre ruine et celle de son mari. Cette histoire, mince en soi, tirée d'un fait° divers, semble inoffensive aujourd'hui; pourtant *Madame Bovary* provoqua un scandale. Flaubert fut attaqué et même, on lui fit un procès.° Il fut 30 acquitté,° mais non sans avoir été traîné° dans la boue pour avoir peint la femme française sous un jour° « vicieux », et surtout pour sa méthode réaliste qui, par un choix de détails trop précis, semblait apporter dans la peinture exacte et précise de la réalité, une sorte de trouble sensuel. Ses accusateurs allèrent jusqu'à voir dans la scène de

[2] **Balzac** 1799–1850
[3] **Flaubert** 1821–1880
[4] **Zola** 1840–1902

la mort de Madame Bovary, une sensualité quasi° érotique qui risquait de détruire le dénouement° fort moral de l'histoire.

C'est que le Réalisme comme le Romantisme, est une révolution dans la condition de l'artiste moderne. Comme la science, l'art devient objectif et autonome. Tous les sujets sont permis au talent de l'artiste, au génie de l'écrivain, dont le seul souci° 5 est de trouver l'expression parfaite que le sujet réclame.° Pour Flaubert ce fut *le mot juste* et la méthode de la description objective et scientifique. Voilà ce qui scandalisait ses contemporains. Le critique, Raoul Duval écrivait à l'époque:

> On dit que M. Gustave Flaubert . . . est fils du célèbre chirurgien de Rouen et je ne m'en étonne point: je l'aurais plutôt deviné à voir comme il manie° lui-même 10 le bistouri,° et comme il le promène avec tranquillité dans la gangrène . . . C'est vraiment en opérateur artiste qu'il fait couler le sang . . . avec impassibilité, sinon avec amour.

C'était vrai; en effet, avec le Réalisme, tous les sujets commencèrent à être admis en littérature: la prostitution, l'alcoolisme, toutes les difformités humaines, les crimes 15 les plus horribles, les anomalies de toutes les sortes. Avec Zola qui voulait apporter dans le domaine du roman les méthodes de la science expérimentale, les dernières barrières tombèrent. La littérature s'affranchit° des contraintes° de la bienséance conventionnelle et se trouva prête pour les aveux° de Gide, les extravagances de l'entreprise surréaliste, les révélations existentialistes. 20

Un autre mouvement littéraire, surtout poétique, marqua profondément la deuxième partie du 19ᵉ siècle: le Symbolisme. Comme le roman français s'était renouvelé par un contact direct avec le réel, la poésie se réfugiait dans l'idéalisme et se renouvela par un recours à la musicalité pure du vers. Les grands noms de cette période sont ceux de VERLAINE, de RIMBAUD, de MALLARMÉ. Mais leur prédécesseur, 25 père de toute la poésie moderne, selon T. S. Eliot, ce fut CHARLES BAUDELAIRE dont *les Fleurs du Mal* devinrent comme *Madame Bovary,* l'objet d'un procès. Le titre du volume indiquait à lui seul le projet du poète: trouver la beauté et le bien là où traditionnellement résidaient la laideur et le mal.

L'art de la peinture n'avait pas été renouvelé, du moins de façon radicale,[5] depuis 30 les peintres de la Renaissance italienne et les grands maîtres flamands. A partir de 1875, une nouvelle technique se révèle, qui permet au peintre de représenter non pas la réalité extérieure, mais la réalité intérieure, créée par l'impression visuelle. Il s'agissait dorénavant pour le peintre, de projeter sur sa toile le monde de sa propre conscience. S'inspirant de leurs prédécesseurs naturalistes, (Courbet, Corot, Manet), 35

---

[5] **de façon radicale:** complètement et absolument.

les peintres impressionnistes: Monet, Degas, Renoir, Van Gogh, les dépassèrent.° Chez Seurat, la technique se spécialisa et devint le *pointillisme* qui rend° la réalité non pas par des couleurs unies et des lignes continues, mais par une infinité de points qui ne s'organisent en formes qu'à distance et vues sous un certain angle.

Il est évident pour nous, aujourd'hui, que le Romantisme fut le point de départ 5 de l'art moderne. Les Romantiques furent les premiers à donner au monde subjectif l'importance qu'il a encore de nos jours. Pour les classiques, l'art devait imiter la nature; pourtant Pascal disait: «. . . on ne sait pas en quoi consiste l'agrément (le plaisir) qui est l'objet de la poésie. On ne sait ce que c'est que ce modèle naturel qu'il faut imiter . . .» Bien entendu, le modèle était la nature. Cependant à la fin 10 du 19ᵉ siècle, Oscar Wilde disait dans une boutade° devenue célèbre que la nature imitait l'art.

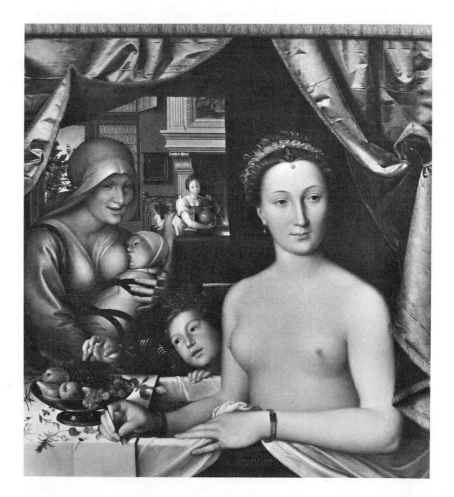

Ce renversement systématique, cette confusion du monde subjectif et du monde objectif, du monde imaginaire et du monde réel, du monde intérieur et du monde extérieur, sont caractéristiques de l'art et de la littérature du 20ᵉ siècle. En effet, que reste-t-il lorsque la figure classique disparaît? Des formes pures, abstraites, des couleurs, des lignes! Voilà qui est clair en peinture où, à partir de Picasso, la peinture abstraite, 5 c'est-à-dire non-figurative, devient la forme normale de l'art contemporain. Mais quelle en est la signification? Nulle pour les uns, totale pour les autres. Voilà justement un grand dilemme de l'art moderne. L'artiste classique trouvait ses normes° dans la nature; l'artiste moderne les trouve dans son imagination libérée. Comment comprendre alors un art dont l'extrême subjectivité se soucie peu des critères qui le rendent 10 compréhensible? C'est peut-être impossible. Et il faut bien constater que ni le Surréalisme ni l'art contemporain n'ont résolu° le problème.

Du classique au moderne.
Portraits de femme: François Clouet
(1520–1572); Pablo Picasso (1881–1973);
Auguste Renoir (1841–1919).

Simone de Beauvoir et Jean-Paul Sartre à Rome, en 1963.

Deux grands mouvements littéraires dominent le 20ᵉ siècle, comme le Romantisme et le Réalisme dominent le 19ᵉ siècle: le Surréalisme, à partir de 1924 et l'Existentialisme à partir de 1940.

Le Surréalisme, dont le chef de file est Andrᴇ́ Breton, est né d'une révolte contre le réalisme et le matérialisme du 19ᵉ siècle. Ce mouvement d'avant-garde qui 5 a laissé son empreinte° dans tous les domaines de l'activité de notre temps, s'inspire de° Freud, du Romantisme européen et même du marxisme, pour s'affirmer comme une véritable révolution artistique du 20ᵉ siècle. S'attaquant au rationalisme sous toutes ses formes et à la superstition de l'ordre et de la logique, le Surréalisme exige la liberté totale de l'homme. Poussant l'exploration de la subjectivité humaine plus 10 loin que jamais, les Surréalistes opposent au réel, le *surréel* qui s'exprime dans nos rêves, plus réels que nos perceptions à l'état de veille.° L'écrivain essaie de saisir l'essence de cette surréalité par une technique spéciale qui s'appelle l'écriture automatique. D'inspiration freudienne (libre association des idées), l'écriture automatique, que

n'importe° qui peut pratiquer en laissant aller sa plume sur le papier sans y faire
attention, a pour but d'être l'expression de notre réalité intérieure la plus authentique.
Le résultat sera un poème, mais un poème qui ne sera ni construit ni artificiel, une
sorte de poésie pure qui émane° de notre être° le plus intime.

Voici la définition que donne André Breton lui-même du Surréalisme: 5

Surréalisme, n.m. Automatisme psychique pur par lequel on se propose° d'exprimer,
soit° verbalement, soit° par écrit, soit° de toute autre manière, le fonctionnement
réel de la pensée en l'absence de tout contrôle exercé par la raison, en dehors
de toute préoccupation esthétique et morale.

A côté du Surréalisme, l'Existentialisme de JEAN PAUL SARTRE et de SIMONE DE 10
BEAUVOIR paraît bien austère. En réalité, l'Existentialisme doit beaucoup au Surréalisme, même s'il en est la contestation et la dénégation. Pour l'Existentialisme, le
Surréalisme est un mouvement anarchique alors que l'Existentialisme est un mouvement d'ordre et de raison. S'inspirant de Freud, de Marx et de la phénoménologie
moderne, l'Existentialisme a l'ambition de sauver non pas notre ordre social, mais 15
de construire une réalité humaine plus rationnelle et plus authentique. Sur le plan
social et politique, l'existentialisme est une sorte de marxisme corrigé. Persuadé que
notre société est basée sur la violence et sur l'exploitation des hommes, l'Existentialiste
est en fait le descendant des Encyclopédistes et des philosophes du 18ᵉ siècle. Comme
ceux-ci, il veut libérer les hommes par un acte de critique radicale. Mais c'est aussi 20
un idéaliste, athée le plus souvent, car il croit que la conscience humaine est le seul
fondement de toute réalité humaine. Bref, le terme « existentialiste », qu'on a appliqué
à l'entreprise de Sartre, désigne un programme de libération sociale, morale et concrète
qui affirme l'importance des idées et de la volonté humaines dans les choses matérielles.
Quant° au sens purement philosophique de ce terme, voici comment en 1944, Sartre 25
le précisait:

En termes philosophiques, tout objet a une essence et une existence. Une essence,
c'est-à-dire un ensemble constant de propriétés; une existence, c'est-à-dire une
certaine présence effective dans le monde. Beaucoup de personnes croient que
l'essence vient d'abord et l'existence ensuite . . . L'existentialiste tient,° au con- 30
traire, que chez l'homme — et chez l'homme seul — l'existence précède l'essence.

Les œuvres existentialistes sont aujourd'hui célèbres dans le monde entier. Qui
ne connaît *La Nausée* et *Huis-Clos* de Sartre? Pourtant ses œuvres techniques de
philosophie, *L'Être et le Néant, Critique de la Raison Dialectique,* ne sont connues que des
spécialistes. De Simone de Beauvoir, tout le monde connaît *Le Deuxième Sexe, Les* 35
Mandarins, et maintenant les quatre volumes de ses mémoires.

Quand on parle de Simone de Beauvoir et de Sartre, il faut parler aussi d'ALBERT CAMUS, (1913–1960), ami des existentialistes et auteur de, *L'Étranger,* qui a profondément ému° le grand public pendant la deuxième guerre mondiale. Par sa philosophie de l'Absurde, Camus voulait répondre aux Existentialistes et fonder une morale sur l'absence de toute valeur dans le monde. C'est la substance d'un livre d'essais, très 5 intéressant, *le Mythe de Sisyphe.* Partant du principe que le suicide est le seul problème philosophique sérieux et que l'homme est par définition étranger dans un monde indifférent et irrationnel, Camus trouve sa libération dans une révolte contre cette condition Absurde dont il porte en lui-même le sentiment profond. « Qu'est-ce qu'un homme révolté? » demandait Camus en 1951? « Un homme qui dit non — mais s'il 10 refuse, il ne renonce pas; c'est aussi un homme qui dit oui. » Mais à quoi faut-il dire oui? Comme Sisyphe, il faut dire oui à une vie de lutte et d'effort qui est par° delà tout espoir. « La lutte elle-même vers les sommets, suffit à remplir un cœur d'homme ».

Deux autres écrivains de la première moitié du 20e siècle qui n'ont appartenu à aucune école doivent être mentionnés: MARCEL PROUST (1871–1922) et ANDRÉ GIDE 15 (1869–1951).

Marcel Proust reste certainement le plus grand romancier français du 20e siècle. Sa grande œuvre, *A la Recherche du Temps Perdu,* raconte l'histoire de toute une partie de la société française entre 1870 et 1920. En vrai disciple de Balzac, Marcel Proust a créé une Comédie Humaine[6] de la fin du 19e siècle et du début du 20e siècle. Le 20 monde qu'il créa est un monde aristocratique et snob, mais il nous attire comme tout monde imaginaire et complet en soi par le plaisir d'une irrésistible évasion.° Il nous attire aussi par sa peinture de l'artiste aliéné, à la recherche de lui-même et qui, en dépit des difficultés, finit par découvrir l'expression parfaite de son génie.

Tout° autre est André Gide, qui s'impose aujourd'hui autant par la force de sa 25 personnalité que par ses livres. Il est peut-être difficile à la génération d'aujourd'hui de comprendre le symbole qu'était Gide pour la génération des années 20 et 30. Il représentait pour la jeunesse d'Europe, d'Amérique et de Russie, la révolte et l'indépendance de l'individu contre toutes les institutions sociales. Grand bourgeois, mais bourgeois contestataire, Gide affirmait l'individualité de l'homme qu'il peignait dans 30 ses inévitables conflits avec l'ordre établi. *L'Immoraliste, Les Faux-Monnayeurs, Thésée,* son *Journal* et beaucoup d'autres œuvres de Gide font partie du patrimoine° intellectuel des meilleurs esprits de notre temps. Près de la fin de sa vie, à l'âge de 77 ans, — il devait mourir en 1951 à 82 ans — il écrivait:

Si je compare à celui d'Oedipe mon destin,° je suis content: je l'ai rempli. Derrière 35 moi, je laisse la cité d'Athènes. Plus encore que ma femme et mon fils, je l'ai chérie. J'ai fait ma ville. Après moi saura l'habiter immortellement ma pensée.

---

[6] *La Comédie Humaine* est le titre général de l'ensemble des romans de Balzac (1799–1850).

C'est consentant que j'approche la mort solitaire. J'ai goûté des biens° de la terre. Il est doux de penser qu'après moi, les hommes se reconnaîtront plus heureux, meilleurs et plus libres. Pour le bien de l'humanité future, j'ai fait mon œuvre. J'ai vécu.

Depuis 1950, la littérature a changé de nature et de forme, Précisément, c'est 5
par la *forme* que l'école du « nouveau roman » (NATHALIE SARRAUTE, ALAIN ROBBE-GRILLET, MICHEL BUTOR) s'est souciée de renouveler la littérature. *L'anti-roman,* qui en a résulté, pratique un néo-réalisme qui est la contestation du réalisme du 19e siècle. Le roman réaliste du 19e siècle racontait une histoire, mettait en scène des personnages; un narrateur omniscient, voix de l'écrivain, s'adressait au lecteur, parfois directement, 10
et le plus souvent sans lui dire comment il connaissait les événements qu'il contait. Rien de tout cela dans le nouveau roman: le narrateur est anonyme; l'histoire a disparu et les personnages sont devenus abstraits. Comme la peinture dès le début du 20e siècle, le roman français s'est fait « non-figuratif » si par « figure », l'on entend ces personnages en chair° et en os qui peuplaient les romans de Balzac et de Flaubert. 15

L'un des plus célèbres parmi ces nouveaux romans, *Le Voyeur* (1955) d'Alain Robbe-Grillet, raconte l'histoire[7] d'un crime: le viol° et le meurtre° d'une petite fille, Jacqueline ou peut-être Violette, par Mathias, commis-voyageur.° Mais est-ce que ce crime a vraiment eu lieu? Et Mathias est-il le vrai coupable?° Et par qui ce crime a-t-il été vu? par qui raconté? Ou s'agirait-il peut-être d'une hallucination? Autant 20
de questions auxquelles le roman ne répond pas. Le lecteur est libre de décider selon ses propres convictions. « Un roman », dit Robbe-Grillet, « n'a pas de signification. »

De même, depuis 1950, le théâtre s'est fait *anti-théâtre.* Le plus remarquable parmi les dramaturges contemporains est de loin JEAN GENET dont *Les Bonnes* (1946) et surtout *Les Nègres* (1959) sont des chefs d'œuvre de ce nouveau théâtre « conscient 25
d'être théâtre. » Mais ce fut d'abord SAMUEL BECKETT, Irlandais écrivant en français, qui par sa pièce *En attendant Godot* (1952) frappa l'imagination du monde théâtral et fit sensation avec une œuvre dramatique où littéralement, rien ne se passait. Les deux protagonistes, Vladimir et Estragon — deux clochards — attendent Godot qui est peut-être Dieu. Mais Godot ne vient pas. A la fin de la pièce, comme au début, 30
ils attendent toujours. C'est la réduction à l'absurde. Effectivement, on a appelé ce nouveau théâtre le Théâtre de l'Absurde.

Aujourd'hui, ce sont les idées plutôt que la littérature pure qui intéressent les intellectuels français: avec Lévi-Strauss, le structuralisme[8] et l'anthropologie; avec

[7] Bien que le nouveau roman ait voulu bannir l'histoire du genre romanesque, il a été impossible de supprimer tout élément narratif. Une histoire subsiste donc, mais qui ne se déroule pas de façon linéaire comme dans le roman réaliste traditionnel.

[8] **Le structuralisme** est une méthode d'observation scientifique qui dérive de l'anthropologie et de la linguistique et qui consiste à trouver dans le comportement humain des constantes qui témoignent d'une nature humaine universelle.

Jacques Lacan, la psychanalyse; avec Michel Foucault, les sciences humaines; avec Louis Althusser, le Marxisme; avec Roland Barthes, la critique littéraire. Il faut signaler aussi, depuis la création de l'équipe *Tel Quel*[9] en 1960 et le Collectif *Change* en 1968, l'énorme intérêt parmi les jeunes intellectuels pour la linguistique. Le problème du langage semble bien être, pour ces jeunes intellectuels, un problème privi- 5 légié. A la recherche d'un nouvel humanisme là où l'un de leurs prophètes, Michel Foucault, avait annoncé dès 1966 « la fin de l'homme », ils espèrent saisir l'humain par des méthodes scientifiques et par le phénomène du langage. Car le langage n'est-il pas le phénomène humain par excellence? Pourtant cet humanisme néo-positiviste prend parfois des apparences anti-humanistes et se prête à des prophéties étonnantes 10 comme cette hypothèse d'un critique de *Tel Quel* qui dans une conférence publique se demandait s'il ne serait pas possible d'imaginer un livre qui « se composerait en se lisant lui-même. »

A côté de cette nouvelle génération pour qui l'idée même d'écrivain est périmée° et pour qui la littérature est d'abord un « texte », trois écrivains de la génération 15 précédente continuent à représenter la littérature *engagée* et non-formaliste de l'après-guerre: ce sont Jean-Paul Sartre, Simone de Beauvoir et Jean Genet. Encore aujourd'hui, ils font figure de chefs° de file. Les 4 volumes de Sartre sur Flaubert, *L'Idiot de la famille* dont trois ont paru, constituent l'événement littéraire et philosophique le plus important depuis 1970. Les *Mémoires* de Simone de Beauvoir, dont 20 les plus récents ont été publiés en 1972, resteront certainement parmi les grands témoignages littéraires du 20ᵉ siècle. De Jean Genêt *les Paravents,* parus en 1961 et représentés en 1966 sont un chef d'œuvre de théâtre et de poésie inspiré par la Guerre d'Algérie.

En manière de conclusion, rappelons que nous nous sommes demandé dans un 25 chapitre précédent s'il y avait aujourd'hui, des raisons objectives pour étudier le français. Nous avions découvert que ces raisons étaient des raisons de culture.

Effectivement, la langue et la littérature françaises sont depuis des siècles de puissants instruments de culture. S'adressant à l'homme individuel, la littérature française l'invite depuis Montaigne à faire l'inventaire° de lui-même et des autres; 30 et provoque en lui le choc d'une prise de conscience° personnelle. « La culture, c'est — écrit Sartre — la conscience° en perpétuelle évolution que l'homme prend de lui-même et du monde dans lequel il vit, travaille et lutte. Si cette prise de conscience est juste . . . nous laisserons un héritage valable à ceux qui nous suivent. »

[9] Revue de littérature, de critique et de sciences humaines. Le titre *Tel Quel* a donné l'expression « telquelisme. »

EXERCICES

1. *Complétez les phrases en employant les mots proposés.*

le suicide	le Classicisme
non-conformiste	une révolte
l'Impressionnisme	observer
la Comédie Humaine	des affinités
s'inspirer (de)	non-figuratif
un procès	le rationalisme
décrire	

1. Les mouvements littéraires et artistiques ont souvent entre eux ____. **2.** Le Romantisme était ____ de l'individu contre la société. **3.** Le héros romantique était ____. **4.** Les auteurs réalistes voulaient ____ et ____ la réalité. **5.** On oppose souvent le Romantisme au ____. **6.** On a fait ____ à Baudelaire comme à Flaubert. **7.** Au Symbolisme en poésie correspond ____ en peinture. **8.** La peinture moderne est souvent ____. **9.** Le Surréalisme ____ en partie de Freud. **10.** Camus affirme dans le *Mythe de Sisyphe* que ____ est le seul problème philosophique sérieux. **11.** Marcel Proust a créé dans son œuvre une sorte de ____.

2. *Questions sur la lecture. Répondez par des phrases complètes.*

1. Quels mouvements littéraires et artistiques ont dominé le 19e siècle? **2.** Qu'est-ce qui caractérise le Romantisme? **3.** Dans quels pays d'Europe le romantisme est-il né? **4.** De qui est *Madame Bovary?* A quel mouvement littéraire son auteur se rattache-t-il? **5.** De quels peintres impressionnistes avez-vous entendu parler? Avez-vous vu des tableaux de ces peintres? Où? **6.** Quels sont les deux mouvements littéraires importants au 20e siècle, en France? A quel moment ont-ils existé? **7.** Avez-vous lu des œuvres de Jean-Paul Sartre ou d'Albert Camus? Si oui, lesquelles? **8.** Qu'est-ce qu'on appelle le « nouveau roman »? **9.** Qui est Jean Genet? **10.** Quelle est la tendance de la littérature française contemporaine?

3. *Composition:*

(a) Vous avez visité un musée ou une galerie de peinture. Quels tableaux ont attiré votre attention? Pourquoi? Décrivez ces tableaux.

(b) Vous avez lu récemment un livre (roman ou littérature d'idées) qui vous a beaucoup intéressé(e). Donnez les raisons de votre intérêt en parlant du contenu du livre.

4. *Sujets de discussion:*

    (a) Beaucoup d'universités ont supprimé le « language requirement ». Quelle est votre opinion à ce sujet?

    (b) Les sciences contre (ou avec) les « humanités »?

Exercices Supplémentaires de Grammaire

1. *Changez la phrase de manière à employer* **faire** *causatif.*

    1. Nous demanderons à Charles de présenter le conférencier. **2.** Paul a demandé à sa mère de préparer son gâteau favori. **3.** Mes parents ont dit à l'architecte de dessiner la nouvelle piscine. **4.** Je dirai à ma sœur d'acheter un cadeau. **5.** Le professeur demande à Jack de fermer la porte. **6.** Vous avez dit à Barbara de répéter la phrase. **7.** Tu as demandé à Paul d'envoyer ces revues. **8.** Marc demandera à Joyce de corriger son devoir.

2. *Mettez le verbe principal au passé* (passé composé *ou* imparfait *selon le sens*) *et faites les changements nécessaires.*

    1. Je sais qu'il arrivera aujourd'hui. **2.** Êtes-vous sûr qu'il a téléphoné? **3.** Nous pensons qu'elle réussira à l'examen. **4.** Le professeur répète qu'il faut que nous apprenions le vocabulaire. **5.** Mes amis croient que je suis parti pour l'Europe la semaine dernière. **6.** Je suis certain qu'ils sauront se débrouiller. **7.** Pensez-vous qu'il sera un bon diplomate? **8.** Il espère que ses parents n'apprendront pas brutalement cette mauvaise nouvelle. **9.** Elle affirme que nous nous sommes trompés. **10.** Nous savons qu'il est possible que sa mère vienne le voir.

3. *Mettez au style indirect et au passé* (employez des verbes et des mots de liaison).

    Jean: Qu'est-ce que tu as, Charles? Qu'est-ce qui s'est passé? As-tu des ennuis? Tu as l'air bien découragé.

    Charles: Aujourd'hui, tout va mal. D'abord, ce matin, je ne me suis pas réveillé à l'heure et je suis arrivé en retard à la classe d'histoire. Puis, le professeur m'a posé une question et je n'ai pas su répondre. Enfin, je me suis disputé avec Laura; elle a été très désagréable et elle ne veut plus me voir.

    Jean: Ne t'inquiète pas. Demain, Laura aura oublié cette dispute. Téléphone-lui et invite-la à aller au cinéma.

GRAMMAIRE GÉNÉRALE

Le temps et les temps

1. Étudiez le passage suivant:

> — J'**ai lu** la semaine dernière *Le Deuxième Sexe* de Simone de Beauvoir. J'**avais** déjà **lu** *Les Mandarins* il y a un an.
>
> — **Aviez-vous lu** autre chose de Simone de Beauvoir avant?
>
> — Non, **je n'avais** rien **lu** d'elle, mais j'**avais lu** un roman de Sartre: *La Nausée.*
>
> — **Aviez-vous lu** autre chose de Sartre avant de lire *La Nausée?*
>
> — Non, c'**était** mon premier Sartre. Mais j'**étais** bien préparé. J'**avais lu** beaucoup d'œuvres de Gide et de Proust.
>
> — Et que **lisiez-vous** avant de lire Gide et Proust?
>
> — Je **lisais** surtout des auteurs classiques du 17ᵉ siècle.
>
> — Que **lisez-vous** maintenant?
>
> — Je **lis** une œuvre de Camus depuis quelques jours. Je **suis en train de lire** *L'Étranger*. **Je** le **lis** depuis trois jours. Je l'**ai commencé** lundi dernier.
>
> — Mais vous ne l'**avez pas encore terminé?**
>
> — Non, pas encore. Je l'**aurai terminé** probablement demain ou après demain.
>
> — Et que **lirez-vous** après?
>
> — Je **vais lire** un roman de Michel Butor quand j'**aurai terminé** *L'Étranger* de Camus. Cela me **changera** les idées. L'**avez-vous lu?**
>
> Je **viens de terminer** *La Modification*. C'**est** un livre passionnant. Je **venais de lire** Robbe-Grillet quand je l'**ai commencé.** Ils sont très différents, mais le même esprit les anime.

Il y a en français comme en anglais, *trois dimensions temporelles:* le PASSÉ, le PRÉSENT, le FUTUR.

Notons d'abord que le temps joue un grand rôle dans les choses humaines. Tout ce qui existe existe dans le temps. Mais qu'est-ce que le temps? Est-ce que le temps lui-même existe? Les philosophes ont souvent parlé du paradoxe du temps: le passé n'existe plus, le futur n'existe pas encore et le présent n'existe pas du tout.

En français, le mot *temps* a deux sens: temps (« *tense* ») et temps (« *time* »); c'est-à-dire qu'il faut distinguer en français un *problème de grammaire* qui est le problème du *temps d'un verbe* et le problème du *temps en général*. Les deux problèmes sont liés: cependant, il ne faut pas les confondre. Il faut donc distinguer un problème de *grammaire* et un problème de *pensée*.

Cette idée devient plus claire si nous comprenons que le temps est à la fois subjectif et objectif, absolu et relatif. Le temps est objectif, absolu: une semaine, un mois, un an, un siècle. Le temps est aussi subjectif, relatif: c'est mon expérience personnelle du temps. Par exemple, une classe intéressante me paraît courte; le temps passe vite. Une classe ennuyeuse me paraît longue; le temps passe lentement. Évidemment, mon attitude est subjective et ne dépend que de moi, mais il faut ajouter que très souvent, les attitudes les plus subjectives sont modifiées par une *certaine tradition sociale et culturelle*. Il y a des *attitudes françaises* comme il y a des *attitudes américaines*. Voilà pourquoi, quand nous étudions une langue étrangère, nous avons des difficultés à employer correctement les temps des verbes. Nous sommes devant une autre expérience humaine du TEMPS en général.

Par exemple, la phrase **Quand je serai à Paris, j'irai voir vos amis** représente une attitude typiquement française par rapport à l'emploi du futur. Pour un esprit français, cette action est absolument au futur. Mais la phrase « *When I am in Paris, I shall go see your friends* » représente une attitude typiquement anglo-saxonne. Pour un esprit anglais ou américain, cette phrase n'est pas absolument au futur; elle est partiellement au présent. En conséquence, l'étudiant(e) américain(e) doit non seulement apprendre les structures d'une langue étrangère, mais aussi, il(elle) doit apprendre à penser, dans une certaine mesure, selon les normes d'un autre peuple.

On peut représenter ainsi les différents temps français par rapport aux dimensions temporelles:

Dimensions	PASSÉ*	PRÉSENT	FUTUR
Temps	*Passé composé* *Imparfait* *Plus-que-parfait*	*Présent*	*Futur* *Futur antérieur*

---

*Il y a 4 autres temps du passé en français (le passé simple, le passé antérieur, le passé surcomposé, le plus-que-parfait surcomposé). Les temps du passé en français forment un système très complexe. Nous allons parler seulement des trois temps principaux mentionnés plus haut.

Notons d'abord qu'il n'y a qu'un seul *présent* en français. Il n'y a pas de présent progressif ni de présent accentué comme en anglais. Il y a cependant comme en anglais, deux futurs; le *futur simple* et le *futur antérieur.* Mais il y a sept temps passés en français. Nous avons étudié les trois temps du passé les plus employés. En français, l'idée du passé est plus complexe, plus variée qu'en anglais. Les Français font des distinctions que nous ne faisons pas. On peut dire en général que le passé, le présent et le futur sont plus strictement séparés en français qu'en anglais.

Pour employer correctement les temps du passé, n'oubliez pas que les *quatre temps de base* sont: *le présent, le futur, le passé composé ou l'imparfait.*

EXEMPLES: Je **vais** à l'université **aujourd'hui.**
J'**irai** à l'université **demain.**
Je **suis allé(e)** à l'université **hier.**
J'**allais** à l'école primaire quand j'**étais** petit.

D'une façon générale, on peut dire qu'on emploie le *présent* en français, quand une action est absolument au présent. On emploie le *futur* quand une action est absolument au futur. Voilà pourquoi on dit:

J'**étudie** le français **depuis** six mois.
Je **suis** ici **depuis** deux heures.
Quand je **serai** à Paris, j'**irai** voir vos amis.

Nous avons vu dans la leçon 41 que la différence entre le *passé composé* et l'*imparfait* est très souvent une différence subjective plutôt qu'objective, c'est-à-dire, c'est une différence d'attitude. Nous avons vu aussi que, objectivement, il y a dans chaque phénomène temporel une idée de durée et une idée de moment. Nous disons que le temps passe, que le temps dure et que le temps s'arrête. Cette distinction (moment/durée) est spécialement importante pour l'emploi des temps du passé.

L'**hiver dernier**, il **faisait** froid.
L'**hiver dernier**, il **a fait** froid.

Dans le premier cas, je considère *l'hiver dernier* comme une *durée;* dans le deuxième cas, je considère *l'hiver dernier* comme un *moment* limité dans le temps. Mon attitude a changé.

EXEMPLES: J'étudie le français **depuis** deux ans. (durée)
J'ai commencé à étudier le français **il y a** deux ans. (moment)

Pendant que mon père regardait la télévision (durée), je faisais mes exercices de français. (durée)

Pendant que mon père regardait la télévision (durée), j'ai téléphoné à un ami. (moment)

2. Les temps relatifs: *Plus-que-parfait* et *futur antérieur*.

Le *plus-que-parfait* et le *futur antérieur* sont des temps *relatifs*. Ce sont des temps secondaires et dépendants. Leur fonction est une fonction de *relation*.

Le *plus-que-parfait* indique une action passée qui est antérieure à une autre action passée.

Le *futur antérieur* indique une action future qui est antérieure à une autre action future.

On peut distinguer cette relation par le diagramme suivant:

Dimensions:	PASSÉ		PRÉSENT	FUTUR	
Temps	*plus-que-parfait*	*passé composé, imparfait*	*présent*	*futur antérieur*	*futur*

Examinons le passage suivant:

Je **suis arrivé** à l'université à huit heures du matin. Je travaille à la bibliothèque. Je **finirai** mes classes aujourd'hui à trois heures.

Hier, nous **avons eu** un examen de français et j'**étais** bien fatigué. Heureusement, j'**avais** beaucoup **étudié.**

La semaine dernière, nous **avons eu** un examen de français aussi; j'**avais** beaucoup moins **étudié** et j'**ai obtenu** une très mauvaise note. Mais j'**ai** mieux **réussi** hier, j'en **suis** sûr. C'est ce que je **verrai** demain après que mon professeur m'**aura rendu** mon examen.

Je le **verrai** encore mieux à la fin du semestre quand j'**aurai terminé** mon cours.

Il y a dans le texte qui précède: trois moments passés et trois moments futurs.

Moments passés: *huit heures du matin, hier, la semaine dernière*
Moments futurs: *3 heures, demain, la fin du semestre*

Ces moments passés ou futurs déterminent les éléments temporels du passage par rapport au présent. Au passé, les verbes sont au *passé composé* ou à l'*imparfait*. Au futur, les verbes sont au *futur*.

En relation avec ces moments principaux, il y a deux autres moments passés et deux autres moments futurs:

Moments secondaires passés: le temps *avant hier;* le temps *avant la semaine dernière.*

Moments secondaires futurs: le temps *avant demain;* le temps *avant la fin du semestre.*

Ces moments du passé et du futur sont secondaires par rapport aux moments principaux; ils sont *relatifs.* On emploie donc au passé: *le plus-que-parfait;* au futur: *le futur antérieur.*

3. Étudiez les exemples suivants:

> Je **vais lire** un roman de Michel Butor.
> J'**allais lire** un roman de Michel Butor.
> Je **viens de terminer** *La Modification*
> Je **venais de terminer** *La Modification*

Entre les différentes dimensions temporelles, il y a des zones marginales où on emploie des expressions spéciales pour exprimer le temps. Ces expressions existent parce qu'il est impossible de séparer complètement le passé, le présent et le futur. Il y a entre le présent et le futur, une zone marginale qui s'appelle le *futur proche;* et entre le présent et le passé, une zone marginale qui s'appelle le *passé récent.* Entre le passé et le plus-que-parfait, il y a une troisième zone marginale.

Je vais lire veut dire: **je lirai bientôt. Je viens de lire** veut dire: très récemment, il y a quelques instants, **j'ai fini de lire.**

Je venais de lire veut dire que déjà dans le passé, mais peu de temps auparavant, **j'avais fini de lire.** Au contraire, **j'allais lire** est une sorte de futur dans le passé. C'est une zone de passage entre le passé et le plus-que-parfait. Au contraire, le futur antérieur indique une sorte de passé dans le futur. La relativité du temps nous permet souvent de confondre passé, présent et futur. C'est parce que la notion du temps, en français comme en anglais, est très subjective.

EXEMPLE: Quand **j'aurai écrit** ma lettre, **je la mettrai** à la poste.

La proposition « je la mettrai à la poste » est manifestement au futur. Logiquement, c'est un vrai futur. Mais la proposition « Quand j'aurai écrit ma lettre » contient deux idées: l'une, d'écrire une lettre au futur et l'autre, de finir d'écrire cette lettre. L'anglais va beaucoup plus loin que le français dans cette voie et emploie un passé (*present perfect*) pour exprimer cette sorte d'idée.

When I *have written* my letter, I shall mail it.

La relativité du temps nous permet d'assimiler: passé, présent et futur.

Il n'est donc pas contradictoire de dire que le passé peut, *philosophiquement parlant,* être considéré comme un présent ou un futur, que le futur peut être considéré comme un passé et que le présent peut être confondu avec les deux.

APPENDICE

Quelques Faux Amis

Faites attention à ces mots qui se ressemblent en français et en anglais, mais qui ont une signification différente dans chaque langue:

Français	Anglais
actuel = qui existe en ce moment	*actual* = réel, véritable
actuellement = maintenant, en ce moment	*actually* = réellement
assister à = être présent à	*to assist* = aider
le caractère = la personnalité	*a character* = un personnage
(faire) des courses = aller dans les magasins pour faire des achats	*a course* = un cours
charger = donner la responsabilité de	*to charge* = faire payer
demander = *to ask, to ask for*	*to demand* = exiger
large = *wide*	*large* = grand
une lecture = un texte qu'on lit, l'action de lire	*a lecture* = une conférence
passer un examen = écrire un examen, répondre aux questions d'un examen	*to pass an exam* = réussir à un examen
une pièce = une division d'une maison, une oeuvre dramatique	*a piece* = un morceau
une phrase = *a sentence*	*a phrase* = une proposition
une place = *a seat, a square*	*a place* = un endroit
réaliser = rendre réel	*to realize* = se rendre compte, s'apercevoir
rester = séjourner dans un endroit	*to rest* = se reposer
résumer = exprimer brièvement	*to resume* = reprendre
travailler = avoir une occupation	*to travel* = voyager

Liste des Verbes Irréguliers

Le chiffre après le verbe renvoie au tableau des verbes français.

abattre 25, *battre*

accueillir 7, *cueillir*

admettre 32, *mettre*

aller 5

apercevoir 15, *recevoir*

apparaître 24, *connaître*

appartenir 11, *venir*

apprendre 21, *prendre*

attendre 22, *rendre*

s'asseoir (je m'assieds, nous nous asseyons, ils s'asseyent; part. passé: assis)

avoir 1

battre 25

boire 26

commettre 32, *mettre*

comprendre 21, *prendre*

concevoir 15, *recevoir*

conduire 23

confondre 22, *rendre*

connaître 24

consentir 8, *dormir*

construire 23, *conduire*

contenir 11, *venir*

convaincre (participe passé: convaincu)

convenir 11, *venir*

courir 6

ouvrir 10, *offrir*

craindre 20

croire 27

cueillir 7

découvrir 10, *offrir*

décevoir 15, *recevoir*

décrire 29, *écrire*

défaire 30, *faire*

défendre 22, *rendre*

déplaire 33, *plaire*

descendre 22, *rendre*

détruire 23, *conduire*

devenir 11, *venir*

devoir 12

dire 28

disjoindre 20, *craindre*

disparaître 24, *connaître*

dormir 8

écrire 29

élire 31, *lire*

s'endormir 8, *dormir*

entendre 22, *rendre*

entretenir 11, *venir*

envoyer (futur: j'enverrai)

être 2

faire 30

falloir (il faut, il fallait, il faudra, faille, fallu)

feindre 20, *craindre*

fondre 22, *rendre*

interdire 28, *dire*

intervenir 11, *venir*

joindre 20, *craindre*

lire 31

mentir 8, *dormir*

mettre 32

mourir 9

naître (part. passé: né(e); passé simple: je naquis)

obtenir 11, *venir*

offrir 10

ouvrir 10, *offrir*

paraître 24, *connaître*

parcourir 6, *courir*

partir 8, *dormir*

parvenir 11, *venir*

peindre 20, *craindre*

percevoir 15, *recevoir*

perdre 22, *rendre*

permettre 32, *mettre*

plaindre 20, *craindre*

plaire 33

pleuvoir 13

poursuivre 36, *suivre*

pouvoir 14

prendre 21

prévenir 11, *venir*

prévoir 18, *voir*

promettre 32, *mettre*

recevoir 15

reconnaître 24, *connaître*

redire 28, *dire*

rejoindre 20, *craindre*

remettre 32, *mettre*

rendre 22

répondre 22 *rendre*

retenir 11, *venir*

revoir 18, *voir*

rire 34

satisfaire 30, *faire*

savoir 16

sentir 8, *dormir*

servir 8, *dormir*

sortir 8, *dormir*

souffrir 10, *offrir*

sourire 34, *rire*

soutenir 11, *venir*

se souvenir 11, *venir*

suffire 35

suivre 36

surprendre 21, *prendre*

se taire 33, *plaire*

tenir 11, *venir*

valoir 17

vendre 22, *rendre*

venir 11

vivre 37

voir 18

vouloir 19

vaincre (participe passé: vaincu)

NOTE: La conjugaison du verbe **falloir** et de quelques verbes dont certaines formes sont peu employées (**s'asseoir, convaincre, naître vaincre**) est donnée partiellement dans la liste ci-dessus et non dans le tableau des verbes français.

Les Verbes Français

Les verbes auxiliaires **avoir** et **être**

		INDICATIF PRÉSENT	IMPARFAIT	FUTUR	IMPÉRATIF
1. avoir	*j'*	ai	avais	aurai	
	tu	as	avais	auras	aie
	il	a	avait	aura	
	nous	avons	avions	aurons	ayons
	vous	avez	aviez	aurez	ayez
	ils	ont	avaient	auront	
2. être	*je*	suis	*j'*étais	serai	
	tu	es	étais	seras	sois
	il	est	était	sera	
	nous	sommes	étions	serons	soyons
	vous	êtes	étiez	serez	soyez
	ils	sont	étaient	seront	

Verbes du 1er groupe (en -**er**) se conjuguent comme:

3. parler	*je*	parle	parlais	parlerai	
	tu	parles	parlais	parleras	parle
	il	parle	parlait	parlera	
	nous	parlons	parlions	parlerons	parlons
	vous	parlez	parliez	parlerez	parlez
	ils	parlent	parlaient	parleront	

Verbes du 2e groupe (en -**ir**, avec suffixe -**iss**) se conjuguent comme:

4. finir	*je*	finis	finissais	finirai	
	tu	finis	finissais	finiras	finis
	il	finit	finissait	finira	
	nous	finissons	finissions	finirons	finissons
	vous	finissez	finissiez	finirez	finissez
	ils	finissent	finissaient	finiront	

Verbes du 3e groupe

5. aller	*je*	vais	*j'*allais	*j'*irai	
	tu	vas	allais	iras	va
	il	va	allait	ira	
	nous	allons	allions	irons	allons
	vous	allez	alliez	irez	allez
	ils	vont	allaient	iront	

SUBJONCTIF PRÉSENT	PASSÉ SIMPLE	PARTICIPE PRÉSENT	PARTICIPE PASSÉ	
aie	eus	ayant	eu	
aies	eus			
ait	eut			
ayons	eûmes			
ayez	eûtes			
aient	eurent			
sois	fus	étant	été	
sois	fus			
soit	fut			
soyons	fûmes			
soyez	fûtes			
soient	furent			
parle	parlai	parlant	parlé	COMME *parler:* Tous les verbes du 1er groupe.[1]
parles	parlas			
parle	parla			
parlions	parlâmes			
parliez	parlâtes			
parlent	parlèrent			
finisse	finis	finissant	fini	
finisses	finis			
finisse	finit			
finissions	finîmes			
finissiez	finîtes			
finissent	finirent			
j'aille	*j*'allai	allant	allé	
ailles	allas			
aille	alla			
allions	allâmes			
alliez	allâtes			
aillent	allèrent			

[1] Certains verbes en **-eter** ou **-eler** modifient légèrement leur radical devant une syllabe qui contient un **e:** acheter — j'achète, nous achèterons; appeler — j'appelle, il appellera; jeter — je jette, il jettera. Les verbes en **-oyer** et **-uyer** changent **y** en **i** devant un **e** muet: employer — j'emploie, nous emploierons; appuyer — j'appuie, il appuiera.

		INDICATIF PRÉSENT	IMPARFAIT	FUTUR	IMPÉRATIF

I. VERBES EN -ir

		INDICATIF PRÉSENT	IMPARFAIT	FUTUR	IMPÉRATIF
6. courir	je	cours	courais	courrai	
	tu	cours	courais	courras	cours
	il	court	courait	courra	
	nous	courons	courions	courrons	courons
	vous	courez	couriez	courrez	courez
	ils	courent	couraient	courront	
7. cueillir	je	cueille	cueillais	cueillerai	
	tu	cueilles	cueillais	cueilleras	cueille
	il	cueille	cueillait	cueillera	
	nous	cueillons	cueillions	cueillerons	cueillons
	vous	cueillez	cueilliez	cueillerez	cueillez
	ils	cueillent	cueillaient	cueilleront	
8. dormir	je	dors	dormais	dormirai	
	tu	dors	dormais	dormiras	dors
	il	dort	dormait	dormira	
	nous	dormons	dormions	dormirons	dormons
	vous	dormez	dormiez	dormirez	dormez
	ils	dorment	dormaient	dormiront	
9. mourir	je	meurs	mourais	mourrai	
	tu	meurs	mourais	mourras	meurs
	il	meurt	mourait	mourra	
	nous	mourons	mourions	mourrons	mourons
	vous	mourez	mouriez	mourrez	mourez
	ils	meurent	mouraient	mourront	
10. offrir	j'	offre	offrais	offrirai	
	tu	offres	offrais	offriras	offre
	il	offre	offrait	offrira	
	nous	offrons	offrions	offrirons	offrons
	vous	offrez	offriez	offrirez	offrez
	ils	offrent	offraient	offriront	

SUBJONCTIF PRÉSENT	PASSÉ SIMPLE	PARTICIPE PRÉSENT	PARTICIPE PASSÉ		
coure	courus	courant	couru	COMME *courir:*	
coures	courus			**parcourir**	
coure	courut				
courions	courûmes				
couriez	courûtes				
courent	coururent				
cueille	cueillis	cueillant	cueilli	COMME *cueillir:*	
cueilles	cueillis			**accueillir**	
cueille	cueillit			**recueillir**	
cueillions	cueillîmes				
cueilliez	cueillîtes				
cueillent	cueillirent				
dorme	dormis	dormant	dormi	COMME *dormir:*	
dormes	dormis			**s'endormir**	**sortir**
dorme	dormit			**mentir**	**partir**
dormions	dormîmes			**sentir**	**consentir**
dormiez	dormîtes			**servir**	
dorment	dormirent				
meure	mourus	mourant	mort		
meures	mourus				
meure	mourut				
mourions	mourûmes				
mouriez	mourûtes				
meurent	moururent				
offre	offris	offrant	offert	COMME *offrir:*	
offres	offris			**couvrir**	**souffrir**
offre	offrit			**ouvrir**	**découvrir**
offrions	offrîmes				
offriez	offrîtes				
offrent	offrirent				

		INDICATIF PRÉSENT	IMPARFAIT	FUTUR	IMPÉRATIF
11. venir	je	viens	venais	viendrai	
	tu	viens	venais	viendras	viens
	il	vient	venait	viendra	
	nous	venons	venions	viendrons	venons
	vous	venez	veniez	viendrez	venez
	ils	viennent	venaient	viendront	

II. VERBES EN -oir

		INDICATIF PRÉSENT	IMPARFAIT	FUTUR	IMPÉRATIF
12. devoir	je	dois	devais	devrai	
	tu	dois	devais	devras	
	il	doit	devait	devra	
	nous	devons	devions	devrons	
	vous	devez	deviez	devrez	
	ils	doivent	devaient	devront	
13. pleuvoir	il	pleut	pleuvait	pleuvra	
14. pouvoir	je	peux	pouvais	pourrai	
	tu	peux	pouvais	pourras	
	il	peut	pouvait	pourra	
	nous	pouvons	pouvions	pourrons	
	vous	pouvez	pouviez	pourrez	
	ils	peuvent	pouvaient	pourront	
15. recevoir	je	reçois	recevais	recevrai	
	tu	reçois	recevais	recevras	reçois
	il	reçoit	recevait	recevra	
	nous	recevons	recevions	recevrons	recevons
	vous	recevez	receviez	recevrez	recevez
	ils	reçoivent	recevaient	recevront	
16. savoir	je	sais	savais	saurai	
	tu	sais	savais	sauras	sache
	il	sait	savait	saura	
	nous	savons	savions	saurons	sachons
	vous	savez	saviez	saurez	sachez
	ils	savent	savaient	sauront	
17. valoir	je	vaux	valais	vaudrai	
	tu	vaux	valais	vaudras	vaux
	il	vaut	valait	vaudra	
	nous	valons	valions	vaudrons	valons
	vous	valez	valiez	vaudrez	valez
	ils	valent	valaient	vaudront	

SUBJONCTIF PRÉSENT	PASSÉ SIMPLE	PARTICIPE PRÉSENT	PARTICIPE PASSÉ		
vienne	vins	venant	venu	COMME *venir:*	**tenir**
viennes	vins			**devenir**	**entretenir**
vienne	vint			**revenir**	**retenir**
venions	vînmes			**advenir**	**appartenir**
veniez	vîntes			**intervenir**	**détenir**
viennent	vinrent			**parvenir**	**contenir**
				survenir	**obtenir**
doive	dus	devant	dû		
doives	dus				
doive	dut				
devions	dûmes				
deviez	dûtes				
doivent	durent				
pleuve	plut	pleuvant	plu		
puisse	pus	pouvant	pu		
puisses	pus				
puisse	put				
puissions	pûmes				
puissiez	pûtes				
puissent	purent				
reçoive	reçus	recevant	reçu	COMME *recevoir:*	
reçoives	reçus			**apercevoir**	
reçoive	reçut			**concevoir**	
recevions	reçûmes			**décevoir**	
receviez	reçûtes			**percevoir**	
reçoivent	reçurent				
sache	sus	sachant	su		
saches	sus				
sache	sut				
sachions	sûmes				
sachiez	sûtes				
sachent	surent				
vaille	valus	valant	valu		
vailles	valus				
vaille	valut				
valions	valûmes				
valiez	valûtes				
vaillent	valurent				

		INDICATIF PRÉSENT	IMPARFAIT	FUTUR	IMPÉRATIF
18. voir	je	vois	voyais	verrai	
	tu	vois	voyais	verras	vois
	il	voit	voyait	verra	
	nous	voyons	voyions	verrons	voyons
	vous	voyez	voyiez	verrez	voyez
	ils	voient	voyaient	verront	
19. vouloir	je	veux	voulais	voudrai	
	tu	veux	voulais	voudras	veuille
	il	veut	voulait	voudra	
	nous	voulons	voulions	voudrons	veuillons
	vous	voulez	vouliez	voudrez	veuillez
	ils	veulent	voulaient	voudront	

III. VERBES EN -dre

		INDICATIF PRÉSENT	IMPARFAIT	FUTUR	IMPÉRATIF
20. craindre	je	crains	craignais	craindrai	
	tu	crains	craignais	craindras	crains
	il	craint	craignait	craindra	
	nous	craignons	craignions	craindrons	craignons
	vous	craignez	craigniez	craindrez	craignez
	ils	craignent	craignaient	craindront	
21. prendre	je	prends	prenais	prendrai	
	tu	prends	prenais	prendras	prends
	il	prend	prenait	prendra	
	nous	prenons	prenions	prendrons	prenons
	vous	prenez	preniez	prendrez	prenez
	ils	prennent	prenaient	prendront	
22. rendre	je	rends	rendais	rendrai	
	tu	rends	rendais	rendras	rends
	il	rend	rendait	rendra	
	nous	rendons	rendions	rendrons	rendons
	vous	rendez	rendiez	rendrez	rendez
	ils	rendent	rendaient	rendront	

IV. VERBES EN -uire

		INDICATIF PRÉSENT	IMPARFAIT	FUTUR	IMPÉRATIF
23. conduire	je	conduis	conduisais	conduirai	
	tu	conduis	conduisais	conduiras	conduis
	il	conduit	conduisait	conduira	
	nous	conduisons	conduisions	conduirons	conduisons
	vous	conduisez	conduisiez	conduirez	conduisez
	ils	conduisent	conduisaient	conduiront	

SUBJONCTIF PRÉSENT	PASSÉ SIMPLE	PARTICIPE PRÉSENT	PARTICIPE PASSÉ	
voie	vis	voyant	vu	COMME *voir:*
voies	vis			**revoir**
voie	vit			**prévoir** (futur: je pré**voir**ai)
voyions	vîmes			
voyiez	vîtes			
voient	virent			
veuille	voulus	voulant	voulu	
veuilles	voulus			
veuille	voulut			
voulions	voulûmes			
vouliez	voulûtes			
veuillent	voulurent			
craigne	craignis	craignant	craint	COMME *craindre:*
craignes	craignis			les verbes en **-aindre**,
craigne	craignit			**-eindre** et **-oindre**: **plaindre**,
craignions	craignîmes			**atteindre, éteindre, feindre,**
craigniez	craignîtes			**peindre, joindre, rejoindre,**
craignent	craignirent			**disjoindre**
prenne	pris	prenant	pris	COMME *prendre:*
prennes	pris			**apprendre**
prenne	prit			**comprendre**
prenions	prîmes			**reprendre**
preniez	prîtes			**surprendre**
prennent	prirent			
rende	rendis	rendant	rendu	COMME *rendre:*
rendes	rendis			**attendre** **confondre**
rende	rendit			**défendre** **fondre**
rendions	rendîmes			**descendre** **répondre**
rendiez	rendîtes			**entendre** **perdre**
rendent	rendirent			**vendre**
conduise	conduisis	conduisant	conduit	COMME *conduire:*
conduises	conduisis			**construire** **introduire**
conduise conduisit				**déduire** **(re)produire**
conduisions	conduisîmes			**instruire** **réduire**
conduisiez	conduisîtes			**détruire** **traduire**
conduisent	conduisirent			

		INDICATIF PRÉSENT	IMPARFAIT	FUTUR	IMPÉRATIF

V. VERBES EN -aître

24. connaître

		PRÉSENT	IMPARFAIT	FUTUR	IMPÉRATIF
	je	connais	connaissais	connaîtrai	
	tu	connais	connaissais	connaîtras	connais
	il	connaît	connaissait	connaîtra	
	nous	connaissons	connaissions	connaîtrons	connaissons
	vous	connaissez	connaissiez	connaîtrez	connaissez
	ils	connaissent	connaissaient	connaîtront	

VI. VERBES EN -re

25. battre

	je	bats	battais	battrai	
	tu	bats	battais	battras	bats
	il	bat	battait	battra	
	nous	battons	battions	battrons	battons
	vous	battez	battiez	battrez	battez
	ils	battent	battaient	battront	

26. boire

	je	bois	buvais	boirai	
	tu	bois	buvais	boiras	bois
	il	boit	buvait	boira	
	nous	buvons	buvions	boirons	buvons
	vous	buvez	buviez	boirez	buvez
	ils	boivent	buvaient	boiront	

27. croire

	je	crois	croyais	croirai	
	tu	crois	croyais	croiras	crois
	il	croit	croyait	croira	
	nous	croyons	croyions	croirons	croyons
	vous	croyez	croyiez	croirez	croyez
	ils	croient	croyaient	croiront	

28. dire

	je	dis	disais	dirai	
	tu	dis	disais	diras	dis
	il	dit	disait	dira	
	nous	disons	disions	dirons	disons
	vous	dites	disiez	direz	dites
	ils	disent	disaient	diront	

29. écrire

	j'	écris	écrivais	écrirai	
	tu	écris	écrivais	écriras	écris
	il	écrit	écrivait	écrira	
	nous	écrivons	écrivions	écrirons	écrivons
	vous	écrivez	écriviez	écrirez	écrivez
	ils	écrivent	écrivaient	écriront	

SUBJONCTIF PRÉSENT	PASSÉ SIMPLE	PARTICIPE PRÉSENT	PARTICIPE PASSÉ	
connaisse	connus	connaissant	connu	COMME *connaître:*
connaisses	connus			**paraître**
connaisse	connut			**reparaître**
connaissions	connûmes			**disparaître**
connaissiez	connûtes			
connaissent	connurent			
batte	battis	battant	battu	COMME *battre:*
battes	battis			**abattre**
batte	battit			**combattre**
battions	battîmes			**débattre**
battiez	battîtes			
battent	battirent			
boive	bus	buvant	bu	
boives	bus			
boive	but			
buvions	bûmes			
buviez	bûtes			
boivent	burent			
croie	crus	croyant	cru	
croies	crus			
croie	crut			
croyions	crûmes			
croyiez	crûtes			
croient	crurent			
dise	dis	disant	dit	COMME *dire:* **redire**
dises	dis			
dise	dit			*Mais:*
disions	dîmes			**contredire** — vous contredisez
disiez	dîtes			**interdire** — vous interdisez
disent	dirent			**prédire** — vous prédisez
écrive	écrivis	écrivant	écrit	COMME *écrire:*
écrives	écrivis			**décrire**
écrive	écrivit			**prescrire**
écrivions	écrivîmes			
écriviez	écrivîtes			
écrivent	écrivirent			

		INDICATIF PRÉSENT	IMPARFAIT	FUTUR	IMPÉRATIF
30. faire	*je*	fais	faisais	ferai	
	tu	fais	faisais	feras	fais
	il	fait	faisait	fera	
	nous	faisons	faisions	ferons	faisons
	vous	faites	faisiez	ferez	faites
	ils	font	faisaient	feront	
31. lire	*je*	lis	lisais	lirai	
	tu	lis	lisais	liras	lis
	il	lit	lisait	lira	
	nous	lisons	lisions	lirons	lisons
	vous	lisez	lisiez	lirez	lisez
	ils	lisent	lisaient	liront	
32. mettre	*je*	mets	mettais	mettrai	
	tu	mets	mettais	mettras	mets
	il	met	mettait	mettra	
	nous	mettons	mettions	mettrons	mettons
	vous	mettez	mettiez	mettrez	mettez
	ils	mettent	mettaient	mettront	
33. plaire	*je*	plais	plaisais	plairai	
	tu	plais	plaisais	plairas	plais
	il	plaît	plaisait	plaira	
	nous	plaisons	plaisions	plairons	plaisons
	vous	plaisez	plaisiez	plairez	plaisez
	ils	plaisent	plaisaient	plairont	
34. rire	*je*	ris	riais	rirai	
	tu	ris	riais	riras	ris
	il	rit	riait	rira	
	nous	rions	riions	rirons	rions
	vous	riez	riiez	rirez	riez
	ils	rient	riaient	riront	
35. suffire	*je*	suffis	suffisais	suffirai	
	tu	suffis	suffisais	suffiras	suffis
	il	suffit	suffisait	suffira	
	nous	suffisons	suffisions	suffirons	suffisons
	vous	suffisez	suffisiez	suffirez	suffisez
	ils	suffisent	suffisaient	suffiront	

SUBJONCTIF PRÉSENT	PASSÉ SIMPLE	PARTICIPE PRÉSENT	PARTICIPE PASSÉ	
fasse	fis	faisant	fait	COMME *faire:*
fasses	fis			**refaire**
fasse	fit			**défaire**
fassions	fîmes			**satisfaire**
fassiez	fîtes			
fassent	firent			
lise	lus	lisant	lu	COMME *lire:*
lises	lus			**relire**
lise	lut			**élire**
lisions	lûmes			
lisiez	lûtes			
lisent	lurent			
mette	mis	mettant	mis	COMME *mettre:*
mettes	mis			**admettre**　　**permettre**
mette	mit			**commettre**　　**promettre**
mettions	mîmes			**démettre**　　**soumettre**
mettiez	mîtes			
mettent	mirent			
plaise	plus	plaisant	plu	COMME *plaire:*
plaises	plus			**déplaire**
plaise	plut			**se taire** (sans circonflexe à la
plaisions	plûmes			3e pers. sing. du présent de
plaisiez	plûtes			l'indicatif)
plaisent	plurent			
rie	ris	riant	ri	COMME *rire:*
ries	ris			**sourire**
rie	rit			
riions	rîmes			
riiez	rîtes			
rient	rirent			
suffise	suffis	suffisant	suffi	
suffises	suffis			
suffise	suffit			
suffisions	suffîmes			
suffisiez	suffîtes			
suffisent	suffirent			

		INDICATIF			IMPÉRATIF
		PRÉSENT	IMPARFAIT	FUTUR	
36. suivre	*je*	suis	suivais	suivrai	
	tu	suis	suivais	suivras	suis
	il	suit	suivait	suivra	
	nous	suivons	suivions	suivrons	suivons
	vous	suivez	suiviez	suivrez	suivez
	ils	suivent	suivaient	suivront	
37. vivre	*je*	vis	vivais	vivrai	
	tu	vis	vivais	vivras	vis
	il	vit	vivait	vivra	
	nous	vivons	vivions	vivrons	vivons
	vous	vivez	viviez	vivrez	vivez
	ils	vivent	vivaient	vivront	

Articles

	MASCULIN	FÉMININ	PLURIEL
Définis	le (l')	la (l')	les
Définis contractés			
avec *de*	du		des
avec *à*	au		aux
Indéfinis	un	une	des
Partitifs	du (de l')	de la (de l')	des

Pronoms Personnels

		SUJETS	ACCENTUÉS	OBJETS DIRECTS	OBJETS INDIRECTS
Singulier	1.	je (j')	moi	me (m')	me (m')
	2.	tu, vous	toi, vous	te (t'), vous	te (t'), vous
	3.	il, elle	lui, elle, soi	le, la, (l'), se	lui, se
Pluriel	1.	nous	nous	nous	nous
	2.	vous	vous	vous	vous
	3.	ils, elles	eux, elles	les, se	leur, se
				en	en
					y

SUBJONCTIF PRÉSENT	PASSÉ SIMPLE	PARTICIPE PRÉSENT	PARTICIPE PASSÉ	
suive	suivis	suivant	suivi	COMME *suivre:*
suives	suivis			**poursuivre**
suive	suivit			
suivions	suivîmes			
suiviez	suivîtes			
suivent	suivirent			
vive	vécus	vivant	vécu	
vives	vécus			
vive	vécut			
vivions	vécûmes			
viviez	vécûtes			
vivent	vécurent			

Pronoms Relatifs

SUJET	OBJET DIRECT	COMPLÉMENT AVEC DE (+ nom)	APRÈS PRÉPOSITION
qui	*que (qu')*	*dont*	*lequel*
			laquelle
			lesquels
			lesquelles
			duquel
			etc . . .

Négations Spéciales

(quelqu'un, tout le monde)
    ne . . . personne (de . . .)
    personne (de . . .) ne . . .
(quelque chose)
    ne . . . rien (de . . .)
    rien (de . . .) ne . . .
(chaque, chacun(e), tous, toutes)
    aucun(e) *. . . ne*
    ne . . . aucun(e)
(. . . et . . .)
    ne . . . ni . . . ni . . .
    ni . . . ni . . . ne . . .

(toujours, quelquefois, souvent, etc)
    ne . . . jamais

(déjà)
    ne . . . pas encore
    ne . . . jamais

(encore)
    ne . . . plus

Lexique

Les chiffres (2) et (3) indiquent le groupe du verbe; le chiffre (26), (28), etc. indique la leçon où le mot apparaît pour la première fois.

A

un **abattoir** (38) le bâtiment où on tue les animaux (bœufs, moutons, porcs).

aboyer (40) Quand un chien crie, il *aboie*.

accommoder (44) préparer la nourriture.

accueillant(e) (38) gentil, aimable, affable.

accueillir (3) **(accueilli)** (28) recevoir avec amabilité un voyageur, un visiteur.

acquitter (48) déclarer innocent, c'est-à-dire non coupable.

un **adieu** (28) Quand on quitte une personne pour longtemps, on lui fait ses *adieux*.

(s')**adoucir** (2) (46) devenir plus doux, plus aimable ou plus poli.

aéré(e) (38) Un endroit où l'air circule librement est *aéré*.

une **affinité** (48) une tendance à se joindre.

(s')**affranchir** (2) (48) se libérer, se rendre libre.

agir (sur) (2) (48) avoir une influence sur.

il s'agit de (36) il est question de . . . (dans un livre, un article, une conversation).

agricole (42) adjectif dérivé du nom *agriculture*.

ailleurs (34) à un autre endroit, dans un autre lieu.

ainsi que (48) et aussi, de même que.

(s')**alarmer** (46) avoir peur, craindre.

aller de conserve (48) aller de compagnie, en suivant la même voie.

aller: ce qui allait de soi (46): ce qui était évident, ce qui était compris par tout le monde.

améliorer (40) rendre *meilleur*, apporter une *amélioration*.

un **âne** (34) un animal de la même famille, mais plus petit que le cheval et qui a de longues oreilles; **à dos d'âne** (34) sur un âne.

une **angoisse** (36) une sorte de peur physique et mentale.

antique (48) qui date de l'*Antiquité* (= la période historique antérieure à l'ère chrétienne).

apercevoir (3) **(aperçu)** (30) commencer à voir, en général à une certaine distance.

un **aperçu** (42) une idée générale de quelque chose.

un **apéritif** (28) une boisson (alcoolisée en général) ou une sorte de vin qu'on prend avant un repas.

apocryphe (46) dont l'authenticité est douteuse.

appartenir (3) **(appartenu)** (34) 1) Quand une personne *possède* quelque chose, cette chose lui *appartient*. 2) faire partie de, être une partie de.

un **argot** (34) un langage spécial employé dans certains groupes sociaux.

arranger (les cheveux) (46) coiffer.

une **arrière-garde** (46) la partie d'une armée qui reste derrière pour protéger les troupes.

assaisonné(e) (38) En France, on *assaisonne* la salade avec de l'huile et du vinaigre.

assister à (38) être présent à un événement, à une cérémonie, à une classe.

(s')**attacher à** (48) avoir pour but, donner toute son attention à.

atteindre (3) **(atteint)** (28) arriver à.

atterrir (2) (30) Un avion *atterrit* quand il vient sur la terre.

un **atterrissage** (30) l'action de venir sur *la terre* (atterrir) pour un avion.

attester (46) donner une preuve de, assurer la réalité de.

attirer (34) exercer une force d'attraction.

un **attrait** (48) un charme, ce qui plaît (verbe: *attirer*).

attraper (une maladie) (38) contracter une maladie.

aucunement (38): **ne ... aucunement** (adverbe de négation) ne ... pas du tout.

autour de (34) préposition qui indique une position sur une circonférence. La terre tourne *autour du* soleil. Il y a des forêts *autour de* Paris.

autrement dit (44) en d'autres mots.

avare (42) Une personne *avare* aime garder son argent; elle ne veut pas le dépenser.

un **avènement** (34) une arrivée, une venue, un commencement.

l'**avenir** *m.* (38) le futur.

avertir (*2*) (28) annoncer quelque chose à quelqu'un, informer quelqu'un de quelque chose.

un **aveu** (48) une confession. (*avouer* une faute).

B

banal (e) (36) ordinaire.

une **barbe** (32) les hommes portent souvent la moustache et la barbe.

un **berceau** (46) 1) au sens propre = un lit d'enfant. 2) au sens figuré = le lieu de naissance, l'origine.

la **betterave** (42) une plante dont on extrait le sucre.

bien: être bien (38) (*mieux*) être à l'aise physiquement. Dans un fauteuil confortable, on est *bien*. Quand il pleut, on est *mieux* à la maison que dehors.

les **biens de la terre** (48) les richesses que la vie nous offre.

le **blé** (34) un céréale. Avec le *blé*, on fait le plus souvent du pain.

blesser (28) faire mal, causer une blessure, causer une souffrance physique, une fracture, une contusion. On transporte *les blessés* à l'hôpital dans une ambulance.

boire (*3*) (**bu**) (26) absorber un liquide. Quand on a soif, on *boit*.

une **boîte de nuit** (34) une sorte de café où on voit aussi un spectacle, où on entend des chanteurs.

bondé(e) (26) plein de gens. Un autobus *bondé*. Une salle de cinéma *bondée*.

le **bonheur** (44) l'état de celui qui est *heureux, content*.

à **bord (de)** (28) sur un bateau, dans un avion.

bouger (28) faire un (ou des) mouvement(s).

un **bouleversement** (46) un changement complet.

un **bouquin** (38) Dans le langage familier, un *bouquin* est un livre.

une **bourgeoise** (48) une femme de la classe moyenne. (la *bourgeoisie* = la classe moyenne).

une **boutade** (48) une phrase dite par plaisanterie.

une **boutique** (34) un petit magasin.

briller (30) Le soleil *brille* quand il fait beau.

un **buffet** (26) une table couverte de toutes sortes de choses à manger: viande, légumes, fruits, desserts. On choisit les choses qu'on préfère.

C

un **cabinet** (44) la salle où un médecin, un dentiste, un avocat reçoivent leurs clients.

un **cadre** (48) ici, les lignes principales.

carré(e) (34) Un *carré* est une figure géométrique qui a quatre côtés égaux et quatre angles droits.

cartésien(ne) (46) dérivé de la philosophie de Descartes.

une **ceinture** (28) On porte une *ceinture* autour de la taille (= le milieu du corps). Dans un avion, dans une auto, on emploie une *ceinture* de sécurité.

les **cendres** (36) les restes d'une personne morte.

un **cercle français** (32) un club français.

un **caprice** (46): une décision irréfléchie.

certes (44) certainement.

en **chair et en os** (48) réellement, en personne

chaleureux (euse) (46) adjectif dérivé de *chaleur* (= *chaud,* au sens figuré).

un **chansonnier** (34) A Paris, les *chansonniers* écrivent et chantent des chansons satiriques.

un **chanteur** (*f.* une **chanteuse**) (32) une personne qui chante, en général professionnellement.

le **charbon** (42) un minéral solide et noir qu'on trouve dans la terre. On fait du feu avec du *charbon.* On emploie le *charbon* dans l'industrie.

un **chariot** (28) une petite voiture qu'on emploie pour transporter divers objets, des marchandises. Les clients du supermarché mettent leurs achats dans un *chariot.*

des **chaussettes** *f.* (26) Les hommes et les garçons portent des *chaussettes* aux pieds. Les chaussettes sont en nylon ou en coton (les femmes portent *des bas*).

un **chef-d'œuvre** (44) un travail parfait, la meilleure œuvre d'un artiste ou d'un auteur.

un **chemin de fer** (34) moyen de transport par le train.

chercher (26) Quand on ne trouve pas un objet, on *cherche* cet objet (dans sa poche, sur la table, dans la maison).

un **choix** (28) substantif dérivé de *choisir.*

citer (34) faire une *citation* = donner comme illustration quelques phrases d'un livre, d'un article, etc.

par **cœur** (40) par la mémoire. On apprend un poème *par cœur.*

la **colère** (32) une violente irritation. Quand on est *en colère,* on montre son irritation par des cris et des gestes.

commode (34) pratique.

concevoir (*3*) (**conçu**) (46) créer, inventer.

conduire (*3*) (**conduit**) (32) diriger une auto, une voiture.

confondre (*3*) (**confondu**) (32) faire une *confusion* entre deux choses, deux personnes.

la **conscience** (48) l'esprit; **avoir conscience de** (48) remarquer; **une prise de con-** **science** Cf. prendre conscience de (48) remarquer, connaître par l'esprit.

un **consentement** (26) Quand vous acceptez de faire quelque chose, vous *consentez* à la faire (*consentir*), vous donnez votre *consentement.*

une **constante** (46) une qualité invariable.

(se) **contenter de** (48) être satisfait par.

contigu(ë) (42) très proche, adjoint.

les **contraintes** (*f.*) **de la bienséance** (48) les limites imposées par les bonnes manières.

convenir à (38) être convenable (bon pour).

le **cor** (46) instrument de musique à vent, sorte de trompette.

une **côte** (26) le bord de la mer.

une **côtelette** (28) une partie du corps de certains animaux comme le mouton, le veau, le porc.

couler (42) passer (en parlant d'une rivière et de l'eau en général).

un **cours** (26) une leçon; l'ensemble des leçons sur un certain sujet, ou pendant une certaine période.

au **cours de** (28) pendant la durée de.

courtois(e) (38) poli et aimable.

une **coutume** (38) une habitude ancienne dans une famille, dans une société.

un **couturier** (36) l'homme qui crée et invente des modèles de robes.

craindre (*3*) (**craint**) (44) avoir peur.

croire (*3*) (**cru**) (25) penser, avoir une certaine opinion au sujet de quelque chose. *Croyance:* la croyance en Dieu.

croustillant(e) (28) Le pain français est *croustillant,* il craque quand on le mange.

cuit(e) (28) (part. passé de **cuire**) le contraire est *cru.* En général, on mange les fruits *crus,* mais on ne mange pas la viande *crue.* On mange la viande *cuite* après l'avoir mise sur le feu pendant un certain temps.

D

débarquer (30) (≠ embarquer) sortir d'un bateau, d'un avion, d'un train.

débarrasser (26) enlever les objets qui sont sur le plateau, sur la table.

déboucher (44) enlever le *bouchon* qui ferme la bouteille.

un **début** (30) un commencement.

un **décalage** (30) une différence.

une **déception** (38) un désappointement, un espoir non réalisé.

décevoir (*3*) (**déçu**) (36) ne pas satisfaire quelqu'un; désappointer. Je suis *déçu* = je suis désappointé.

déclencher (46) donner naissance à (au sens figuré), être à l'origine de.

un **déclin** (44) une diminution (de force ou de puissance).

un **décollage** (30) l'action de quitter la terre. Un avion *décolle*.

décoller (28) quitter le sol en parlant d'un avion.

un **décor** (36) la décoration d'une scène de théâtre.

découvrir (*3*) (**découvert**) (32) trouver une chose inconnue ou un pays inconnu.

dédaigner (11) considérer avec *dédain*, c'est-à-dire avec un sentiment de supériorité.

défendre (*3*) (**défendu**) (38) interdire (≠ permettre, autoriser).

défendu(e) (28) (part. passé de *défendre*.) Une chose *défendue* est interdite, elle n'est pas permise.

défense de . . . (28) il est interdit de . . . il n'est pas permis de . . . (une *défense* = une interdiction.)

définitif(ve) (38) final(e).

démêler (48) rendre plus clair.

une **demeure** (46) une résidence, une habitation (*demeurer* = habiter).

démodé(e) (48) Une chose *démodée* n'est plus à la *mode*. Elle semble vieille, ancienne.

démolir (*2*) (34) ≠ construire, bâtir.

un **dénouement** (48) la solution d'un problème (dans un roman, une pièce de théâtre).

(se) **dénuder** (46) (se) montrer sans vêtements (adjectif: *nu* = sans vêtements).

dépasser (48) aller plus loin.

déposer (26) mettre quelque part un objet qu'on a à la main (sur une chaise, par terre, etc.).

le **désarroi** (48) la confusion et le désordre des émotions et des sentiments.

le **dessus: au-dessus de** (28) sur et à une certaine distance de.

le **destin** (48) la destinée, la vie avec tous ses incidents.

détenir (*3*) (44) garder, conserver.

une **détente** (32) le contraire de *la tension*.

(se) **détourner (de)** (46) s'éloigner de, prendre une autre direction.

deviner (40) trouver le sens d'un mot par un effort d'imagination.

devoir (*3*) (**dû**) (28) 1) avoir une dette. 2) être obligé de. (35)

une **distraction** (36) un divertissement, un amusement.

dorénavant (44) à partir d'un certain moment, après une certaine date.

la **douane** (30) le service officiel qui contrôle l'entrée des marchandises dans un pays.

un **douanier** (32) l'employé de l'état qui contrôle l'entrée des marchandises dans un pays.

doublé(e) (36) Un film *doublé* est un film dont on a traduit le dialogue.

doux (douce) (42) pour une *personne*, le contraire de *doux* est « brutal »; pour le climat, *doux* = tempéré.

drôle (36) amusant, comique.

E

un **échange** (34) On fait *un échange* quand on donne une chose pour une autre chose.

éclairé(e) (46) cultivé(e).

éclairer (46) donner de la lumière.

un **éclat** (46) une qualité brillante.

éclater (48) se manifester avec bruit.

économe (42) Une personne *économe* fait attention à l'argent. Elle ne le dépense pas sans réfléchir.

des **économies** *f.* (26) l'argent qu'on garde, qu'on ne dépense pas immédiatement. On met *ses économies* à la banque.

un **écran** (36) Un film est projeté sur un *écran*.

écraser (48) Nous sommes *écrasés*, c'est-à-dire submergés (au sens figuré) par la grandeur de Versailles.

un **écrivain** (34) une personne (homme ou femme) qui écrit professionnellement.

s'**écrouler** (44) tomber (sur soi-même) au sens propre ou au sens figuré.

efficace (34) qui produit *l'effet* désiré. Ce médicament est *efficace*.

à l'**égal de** (46) autant que.

élever (un enfant) (38) donner à un enfant les soins matériels et les principes moraux et spirituels dont il a besoin pour devenir un adulte.

émaner (48) sortir de (au sens figuré).

embarquer (26) (≠ *débarquer*) entrer dans un bateau, dans un avion ou dans un train.

emmener (26) (≠ *amener*) partir avec quelqu'un pour une certaine destination. Mon ami m'*a emmené* au restaurant.

émouvoir (*3*) (**ému**) (48) provoquer l'émotion.

une **empreinte** (48) une marque.

l'**enfer** *m.* (36) le contraire du paradis.

un **engouement** (44) une préférence subite et irréfléchie pour quelque chose, une admiration exagérée.

un **ennui** (28) un problème, une difficulté.

enregistrer (28) Quand on voyage en bateau, (en avion ou en train) on ne porte pas soi-même ses propres bagages. La compagnie *enregistre* les bagages et les dirige vers votre destination.

l'**enseignement** *m.* (38) l'action d'enseigner.

enseigner (38) donner à des étudiants certaines connaissances; expliquer des idées, une technique ou une science.

un **ensemble** (38) une collection d'objets ou d'idées.

ensoleillé(e) (32) éclairé(e) par la lumière du soleil.

entendre dire (36) apprendre quelque chose par l'intermédiaire d'une autre personne.

entendre parler de (24) connaître une personne ou une chose de réputation ou de nom.

envahir (*2*) (44) entrer dans un pays par force et militairement (substantif: une *invasion*).

environ (30) approximativement.

les **environs** (34) les endroits à proximité d'une ville. Il y a des forêts *aux environs de* Paris.

épatant(e) (26) expression familière: excellent, extraordinaire.

épater (48) expression familière pour « étonner ».

épouser (26) prendre une personne en mariage.

un **érudit** (44) un homme de science, un savant.

une **escale** (28) un arrêt dans un port ou dans un aéroport au cours d'un voyage. Le bateau a fait *escale* en Egypte et en Grèce.

l'**est** (30) (≠ l'ouest) l'orient. Le matin, on voit le soleil à *l'est.*

étaler (48) montrer avec satisfaction (au sens figuré).

une **étoile** (30) un astre. Il y a 50 *étoiles* sur le drapeau américain.

étonner (26) surprendre (part. passé: *surpris* = étonné).

un **étranger** (32) le citoyen d'un autre pays; à l'**étranger** (26) dans un autre pays.

un **être** (40) une créature; **notre être** (48) notre personnalité.

une **évasion** (48) au sens figuré = une distraction, un changement.

éviter (40) passer à côté d'un obstacle ou d'une difficulté, ignorer cette difficulté.

un **examen: le libre examen** (46) le fait de juger librement selon la raison.

en **exclusivité** (36) Un cinéma présente un film *en exclusivité:* c'est-à-dire ce film est présenté seulement dans ce cinéma.

exigeant(e) (30) Un professeur qui demande beaucoup de travail à ses étudiants est *exigeant*. Une personne *exigeante* n'est pas satisfaite du minimum. Elle demande le maximum (verbe: *exiger*).

exiger (38) vouloir absolument.

une **exposition** (36) la présentation au public

dans une salle (ou un musée) d'une collection d'œuvres d'art.

exprimer (40) dire à haute voix ou par écrit (substantif: une *expression*).

un **extrait de naissance** (26) un document officiel qui indique votre nom et votre (vos) prénom(s), le nom de vos parents et votre date de naissance.

F

une **façon: de cette façon** (32) de cette manière, ainsi.

en fait (34) en réalité.

faire: cela ne fait rien (28) cela n'a pas d'importance.

un **fait d'armes** (46) un exploit militaire.

un **fait divers** (48) une histoire vraie racontée dans un journal.

la **farine** (34) On fait le pain et les gâteaux avec de la *farine* (de blé et d'autres céréales).

le **faste** (46) la pompe et la magnificence.

une **fée** (46) une femme imaginaire qui possède un pouvoir surnaturel, magique (*un conte de fées*).

un **feu rouge** (38) Pour régler la circulation dans les rues des villes, il y a des *feux rouges, verts* et *oranges*.

fidèle (44) vrai, conforme à la réalité, à la vérité.

une **file** (26) une ligne formée de gens (ou de voitures) qui attendent les uns derrière les autres.

filer (28) expression familière: partir, quitter un endroit rapidement.

un **filet** (28) On met les bagages légers dans le *filet* qui est au-dessus des sièges des voyageurs. Un *filet* sépare aussi un court de tennis en deux parties. On emploie aussi un *filet* pour prendre des poissons.

un **flacon** (44) une bouteille plus ou moins grande.

un **fleuve** (42) une rivière qui va jusqu'à la mer.

la **foi religieuse** (46) la croyance en Dieu.

la **fois: à la fois** (40) en même temps.

fonctionner (34) (bien) marcher; en parlant d'une machine, être en état de marcher.

au **fond** (26) en réalité, en fait.

une **fondation** (34) l'action de fonder, de créer.

fonder (30) créer, donner l'existence à, établir les bases.

fort(e) (34) (≠ faible) puissant.

fou (folle) (32) un *fou* a perdu la raison. Une idée *folle* est une idée déraisonnable, extravagante; **être fou de** (36) être enthousiaste, se passionner pour.

une **foule** (32) un grand nombre de personnes.

français: à la française (28) à la manière française; à la mode française.

franchir (*2*) (48) traverser, passer de l'autre côté d'une montagne, d'une rivière, d'une frontière.

freiner (30) diminuer la vitesse d'une auto ou d'un avion, en employant les *freins*.

fréquenter (34) 1) voir assez souvent certaines personnes. 2) aller fréquemment à un endroit.

fuir (*3*) (**fui**) (38) s'en aller rapidement, en courant.

G

un **gallicisme** (44) une expression particulière au français, qu'on ne peut pas traduire mot à mot. « Il y a » est un *gallicisme*.

garder (32) conserver.

une **gare** (34) l'endroit où les trains arrivent et d'où ils partent.

(se) garer (34) mettre sa voiture à un endroit réservé au parking.

un **genou** (38) l'articulation qui est au milieu de la jambe (pl.: des genoux).

un **gilet de sauvetage** (28) En cas d'accident en mer, les passagers d'un avion ou d'un bateau mettent un *gilet de sauvetage*.

un **gisement (de pétrole)** (42) une énorme masse de pétrole contenue dans la terre.

le **goût** (38) Les choses qu'on mange ont un certain *goût*. Par exemple, le mot *goût* s'emploie en français comme en anglais, pour indiquer un certain discernement esthétique. On dit d'une personne qu'elle a *bon goût* ou *mauvais goût*. On dit aussi d'un objet ou d'une attitude qu'ils sont *de bon goût* ou *de mauvais goût.*

grâce à (30) à cause de (dans un sens favorable).

un **gratte-ciel** (38) un immeuble très haut de quelques dizaines d'étages.

la **gravure** (46) l'art ou la technique qui consiste à graver, c'est-à-dire à dessiner sur un métal.

grossier (46) sans raffinement, sans délicatesse.

la **guerre** (26) ($\neq$ la paix) un conflit armé entre deux (ou plusieurs) pays. La deuxième *guerre* mondiale (1939–45).

H

une **habitude: avoir l'habitude de** (32) être accoutumé à.

une **hâte: avoir hâte de** (26) être impatient de, avoir le vif désir de.

une **hauteur** (38) la mesure verticale d'un objet (adjectif: *haut*).

un **haut-parleur** (28) une machine qui amplifie la voix. Il y a des *hauts-parleurs* dans les gares et dans les aéroports.

l'**hégémonie** *f.* (44) la suprématie d'un pays (sur les autres) à une certaine époque.

un **héritage** (44) la fortune que les parents laissent à leurs enfants après leur mort. On parle aussi d'un *héritage* spirituel.

un **héritier** (46) Le fils est l'*héritier* de son père, il lui succède et il reçoit sa fortune (verbe: *hériter*).

l'**homme tout court** (46) l'être humain en général.

une **huile** (28) En France, on prépare pour la salade une sauce faite avec du vinaigre et de *l'huile.*

I

une **île** (34) une terre entourée d'eau. Tahiti est une *île.*

un **immeuble** (34) un bâtiment divisé en appartements ou en bureaux.

implanter (46) établir.

il **importe** (42) il faut, il est important.

n'importe qui (48) toute personne, chaque personne.

l'**imprimerie** *f.* (46) la technique qui consiste à *imprimer* les livres ou les journaux avec des *caractères* mobiles et de l'encre.

inattendu(e) (28) un événement qu'on n'*attend* pas est *inattendu*; c'est une surprise.

incroyable (30) extraordinaire. Une histoire qu'on ne peut pas *croire* est *incroyable.*

inévitablement (46) adverbe dérivé de l'adjectif: *inévitable.* Une chose qu'on ne peut pas *éviter* est *inévitable*; on ne peut y échapper.

inoubliable (38) Une chose qu'on ne peut pas *oublier* est *inoubliable.*

inouï(e) (46) extraordinaire, incroyable.

(s')**inspirer de** (48) trouver sa source dans les œuvres ou dans les idées de.

interdit(e) (36) défendu(e), non-permis(e).

interrompu(e) (28) (part. passé de *interrompre* = causer une interruption.)

intime (38) très proche (en parlant des amis) ou très personnel.

une **intimité** (26) en général, les rapports qui existent entre des amis ou entre les membres d'une famille.

un **inventaire** (48) ici, l'analyse de sa personnalité.

une **invite** (46) une invitation.

J

se **jeter** (42) entrer dans (en parlant d'un fleuve ou d'une rivière).

un **jeu de mots** (40) une plaisanterie basée sur des mots qui ont des sens différents.

jouir de (*2*) (46) être en possession de.

un **jour** (48) ici, un aspect.

jours: de nos jours (44) à notre époque, maintenant.

un **jugement de valeur** (46) est opposé à un *jugement de fait.* Un jugement de valeur est subjectif. Nous donnons une certaine valeur, un certain prix à un objet selon nos goûts, nos préférences, nos principes moraux, etc.

L

là-bas (26) loin de l'endroit où on est.

labourable (42) Une terre est *labourable* quand on peut la cultiver.

la **laideur** (48) qualité de ce qui est *laid* ($\neq$ beau)

laisser (32) permettre à (quelqu'un) de.

lancer (34) créer un mouvement politique, littéraire, une mode, une idée.

las(se) (46) très fatigué(e) (la *lassitude*).

la **légèreté** (28) substantif de *léger*.

lent(e) (32) le contraire de *rapide*.

un **lien** (44) quelque chose qui attache deux personnes (ou deux choses) ensemble, qui les *lie* (lier) au sens propre ou au sens figuré.

un **lieu: avoir lieu** (38) prendre place (pour un événement ou pour une cérémonie). La classe *a lieu* à 10 heures; **au lieu de** (30) à la place de.

le **linge** (26) l'ensemble des sous-vêtements.

livrer (46) donner par trahison.

se **livrer à** (48) passer son temps à.

loger (34) donner une résidence, une habitation à quelqu'un.

une **loi** (38) une règle imposée par un gouvernement.

lointain(e) (38) le contraire de *proche*. (Adverbe: *loin* $\neq$ *près*.)

un **loup** (30) une sorte de grand chien sauvage. Avoir **une faim de loup** = avoir très faim.

une **lumière** (30) Le soleil nous donne sa *lumière*. Une lampe nous donne aussi sa *lumière*.

lumineux(se) (28) Une chose *lumineuse* est remarquable par sa *lumière*.

la **lune** (30) Nous voyons le soleil, le jour. La nuit, nous voyons la *lune* et les *étoiles* dans le ciel.

une **lutte** (44) un conflit, une dispute, une résistance.

M

la **macédoine de légumes** (28) un mélange de différents légumes coupés en petits morceaux.

une **maison de couture** (36) Un *couturier* est le directeur d'une maison de couture. La maison Dior est une *maison de couture*.

un **mal: avoir du mal à** (36) avoir des difficultés à.

le **mal de l'air** (30) En bateau, quand la mer est agitée, on a quelquefois *le mal de mer* = une sorte de nausée. En avion, on a quelquefois *le mal de l'air*.

une **maladie** (38) Quand on est *malade,* on a une certaine *maladie*. Le cancer est souvent *une maladie* incurable.

un **malheur** (26) une catastrophe, un fait ou un événement qui vous rend triste ou *malheureux*.

une **manie: avoir la manie de . .** (30) avoir une habitude particulière.

manier le bistouri (48) manipuler le scalpel.

un **mannequin** (36) une jeune femme qui présente les nouveaux modèles d'une collection de mode.

manquer (28) Quand on arrive en retard à l'aéroport, on ne peut pas prendre l'avion; l'avion part sans vous: on le *manque.*

manquer de (48) ne pas avoir, ne pas posséder. Cet homme *manque de* courage.

marin(e) (38) caractéristique de *la mer* ou proche de la mer.

de **même que** (44) comme; **il en est de même (de)** (40) le même problème se pose au sujet de.

mener (34) *mener une certaine vie* = vivre une certaine vie.

méprisant(e) (46) (part. présent du verbe: *mépriser* = dédaigner.)

la **messe** (46) la principale cérémonie de l'Église catholique.

la **météorologie** (30) les renseignements qui annoncent (concernent) le temps et la température.

un **metteur en scène** (36) la personne qui dirige les acteurs quand on prépare une pièce ou un film.

mettre en marche (28) commencer à actionner une machine.

un **meurtre** (46) l'action de tuer volontairement une personne. L'homme qui commet un meurtre est un *meurtrier*. Caïn est le *meurtrier* d'Abel.

mieux: faire de son mieux (38) faire quelque chose aussi bien que possible.

miner (44) détruire graduellement et lentement.

un **mineur (une mineure)** (26) une personne qui a, en général, moins de 21 ans.

minime (44) peu important, peu nombreux.

le **mistral** (42) un vent particulier du sud-est de la France, qui souffle dans la vallée du Rhône.

une **mode: à la mode** (36) caractéristique d'une manière de s'habiller, d'un goût, d'une préférence, à une certaine époque.

les **mœurs** *f. pl.* (38) les usages, les manières de vivre d'une certaine société à une certaine époque.

le **moi: son propre moi** (48) la personnalité, les sentiments, les émotions et les idées d'une certaine personne. Le *moi* = l'ego.

au **moins** (36) au minimum.

le **moment: pour le moment** (32) maintenant, en ce moment.

la **monnaie** (28) l'argent en petites unités. Si vous donnez un dollar pour payer un journal qui coûte 10 cents, on vous rend 90 cents de *monnaie*.

la **morale** (46) les règles qui déterminent *le bien* et *le mal*.

un **moulin** (34) une machine qui permet de transformer des graines en poudre. (*Ex:* un moulin à café.) Le bâtiment qui contient ce mécanisme. (*Ex:* un moulin à vent.)

la **mousse au chocolat** (28) un excellent dessert préparé avec du chocolat et des œufs.

un **moyen** (34) la méthode ou l'objet qu'on emploie pour faire quelque chose. Le train est un *moyen* de transport.

moyen (ne) (28) entre le maximum et le minimum.

le **Moyen Age** (34) la période historique entre le 5ᵉ et le 15ᵉ siècles (en France).

le **mutisme** (40) le fait de ne pas vouloir parler (ou de ne pas pouvoir parler).

N

un **négociant** (44) un commerçant = l'homme qui vend et achète des marchandises.

nettement (30) distinctement.

un **niveau** (38) un certain degré, une certaine hauteur.

la **noblesse** (46) les personnes nobles, les aristocrates.

nombreux (nombreuse) (30) en grand nombre.

une **norme** (48) un principe qu'on utilise comme règle.

une **nourriture** (26) une chose qu'on mange.

de **nouveau** (28) encore une fois.

O

une **œuvre** (46) un travail ou le résultat d'un travail. On parle d'une *œuvre* littéraire, artistique, scientifique.

un **opprimé** (48) la victime d'un oppresseur.

orageux (temps) (42) le temps qui annonce l'orage. *Orage* = trouble électrique de l'atmosphère accompagné de pluies violentes.

un **oreiller** (28) Quand on dort dans son lit, on met sa tête sur un *oreiller*.

un **ours** (30) un grand animal féroce brun ou blanc. L'*ours* blanc habite les régions polaires.

P

un **pair** (46) 1) une personne qui a le même rang que vous. 2) Dans le texte, les *pairs* sont les hommes de la noblesse qui accompagnent le roi.

la **paix** (44) le contraire de la *guerre*.

paraître (48) être publié.

par-delà (48) de l'autre côté de (sens figuré dans le texte).

pareil(le) (36) semblable, similaire.

par là (48) par cette expression.

une **parole: donner la parole** (32) donner à quelqu'un la permission de parler (dans un club, dans une assemblée).

une **part: d'une part . . . d'autre part . . .** (44) d'un côté . . . de l'autre côté . . .; **quelque part** (38) à un endroit indéterminé.

en **particulier** (42) particulièrement, spécialement.

en **partie** (34) partiellement.

partout (28) dans tous les endroits. Je cherche mon stylo *partout,* mais je ne le trouve pas.

un **parvis** (46) la place qui est devant la porte principale d'une église ou d'une cathédrale.

un **passant (une passante)** (32) Les gens qui passent dans la rue sont les *passants.*

le **passé: par le passé** (46) autrefois.

se **passer** (36) Un événement *se passe,* c'est-à-dire qu'il a lieu, qu'il arrive.

se **passer (de)** (36) On ne peut pas *se passer d'*une chose, quand on ne peut pas vivre sans cette chose. Paul ne peut pas *se passer de* cigarettes. Nous ne pouvons pas *nous passer d'*argent.

passer un examen (38) répondre aux questions d'un examen.

passer la parole à (32) donner (à quelqu'un) la permission de parler, dans une assemblée ou dans un club.

passer pour (32) être considéré comme. Il *passe pour* Français, mais il est Américain.

un **patrimoine** (48) un héritage.

un **peintre** (34) la personne qui fait des tableaux professionnellement, ou pour son plaisir. Picasso était un *peintre.*

perimé(e) (48) démodé, qui n'a plus de valeur

permettre (*3*) **(permis)** (28): donner l'autorisation (= la *permission*) de.

un **perroquet** (40) un oiseau des régions tropicales qui est capable d'apprendre certains mots.

une **perruque** (44) les faux cheveux (qu'on portait au 17ᵉ et au 18ᵉ siècles et aujourd'hui).

un **personnage** (36) Dans un roman, dans une pièce de théâtre, il y a des *personnages.*

petit à petit (46) graduellement, peu à peu.

le **pétrole** (42) un minéral liquide qu'on extrait de la terre. On raffine le *pétrole* pour fabriquer l'*essence* qu'on emploie dans les autos. Il y a beaucoup de *pétrole* au Texas.

peu à peu (26) graduellement.

peu importe (48) cela n'a pas d'importance, cela ne fait rien, c'est sans importance.

à **peu près** (42) presque.

un **peuple** (42) tous les citoyens d'un pays.

la **peur: faire peur à** (38) provoquer la peur chez quelqu'un (= effrayer).

pieusement (36) religieusement, respectueusement, avec respect et déférence.

une **piste d'envol** (28) une longue route de ciment dans un aéroport d'où les avions partent et où ils arrivent.

un **plaidoyer** (48) un discours pour la défense de quelqu'un ou de quelque chose.

plaire (*3*) **(plu)** (36) donner ou apporter un certain *plaisir.* Ce film me *plaît.*

un **plat** (28) Un repas est composé de plusieurs *plats:* un hors-d'œuvre, un plat de viande, une salade, un dessert.

un **plateau** (26) Quand on choisit son repas au buffet de la cafétéria, on met les différentes assiettes sur un *plateau.*

pleurer (28) Quand on est très triste, on *pleure* (≠ rire).

une **poignée de main** (38) Quand deux personnes se rencontrent, elles se serrent la main: elles se donnent *une poignée de main.*

à **point** (28) On mange le biftek *bien cuit, cuit à point,* ou *saignant.*

un **poste** (38) Quand on devient professeur, on a *un poste de* professeur, une situation, un emploi.

la **poste** (30) le service officiel qui envoie les lettres et les paquets.

un **potage** (26) une soupe.

pousser (28) donner une impulsion en avant.

le **pouvoir** (44) l'autorité, la possibilité de gouverner.

la **pratique** (42) la partie d'une technique qui complète (ou qui s'oppose à) la théorie.

un **précepteur** (44) le professeur qui vivait dans la maison avec son (ou ses) élève(s) noble(s) et riche(s).

précipiter (48) accélérer.

prendre la parole (34) commencer à parler au cours d'une conversation ou d'un débat public.

prendre pour (32) considérer comme. J'ai *pris* ce garçon *pour* un Français, mais c'était un Américain.

une **préoccupation** (40) un souci, un problème.

une **preuve** (44) ici, une marque.

une **prise** (46) nom dérivé de *prendre* = une conquête.

un **procès** (48) On lui fait *un procès* = on l'attaque devant la justice.

un **procès-verbal** (32) un document qui résume une discussion publique.

produire (*3*) **(produit)** (42) faire, fabriquer.

profond(e) (28) **un profond sommeil** grand, extrême.

un **projet** (26) une idée qu'on a l'intention de réaliser; avoir des *projets* pour le week-end.

projeter (36) On *projette* les images d'un film sur un écran avec un *projecteur*.

promener (26) en général, conduire un enfant, un animal, dans la rue ou dans la campagne.

prometteur (38) qui contient beaucoup de *promesses* (verbe: *promettre*).

à **propos** (30) à ce sujet.

(se) **proposer de** (48) avoir pour but de.

le **propre de** (46) la qualité particulière de.

la **puissance** (44) 1) la domination, la force. 2) un état souverain.

en **puissance** (46) virtuellement. Une chose qui est *en puissance* n'existe pas encore en réalité.

puissant(e) (28) fort(e).

Q

un **quartier** (32) une partie d'une ville, autour d'un monument, d'une église; par exemple, le Quartier Latin dont la Sorbonne est le centre.

quant à (48) en ce qui concerne.

quasi (48) presque.

R

raconter (32) On *dit* bonjour ou au revoir. On *raconte* une histoire, une aventure, une anecdote.

railler (48) se moquer de.

rappeler (34) remettre en mémoire.

se **rattacher à** (48) être lié à; dépendre de.

un **rayonnement** (44) une qualité brillante qui s'étend et se propage comme les *rayons* d'un cercle; l'influence d'un mouvement politique, littéraire ou artistique.

une **recette de cuisine** (38) le texte qui indique comment et avec quoi on prépare la nourriture (un plat).

un **récit** (32) 1) une histoire. 2) l'action de raconter une histoire.

réclamer (48) exiger, demander.

se **réclamer de** (48) assumer les principes d'une personne ou d'un mouvement pour justifier un point de vue personnel; faire quelque chose au nom de.

reconnaissant(e) (38) plein de gratitude.

un **recueil** (46) une collection de poèmes, d'essais, etc.

se **réfugier** (34) trouver un abri, *un refuge*.

un **régime** (46) une organisation politique. *L'Ancien Régime* est le gouvernement qui existait en France avant la Révolution de 1789.

rejoindre (*3*) **(rejoint)** (32) retrouver quelqu'un à un certain endroit où cette personne vous attend. Je vous *rejoindrai* à sept heures au restaurant.

se **réjouir de** (*2*) (44) être content de.

une **relève: prendre la relève** (44) remplacer.

relier (34) (48) joindre.

remercier (32) dire *merci*.

un **rendement** (42) la production proportionnelle à la quantité totale.

(se) **rendre compte** (46) devenir conscient d'un fait; s'apercevoir d'un fait; remarquer un fait.

rendre (*3*) **(la réalité)** (48) montrer (la réalité), reproduire (la réalité).

une **renommée** (34) une célébrité, une réputation célèbre.

renouveler (48) faire quelque chose de nouveau.

un **renouvellement** (34) le fait de faire quelque chose de *nouveau*, de *renouveler* quelque chose.

un **renseignement** (28) Avant de faire un voyage, vous avez besoin de *renseignements:* prix du billet de train ou d'avion, heure du départ et de l'arrivée, etc.

la **rentrée (des classes)** (32) le commencement de l'année scolaire. Le retour des élèves à l'école après les vacances d'été.

une **reprise** (36) D'abord, on joue une pièce pour la première fois; plus tard, on *reprend* la pièce: c'est une *reprise*.

un **réseau** (42) un ensemble de lignes de chemin de fer qui couvre un pays ou une province.

résoudre (*3*) **(résolu)** (48) trouver la solution d'un problème.

ressusciter (46) rappeler à la vie, rendre vivant de nouveau.

résumer (48) 1) être l'abrégé de. 2) faire l'abrégé de.

retenir (38) se souvenir de, garder à la mémoire.

une **réunion** (32) une assemblée de personnes.

réunir (*2*) (32) assembler, grouper des personnes ou des choses. Le professeur *a réuni* les étudiants chez lui.

réveiller (30) Un grand bruit *réveille* une personne qui dort.

rêveur (42) Les gens *rêveurs* vivent par l'imagination plus que dans la réalité: ils *rêvent*.

la **rigueur** (42) la sévérité d'un climat, le froid extrême; **à la rigueur** (38) si c'est nécessaire.

risquer de (tomber) (38) expression idiomatique qui indique une *possibilité* plus ou moins dangereuse.

une **rive** (34) Chaque côté d'un fleuve est *une rive*.

un **roi** (34) un monarque, c'est-à-dire le chef d'une monarchie (*f.* une *reine*).

romain(e) (34) caractéristique de l'ancienne *Rome*.

un **roman** (38) une œuvre en prose dont les personnages et les événements sont fictifs.

romantique (36) qui est caractéristique de la littérature romantique.

roturier(e) (46) Qui n'est pas noble.

un **royaume** (42) Un *roi* règne sur son *royaume*. Le pays dirigé (gouverné) par un roi.

ruisseler (38) circuler comme l'eau d'un *ruisseau* (= une petite rivière).

S

saisir (*2*) (40) saisir un objet = prendre. Saisir une idée = comprendre le sens.

salé(e) (38) adjectif dérivé de *sel*.

une **salle d'attente** (30) un endroit où les voyageurs *attendent* le départ prochain d'un train ou d'un avion.

saluer (40) faire un signe, un salut à quelqu'un par politesse.

le **sang** (38) le liquide rouge qui circule dans les artères et les veines.

satisfaire (*3*) **(satisfait)** (34) apporter une *satisfaction*.

sauf (38) excepté.

un **savant** (44) un homme de science (celui qui *sait*).

savoureux (euse) (46) ici, qui a beaucoup de charme.

une **séance** (32) le temps d'une réunion. La *séance* a duré trois heures.

un **seigneur** (44) sous le régime monarchique, un membre de la noblesse (un noble).

semblable (28) similaire, pareil.

sembler (26) avoir l'apparence de. Il *semble* très fatigué.

un **sentiment** (38) ici, une impression, une opinion.

sentir (*3*) (40) 1) éprouver une emotion, un sentiment. 2) avoir la conscience de.

sérieux: prendre au sérieux (36) considérer sérieusement, avec gravité; donner de l'importance à.

(se) **serrer la main** (38) donner la main à une personne en lui disant bonjour ou au revoir.

servir (*3*) **(servi)** (28) La serveuse (le garçon) *sert* les clients. Elle apporte la nourriture, la boisson et les met sur la table du restaurant.

si bien que (44) de manière que. Vous parlez bas *si bien qu*'on ne vous entend pas.

un **siège** (28) Dans un avion, dans une auto, au cinéma ou au théâtre, vous êtes assis sur un *siège*.

une **signification** (40) le sens d'un mot ou d'une phrase.

un **slip de bain** (26) un vêtement de bain très court pour un homme. Un bikini est une sorte de slip.

en **soi** (40) sans considérer autre chose.

soit . . . soit . . . (48) ou . . . ou . . .

le **sol** (28) un objet qui est par terre est sur le *sol*.

un **souci** (46) une idée obsédante, un problème mental.

souffler (42) 1) expirer l'air par la bouche. 2) le vent *souffle* en automne.

souhaiter la bienvenue (28) dire quelques phrases aimables quand on reçoit un visiteur.

un **soulagement** (38) la diminution d'une douleur physique (ou morale) ou d'une tension.

un **soupir: pousser un soupir** (36) respiration forte pour exprimer la fatigue, la douleur ou le plaisir. Après un grand effort physique, on *pousse un soupir* de soulagement. (Cf. *soulagement*.)

souriant(e) (38) (part. passé de *sourire*) = aimable, agréable à voir, accueillant(e).

un **sourire** (38) verbe: *sourire* = rire de la bouche et des yeux, sans bruit.

un **souvenir** (28) L'image ou l'idée qu'on garde dans la mémoire est un *souvenir*.

un **squelette** (46) l'ensemble des os. On représente souvent la mort sous la forme d'un *squelette*.

subir (*2*) (46) éprouver, souffrir.

suffire (*3*) **(suffi)** (26) être suffisant.

suivre (*3*) **(suivi)** (28) en général, aller derrière quelqu'un. *Suivre* un cours (36) = être présent, assister à chaque leçon, à chaque classe.

supporter (40) accepter, tolérer.

surtout (26) spécialement, principalement.

survivre (*3*) **(survécu)** (44) vivre (exister) plus longtemps que quelqu'un ou que quelque chose; vivre après quelqu'un.

survoler (30) voler au dessus de.

T

se **taire** (*3*) **(tu)** (38) rester silencieux, ne pas parler.

une **tapisserie** (46) une sorte de tapis qui décore un mur.

tel(le) (44) semblable.

tellement (38) beaucoup, si (+ adjectif).

un **témoignage** (44) 1) une preuve. 2) la déclaration d'une personne qui était présente au moment d'un événement, d'un crime, etc.

tenir (*3*) **(tenu)** (48) penser, croire, affirmer.

tenir à (36) vouloir absolument; **s'en tenir à** (46) se limiter à.

tenir que (48) affirmer.

une **tentative** (46) un essai = l'action d'essayer. (*tenter de* = essayer)

une **terrasse (de café)** (32) l'endroit qui est dans la rue et devant le café, où il y a des tables et des chaises pour les clients.

la **terre** (30) notre planète est *la terre*. Par extension, *la terre* est aussi le sol. (Cf. *par terre*.)

le **théâtre de répertoire** (36) les pièces qu'un théâtre joue traditionnellement.

un **timbre** (poste) (29) On met un *timbre* sur l'enveloppe avant d'expédier une lettre.

la **toilette: faire un peu de toilette** (32) mettre de l'ordre dans ses vêtements, dans ses cheveux.

un **tome** (46) un volume.

une **tour de contrôle** (28) le bâtiment de l'aéroport d'où on contrôle le départ et l'arrivée des avions.

tourner (un film) (36) photographier les différentes scènes du film.

tout autre (48) très différent.

traduire (*3*) **(traduit)** (40) écrire (ou dire) un texte, une phrase, un mot d'une langue dans une autre langue = faire une *traduction*.

le **train: être en train de** (30) Cette expression indique qu'une action progresse à un certain moment.

traîner dans la boue (48) insulter (au sens figuré).

un **trait de caractère** (42) une particularité morale, une caractéristique morale.

un **traître** (46) l'homme qui est coupable de *trahison*, l'homme qui *trahit* (*trahir*), c'est-à-dire qui est d'accord avec l'ennemi.

à **travers** (38) d'un côté à l'autre d'un obstacle, d'un passage.

traverser (42) passer de l'autre côté de. On *traverse* une rue, une rivière, une frontière.

une **tribu** (34) un peuple primitif, une communauté primitive.

un **tutoiement** (38) le fait de s'adresser à quelqu'un en employant la forme familière « *tu* ».

(se) **tutoyer** (38) parler à quelqu'un en disant « *tu* ».

U

ultime (48) final.

l'**urbanisme** *m.* (34) l'art de construire rationnellement une ville.

un **usage** (30) ici, l'emploi des mots et des expressions.

utilitaire (44) qui a seulement pour but *l'utilité* d'une chose.

V

vaincre (*3*) **(vaincu)** (48): dominer, surmonter, faire disparaître.

valable (42) qui a une certaine valeur.

valoir mieux (*3*) (valu) (38) être préférable.

la **variole** (44) une maladie contagieuse et épidémique qui laisse des marques sur le corps. Pour aller à l'étranger, il faut avoir un certificat de vaccination contre la *variole*.

le **veau** (28) la viande d'un jeune bœuf ou l'animal lui-même.

un **végétarien (une végétarienne)** (36) une personne qui mange seulement des légumes.

la **veille: l'état de veille** (48) ≠ l'état de sommeil; l'état de celui qui ne dort pas.

la **vérité** (38) l'expression d'une chose *vraie*, authentique.

un **verre: prendre un verre** (36) boire quelque chose dans un café, le plus souvent, en compagnie d'amis. On commence à dire en « franglais », *prendre un drink*.

vif (vive) (46) brillant(e).

un **vignoble** (42) une région où on cultive la *vigne* (= la plante qui produit le raisin).

le **vinaigre** (28) un liquide acide qu'on emploie pour préparer une salade.

un **viol** (48): un acte de violence sexuelle.

viser (48) attaquer (sens figuré).

la **vitesse** (28) la rapidité. Les autos roulent plus ou moins *vite*. La *vitesse* est limitée sur les autoroutes; **à toute vitesse** (32) très vite, aussi rapidement que possible.

les **vitraux (un vitrail)** (46) les vitres de couleurs qu'on voit aux fenêtres des églises.

vivre (*3*) **(vécu)** (34) exister.

la **voix: à haute voix** (40) lire à haute voix, c'est-à-dire lire en prononçant les mots à voix sonore.

un **vol** (28) Les avions volent (*voler*). Le *vol* est l'action de *voler;* **à vol d'oiseau** (32) en survolant un pays, une ville.

volontiers (28) sans hésitation, avec plaisir.

les **volumes** (*m.*) **de planches** (46) les volumes composés de pages de dessins qui illustrent un texte.

voué(e) (34) consacré(e) à.

vouloir dire (*3*) (40) signifier, donner un certain sens à.

un **vouvoiement** (38) le fait de s'adresser à quelqu'un en employant la forme de politesse: *vous*.

une **vue** (34) la partie d'un pays qu'on *voit,* d'une montagne par exemple.

les **vues intéressées et ambitieuses** (46) les désirs de profit personnel et l'ambition.

INDEX

(Les chiffres — sauf ceux en italiques — renvoient aux leçons.)

ILLUSTRATION CREDITS

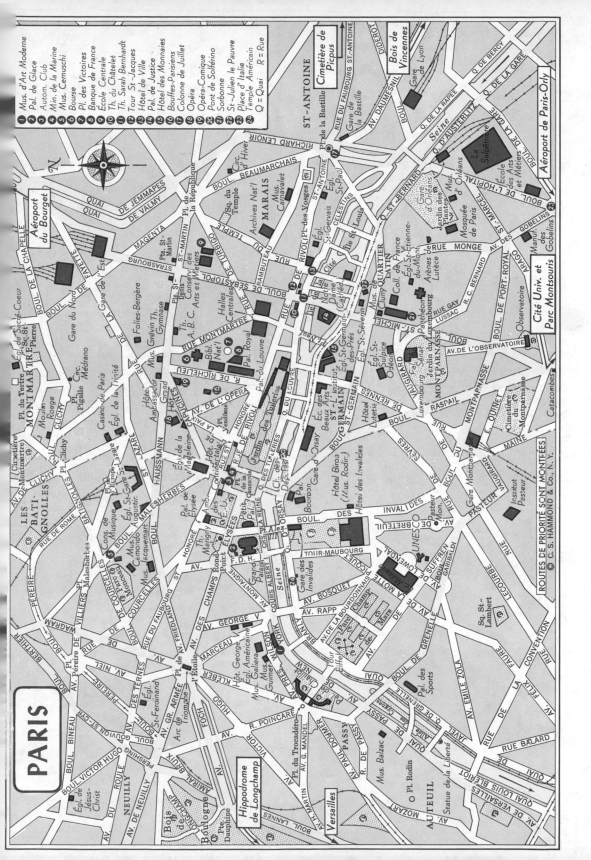

PARIS

1. Mus. d'Art Moderne
2. Pal. de Glace
3. Autom. Club
4. Min. de la Marine
5. Mus. Cernuschi
6. Bourse
7. Pl. des Victoires
8. Banque de France
9. École Centrale
10. Th. du Châtelet
11. Th. Sarah Bernhardt
12. Tour St-Jacques
13. Hôtel de Ville
14. Pal. de Justice
15. Hôtel des Monnaies
16. Bouffes-Parisiens
17. Colonne de Juillet
18. Opéra
19. Opéra-Comique
20. Pont de Solférino
21. Sorbonne
22. St-Julien le Pauvre
23. Place d'Italie
24. Temple Américain

Q = Quai   R = Rue

© C. S. HAMMOND & Co., N. Y.

ROUTES DE PRIORITÉ SONT MONTÉES

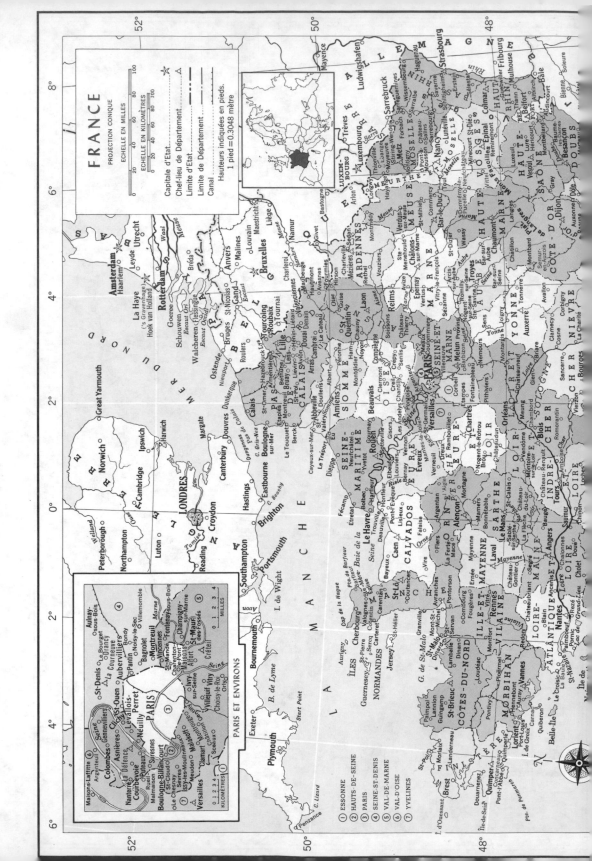

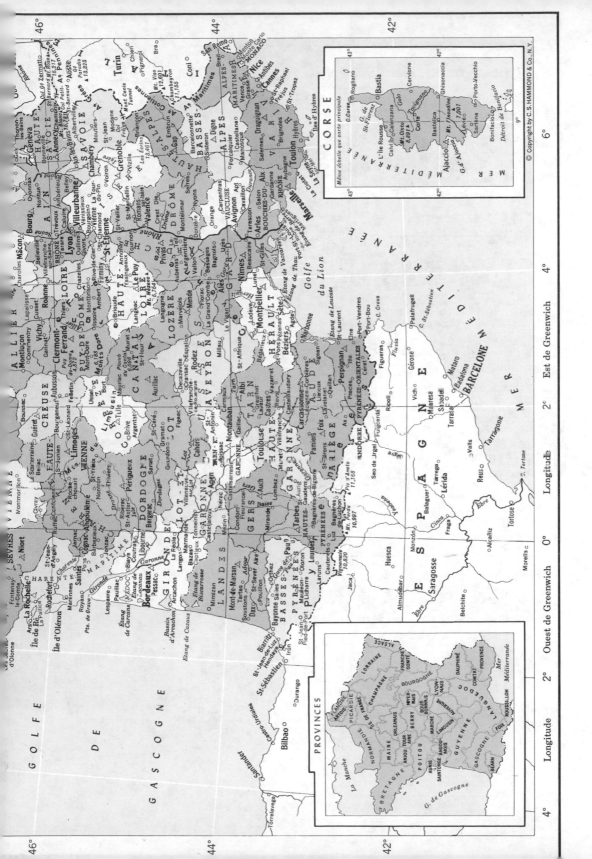

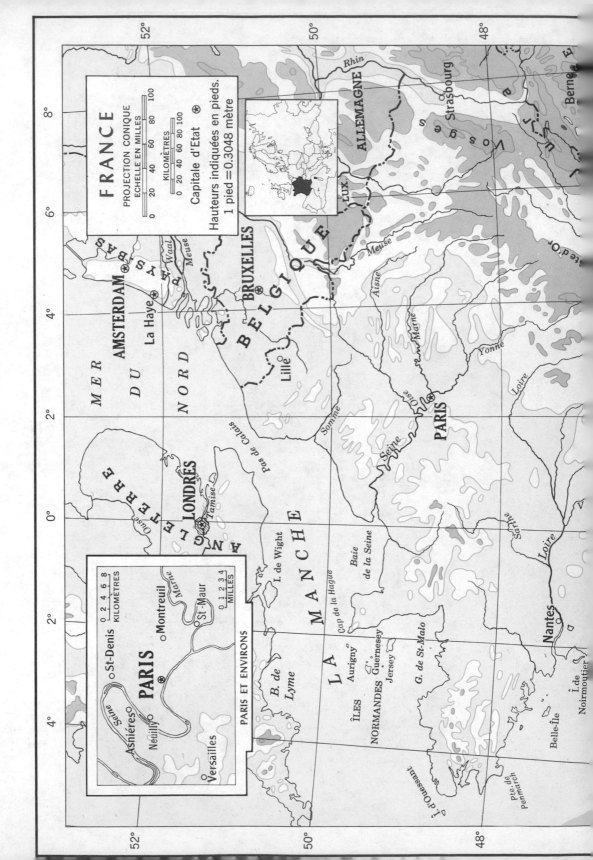

FRANCE

PROJECTION CONIQUE
ECHELLE EN MILLES

0   20   40   60   80   100

KILOMÈTRES

0   20   40   60   80   100

⊛ Capitale d'Etat

Hauteurs indiquées en pieds.
1 pied = 0.3048 mètre

PARIS ET ENVIRONS

0   2   4   6   8
KILOMÈTRES

0   1   2   3   4
MILLES

St-Denis
Asnières
Neuilly
PARIS ⊛
Montreuil
St-Maur
Versailles
Seine
Marne

MER DU NORD

PAYS-BAS
AMSTERDAM ⊛
La Haye
Waal
Meuse

BELGIQUE
BRUXELLES ⊛
Lille
LUX
ALLEMAGNE
Rhin
Strasbourg
Vosges
Côte d'Or
Berne

Meuse
Aisne
Marne
Yonne
Somme
Oise
PARIS ⊛
Seine
Loire

ANGLETERRE
LONDRES
Tamise
Ouse
Pas de Calais

LA MANCHE
I. de Wight
B. de Lyme
Cap de la Hague
Baie de la Seine
Aurigny
Guernesey
Jersey
G. de St-Malo
ÎLES NORMANDES

Nantes
Loire
Sarthe
Belle-Île
Î. de Noirmoutier
Pte. de Penmarch
Î. d'Ouessant

52°   8°   6°   4°   2°   0°   2°   4°
50°
48°

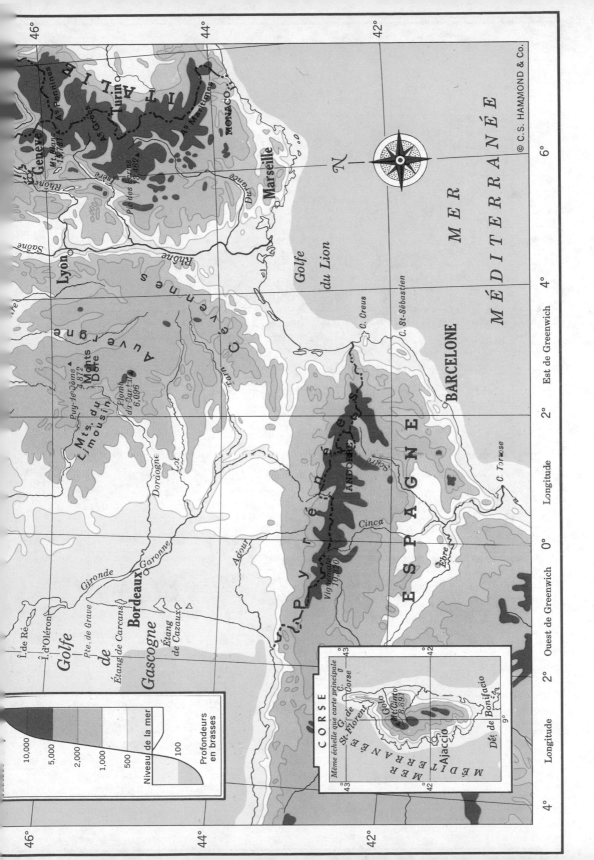

ITALIE

Genève

Mt. Blanc
15,781

A.s Pennines

A.s Grées

Turin

A.s Maritimes

MONACO

Isère

Pic des Écrins
13,462

Rhône

Durance

Marseille

MÉDITERRANÉE

MER

Saône

Lyon

Rhône

Gard

Golfe
du Lion

C. Creus

C. St-Sébastien

N

BARCELONE

Cévennes

Auvergne

Puy-de-Dôme
4,872

Monts
Dore

M.ts du Limousin

Plomb
du Cantal
6,096

Tarn

Dordogne

Lot

Sègre

Cinca

ANDORRE

C. Torosse

Gironde

Bordeaux

Garonne

Étang de Carcans

Étang
de Cazaux

Adour

Ebre

ESPAGNE

P y r é n é e s

Vignemale
10,820

Golfe

de

Gascogne

Î. de Ré

Î. d'Oléron

Pte. de Grave

Est de Greenwich

Ouest de Greenwich

Longitude

Longitude

46°   44°   42°

2°   0°   2°   4°   6°

Niveau de la mer
10,000
5,000
2,000
1,000
500
100
Profondeurs
en brasses

CORSE

Même échelle que carte principale

C.
de Corse

G.
0

43°

St-Florent

Golo

Mt. Cinto
8,891

Ajaccio

MER

MÉDITERRANÉE

42°

Dé. de Bonifacio

9°

43°

42°

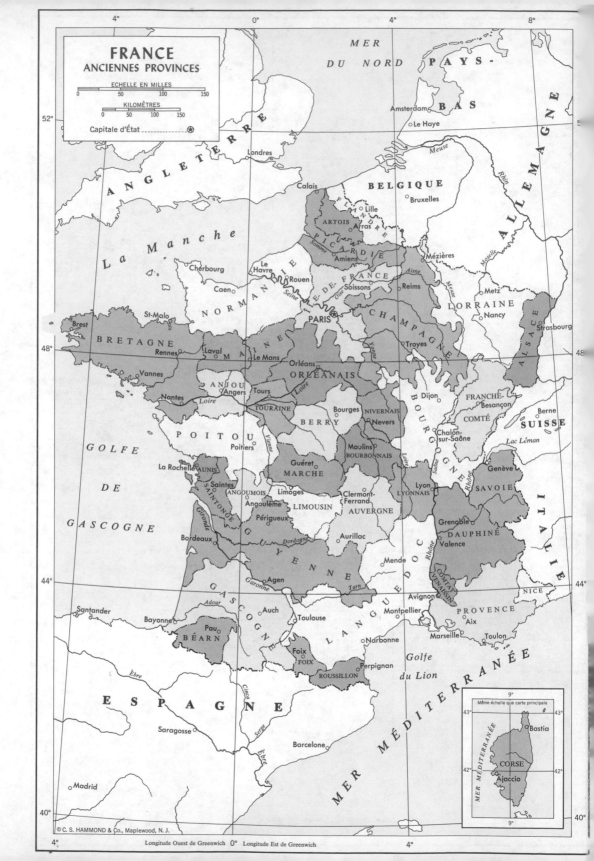

FRANCE
ANCIENNES PROVINCES

ECHELLE EN MILLES

0   50   100   150

KILOMÈTRES

0   50   100   150

Capitale d'État .... ⊛

MER DU NORD

PAYS-BAS

Amsterdam

Le Haye

ANGLETERRE

Londres

BELGIQUE

Calais

Lille

Bruxelles

ARTOIS

Arras

FLANDRE

PICARDIE

Amiens

Somme

Mézières

Metz

LORRAINE

Nancy

ALSACE

Strasbourg

La Manche

Cherbourg

Le Havre

Rouen

Caen

NORMANDIE

Soissons

Reims

ÎLE-DE-FRANCE

Aisne

Oise

Seine

PARIS ⊛

CHAMPAGNE

Troyes

Meuse

Rhin

Moselle

St-Malo

Brest

BRETAGNE

Rennes

Laval

MAINE

Le Mans

Vannes

Nantes

ANJOU

Angers

Tours

TOURAINE

Loire

Orléans

ORLÉANAIS

Yonne

Dijon

BOURGOGNE

FRANCHE-COMTÉ

Besançon

Berne

SUISSE

Loire

Nantes

POITOU

Poitiers

Vienne

BERRY

Bourges

NIVERNAIS

Nevers

Chalon-sur-Saône

Saône

Lac Léman

GOLFE DE GASCOGNE

La Rochelle

AUNIS

Saintes

SAINTONGE

ANGOUMOIS

Angoulême

Limoges

Guéret

MARCHE

Moulins

BOURBONNAIS

LIMOUSIN

Clermont-Ferrand

AUVERGNE

Lyon

LYONNAIS

Genève

SAVOIE

Rhône

Bordeaux

Gironde

GUYENNE

Périgueux

Dordogne

Aurillac

Grenoble

DAUPHINÉ

Valence

Rhône

Santander

Bayonne

Adour

Pau

BÉARN

Auch

GASCOGNE

Garonne

Agen

Toulouse

Tarn

LANGUEDOC

Mende

Avignon

COMTAT VENAISSIN

NICE

PROVENCE

Aix

Montpellier

Marseille

Toulon

Foix

FOIX

Perpignan

ROUSSILLON

Narbonne

Golfe du Lion

MER MÉDITERRANÉE

ESPAGNE

Èbre

Cinca

Serge

Ebre

Saragosse

Barcelone

Madrid

ALLEMAGNE

ITALIE

© C. S. HAMMOND & Co., Maplewood, N. J.

Longitude Ouest de Greenwich   0°   Longitude Est de Greenwich

Même échelle que carte principale

MER MÉDITERRANÉE

Bastia

CORSE

Ajaccio